KB235392

북한의 기아

북한의 기아

북한의 기아
-기아와 정치, 그리고 외교정책-

2003년 9월 25일 초판 1쇄 인쇄
2003년 9월 30일 초판 1쇄 발행

지은이 : 나 초 스
옮긴이 : 황 재 옥
펴낸이 : 김 영 애
펴낸곳 : 다흘미디어

등록일 : 1999년 11월 1일
등 록 : 제20-0169호

주 소 : (우) 137-897
        서울시 서초구 양재동 333-2
        동성빌딩 302호
전 화 : (02) 576-5381/2
팩 스 : (02) 576-5380
http://www. dahal.co.kr
e-mail : dahal2000@lycos.co.kr
ISBN : 89-89988-10-1 03340

                    값 15,000원

* 역자와의 협의하에 인지는 생략합니다.

북한의 기아

-기아와 정치, 그리고 외교정책-

나초스 지음
황재옥 옮김

다흘미디어

수백만의 인명을 앗아간 북한의 기아는 1990년대에 일어났던 재난 중 인류 역사상 가장 끔찍한 재난이라고 말할 수 있다. 이 책의 저자 나초스 Andrew Natsios는 북한이 극심한 식량위기에 처해 고통받고 있을 때, 대표적 국제구호기관이며 NGO인 월드비전World Vision의 부의장 자격으로 북한을 방문하였다. 나초스는 직접 체험한 북한의 기아 실상을 이 책을 통해서 생생히 전달하고 있다. 특히 북한에 기아문제가 발생했을 때 국제사회가 보인 인도주의 차원의 소극적인 대응에 대해 강한 불만을 나타내고 있다. 저자는 북한의 특수한 정치체제 때문에 국제사회가 북한의 기아에 대해 소극적으로 대응하였고, 또 적절한 구호시기를 놓침으로써 많은 희생자를 낸 사실에 대해 회의적이다. 저자는 이 책을 통해 북한의 기아 실상을 사실에 입각해서 전달하고자 노력했으며, 정부간 비정부간 기구의 협력하에 인도적 차원에서 적절한 시기에 북한의 기아를 해결하기 위한 공동노력을 기울여야 할 것을 강조하고 있다.

나초스는 자신이 북한에서 직접 눈으로 보고 들은 사실들을 이 책에서 서술하고 있다. 식량난에 허덕이는 북한의 실상을 사실적 증거와 학술적 접근을 통해 설명하고 있으며, 이에 근거하여 북한 기아를 평가하고 있다. 한편, 잘사는 서구사회가 기아문제에 관한 한 국제사회에서 책임과 의무를 이행해야 한다는 나초스의 주장에 반대하는 의견들도 있을 수 있다. 그러나 어떤 북한문제 전문가도, 그리고 국제구호기관의 분석가들조차 나초스보다 더 정확히 북한의 기아 실상을 이해하고 평가하지는 못했을 것이다.

더욱이 이 책은 인도주의와 관련해서 몇 가지 시사점들을 우리에게 전달하고 있다. 이 글에서 나초스는 인도주의를 포함한 윤리적 측면 외에도, 정치, 경제, 외교, 그리고 NGO와 IGO를 포함한 국제사회 역할 등을 포함해, 다각적인 측면에서 기아라는 재난을 분석 평가하고 있다. 또한 저자는 '상부하달' 식의 접근방식뿐 아니라 '하부상달' 식의 접근방식에 북한의 기아를 접목하였다. 이 접근방식은 상호간에 공개된 이견들을 명료화함으로써 재앙을 초래한 근본 원인을 한 단계씩 재추적해가는 것이다. 예를 들어, 홍수와 가뭄을 포함한 악천후 기상조건, 주체농법에 근거한 북한 농업정책의 실패, 그리고 소련과 중국으로부터의 식량 보조금 지원이 감소된 사실이 이번 북한에서 발생한 재앙의 직접적인 원인이라면, 50여년 동안 지속되어 온 북한의 개인우상숭배 또한 이 재앙의 원인이 될 수 있다는 것이다.

북한의 전제적인 독재체제는 경제분야에서 자급자족형의 농업과 공업을 근간으로 하고 있는데, 자급자족 형태의 경제정책은 북한의 경제를 한계에 이르게 하였다. 북한당국이 주민들에게 더 이상 식량배급을 할 수 없는 상황에 이르렀을 때, 북한은 외국으로부터 부족식량을 수입해올 외화도 없었으며, 식량 원조를 부탁할 만한 국가도 남아 있지 않았다. 그리고 기아사태가 더욱 악화된 이유는 북한당국이 정치적인 이유로 몇몇 지역에 대해 식량배급을 완전 중단하고, 전국적으로 농민들에게 배급되는 식량의 양을 감소시켰기 때문이다. "지금까지 북한의 기아는 북한 주민의 공중위생 보건상태와 영양상태, 그리고 북한의 농업생산량과 원조식량의 배급 측면에서 분석해왔던 것이 사실이다. 그러나 기아 그 자체는 원칙적으로 해당 지역주민의 건강과 영양상태를 그 결과로서 초래하는 정치 경제적 현상이다." 라고 저자는 설명하고 있다. 그리고 이 책을 통해서 제기되고 있는 핵심적인 논쟁은 "누가, 그리고 무엇이 이러한 비극을 초래했는가?"가 아닌, "누가 이 비극을 멈추게 하는 데 실패했는가?"라는 데 초점이 맞추어져 있다.

비록 북한이 자신이 처한 상황을 전적으로 위장하고 있었다 하더라도, 저자는 북한 주민들이 극심한 굶주림으로 고통을 받고, 기아로 인한 사상자들이 발생하고 있다는 증거들이 밝혀졌음에도 불구하고 적절한 구호시기를 놓친 국제구호기관과 그 기관에 종사하는 관계자들에게 마지막 질문에 대한 책임을 묻고 있다. 그리고 저자는 남한정부와 일본정부가 극심한 굶주림에 시달리는 이웃 국가 북한에게 더 많은 원조를 지원하지 않은 사실에 대해서도 비판하고 있다. 마지막으로 저자는 북한에 기아가 발생했다는 증거들이 나왔음에도 불구하고, 기아 발생 초기에 적절하게 대응하지 않은, 그래서 수백만의 목숨을 잃게 된 북한 기아에 대한 책임을 미국의 정책결정자들에게 묻고 있다.

당시 클린턴행정부는 북한이 국제사회에 책임 있는 행동을 약속하고, 국제 원조식량이 주민들에게 제대로 전달되고 북한군으로 전용되지 않는다는 확실한 보장이 전제되어야 식량 원조를 약속할 수 있다고 하였다. 클린턴행정부는 이러한 전제가 보장되지 않고서는 식량 원조를 할 수 없다는 보수파 정치가 집단과 이익집단의 압력을 피할 수 없었다. 저자는 미국 행정부가 기아에 허덕이는 인류를 구제한다는 윤리적 의무감은 차치하고라도, 정치적이고 전략적인 고려를 했어야 했다고 이 책에서 말하고 있다. "굶주린 어린이들은 정치를 모른다."라는 레이건의 일화를 인용하면서, 이러한 인도주의 원칙은 저자가 외국재해원조실Office of Foreign Disaster Assistance의 책임자로 있던 부시 행정부 때까지도 계속 시행되었다고 하였다.

이 책은 저자가 월드비전을 떠난 직후, 1998~99년 사이 미평화연구소 United States Institute of Peace의 상임연구원으로 재직할 당시 씌어졌다.

저자는 부시행정부 시절 국제개발국United States Agency for International Development에서 근무하기도 하였다. 공화당 행정부의 관료로서, 그 이전에 매사추세츠 입법부의 공화당원으로도 재직한 경험이 있는 저자는 클린턴행정부의 정책 결정에 신랄한 비판을 가해왔다. 특히, 북한의 식량 지원을 놓고 이에 반대하는 정치가들과 줄곧 대립하였다.

이 책은 인도주의에 입각한 윤리적 가치가 정치적, 외교적, 그리고 지정학적인 이해관계와 어떻게 균형을 이루고 있는가에 대한 질문을 독자들에게 던지고 있다. 여기에는 적대국가의 굶주린 주민들을 구제하기 위해 식량을 원조해야 하는지, 아니면 불안정하고 위험한 지역에 인종 말살을 위해 군대를 파견해야 할지, 또는 전쟁 책임자와 평화를 협상하기 위해 외교관을 파견해야 할지에 대한 각국 수반이 직면한 문제들이 그 주제가 된다. 한편, 이러한 분쟁을 예방하고 중재하고 그리고 해결해나가는 과정에서 국제적인 분쟁과 해결수단을 결정하는 의외의 권한을 누가 갖고 있는지가 미 평화연구소의 지대한 관심사이기도 하다. 직 · 간접적으로 USIP에 지원되는 많은 사업들이 이상과 현실 사이에서 많은 갈등을 표출하고 있으며, 도덕성에 입각한 많은 문제들이 실리주의적 관점에서 복잡한 양상을 띠기도 한다. 예를 들면, 경제적이고 정치적인 실리를 가져다준다고 믿었던 정책이 결과적으로 국가이익에 반하는 비효율적인 정책으로 전락될 수도 있다는 것이다. 또한 가장 윤리적인 기준에 입각해서 진행되었던 과정이 점차 수렁으로 빠져들어 도덕적인 혼란을 야기하는 결과를 가져올 수도 있다.

이 책은 지난 2년 동안 다른 국제기구의 기금으로 지원된 연구들과 많은 부분을 서로 공유하고 있다. 스나이더Scott Snyder의 북한협상행태 연구인 *Negotiating on the Edge*를 그 예로 들 수 있다. 이 책은 북한의 대외 시각과 '은둔의 나라' 북한의 지도자 김정일이 국제 사회에 어떠한 협상 전략을 모색해 왔는지에 대한 견해를 전달하고 있다. 나초스가 제기한 국제식량 원조에 대한 문제 또한 브리넌Rex Brynen의 *A Very Political Economy: Peacebuilding and Foreign Aid in the West Bank and Gaza*에서 찾아볼 수 있다. 이 책의 중심 주제인 NGOs, IGOs, 그리고 각국 행정부간의 관계는 알Pamela Aall, 밀튼버거Lt. Col. Daniel Miltenberger와 와이스Thomas G. Weiss 공저로 출간된 *Guide to IGOs, NGOs, and the Military in Peace and Relief Operations*에서 다룬 주제와 아주 유사하다. 또한 크로커Chester Crocker, 햄슨Fen Hampson, 그리고 알Pamela Aall 공동 편집의 *Turbulent Peace: The Challanges of Managing International Conflict*은 인도주의 실천을 위한 NGO와 IGO의 국제사회 역할에 대한 다각적인 전망을 제시하고 있을 뿐 아니라, 각국 외교정책의 결정과 수행과정을 통해 도덕적이고 정치적인 주제들이 이를 어떻게 배려해왔는지에 대해서도 설명하고 있다.

결론적으로 *The Great North Korean Famine*은 각국의 정책결정자들, 그리고 국제사회의 평화와 안정구축에 관심 있는 일반인들, 이에 반해서 비판적인 시각을 갖고 있는 소수를 포함, 그들 모두에게 USIP의 실천목표를 인식시키는 데 도움을 주고 있다. 나초스의 열정이 담긴 이 책은 끔찍한 재난을 다시 경험하게 될지도 모르는 북한에 대한 우리의 이해를 돕고 있다. 서구 민주주의 진영에서 대북 외교정책에 대한 논의가 진행중인 동안에도 북한에는 기아로 수많은 사람들이 굶어 죽어가고 있으며, 한편에는 그들을 돕는 국제구호기관의 직원들이 있음을 우리는 기억해야 한다.

리차드 H. 솔로몬Richard H. Solomon

USIP 소장

President United States Institute of Peace

저자 서문

기아와 같은 끔직한 재난을 주제로 글을 쓴다는 것은 쉬운 일이 아니다. 최근에 발생한 역사로서 기아를 주제로 글을 쓰는 일은 밝혀지지 않은 복잡한 문제들이 그 안에 담겨 있기 때문에 그리 쉽지 않다. 1995~99년에 발생한 북한 기아에 관한 이 책은, 만약 북한체제가 세월이 흐른 후 변화된다면, 지금으로부터 10~20년이 지난 후에 씌어져야 마땅할 것이다. 그렇다면 학자와 분석가들은 그 당시 북한에 어떤 일이 일어났는지에 대해 좀 더 많은 정확한 정보들을 갖게 되기 때문이다. 최근 발간된 몇몇 지역의 기아에 관한 책들은 지금까지 밝혀진 사건과 자료들을 중심으로 씌어졌다. 우드햄-스미스 Cecil Woodham-Smith는 아일랜드의 '감자 기아'에 관한 역사를 기아가 완전히 끝나고 100년이 지나서야 쓰기 시작하였다. 콩퀘스트 Robert Conquest는 스탈린의 우크라이나지방에 대한 55년간의 강제집단화 연대기를 그 사건이 끝난 후에 집필하기 시작하였다. 베커 Jasper Becker 또한 중국의 대약진운동이 끝난 후 40년이 지나서야 끔직한 기아에 대한 글을 쓰기 시작하였다. 이와 마찬가지로 북한 기아에 관해서 좀더 신중하고 면밀한 증거들이 앞으로 밝혀져야 할 것이지만, 본인은 그때까지 기다릴 수 없어 이 책을 시작하기로 마음먹었다. 1995~99년 사이 북한에서 일어난 끔찍한 사건들에 대해 지금 당장 논의되어야 할 필요성이 있기 때문이다. 지금 국제사회의 정치·경제적 상황은 그 당시와 비교하여 그다지 변하지 않았다. 비록 1998년 중반, 잠시 동안 북한의 기아가 어느 정도 그 속도를 멈추었다고는 하나 언제 또 다시 재연될지 모른다. 북한 기아에 대한 국제사회의 정치 안보적 영향력은 앞으로도 오랫동안 지속될 것이다. 충분한 자료들이 밝혀지지 않은 현상태에서 북한 기아에 대해 논의하고 적은 사실이나마 찾아 살펴보려는 것은 앞으로 또 다시 발생할 수도 있는 북한 기아에 대한 대응책을 모색하고자 함이다. 또한 이와 유사한 재난이 다른 지역에서 발생할 수 있기 때문이다.

1997년과 1998년에 이 책을 집필하기 위한 자료를 수집하는 동안에도 난민들은 극심한 식량난을 피해 중국 국경선을 넘고 있었다. 굶주림으로 희생된 북한 주민들의 무덤은 산중턱을 따라 계속 늘어나고 있었다. 북한에서 발생한 기아로 인해 많은 북한 가정은 붕괴되고, 이로 인해 버려진 아이들은 식량을 구하기 위해 거리를 배회하고 있었다.

이 책을 쓰게 된 주된 목적은, 당시 클린턴행정부의 회의적인 대북지원정책에 변화를 주고 기아로 인한 희생자들을 도우려는 의도에서였다. 이 책은 내가 직접 NGO 일원으로 참가해서 경험했던 북한 기아 실상들을 기록하고 있다. 2년 동안 나는 북한이 중심의제가 된 미 의회, UN의 특별위원회, 그리고 각종 NGO의 회의에 빠짐 없이 참석해왔다. 내가 쓰려고 하는 사건과 주제로부터 나 자신을 분리해보려고 애를 썼으나, 분리해서 생각한다는 것은 전적으로 불가능한 일이었다.

1990년대 북한에 기아가 발생했을 때, NGO의 구호요원으로 북한에 근무하면서 최일선에서 기아참상을 목격했기 때문에, 나는 이 재난이 얼마나 끔찍했는가를 너무나 잘 알고 있다. 기아를 경험해보지 않은 대부분의 서구인들은 기아로 인해 참혹하게 유린된 지역에서 그 단어가 갖는 전율과 공포를 완전히 이해하지 못한다. 약 3천만명의 목숨을 앗아갔던 1958~62년의 중국의 기아, 그 당시 기아생존자를 인터뷰했을 때 그 끔찍한 재난이 끝나고 40년이 지난 후에도 생존자들의 얼굴에서 그 당시의 비참한 기억들을 읽을 수 있었다고 베커는 전하고 있다. 그리고 방글라데시에서 발생했던 기아가 초래한 고통은, 그때의 처절함을 표현한 그들의 언어 Bengali에서 그 당시 참상의 정도를 가늠해 볼 수 있다. akal은 식량이 부족한 어려운 시기를 말하고, durvickha는 구호품까지 바닥이 난 식량위기를 의미한다. 그리고 mananthor는 기아와 같은 다수의 집단들이 기억하고 있는 획기적인 역사적 사건을 의미한다.[1] 일반적으로 전통적인 사회에서는 기아가 언제 일어났든 기아와 같은 대재난은 끔찍한 사건이기 때문에 그 지역사회 구성원들은 이를 확실히 기억하고 있다.[2] 1995년과 1999년 사이에 북한에서도 대재앙인 기아가 발생하였다. 이 책에서 사용된 '대great' 란 단어에는 잊혀지지 않는 생존자들의 쓰라린 기억과 상처만이 담겨 있을 뿐이다.

한편, 독일이 그리스를 점령할 당시 북아프리카에서 전쟁중인 롬멜 General Erwin Rommel 장군은 부대에 군수품을 공급하기 위해 그리스에서 식량을 약탈해갔다. 이 사건으로 1941년과 1943년, 그리스에는 대기아가 발생하여 50만명의 그리스인들이 생명을 잃었다. 그 당시 나의 작은할아버지도 기아로 희생되었다. 다른 마을의 한 의사는 살아 남기 위해 들판에서 먹을 것을 찾아 헤매었으며, 지칠대로 지쳐 있는 자신을 발견하고 절망하기도 하였다고 한다. 결국 굶주림으로 죽고 공동묘지에 버려졌다는 내용의 침울한 주제가, 몇 세기를 걸쳐 전해내려오는 기아에 관한 주제이다. 내가 성장하는 동안 아버지는 그리스에서 일어났던 그 끔찍한 기아에 대해 나에게 얘기하곤 하셨다. 우리 가족사에도 기아로 인한 지울 수 없는 아픈 추억을 갖고 있다.

신성한 주제를 다룰 때 지적구축을 하지 않으려 하고, 오히려 그러한 사건을 축소, 은폐하려고 하는 것이 오늘날의 추세이다. 기아 탈구축famine deconstruction을 주장하는 학자들은 후진국에서는 기아가 아니더라도 항상 사람들이 굶주림으로 죽어가고 있다고 역설한다. 기아를 경험하지 않은 사람들이 말하는 이같은 진부한 논쟁은 기아를 하찮게 생각하고 있는 가운데서 발생된다. 특히, 후진국에서 어린아이들이 영양부족과 열악한 보건위생환경 때문에 죽는 것도 비극이지만, 이는 기아로 발생되는 죽음과는 별개의 문제이다. 기아로 인해 전 가족이 완전히 일시에 사라져버리기도 한다. 마을 사람들이 사망하고 기아를 피해 다른 마을로 이주해 가기 때문에 기아가 발생한 마을과 이웃은 완전히 황폐화된다. 기아가 희생자들에게 커다란 고통과 상실을 가져다주는 공포이기 때문에 아마도 민족 말살이 기아와 유사하다고 생각할 수도 있다. 그러나 민족 말살이 비교적 순식간에 이루어지는 재앙인 반면, 기아는 고통의 시간이 더 오래 걸린다는 차이점이있다. 르완다의 민족 말살은 단지 5개월이 소요된 반면, 북한의 기아는 4년에 걸쳐 참혹한 피해를 가져왔다.

이 책을 한 장 한 장 써나가는 동안, 기아가 발생해야만 했던 정치적, 군사적 전후 사정이 계속 끊임없이 떠올랐다. 걸프전쟁에 관리로서 참전하고, 12년 동안 미 의회에 근무해오면서 나는 정치적이며 군사적인 견해 모두 중요하다는 것을 잘 알고 있다. 그래서 북한의 돌발적인 행동으로 야기되는 대남 위협과 주한미군의 주둔, 그리고 동북아지역의 안보와 평화를 나는 과소평가하지 않는다. 최근 남북한 대화와 접촉에도 불구하고 평양의 태도는 과거와 현재에도 변화되지 않았으며, 위험 또한 사라졌다고 볼 수 없다. 그리고 지금까지 북한의 정책 변화를 강요할 수 있는 윤리적 범주 안에서 남북간에 대화와 접촉이 이루어지지도 않았다. 즉, 남북한간에 정치적, 군사적 배경을 견지하고 윤리적인 범주 안에서 남북문제가 허심탄회하게 논의된 적이 없다는 것이다. 북한과의 협상 테이블에는 정치·군사 문제가 항상 우선이었고, 이것이 지금까지 대북외교의 중심을 이루는 주요 주제이었다. 외교관과 군지휘관들이 북한이 겪고 있는 고통을 간과하고 있을 때, 많은 인명을 희생의 대가로 치러야 하는 윤리적 긴급 상황이 북한에서 발생하였던 것이다. 그리고 더욱 중요한 사실은 대재앙인 기아가 가져오는 끔찍한 결과를 현실적으로 이해하지 못한 정치적 군사적 해석으로 인하여, 결함있는 정책을 만들어내는 결과를 가져왔다.

북한은 동구와 비교해볼 때 많은 차이점을 갖고 있는 사회주의 국가이다. 북한은 지구상에서 가장 통제적인 국가이고, 외부 세계와 완전히 단절되어 있다. 그래서 북한에서 기아가 진행중이며, 발생했다는 객관적인 실증 자료를 찾아내기 힘든 이유가 여기에 있다. 북한에서 실제로 어떤 일이 일어나고 있는지를 알아내는 것은 쉬운 일이 아니다. 북한을 방문해서 그곳에서 근무하는 국제구호기관 종사자들은 북한 기아 실상에 관해 직접 보고 들은 사실들을 외부세계에 전하였다. 외부세계에 기아에 관한 실상을 알리고 싶지 않은 북한당국은 비록 그들에게 식량 사정과 관련된 어떠한 정보와 통계도 제공하지 않았지만, 구호요원들을 통해 중요한 정보를 제공받을 수 있었다.

기아는 적어도 다섯 가지 분석기재를 통해서 관측될 수 있다. 이 중에서 특히 두 가지가 북한에서뿐 아니라 최근 다른 지역의 기아를 분석하는 과정에서도 '안타깝게도' 가장 지배적으로 사용되고 있다. 이같은 두 분석기재—식량총생산량과 주민의 일반적인 영양상태와 질병상태 사망률에 관한 공중보건상태—는 주민을 완전 통제하고 있는 전체주의 체제를 분석하는 데 있어 가장 유용하게 사용되고 있기 때문에 '안타깝다'라는 단어로 표현되었다. 북한당국은 주민에 대한 완전통제를 통해서 북한사회에 실제로 어떤 일이 일어나고 있는지를 왜곡하거나 숨겨 왔다. 그러나 위에서 설명한 두 가지 분석기재를 통해서 북한에 식량을 원조하는 국제구호기관과 서구사회가 북한의 기아를 분석해 오고 있다.

또한 북한 기아를 분석함에 있어서 이 책에서는 세 가지 다른 분석기재를 사용하였다. 첫번째 분석기재는 기아지표라 불리는데, 여기에는 점점 줄어드는 식량을 구하기 위하여 이에 대응해나가는 주민들의 포착하기 힘든 행동양식이 포함되어 있으며, 대응에 실패한 사람들은 생명을 잃게 된다. 북한체제는 당국에 의한 과장된 선전선동이 일반적이기 때문에 이러한 지표들이 보여주는 현상들을 통해 기아가 발생하고 있다는 사실적인 증거를 찾아낼 수 없다. 나는 오히려 북한당국의 무지함을 이용하고자 하였다.

두번째 분석기재는 인도의 기아경제학자 센Amartya Sen이 발전시킨 분석모델을 이용하는 것이다. 그는 한 가족의 수입과 소유하고 있는 자원, 그리고 시장에서 형성되는 식량가격 사이의 불합리한 관계에서 기아가 발생한다고 설명하고 있다. 센의 모델에 따르면—이 이론으로 노벨경제학상을 받았다—한 가족단위가 식량을 생산하거나 구매하는 능력이 급속히 떨어지고, 동시에 시장에서의 식량가격이 극적으로 증가하면 가족단위는 결과적으로 굶게 된다는 이론이다.

기아를 관측하는 세번째 분석기재는 정치적인 분석을 적용하는 것이다. 이는 모든 기아가 정치적 정황에서 발생한다는 것에서부터 시작된다. 거의 대부분의 국가들이 이러한 위기를 관리하게 되는데—기아상황이 더욱 악화될 수도 있지만, 원하지 않는 일부 주민을 제거하기 위해 이러한 재난을 이용하기도 한다. 아마도 이같은 일은 사회를 마비상태로 만들어 의도하지 않게 대재난으로 빠질 수도 있다. 기아가 발생하기 전과 그리고 진행되는 동안 그 국가가 의도하는 정치적 목적은 결과를 결정짓는다. 기아를 완전히 이해하기 위해서라도 이러한 목적들은 연구되어져야 한다. 위에서 언급된 다섯 가지 기재 외에도 기아에 관한 역사적 자료, 생존자들의 생생한 증언, 강대국의 외교적 역할, 북한 내의 정치적 위기, 인도주의 구호기관의 시각, 그리고 미국 내의 반응을 살펴보려 한다. 이러한 시도를 통해 나는 북한에서 일어난 비극의 여러 단층을 강조하고 다각적이고 복합적인 설명을 제공하려고 한다.

월드비전에 근무하는 나의 지위 때문에 나는 북한 당국에 인터액션Inter-Action의 재난구호위원회Disaster Response Committee의 공동의장으로 소개되었다. 가장 큰 NGO 기구 중 하나인 월드비전은 한국전쟁이 시작된 1950년에 한국에서 창설되었다. 인터액션은 개발도상국에서 활동하고 있으며, 미국에 근거를 두고 있는 150여개에 달하는 NGO 연합회이다. 아마도 이 책에서 인용된 귀중한 자료 중 하나는 1996년부터 1998년까지 3년 동안 인터액션의 이메일 네트워크를 통해 내가 받은 수천통의 메시지일 것이다. 이 메시지들은 월드비전에서 내가 수행했던 작업에 영향을 주었으며, 북한에서 활동하고 있는 다른 NGO 기관에도 많은 영향을 주었다. 많은 이메일들은 상호간의 신뢰 속에 서로 교환되어졌다. 만약 메시지들이 공개적으로 밝혀진다면 메일을 보낸 사람들의 입장은 난처하게 될 것이고, 북한당국은 메시지의 공개로 무척 분노할 것이다. 북한은 NGO 구호요원들이 북한을 방문하고 난 후 보고 느낀 점들을 서로 교환하는 것을 우려해서, 일부 소문에 의하면 북한 정부관리는 NGO 기관들의 정보교환을 금지하는 조약을 강제적으로 강요하였다고 한다. 나의 이론을 보충해주는 기초자료로서 이러한 이메일 자료들을 사용하였지만, 이것이 이메일을 제공한 국제구호기구의 신뢰를 위반하는 행위는 아니다. 메일 사용을 승낙 받은 연후에 나는 이 메시지들을 이 책에서 인용하였다. 그러나 일부 NGO 보고서는 직접 인용하기도 하였는데 차후에 발생될 수도 있는 위협으로부터 메일을 보낸 사람을 보호하기 위해 나는 그 출처를 빼놓기도 하였다.

다음에 열거되는 아홉 가지 자료들이 북한 식량난을 추정할 수 있는 가치 있는 경험적 증거들일 것이다. 스나이더의 USIP 특별 보고서, *A Coming Crisis on the Korean Peninsula?*와 *North Korea's Decline and China's Strategic Dilemmas*, 난민 면담을 통해 얻어진 생생한 증언, 황장엽의 저서 〈북한 : 진실과 거짓〉과 그 외의 출판물, 그리고 몇몇 북한전문가의 논문, 난민 증언을 기초로 한 네 개의 연구, *Washington Post*의 폼프레 John Pomfret가 1999년 2월 11일 중국에서 난민과의 면담을 통해 밝혀낸 증언들, 북한에 살고 있는 친척을 방문하고 북한과 무역을 했던 조선족과 중국인들의 증언, 다소 왜곡되어 있기는 하지만 북한에서 발간된 정부자료, 1996년 12월 기아로 고통받는 북한주민의 해이해진 사상 고취를 위해 행해진 김정일 연설 등이 이에 포함된다. 나는 1997년 6월에 북한을 방문하고, 1998년 9월에는 북-중 접경지역을 방문해서 20여명의 식량난민과 상인들을 면담하였다. 또한 23명의 WFP(세계식량계획) 직원과 FAO(유엔식량농업기구) 직원을 면담하고 미 행정부 외교정책 담당자들과도 면담하였다. 내가 만난 대부분의 사람들은 사안의 민감성을 들어 면담의 비밀보장을 요구하였다.

특히 두 명의 신문기자가 쓴 기아에 대한 보고서가 눈에 띈다. 베이징에 거주하는 *South China Morning Post* 통신원인 영국 출신의 기자 베커가 그 중 한 사람이다. 그는 4년 반에 걸쳐 수십명에 이르는 식량난민, 국경수비대, 그리고 상인의 증언을 통해서 20여개에 달하는 기사를 발표하였다. 그는 기아가 발생한 지역에 어떤 일이 일어나고 있는지에 대해 가장 심층적으로 보고하였다. 그가 접경지역에서 수집한 정보는 그의 연구 기초가 되었으며, 베커는 1958년~62년에 중국에서 발생한 기아에 관한 그의 연구저서 *Hungry Ghosts*를 집필하기도 하였다. 베커 외에 다른 한 사람은 캐나다 출신 기자인 맥킨지Hilary Mackenzie로, 그의 사진자료와 기사 또한 가장 강렬하게 비극적인 북한 기아를 전달하고 있다.

사실을 밝히고 진실된 결과에 도달하기 위하여 적어도 세 가지 독립된 자료를 면밀히 검사하고 검증된 정보만 사용하려고 노력하였다. 비록 각각의 자료들이 나름대로의 한계성을 지니고 있다 하더라도 북한에서 무엇이 일어나고 있는지에 대한 합리적이고 정확한 기록들을 제공하는 데 서로 연관되어 있기 때문이다.

앞에서 언급된 난민의 증언은 다른 어떤 자료들보다 한층 더 가치 있는 것이다. 이를 통해 기아의 끔찍한 병리학적 측면을 엿볼 수 있을 뿐 아니라, 기아가 북한 사회와 주민들에게 미친 영향을 알 수 있기 때문이다. 난민들은 고통스러운 기억을 갖고 있었으며, 그들이 떠나온 고향과 이웃 주민에 대한 끔찍한 상황들을 설명하였다. 가족의 죽음과 식량을 찾아 중국으로 탈출해야 했던 과정에 대해 언급하고 있었다. 난민들은 친구의 죽음, 부모와 자식의 이별, 접경지역에서의 체포, 그리고 투옥과 탈출에 대해서도 자세히 설명하였다. 이같은 난민 증언은 이 책에서 사용된 가장 풍부하고 영향력 있는 자료가 될 것이다. 대도시에서 발생한 사람들의 사망과 전염병 발생을 포함한 난민의 증언은, 그들이 갖고 있는 북한당국에 대한 정치적 분노를 표출하는 것일 수도 있기 때문에 그들의 증언에 회의적인 연구자들도 있다. 난민의 신분이 통계를 수집할 수 있는 위치에 있는 관리나 의사가 아닌 한, 그들이 제공하는 정보의 정확성도 확인할 길이 없다. 난민과 그 가족들이 살던 마을에서 경험하고 목격했던 사실들을 포함해서, 난민들이 어떻게 살아 남았는가에 대해 그들이 제공하는 증언들—역사적으로 다른 지역에서 일어난 기아들과도 아주 유사한 형태를 보여주고 있다—특히 이 중에서 약 2,300명의 난민 증언은 아주 신중하고 특별하게 취급되어져야 한다.

1999년 1월, 영국 출신의 한 기자가 북-중 접경지역에서 내가 체험한 경험과 북한 기아상황에 대한 나의 의견을 물어왔다. 그 여기자의 목소리에는 북한에 기아가 과연 발생했는가 하는 의구심이 담겨져 있었다. 그러나 직접 접경지역을 답사하고 난민과의 면담을 끝낸 후, 기자는 나의 견해에 동감하게 되었으며 접경지역에서 수집된 보고서에 대해 갖고 있던 종전의 회의적인 태도를 바꾸게 되었다. 기자는 본인이 직접 보고 들은 사실들에 충격을 받고, 제시된 입증 자료들을 믿게 되었다. 북한에서 끔찍한 기아가 진행중이라는 사실에는 의심의 여지가 없었다. 1997년 6월 북한을 방문했을 때, 북한에서 진행중인 기아 실상을 전해줄 수 있는 사진자료를 북한으로부터 가져나오는 것이 불가능하다는 사실에 대해, 그 당시 NGO와 UN에 근무하는 동료들은 이해를 하지 못했다. 끔찍한 현장을 목격하기 위해서는 국경선을 넘어 직접 북한에 들어

가봐야 하는 것이다. 직접 확인하지 않고서 식량난민으로부터 얻어진 증거와 난민들이 제공한 정보에 기초해서, 나는 1995년과 1999년 사이 북한에서 어떠한 일이 일어났는지에 관한 설명과 해석들이 정확하다거나 또는 믿을 만하다고 말할 수 없었다.

이 책에서 설명되는 기아는 일반적인 학자가 보는 기아와는 매우 다른 관점에서 관찰되고 서술된 것이다. 음울하고 눈에 잘 띄지 않는 사회 저변을 통해서 상층부를 들여다보고 있기 때문이다. 북한을 다룬 대부분의 출판물—출판물의 관점에 상관없이—이 주로 위에서 아래를 내려보고, 사회지도층과 정치엘리트의 관점에서 서술된 것인 데 반해, 이 책은 궁극적으로 사회 민초들의 견해와 증언을 기초로 해서 씌어졌다. 아마도 예외가 있다면 스칼라피노 Robert A. Scalapino와 이정식 박사의 *Communism in Korea* 인데, 이 책은 광범위한 탈북자의 증언을 기초로 하여 씌어진 책이다. 그러나 분명한 것은 양쪽 모두의 관점이 요구된다는 것이다. 외부사회에서 북한 내부를 들여다볼 수 없으며, 전체주의 체제인 북한이 전 주민을 완전 통제하고 있다 하더라도, 사회 저층에서 일어난 사건이 앞으로 평양이 대처해야 할 일에 영향을 미칠 수도 있다. 20세기에 이르러 거의 소멸하다시피 한 체제이지만, 북한에 남아 있는 전체주의 체제는 외부세계에서 이해하는 것보다 훨씬 더 그들 국민에게 위협적인 체제이다.

이 책은 기아를 종식시키기 위한 국제구호 노력에 대해 설명하려는 책은 결코 아니다. 그러나, 기아가 발생한 원인과 기아 구호노력을 전개함에 있어 인도주의 실책을 인정하지 않고서는 기아를 종식시킬 수 없다는 사실을 인정하고, 서구사회가 자국의 외교적 이익을 계산하고 있을 때 북한의 기아상황은 더욱 악화되어가고 있었다는 사실을 완전히 이해해야 한다.

이 책을 집필하는 동안 법륜스님이 많은 도움을 주었다. 법륜은 '우리민족 서로돕기 불교운동본부'(1999년 5월 '좋은 벗들'로 명칭이 바뀜)를 창립하고 북-중 접경지역을 중심으로 시련을 겪고 있는 북한 난민을 돕고 있으며, 실태 조사를 통한 자료수집을 하고 있다. 1997년 여름부터 법륜은 서구사회와 국제 구호기관에 북한 기아의 심각성을 꾸준히 알리고 있다. 법륜의 북한난민과 재 북동포돕기 운동은 초기 남한에서도 무시되고 공격받기도 하였다. 법륜의 활동은 유럽에서도 무시되었으며, 미국에서는 다소 회의적으로 받아들여지기도 하였다. 법륜은 이에 좌절하지 않고 꾸준히 자신의 작업을 전개해나갔다. 대부분의 선구자들이 그러하듯 법륜도 끈질긴 지속으로 마침내 성공에 이르게 되었다. 다른 이들이 자신의 말을 경청하지 않는다 하더라도 자신의 행동이 옳다는 신념을 갖고 있었다. 법륜은 1998년 9월 개인적 위험을 감수하고 '우리민족서로돕기 불교운동본부'(KBSM) 직원과 함께 나의 안내자가 되어 중국 국경선을 함께 답사하였다. 우리는 북한의 기아상황이 앞으로 어떻게 전개될지에 대해 끊임없이 토론하고, 몇 가지 주요 사안에 대해 의견의 일치를 보기도 하였다. 내가 이 책을 통해 전달하는 일부 정치적 견해에 대해 법륜은 동의하지 않을 수도 있다. 그리고 법륜은 이에 대한 책임도 없다. 진실로 북한에서 어떤 일이 일어나고 있는지에 대한 나의 공격적인 질문에 잘 대응해 주었으며, 우리의 논쟁은 그칠 줄 몰랐다. 법륜과 KBSM 직원들의 도움이 없었다면, 나는 내가 찾아낸 증거들에 대한 확신을 갖지 못했을 것이다. 지구상에는 각기 다른 종교를 갖고 살아가는 사람들이 많은데 법륜은 내가 동료로서 신뢰한 첫 번째 불교도이다. 법륜은 신념의 상징 그 자체인 인물이다.

마지막으로 이 책을 출간하면서 도움을 준 많은 이들에게 감사를 드린다. 내가 월드비전에 근무할 당시 의장인 시플Bob Seiple과 부의장인 케이시Ken Casey의 지원과 그들의 지도력에 깊은 감사를 드린다. 나의 연구와 작업에 협조해준 USIP의 동료인 솔로몬Dick Solomon, 블레어Sally Blair, 드레넌Bill Drennan, 크로닌Patrick Cronin, 클레이츠Joe Klaits, 스나이더Scott Snyder, 그리고 나의 연구조교인 정Young Chung에게 감사드린다. KBSM

난민 면담내용을 번역해 준 보스톤대학의 박영석 교수, 각주 작업과 참고문헌 작업에 도움을 준 터프트대학의 페인스타인 국제기아센터Feinstein International Famine Center의 부크하트Davis Bookhart, 암퀴스트Kate Almquist에게도 감사드린다. 오버도퍼Don Oberdorfer와 에버스타트 Nicholas Eberstadt는 초고를 읽고 많은 유익한 제안을 해주었다. USIP의 편집자 퀴니Nigel Quinney에게도 감사드린다. NGO 사회와 월드비전의 많은 친구와 동료들은, 나의 연구와 내가 찾아낸 증거와 사실의 일부에 대해서 분명히 동의하지 않을 수도 있다. 나의 견해가 NGO 사회의 일반적인 기준도 아니고, 더욱 분명한 것은 내가 이 책에서 밝혀낸 사실들이 북한 위기에 대한 월드비전이나 NGO의 시각을 반영하는 것도 아니다. 내가 이 책에서 북한 기아 실상을 솔직하게 밝힘으로써, 앞으로 UN 산하 여러 기관과 NGO가 북한에서 구호활동을 전개하는 데 북한당국으로부터 더 많은 위협과 제재를 당할 수도 있다. 그러나 이러한 위험은 북한에서 일어난 끔찍한 사실과 비교할 때, 덜 위협적이며 자극적이지 않다. 다른 지역에서 기아가 발생할 경우, 효율적인 대응을 하기 위해서라도 나는 이러한 사건들이 기록될 필요가 있다고 결심하였기 때문이다.

무엇보다도 나를 격려하고 옆에서 지켜봐준 나의 아내 엘리자베스에게 진실한 감사를 보낸다. 아내는 프랑스어로 씌어진 몇몇 비판 자료들을 영어로 번역해 주었다.

마지막으로 이 책의 연구를 지원해 주고 많은 격려를 보내온 스미스 리차드슨 재단Smith Richardson Foundation에 감사를 드린다.

Andrew S. Natsios

　　20세기 말에 발생했던 북한의 기아상황은 21세기에 들어서도 완전히 끝이 난 것 같지는 않다. 오히려 최근에는 북한의 핵문제에 가려 북한 주민의 배고픔이 일반인의 관심에서 멀어진 듯한 느낌이다.

　　최근에 전해진 북한의 식량사정은, 식량제공국의 지원 부족으로 2003년 4월 완전 중단될 위기에 처해졌다고 한다. 북한 전체인구 2,300여만명 중 27%에 해당하는 주민들이 식량배급체제를 통해 식량을 배급받았으나, 이것마저 제대로 지속되지 못한 것 같다. 북한에서 처음으로 기아가 감지된 지 어언 10년이 지난 지금, 그때보다 사정이 나아졌다고 자신있게 말할 수 없다는 것이 안타깝다. 오히려 최근에 추가 식량 지원을 발생시킬 수 있는 국제환경이 북한에게 불리하게 돌아가고 있는 실정이다.

　　2003년에 들어서면서 부시행정부와 미 국민의 관심 1순위는 이라크와 북한이었다. 이라크전쟁 개시 전에도 핵과 장거리 미사일을 보유하고 있는 북한이 동북아지역 안보와 미국의 안보에 더 위협적이라고 일부 전문가들은 말하였다. 그러나 이라크와의 개전을 앞두고 있던 미국에게 일단 북한은 이라크보다 순위에서 밀렸다. 그러나 이라크전쟁을 승리로 끝낸 미국에게 북핵문제를 포함한 대북문제가 다시 초미의 관심사로 떠올랐다.

　북한이 NPT(핵확산금지조약)를 위반하고 핵시설 가동을 천명한 이상 남북한간에는 긴장이 다시 조성되고 있으며, 한반도의 평화와 안정이 크게 위협받고 있다. 한편, 지금까지 북한주민에게 지원된 서구사회의 인도적 지원이 북한의 도발적인 행동으로 크게 위축될 것 같아 심히 우려된다.

　북한이 핵시설 가동을 재천명한 배경과 북한당국의 의중이 무엇인지는 확실하지 않지만, 북한의 체제보장과 더 많은 경제원조를 이끌어내기 위한 벼랑끝 전술로 이해될 수 있다. 김대중정부가 들어선 이후 조성된, 남북 경제협력과 금강산관광을 통한 남북한간 화해조성무드는 심각한 경제난과 식량난을 겪고 있는 북한에게 도움이 되었을 것이다. 사회주의권이 몰락하고 중국이 시장자본주의로 개혁 개방을 시작하면서, 북한에게 도움을 줄 수 있었던 체제는 김대중정부의 남한이었을 것이다. 그러나 북한 지도층의 적극적인 개혁의지가 결여되어 있는 이상, 북한의 경제와 식량문제는 앞으로도 외부에 의존할 수밖에 없을 것이다.

　나초스의 〈북한의 기아〉에 관심을 갖게 된 가장 큰 이유는, 북한주민의 먹는 문제는 우선적으로 북한당국의 책임사항이고 북한당국이 해결해야 할 문제이지만, 이것이 방치될 경우 초래되는 문제에 대해 우리 모두가 관심을 가져야 할 인도주의적 의무가 우리에게 있기 때문이다. 이 책은 북한에서 발생한 대참사 기아를 가장 가까이서 목격한 저자가 북한 기아 참상을 국제사회에 사실적으로 전달하고 있으며, 앞으로 전개될 기아구호사업의 이상적인 모델을 제시하고 있다. 가까운 시일 안에 또 다시 발생될지도 모르는 북한 기아에 대응하기 위해, 지나온 인도주의 구호활동에 대한 반성과 실책을 인정하면서, 앞으로의 성공적인 구호활동을 위한 개선방안이 이 책에 담겨 있다.

　오랫동안 인도주의 구호활동에 종사해온 저자는 북한 기아를 정치적, 외교적인 문제와 분리시켜 북한주민을 구제하기 위한 인도주의 차원에서 그 방법이 모색되고 해결되어야 함을 강조하고 있다. 각국의 인도주의 지원을 정치적, 외교적 사안과 분리시킬 수 없는 오늘날의 국제환경 속에서도, 배고픈 주민을 볼모로 이루어지는 전략적 차원의 식량 제공은 부당하며 어디까지나 인도주의 차원에서 식량이 지원되어야 한다고 언급하고 있다. 그러나 북핵문제로 야기된 최근의 국제상황은 대북식량지원을 정치적이며, 외교적 사안과 분리시켜 생각해야 한다고 말할 수 있는 상황은 아닌 것 같다. 그래서 이 어려운 문제를 풀어나가기 위한 국제사회와 NGO의 역할이 더욱 절실히 요구되는 바이다. 북한이 원하는 것이 자신의 체제보장과 대폭적인 경제원조라고 하지만, 이러한 문제가 해결되기까지 배고픈 북한주민은 또다시 심각한 고통을 겪어야 하며, 생존하기 위해 필사의 노력을 기울여야 한다. 북한주민이 또 다시 희생될 수 있는 상황이 전개되려 하고 있다.

그래서 더욱 북한주민에 대한 국제사회와 NGO의 원조는 정치적인 문제와 별개로 진행되어야 한다. 이와 동시에 북한 내 배급의 투명성과 배급을 감독하는 주도권이 북한당국이 아닌 식량제공국에 주어져야 한다. 전설적인 후버 사례와 같은 구호활동이 북한에서도 보장되어야 할 것이다. 주도권과 투명성이 전제되지 않고서는 서구의 식량제공국들도 다시 북한당국에 기만당하지 않으려고 할 것이다. 국제사회와 NGO가 제공하는 인도적 지원은 대북 경제원조와 경제제재와도 분리되어 생각되어야 하며, 북한에 기아가 사라지지 않은 이상 인도적 지원은 지속되어야 할 것이다.

이 책에는 많은 식량 난민들의 참혹한 증언들이 담겨 있다. 인간세상에서 일어난 일이라고는 생각되어지지 않은 일들을 북한주민은 기아기간 동안 경험하였다. 자유세계에 살고 있는 우리는 북한주민의 상처와 고통을 정확하게 알고, 그들과 나누어야 한다. 그들에게 많은 관심을 가져야 하는 것이다. 그러나 정치적 문제, 경제적 사안, 그리고 인도주의 차원의 대북지원을 어떻게 분리시키고 균형을 이루어내는가에 대한 우리의 딜레마가 여기에 놓여 있다. 우리는 역사 앞에 겸허하고 민족의 생존과 번영이라는 대전제하에 북한 문제를 고민해야 할 것이다.

U. of Iowa의 Center for Asian and Pacific Study의 객원연구원으로 있는 동안 이 책을 번역하였다. 스스로 최선을 다하려고 노력하였지만 옮긴이의 부족함으로 오류와 미숙함이 곳곳에서 발견될 수 있다. 이는 전적으로 본인에게 책임이 있다는 것을 밝힌다. 부족한 본인을 이끌어주신 이화여대 대학원 북한학 협동과정 주임교수이신 박준영 교수님, 그리고 기아라는 주제에 관심을 갖게 하고 조언해준 국방연구원 서주석 박사에게 깊은 감사를 드린다. 또한 이 책을 정성껏 편집하여 간행해준 다흘미디어측에 감사드리고, 진심어린 격려를 보내준 가족에게도 깊은 감사를 보낸다.

2003. 9. 10.

황 재 옥

CONTENTS

제3장 북한 기아의 영향

부 록

제 **1** 장
북한 기아의 실상

1. 기아 발생 원인

1995년 가을, 모든 변화를 거부하고 외부와는 완전히 고립되어 있던 북한당국이 외부세계에 구원을 요청하는 메시지를 보내왔다. 심각한 홍수로 농경지가 침수되고, 그 결과 농작물이 감소해서 북한 전역에 식량이 부족하다는 내용이다. 이에 대해서 UN의 세계식량계획인 WFP가 서구 원조국가에 협조를 호소하였다.

북한의 원조 요청은 자연재난으로 인한 경제적 타격, 특히 식량위기가 발생하자 국제사회의 지원과 도움을 이끌어내려고 시작되었다. 그러나 지원과 협조를 호소하는 나라가 북한이라는 점에서 이를 받아들이는 서구사회는 매우 착잡하였다. 예전에 알고 있는 전형적인 북한의 행태와는 거리가 있는 태도이었기 때문이다. 평양이 이 위기를 받아들이는 저변에는 이데올로기 속셈이 깔려 있다. 북한은 변함 없이 이번 기아사태와 김일성의 1930년대 만주 항일 빨치산 부대의 '고난의 행군'을 연관시켜 공식적인 선전을 계속해오고 있었다. 사실 사상문제는 북한이 서구사회에 식량 원조를 요청하는 데 있어 가장 큰 걸림돌이다. 1995년까지 북한은 쿠바, 그리고 얼마 남지 않은 몇몇 동구국가와 함께 1917년 러시아 혁명이 시작된 이래 사회주의 실험의 실패를 거부한 얼마 남지 않은 사회주의 국가 중 하나이다. 한국전쟁 이후 북한은 큰 위기에 처할 때마다 사회주의 동맹국가의 도움에 의지할 수 있었다. 나라마다 다소 정도의 차이는 있지만, 북한의 동맹국이던 동구 사회주의 국가들은 시장자본주의와 의회민주주의를 받아들이기 시작하였다. 결과적으로 북한만이 새로운 세계의 정치·경제 질서를 받아들이기를 고집스럽게 거부하고 있으며, 이같은 거부는 북한의 고립을 더욱 가속시켰고, 이러한 북한의 고립화는 1995년 가을 기아라는 대재앙을 초래하기에 이르렀다.

북한의 식량원조 요청은 몇 가지 이유에서 아주 이례적인 일이다. 평양은 50여 년 동안 적대국인 미국과 남한에 대해 거침없는 공격을 계속해왔다. 그리고 한국 전쟁 이후 미국, 남한과 영구적인 평화협정에 합의한 적이 없는 북한이었다. 북한의 일반적인 선전과 선동은 미국과 남한의 침략위협에 대한 경고가 대부분을 차지하고 있었다. 한편, 북한의 식량원조 요청은 북한군의 약화로 잘못 이해할 수도 있다. 인도주의 차원에서 이루어지는 식량원조를 북한이 수용하는 것은 북한의 '주체' 철학—자급자족을 기본으로 하는 마르크시즘의 유교적 변형—으로부터의 급진적인 이탈로 생각되었다. 김일성은 1994년 사망할 때까지 주체철학을 세우고, 주체사상에 기초하여 북한을 통치해왔으며, 주체사상은 후계자 김정일 체제하에서도 북한의 통치철학으로 지속되어 오고 있다. 국제사회의 자선구호를 받아들이는 일은 북한에게는 처음부터 사상적 이단이었다. 북한으로서는 "체면을 잃는" 실패를 인정하는 일이기 때문이다. 북한이 식량원조를 요청한 일은, 그 자체만 볼 때도 은둔의 나라 북한 한가운데에서 무엇인가가 심각하게 잘못 돌아가고 있다는 것을 의미하고 있는 것이다.

북한의 식량원조 요청에 WFP는 WFP 창설 취지 내에서 두 가지 행동을 취하였다. 첫째, WFP는 FAO와 함께 북한의 농작물 총생산량, 특히 1995년 가을 수확된 농작물의 총량을 측정하도록 기술전문가로 구성된 조사팀을 파견하기로 결정하였다. 그리고 WFP는 가장 주요한 식량원조국인 미국, 캐나다, EU 회원국에게 식량 부족분에 대한 원조를 요청하였다. WFP는 이들 국가들에게 북한이 필요로 하는 전량을 요구하지 않았다. 이들 국가가 북한과 같이 국제사회의 안보에 위협적인 국가의 식량원조에 적극적이지 않을 것이기 때문이다. WFP와 FAO는 1995년 12월, 지지부진하게 끌어오던 피상적 내용만이 담긴 북한의 농업경제 상황에 대한 평가서를 내놓았다. 그 보고서에 담긴 통계수치만으로는 북한에서 어떤 일이 일어나고 있는지를 파악할 수 없었으며, 북한에 위기상황이 발생했다고는 생각할 수 없는 무미건조한 수치만 포함되어 있었다. 그러나 조사를 통해 보고된 식량 부족분은 북한 전 주민이 필요로 하는 전체 식량의 50%에 이르는 양이었다. 이는 1985년 100만명의 목숨을 앗아간 에티오피아의 부족분보다 더 많은 양이었다.

북한의 식량원조 요청은 북한이 기아 위기에 직면하고 있다는 사실을 외부세계에 인정한 첫번째 증거이다. 만약 기아전문가들에게 북한 입국이 자유롭게 허용되었다면 1994년 여름 이미 기아가 시작되었다는 것을 알아차렸을 것이다. 1996년 2월에 한 영국기자에 의해 기아가 북한을 휩쓸고 있다는 사실이 밝혀지기 시작하였다. 베커는 북-중 접경지역에서 1주일간에 걸친 탈북자들과의 면담을 통해, 기아가 북한에 발생했으며 주민들이 굶주림으로 죽어가고 있다는 사실을 알게 되었다. 특히 5세 이하의 어린이, 임산부, 수유부, 노약자, 그리고 환자와 장애인들에게 그 고통은 더욱 심하였다.

공산주의 가치기준에 따르면, 삶의 수준이 비교적 발달되고 지식수준이 높은 산업사회에서 기아가 발생한다는 것은 실로 이례적인 일이다. 1932~33년에 우크라이나에서 일어났던 기아를 제외하고 평화 시기에 비교적 발달된 사회에서는 기아가 발생하지 않는다. 우크라이나 기아는 스탈린의 강제 집단화를 격렬하게 반대하였던 'kulaks' (부농)이라 불리는 중산계층의 농부들을 계획적으로 제거하기 위한 스탈린의 정책에서 시작되었다. 20세기에 들어서면서 기아는 주로 아프리카지역에서 발생하였으나, 2차대전 후 아시아지역에서도 네 번의 기아 참사가 있었다. 200만명이 죽은 1943년 벵골의 기아, 3,000만명이 사망한 1958~1962년 중국의 기아, 150만명의 인명을 잃은 1974년 방글라데시의 기아, 그리고 마지막으로 도시 거주민과 지식인을 상대로 크메르 루즈에 의해 자행된 1970년대 말 캄보디아 대학살을 꼽을 수 있다. 그러나 이 기아로 희생된 인명 피해는 지금까지 밝혀지지 않고 있다. 이 중 중국의 기아가 20세기에 있었던 최악의 사건이었고, 희생자 수 또한 세계기록을 나타내고 있다.[1]

기아에 관한 연구로 노벨상을 수상한 센과 동료학자 드레제는 두 가지 이유에서 민주주의 국가에서는 기아가 발생한 적이 없다고 설명한다. 첫번째 이유는 직관적으로도 이해가 되는 명백한 사실이지만, 만약 굶어 죽어가는 사람이 있다면 민주주의 사회에서는 자신의 고통과 분노를 투표를 통해 전달할 수 있기 때문이다. 더욱이 민주주의체제에서 자유로운 언론 매체를 통하여 위기 상황을 대중에게 전달함으로써 정부에 즉각적인 대응을 요구할 수 있다.[2] 북한은 자유로운 언론이 보장되어 있는 체제도 아니고, 긴박한 재난에 효율적으로 대처할 수 있는 민주주의 체제도 아니다. 사실상 지구상에서 북한보다 더 고립적이고 폐쇄적이며 주민에 대한 완전 통제와 비밀이 이루어지는 국가도 없을 것이다. 국제정치의 복잡한 상관관계에서 북한을 보면―북한체제의 전체주의적 성격은 해결될 수 있는 문제를 상상할 수 없을 정도의 악몽으로 악화시켜놓는다.

한반도의 기아 역사

수세기 동안 한반도의 가난한 농민들은 기아와 질병에 자주 시달려왔다. 수십 년 동안 농민들은 전쟁과 자연재해, 기아, 그리고 지주와 탐욕스러운 지방관리들의 폭정에 시달리며 세금과 징발을 통해 철저하게 몰수당함으로써 고통을 받아왔다. 대부분의 농민들은 인재와 자연재해를 대비한 식량을 비축해 놓지 못한 채, 다음 추수 때까지 완전 극빈상태에서 생명을 유지해야 했다. 위기가 닥쳐올 때마다 많은 농민들은 집에서 굶어 죽거나 식량을 구하기 위해 고향을 떠나고 그 과정에서 많은 인명피해가 발생하였다.[3]

1592년과 1598년 한 차례의 기아와 전쟁이 한반도를 휩쓸고 지나갔다. 봉건주의를 청산하고 중앙집권적인 군사지휘체계를 확립한 일본의 도요토미 히데요시는 15만 8천의 군사를 이끌고 조선을 침략하였다. 일본은 전쟁 초기부터 정명가도征明假道를 내세워 대륙침략을 공언하였기 때문에 중국 명나라는 자위책으로 15만의 군대를 조선에 파견하였다. 7년에 걸친 전란 기간 동안 수없는 평화협상과 전쟁이 반복되었고, 많은 인명피해가 발생하고 농민의 생활터전은 황폐화되었다. 이런 상황에서 조선정부와 농업체제는 완전히 혼란에 빠져들었다. 농민이 농산물을 생산하는 즉시 점령지휘관은 자신의 군대에 식량을 공급하기 위해 농산물을 몰수해가고, 한편 지주와 지방관리들은 더 많은 소작료를 걷기 위해 이 혼란을 악용하였다. 전후 7년 동안, 집과 가족을 잃은 사람들은 무리지어 방황하고, 질병과 굶주림, 그리고 혹한은 전쟁으로 허약해질 대로 허약해진 수많은 인명을 앗아갔다. 그러나 유생과 농민으로 구성된 각 지방의 의병활동과 조선의 혹독한 추위는 마침내 일본 침략을 물리칠 수 있었다.[4]

한반도에서 발생한 또 다른 기아에 대한 기록은, 조선말 전역을 휩쓴 전염병과 가뭄으로 초래되었다. 1671년 기아는 극에 달했다. 기아로 인해 30만명이 죽었으며, 이 숫자는 임진왜란 때 사망한 인명 피해보다 더 많은 숫자이다. 일본의 역사학자 하타다는 "이 기아기간 동안 배고픈 사람들은 무덤을 파헤치고 시체의 옷을 벗겨냈으며, 어린이들은 길과 도랑에 버려졌다."고 전하고 있다.[5]

영조대왕의 치세는 일반적으로 조선의 문예부흥기로서 역사에 기록되는 반면, 소수 귀족과 상인계층에 정치와 경제적 부가 국한되어, 조선 전역에 걸쳐 농민들의 배고픔과 고통이 위장되어 있던 시대였다. 1748~49년 기아와 전염병으로 50만명이 사망하였으며, "배고픈 사람들이 시체를 먹는 광경"이 목격되기도 하였다고 전해지고 있다.[6]

19세기는 18세기보다 식량사정이 더욱 나쁜 시기였다. 1810년과 1832년 두 차례의 홍수로 기아와 전염병이 창궐하고 농민들은 극심한 고통에 시달리게 되었다. 이 재난으로 조선 인구가 거의 100만까지 감소하였다. 1812년 조선왕조실록에 의하면, 굶주리는 사람의 숫자가 평양지역에서만 90만명이 넘고, 황해지역은 52만명, 강원지역은 17만명, 그리고 함경지역은 40만명에 이르렀다고 전하고 있다.[7] 극빈한 농민을 구제해보려는 조선정부의 노력은 오히려 역효과를 초래했으며, 인재人災를 불러일으킨 강압적인 경제체제는 변하지 않은 채 오랫동안 계속되었다. 이러한 상황에서 지방관리들에게 불만을 갖고 있는 가난한 농민들은 산발적으로 전국에 걸쳐 민란을 일으켰으며, 삼남지방을 중심으로 봉기한 농민들은 대부분이 성공하지 못하였다.[8] 1862년 전라도지방에서 일어난 민란은 전국을 혼란으로 몰고 갔다.[9] 내가 이 시기를 언급하는 이유는 이 당시 기아의 참상이 1990년대 북한에 기아가 발생했을 때, 북-중 접경지역으로부터 보고되는 탈북자의 증언과 매우 유사하기 때문이다.

> 전라지역 지방관리들 보고에 의하면, 많은 사람들이 집을 버리고 떠나 심한 경우 한 마을에 10가구도 채 남지 않았다. 비옥한 들판은 황무지가 되어버렸다……. 집을 떠나 거리를 방황하던 수많은 농민들은 일시에 일어났다……. 딸을 팔아 식량을 얻고, 아들은 길에 버리고, 그리고 자신은 부랑자 신세가 되었다. 많은 사람들이 길에서 죽어갔다. 화전을 일굴 생각으로 살아남은 사람들은 산으로 올라갔으며, 산림을 태워 경작지를 만들었다……. 그러나 농민의 봉기는 계속되고, 굶주리고 집 없는 사람들로 구성된 도둑떼는 각지에서 극성을 부렸다.[10]

부패하고 무능한 정부관리들은 기아 사태에 대한 논의를 거부하고, 농민들의 체제개혁 요구를 묵살하였다. 일본은 1905년 조선을 새로운 제국에 편입시키고, 1919년과 1939년 일본 식민지정부는 조선의 농업근대화를 계획하였다. 이러한 개혁조치로 생산된 잉여식량은 거의 대부분이 조선에 남겨지지 않고 일본으로 공수되었다. 그러므로 지역에서 생산되는 양은 증가하는 인구에 턱없이 부족하였다. 조선의 농민은 자신들이 수확한 대부분의 식량을 몰수당하고, 감소된 적은 부분만을 소유하였다. 일본과 지방의 지주는 소작료 명목으로 수확량의 50~90%에 달하는 생산량을 착취해갔다.[11] 상황은 더욱 악화되어 1930년대에도 각지에서 산발적인 기아가 다시 나타났다. 농민들은 농사를 지어 일본과 지주에게 착취당하느니 차라리 마을을 떠나 산에 화전을 일구어 감자와 귀리 옥수수를 생산하였다. 1931년에는 27,000정도의 가구가 화전민이 되었다. 1939년까지 이 숫자는 계속적으로 증가하여 34만 가구가 화전민으로 전락하였다.[12]

1990년대 북한의 농부들도 자신들의 생존을 위해 다시 화전민이 되었다. 북한 당국은 기아가 진행되는 동안 굶주리는 도시 주민을 위해 더 많은 수확량을 농민들에게서 몰수해갔기 때문이다.

동구경제권의 붕괴

북한은 1980년대와 1990년대 중국과 소련 두 체제가 시장자본주의로 개혁 전환함에 따라 소련과 중국과의 관계가 소원해졌다. 북한은 중국과 소련을 사회주의와 공산주의 혁명을 배반한 배신자라고 비난하였다. 김일성은 특히 동독과 루마니아의 지도자와 개인적 친분을 유지해오고 있었는데, 그들의 갑작스러운 퇴위에 공포를 느꼈다. 동독의 호네커는 재판에 회부되어 마침내 추방되었으며, 루마니아에서는 1989년 12월 민중봉기로 가장된 쿠데타가 일어났고, 이를 계기로 차우체스크는 부인과 함께 처형되었다.[13] 호네커와 차우체스크 모두 북한으로의 탈출을 생각하고 있었다고 한다.

북한은 오랫동안 소비에트식 경제체제를 실천해오고 있으며, 사회주의 동맹국가와 바터무역을 지속해오고 있다. 1980년대 북한의 식량 생산량이 급속히 격감할 때에도, 소련과 중국은 늘어나는 북한의 식량 부족분을 채워주기 위해 북한에 대한 식량보조금을 증가시켰다. 비록 북한의 제품이 경쟁적인 국제시장에서 시장성이 없을 정도로 품질면에서 떨어지지만, 북한은 공산품을 생산하여 소련의 식량보조금 지원 대가로 소련에 수출하였다. 한편, 북한은 국내에서 원유가 생산되지 않기 때문에 소련과 중국으로부터 대부분의 원유를 수입하고 있다.[14] 그러나 1990~91년 소비에트 경제체제가 붕괴되면서, 고르바초프의 정치개혁과 옐친의 자본주의체제로의 혁명이 급속하게 진행되어가는 과정에서 북한은 러시아로부터 식량과 원유를 더 이상 원조받을 수 없게 되었다. 북한에 대한 러시아의 원유 제공은 1989년 50만 6천톤에서 1992년 3만톤으로 가파르게 떨어졌다. 북한을 둘러싼 국제환경의 변화, 바닥을 드러낸 북한의 외환보유고, 그리고 북한 내 원유 공급의 부족은 전반적인 북한산업의 붕괴를 초래하였다.[15] 비록, 1995년 8월의 대홍수가 북한의 공식적인 기아 발생의 시작으로 보고되고는 있지만, 식량 원조를 요청한 시기보다 훨씬 이전에 이미 식량 부족은 시작되었다.

평양은 위기에 대한 모든 공적인 보도와 발표를 자제하면서 식량원조 요청을 발표하였다. 이번 기아는 자연재해로 인해서 발생한 것임을 거듭 강조하였다.

1980년대 소비에트체제와 유사하게—소련이 서구사회에 비해 경제적으로 뒤떨어지게 된 이유가 제2차세계대전 때문이라고 강조했던 사실—북한체제는 이번 기아가 사상과 체제로 기인한 문제라는 사실을 인정하려 하지 않았다. 기아 구호활동을 하기 위해 북한에 머무르고 있는 서구인들은 북한관리들에게 이번 기아가 전적으로 북한의 기존 농업정책과 경제정책의 실책에 기인하는 것이라고 전달하였다. 그러나 이같은 문제 제기에 북한관리들은 북한이 처한 작금의 심각한 식량난의 실제적인 원인을 한국전쟁 발발로 돌리고 있었다. 북한은 소비에트 연방 및 중국과 마찬가지로 집단화 농업정책을 시행하여왔는데 최근 러시아와 중국은 이러한 정책을 포기하였다. 단지 북한에서 찾아볼 수 있는 유일한 농업 사유화의 흔적은 개인에게 허용된 텃밭으로, 여기서 생산된 농산물은 각 가정과 개인의 소유임을 당국으로부터 인정받고 있다.

홍수로 인한 피해가 발생하기 전에도 북한은 곡물 생산에 불리한 자연과 기후조건을 갖고 있다. 북한의 경작지는 전 국토의 약 15~20%에 해당한다. 국제적인 기준과 평가에 준해서 북한을 평가할 때, 식량을 외국에서 수입하지 않고 자국민을 먹여 살릴 수 있는 능력은 거의 하위 수준에 머문다. 1인당 경작비율이 매우 낮아 북한보다 더 낮은 수치를 보이는 후진국은 오직 10개국 정도일 뿐이다.[16] 낮은 경작률과 열악한 농업환경 속에서도 잘 사는 나라들도 있다. 이스라엘, 아일랜드, 일본, 싱가포르, 네덜란드, 원유생산국인 아랍의 여러 나라, 스위스, 그리고 흥미롭게도 남한이 이에 포함된다. 미국의 경우 1인당 소유경작지는 중국의 5배이고 북한의 6배로 높은 편이다. 북한의 서부와 중앙지역은 산지가 많아 주로 옥수수와 감자를 생산하고 있으며, 충분한 양이 생산되지 않고 있다. 남서부 지역과 해안 평야지역, 그리고 중국 접경지역을 따라 펼쳐지는 몇몇 지역에서만 쌀과 옥수수가 생산되고 있을 뿐이다.

북한에서는 극히 제한된 농경지로 충분한 식량을 생산하여 자급자족할 수 없으며, 부족한 식량은 사회주의 동맹국에 공산품을 수출하여 식량을 수입해옴으로써 식량문제를 해결해왔다. 한편 전통적 농경사회에서는 소유한 농경지의 양이 농민들 삶의 흥망성세를 결정하였다. 1940년대 북한이 수립될 당시만 해도, 농경지가 제한되어 있음에도 불구하고 인구가 적어서 자급자족이 가능하였다. 그러나 1960년대와 1970년대에 급속한 산업화가 이루어지고, 중앙집중적인 소비에트식 경제체제로 수행해감에 따라 인구 증가가 발생하였다. 북한은 더 이상 경작지에서 생산된 곡물만으로 자급자족할 수 없게 되었다. 그래서 북한은 구상무역(바터제, 두 나라 사이에 협정을 맺어 일정기간 수입과 수출의 균형을 이루고, 결과적으로 결제 대금이 발생하지 않게 하는 무역)을 통해 자국에서 생산된 공산품과 소련의 곡물을 교환하였다. 이러한 경제 공생관계는 1990년대 소련이 붕괴하면서 해체되었고, 북한은 만성적인 무역적자와 폐쇄경제의 구조적 모순으로 인하여 경제난에 빠지게 되었다. 주체농업의 한계와 붕괴된 산업능력으로 공산품을 더 이상 생산하지 못함으로써, 북한당국은 증가하는 인구에 비례해서 충분한 식량을 공급할 수 없게 되었다.

식량의 자급자족을 해결하려는 방안으로 김일성은 산 중턱에 옥수수를 경작하도록 주민들에게 권고하였다. 그러나 큰비가 오면 가파른 언덕에 재배되어 있는 옥수수는 모두 유실되어 강으로 흘러내려갔다. UN의 농경학자에 의하면, 수로의 진행을 방해하는 토양의 퇴적은 강 수위를 높여 큰비 피해에 제 역할을 다하지 못한다고 한다. 그 결과 홍수의 정도가 매년 심대해지고, 더 많은 주변의 경작지를 침식시킨다. 1997년 6월 처음 북한을 방문했을 때 나는 홍수로 피해를 본 강을 답사하였다. 강 근처의 언덕과 들판의 토양이 모두 벗겨져나가 있었다.

김일성이 제안한 농업발전정책에는 어느 지역에 옥수수를 심고 벼를 심어야 하는지에 대한 내용은 포함되어 있지 않았다. 개인 사유토지를 몰수하여 농업집단화를 이루는 것이 마르크스-레닌 농업정책의 주요 골자이다. 북한은 1945년과 1953년에 농업집단화를 강제로 시행하였다. 수백만명의 인명 피해를 가져온 소련과 중국에 비해 북한은 농업집단화를 시행하는 과정에서 적은 인명 손실을 보았다. 북한당국은 농업집단화에 반대하여 남한으로 이주하는 사람들의 선택을 가로막지 않았으며, 500만명이 남한행을 선택하였다.[17] 김일성은 1960년과 1970년 일련의 경축사를 통해 네 가지 원칙에 기초한 농업발전전략을 발표하였다. 농업의 기계화, 화학화, 수리화와 전력화—이는 레닌의 러시아 농업발전을 위한 근본원

칙에서 비롯된 것이다. 레닌의 작동원리에 덧붙여 김일성은 농업에서의 청산리방
법을 강조하였다. 청산리방법은 김일성이 1960년 2월 평남 강서군 청산리 당 총회
와 강서군 당 위원회 사업을 현지 지도하는 과정에서 시작되었다. 당시 청산리를
찾은 김일성은 농민들과 15일 동안 숙식을 같이하면서 농촌의 실정과 농사 현실을
구체적으로 파악한 뒤 청산리 당 총회와 강서군 당위원회를 통해 협동화된 북한
농업이 나아갈 새로운 방향과 방도로서 청산리정신과 청산리방법을 제시하였다.
청산리방법은 중앙집중화된 농업 통제시스템에 사상적 요소를 강조함으로써, 생
산효율성보다는 정치사업을, 기술지도보다는 사상적 지도를 강조하는 방법이었
다. 1964년 2월 25일 조선노동당 중앙위원회는 네 가지 원칙과 위대한 수령 김일
성 동지로부터 이어져내려오는 청산리방법을 승인하였다.[18]

　　1960년대 중반 이후부터, 사상적 열망과 열정을 가진 북한체제는 시장체제가
가져다주는 경제적 유발동기는 재고해보지도 않은 채 이같은 농업정책을 지속적으
로 추구하였다. 북한당국은 경제와 과학을 정치사상의 하위에 두게 되었으며, 이같
은 일관된 북한 정책은 1990년대 끔찍한 재난을 초래하게 된다. 수립 초기 평양의
정책이 레닌의 경제사상에서 유래되었다는 것은 두말할 것 없는 사실이다. 농촌에
는 집단농장과 국영농장에 근무하면서 월급을 받는 프로레타리아트 계급이 형성되
고, 도시에는 산업에 종사하는 프로레타리아트 계급이 새롭게 형성되었다.[19] 김일
성의 궁극적 목적은 자신의 농토와 집을 소유하고 농산물을 생산하는 자작농이 아
니라, 사유재산을 전혀 갖고 있지 않은, 즉 영원히 토지에 묶인 프로레타리아트 일
군들로 구성된 공장식 농장의 국가를 형성하는 것이었다.

　　한편, 현대적인 기술과 마르크시즘에 의해 지도되는 '과학'의 힘을 빌어 공산
주의식 유토피아를 실현할 수 있다는 믿음을 갖고, 농업에서의 기계화, 화학화, 수
리화, 전력화가 전적으로 고무되기 시작하였다. 이 중 북한이 가장 성공한 분야는
관개수로 정비를 포함한 수리화라고 할 수 있다. 만약 1960년대와 70년대에 북한
이 이룩한 농업생산량의 증가가 이 네 분야를 통해 이룩된 성과라면, 1990년대에
발생한 농작물 생산량 감소 또한 이 네 분야를 통해 설명될 수 있다. 특히 1990년
대까지 비료, 해충 제거제, 잡초 제거제 생산을 포함한 농업에서의 화학화가 급격

히 감소하여 농작물의 생산이 줄어들게 되었다. 예를 들어, 비료생산량은 1995년에 21.7만톤으로 감소하였고, 1997년 필요량이 35만톤인데, 생산량은 겨우 8.1만톤에 머물렀다.[20] 농업의 기계화 역시 현격하게 감소되었다. 대부분의 농사가 인력과 축력에 의해 이루어졌으며, 유류 부족은 농사에 사용되는 트랙터를 적기에 사용할 수 없게 함으로써 더 이상의 증산 효과를 가져올 수 없었다. 수리화 또한 전력 부족으로 많은 문제점을 안고 있었다. 전력 부족으로 물을 끌어올리는 펌프를 제때에 작동시킬 수 없었다.[21] 벼농사를 짓는 대부분의 지역에서 전기 그리드에 의한 관개가 오히려 역효과를 일으킨다는 FAO의 농업수리화에 관한 보고서는 평양 북부지역에서 주로 행해져왔던 전기 그리드에 의한 관개를 중력에 의한 용수체제로 전환할 것을 제안하였다.[22]

식량 증산을 위한 화학비료의 남용은 시간이 지날수록 토양의 산성화를 가져왔다. 농업에 관한 한 해박한 지식을 갖고 있는 국제 농업학자들은 이 지구상 어디에서도 북한에서와 같은 화학비료의 과잉 사용을 본 적이 없다고 한다.[23] 다소 과장된 표현이기는 하지만 북한의 실정을 전달하고 있다. 한 농업학자에 의하면 북한에서 곡물생산이 많았던 시기에는 무엇보다 화학비료의 투입이 쌀과 옥수수의 증산에 큰 도움이 되었다고 한다. 북한에서 발간된 통계수치와 북한 당국의 선전을 별개로 분리시켜 생각하는 것이 어려운 일이기는 하지만, 1960년대에서 1970년대까지 농업에서의 화학비료 사용 덕택에 매년 꾸준하게 식량 증산이 이루어진 것도 사실이다. 그러나 1980년대 중반에 들어서면서 갑자기 식량 생산 곡선이 하향추세를 나타내게 되었다. 1980년대 말과 1990년대 초 북한의 산업화가 급속히 하향 곡선을 그리면서 비료와 해충제거제등 농업생산 기자재의 실질적인 생산이 감소하였기 때문이다.(표 1 참고)

서구사회는 식량증산을 위한 다양한 농업구조 개선방안을 연구하고 있다. 예를 들면 작물교환 재배, 이모작, 일시적인 휴경지로 남겨놓기, 질병과 해충에 강한 다양한 품종개발과 같은 방법들은 적절한 화학비료 사용과도 연관되어 있다. 경제난의 심화로 주체농법을 뒷받침할 수 있는 물적 공급이 원활하지 못한 상황에서

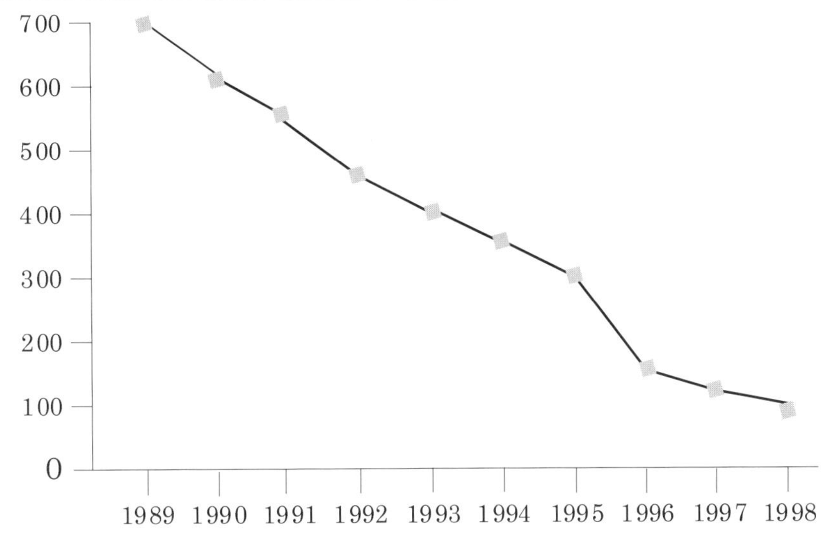

출처: FAO, 〈세계정보와 조기경보체계〉

북한당국도 농법의 변화를 시도하였다. 다른 무엇보다도 이러한 시도는 지금까지 정치사상이 농업시스템에 잘못된 영향력을 행사했다는 사실을 반영하는 것이기도 하다. 북한은 경지면적이 제한되어 있는 조건하에서 식량문제를 해결하기 위한 방안으로 경지의 외연적 확대에 치중하는 한편, 농업생산의 집약화를 추구하였다. 그 결과 토지이용률을 극대화하는 밀식재배, 이모작이 강조되었다. 특히 이모작은 경지의 외연적 확대와 동일한 효과를 가지는 식량문제를 해결할 수 있는 중요한 방법으로 인식되어 적극 장려되어왔다. 그러나 이모작의 시도는 북한 정치원로들의 강한 반대에 직면하기도 하였다.

이모작은 식량증산을 위해 1년에 두 가지 농작물을 재배하는 농업방법으로 가장 일반적으로 적용되는 방법인데, 1940년대 말부터 1950년대까지 북한은 농업정책의 일환으로 이모작을 장려하였다. 그러나 북한의 짧은 식물 성장기간은 한 가지 농작물을 생산하기에 적합하고, 두 가지 농작물을 재배할 경우에는 성장기간이 짧아 농작물이 제대로 성숙되지 않기 때문에 이 정책을 포기할 수밖에 없었다.[24] 이모작을 가능하게 하기 위해서, 서구에서는 짧은 기간에 빨리 성장할 수 있는 품종을 개발하여 여러 지역에서 이모작을 가능하게 하고 있다. 한편, 북한에서는 이모작에 반대하는 정책이 주체농법을 지속하는 정책의 견고한 한 부분이 되기도 하였다. 주체농법은 불변함과 부단함을 강조하기 때문이다. 북한은 외부세계와 단절되어 있기 때문에 새로운 품종개발을 위한 유전학 연구가 활발하게 이루어지고 있지 않다. 비록 북한의 농업학자들이 알고 있다 하더라도 그들은 주체농법을 바꿀 수 없는 것이다. 다시 말하면 북한에서는—과학과 경제에 기초해서가 아니라—정치가 모든 정책을 입안하고 결정하는 데 가장 중요하게 작용한다. 1960년 2월, 김일성이 집단농장에서 행한 "농업에서의 정치수행을 위한" 교시에서 그 실례를 찾아볼 수 있다.[25]

나와 면담한 탈북자의 증언에서도 그 예를 찾아볼 수 있다. 북한 농업성 부관이 로마에서 열린 UN회의에 참석했을 때의 일이다. 이탈리아의 한 농장을 방문하고 농부들이 옥수수 낟알을 직접 들판에 뿌리는 것을 북한관리가 목격하였다. 북한에서는 이른봄에 모판을 만들어 옥수수 씨앗을 발아시키고, 발아된 옥수수 싹을 들판에 모종한다. 평양은 짧은 식물의 성장기간 때문에 자신들의 방법이 타당하다고 주장하여왔다. 그러나 세계 어느 지역에서도 북한과 같은 방법으로 옥수수를 경작하는 곳은 없다. 그후 농업성 부관은 김일성에게 이탈리아 농장에서 목격한 방법에 대해 설명하였고 북한에서도 그와 같은 기술을 시험적으로 시행할 것을 적극 추천하였다. 김일성의 승인을 받은 부관은 새로운 농경방법의 시행을 상관에게 전달하였다. 그러나 그러한 농경방법이 주체농법의 기본원리에 위배된다는 이유로 부관은 즉시 해임되었다. 그후 부관은 자신의 복직을 위해 투쟁하였고, 김일성으로부터 다시 복직을 허락받았다고 한다. 부관을 해임시켰던 상관은 김일성의 승인이 있었다는 사실을 모른 채 주체사상에 근거하여 부관을 질책하였던 것이다. 북한은 변화와 개혁에 따르는 어떠한 위험도 감수하기를 거부한다.[26]

북한 농업학자들이 벼 증산을 위해 주로 채택하는 방법은 많은 양의 화학비료에 잘 견디는 새로운 품종을 개발하고, 모판에 벼 모종을 촘촘히 심는 밀식재배 방법이다.[27]

북한체제에 익숙한 중국 농업학자들도 이러한 방법이 헥타르당 쌀의 생산을 오히려 감소시키는 결과를 가져온다고 주장한다. 화학비료의 과잉사용을 줄인 후에도 밀식재배 방법이 계속된다면 쌀 증산에 주는 피해는 더욱 심각해질 것이다. 1990년대 중반, 식량 생산의 감소와 토양의 산성화가 동시에 심각하게 진행되었다.[28] 이 결과 북한의 농업성은 남서부에 위치한 집단농장에 화학비료를 필요로 하지 않는 전통적인 벼 품종으로 다시 돌아가고, 개발된 새로운 품종을 포기하도록 지시하였다.[29]

북한의 재정

만약 산업분야와 농업분야의 기능장애에도 불구하고 국가예산과 외환보유고가 충분하였다면, 북한은 국제곡물시장을 통해 식량부족분을 사들일 수 있었을 것이다. 북한의 재정상태와 외환보유고에 관한 사실적 통계가 나와 있다면 나의 분석에도 도움이 되었을 것이다. 북한의 경제와 예산 상태를 평가하는 일은 기아의 여러 측면을 예측하는 일보다 더 많은 추측과 상상력이 요구된다. 북한은 1976년 서구국가들에게, 그리고 1994년에는 동구권의 몇몇 국가에 채무불이행을 선언하였다.[30] 북한은 더 이상 국제사회에 돈을 빌릴 수 없게 되었다. 그러나, 이러한 외환사정에도 불구하고 1999년 초 북한은 벤츠차를 수입하고 1998년 여름 북한주민이 사용할 자전거를 수입하는 데 외화를 지불하였다.[31] 외화가 부족한 상황에서도 일반주민이 아닌 특별계층을 위한 상품구입은 하였던 것이다. 이렇게 수입된 자전거들은 북한 주요도시의 주민들을 위해 사용되었다.

1990년대 말까지 북한의 군사력은 규모와 파괴력에 있어서 가공할 정도의 위력을 갖고 있었다. 그러나 최근 10년 사이 남한의 군사력과 비교해볼 때 상대적으로 쇠퇴해졌다. 경제발전을 이룩한 남한은 군의 현대화에 많은 예산을 투입하였고, 1990년 중반부터 북한은 남한의 군사력을 따라잡기 위해 군의 현대화에 많은 노력을 기울여왔다. 북한은 인도, 러시아, 중국의 군수물자 제조산업에 관심을 보이고 이들 나라에 신용거래를 요구하였으나 어떤 국가도 북한의 이같은 제의를 받아들이지 않았다.[32]

북한체제의 정치적 목표가 자신의 정치·경제 체제를 존속시키는 것이라면 무기를 외상으로 구입하려 했다는 사실은 북한의 외화보유고가 바닥났음을 보여주는 실례이다. 만약 북한이 충분한 외화를 보유하고 있다면, 남한에 비해 상대적으로 저하된 군사력을 현대화시키기 위해 많은 비용을 투자할 것이기 때문이다. 비록 기아가 진행중임에도 불구하고 국제무기시장에서 소량의 무기를 구매한 사실이 알려졌으며, 이는 북한 외한보유고의 한계를 드러내는 것이다.

그래도 지금까지 북한에서 생산되는 상품 중 외부 구매력이 있는 것은 지대공 미사일, 지뢰, 그리고 작은 소총들을 포함한 무기와 천연광석일 것이다. 남한에서 발표된 보고서에 의하면, 북한의 무기 수출은 1980년대 매년 평균 2억 5천만달러에 달하던 것이 1990년과 1995년 사이에는 매년 5천만 달러 수준으로 떨어졌다고 한다. 무기수출의 감소도 만성적인 북한산업의 침체에서 기인한다. 점증되는 운송문제, 천연자원과 전력의 부족 등이 주요 원인이다.[33]

평양은 자국의 해외 주재 공관원들에게 자력으로 해외공관을 유지해나갈 수 있는 예산을 마련하라고 지시하였다. 해외 주재 북한 대사관들은 암시장을 통한 불법 거래를 통해서 자금을 마련하여왔다.[34] 한 소식통에 따르면, 북한은 불법적인 국제 마약거래를 통해 매년 8,500만달러를 벌어들이고 있다고 한다.[35] 개발도상국들은 자국의 해외주재 공관을 지원하는 데 때때로 예산상의 어려움이 있다 할지라도 그들의 예산을 제한하지 않는 것이 일반적이다. 해외 주재 공관에 대한 평양의 지시는 북한의 국가 예산이 거의 바닥났음을 보여준다. 국제사회로부터 고립을 막아보기 위한 시도로, 북한은 1960년대 이후부터 제3세계와의 외교관계 수립에 적극 노력하여왔다. 1997년 여름, 북한관리가 외교승인을 받아 내기 위한 대가로 나이로비에서 케냐 관리에게 달러가 돈 봉투를 전달하는 사건도 있었다.[36] 그러나 경제난의 악화로 해외주재 공관이 잇달아 폐쇄되면서 평양은 국제 외교사회에서 남한과 경쟁하려는 시도를 포기하였다. 1998년 가을 북한은 UN과 자신의 동맹국, 그리고 몇몇 적대국의 수도에 남겨진 해외공관을 제외하고 모든 해외 주재 공관을 폐쇄하였다.[37]

북한경제가 붕괴하면서 동북부 산간지역을 중심으로 물물거래가 이루어지고 있다. 이러한 물물거래는 주로 북-중 접경지역을 중심으로 이루어지고 있는데, 북한화폐는 통용되지 않는다. 동북지역 주민은 중국에서 생산된 옥수수와 교환하기 위해 산에 남아 있던 목재까지 벌목하여 내다 팔았다. 무차별한 벌목으로 토양침식이 가속화되고, 강의 퇴적이 진행되면서 북한의 강 시스템이 마비되고 있다. 그리고 이곳 접경지역을 방문한 사람들에 의하면 중국의 농산물과 물물교환하기 위해 공장지배인과 지방관리들은 기존의 산업현장에 그나마 남아 있던 시설과 설비들을 분해하여 시장에 내다 판다고 한다. 국제구호요원들에 의하면, 북한의 천연광석과 비료, 생선들이 중국의 옥수수와 물물거래로 교환되고 있다고 한다.[38] 그러나 1998년 여름 북한에서 거래될 수 있는 대부분의 자원들이 고갈되면서 이러한 종류의 거래행위도 사라졌다. 간혹 접경지역 몇 곳에서만 드문드문 목격될 뿐이다.[39]

지난 몇십년 동안 일본에서 파친코업소를 운영하면서 북한에 있는 친척들에게 송금되는 조총련의 자금을 북한은 받아들였다. 에버스타트와 놀란드에 의하면 조총련의 송금도 20억달러에서 1억달러로 급격히 감소하였다고 한다.[40]

외국기업의 북한 투자를 늘리고 외화를 유입시키기 위한 북한당국의 노력을 나진·선봉 경제특별구역에서 찾아 볼 수 있다. 수도 평양에서 멀리 떨어진 나진·선봉 경제특구는 서구 자본주의에 대해서—다소 의심스럽지만—북한이 제시한 유일한 방안이다. 1997년 평양은 나진·선봉지역에 한해서 서구의 자본 투자를 진작시키는 일련의 정책을 발표하였다. 개혁을 가능한 한 수도인 평양에서 멀리 떨어진 나진·선봉지역을 선택하여 서구 자본주의를 실험해보겠다는 북한의 의도를 아는 서구사회는 다소 실망하였다. 북한이 지금까지 유지해온 기존의 정치사상과 원칙을 앞으로도 계속 유지하겠다는 점에서는 변함이 없었기 때문이다.

한편, 북한체제 내에서도 나진·선봉지역에 대한 사상적 적대감은 불을 보듯 자명하였다. 일부 서구학자들은 나진·선봉지역에 대한 북한의 경제실험을 북한이 경제개혁을 시작하는 전조로서 잘못 이해하고 있다고 반박하였다. 나진·선봉 경제특구에 관한 조치는 북한이 단지 외국 기업의 투자를 끌어들여 외화를 벌어들이겠다는 의도 외에는 달리 이해할 수 없었다. 김정일이 1998년 나진·선봉지역을 방문했을 때의 일이다. 김정일은 김일성의 정치 슬로건이 담긴 깃발이 여덟 개의 상업광고판에 가려진 것을 목격하고 아연실색하였다. 그 다음날 아침 김정일을 아연실색케 한 여덟 개의 상업광고판은 당장 철거되었다. '자유'라는 단어가 포함된 나진·선봉 자유경제무역지대에서 '자유'라는 단어가 사라지는 순간이었다. 한편, 자유경제무역지대의 옹호자이면서 외자 유치를 총괄적으로 담당하던 김정우가 제거되었다. 1997년 말 공식석상에서 사라진 이후 총살당했다는 등 각종 소문이 나돌았으며, 그 후 그의 모습은 공개석상에서 사라졌다.[41]

미국의 대북경제제재 해제를 위해서 평양은 끊임없이 노력하고 있으며, 경제회복을 위해 필요한 세입을 확보하기 위해 나진·선봉 경제특구가 이와 관련되어 있다. 북한은 미국의 경제제재가 나진·선봉지역에 새로운 외국기업의 자본을 받아들이는 데 걸림돌이 된다고 생각하고 있다. 북한은 미국이 아시아 상품생산에 거대한 자본과 시장을 제공하고 있으며, 아시아 경제를 발전시키는 데 미국이 주요 역할을 하고 있다고 생각하고 있다. 그래서 북한은 미국의 대북경제제재가 북한을 미국 자본시장에서 제외시키고 있다고 생각하는 것이다. 만약 미국의 자본과 시장이 북한에 대한 외국 기업의 투자를 방해한다면, 어떤 나라의 기업도 나진·선봉지역에 새로운 투자를 하지 않을 것을 북한은 우려하고 있다. 그러나 북한은 1997년 아시아 경제위기 이후 아시아에 대한 미국의 투자가 대폭 삭감되었다는 사실을 잘 알지 못하고 있는 것 같다. 사실, 미국의 경제제재가 2000년에 끝이 났지만 지금까지 북한은 많은 외국자본을 북한으로 끌어들이는 데 실패하고 있다.

나진·선봉지역은 실질적인 투자보다 더 많은 약속을 끌어냈다. 만약 북한이 염두에 두고 있는 것보다 상당한 정도의 체제개혁을 착수하지 않는다면, 나진·선봉 경제특구는 평양에서 멀리 떨어져 있는 외딴 지역이고, 기존의 사회 인프라를 포함한 투자 환경이 양호하지 않을 뿐 아니라, 북한 경제 전망이 불투명하기 때문에, 나진·선봉특구의 성공을 위한 외국자본의 투자는 거의 이루어지지 않을 것이다.[42] 그 결과 나진·선봉특구는 고갈된 스탈린주의의 망망대해에 버려진 빈혈증에 걸린 외톨이 자본주의 섬으로 홀로 남겨지게 될 것이다.

거시경제학적 입장에서 1992년부터 북한이 처한 경제상황을 분석해볼 것 같으면, 기아가 곧 닥칠 것이라고 어렴풋하게 예견할 수 있다. 그러나 그 당시 경제 상황만으로는 이미 기아가 진행되고 있다고는 생각할 수 없다. 북한의 무역수지 통계는 아주 모호하며, 경제상황을 알 수 있는 북한정부의 공식적인 통계지수도 파악되지 않고, 각 주요 자원에 대한 평가 범위의 오차도 아주 심하게 나타나고 있다. 외국으로부터의 송금, 수입식량, 곡물생산량, 원유와 곡물에 대한 외국의 지원 등에 대한 통계자료도 만족스러운 것은 아니다. 그러나 북한 당국이 공식적으로 발표한 통계자료를 낙관적으로 추정해보아도, 통계수치들은 이미 북한이 심각한 경제난에 직면해 있다는 것을 보여주고 있다. 만약 급격히 감소된 경제자원들을 가난한 북한 주민들에게 제대로 분배하지 않는다면, 이 수치들은 기아가 곧 발생할 수도 있다는 것을 나타내고 있었다.

재난의 피해를 가장 심하게 받는 집단은 기아에서 살아 남기 위해 위기대응 능력을 발휘한다. 위기대응 능력이 발휘되지 않으면 기아에 노출된 허약한 집단은 결국 사망에 이르게 된다. 주민들이 필요로 하는 것을 국가가 공급해주는 사회주의 시스템에 익숙해진 사람들에게 이러한 위기대응 능력이 어떻게 작동되는지를 서구의 구호기관들은 잘 알지 못한다. 그리고 전체주의 국가체제가 주민들의 위기대응 능력을 어떻게 효율적으로 지원해왔는지, 기아가 닥쳐오기 전에 주민들은 얼마나 긴 세월 동안 그러한 위기에 대응해왔는지를 우리들은 잘 알지 못한다. 나의 경험에 의하면, 전쟁과 경제침체, 그리고 흉작과 같은 재난이 발생한 초기에 기아로 인한 인명 피해는 크게 나타나지 않는다. 오히려 초기에는 살아 남으려는 인간의 본능이 사회전반에 만연하고 있어서 그다지 많은 사람들이 죽지 않는다. 그러나 위기가 시작되고 2~3년이 지난 뒤, 인간의 한계로 더 이상 버텨내기 어려울 때 사망률이 치솟는다. 1995년 이전에 이미 북한에서는 경제난이 시작되었고, 북한 주민의 위기대응 능력은 농산물 생산에 타격을 준 홍수가 발생한 여름 이전부터 벌써 심각한 정도의 수준에 이르고 있었다.

경제난의 심각성이 예고되었음에도 불구하고 위기를 수습하려는 시도들이 제대로 이루어지지 않았다. 실례로 1994년 김일성 사망 이후 북한의 정치권력 이양은 느리게 진행되었으며, 공산주의체제에서 최초의 성공적인 왕조세습은 유교전통에 따른 문상기간이 끝난 후 아들 김정일에게 이양되었다. 김정일은 의심의 여지 없이 실질적으로 당과 군, 그리고 국가안전보위부를 완전 장악하였지만, 1998

년 여름 외견상으로 김정일은 기대했던 권력의 정상에 등극하지는 않았다. 노동당 중앙위원회는 김정일에게 국방위원장의 칭호를 부여하였다. 매년 시행되는 최고 인민회의 연두교시는 예전과 다름없이 국가원수 김일성의 이름으로 전달되었다. 사망한 지 4년이 지난 후에도 위대한 지도자 김일성은 국가수반으로 영원히 남아 있는 것이다.

1999년의 극적인 권력세습은 국가위기시에도 북한의 정통성은 계속된다는 것을 확인시켜주는 사건이었다. 김일성 정통을 세습한 후계자가 김정일이 아니라면, 아마도 북한 정치체제가 유지될 수 있었던 실체가 무엇인지에 대해서도 밝혀질 수 있었을 것이다. 만약 김일성의 절대정치권력과 김일성을 향한 북한 주민들의 지지가 지속되었다면, 김일성으로 하여금 경직된 소련식 중앙집중 경제체제에서 벗어나 중국식의 시장경제체제로 전환 가능하게 하였을지도 모른다. 그러나 김일성은 경제위기가 기아라는 대재앙으로 확대되기 전에 이미 사망하였다. 김정일은 아버지 김일성이 갖고 있던 수준의 절대권력과 대중적 지지를 갖고 있지 않다. 단지 김정일은 자신의 의지와 상관 없이 체제를 개혁해야 할 위기를 맞고 있는 것이다.

경제침체로 인해 기아가 시작되었다고는 하지만 전적으로 경제난만이 기아 발생의 주요요인이 아니다. 다른 알려지지 않은 요인들이 기아를 더욱 가속시켰다. 북한주민들이 필요로 하는 식량이 수입을 통해 공급되어지지 않는다면, 누가, 어디서, 그리고 왜 죽는지에 대한 사실은 자명해진다. 모든 북한주민이 똑같은 기아 고통을 분담하는 것은 아니기 때문이다. 서구의 경제원조로 실질적인 이득을 보는 집단도 생기기 때문이다. 이러한 견해는 미시경제학 분석을 통해 설명될 수 있다. 식량배급량이 점차 감소할 때 대부분의 주민들은 열악한 식량사정에 어떻게 대처해 나갈지에 대해 전전긍긍해진다. WFP는 1994년 이전의 북한 식량상황에 대해 "느린 속도로 기아가 진행중임" 이라는 표현으로 특징지어 설명하였다. 북한 농촌지역에서부터 시작된 기아는 북한 지도층으로 하여금 기아 대응책에 관한 일련의 결정을 하게 하였다. 중국 문화대혁명기간에 일어난 대참사 이래 가장 심각한 기아로 북한이 고통을 받고 있는 것이다.

실제로 북한 농촌지역에서 어떤 일들이 일어났는지를 알아보기 위해서는, 기아가 발생하게 된 북한 국내 경제사정과 식량배급시스템에 관한 정책을 우선 살펴볼 필요가 있다.

1998년 1월에 이루어진 북-중 접경지역에서의 난민 면담은 이러한 상황을 이해하는 데 도움을 주고 있다. 난민의 증언에 의하면, 1996년과 1997년에 당 간부들은 주민들에게 고통스러운 시기에 대한 준비를 하라고 시달하였다고 한다. 난민의 증언을 통해 그 당시 이미 식량위기가 상당히 진행되었다는 것을 알 수 있다. 만약 아침에 눈을 떠서 햇빛을 보게 된다면 그는 기아의 악몽에서 살아 남은 것이다. 한편 당 간부들은 1998년 주민들에게 더 고통스러운 시기가 닥쳐올 것임을 알려주고, 이에 대비할 것을 시달하였다. 이는 북한당국이 더 이상 주민의 생사에 관여하지 않고 모든 것을 포기한다는 것을 시사하는 것이었다. 이때 난민은 더 이상 지체하지 않고 죽음의 사신이 다시 북한에 나타나기 전에 북한을 떠나야겠다는 결심을 하게 되었다고 한다.[43]

2. 북한 국내 상황

기아 발생을 예고하는 지표들

북한에 정말 기아가 발생했는지에 대한 의혹들이 증폭되기 시작하자 나는 북한을 방문하여 직접 확인하고 싶었다. 그러나 북한에 비자를 신청할 때마다 매번 거절당했다. 북한에서 보내온 '나중에'라는 단어가 주는 의미는 "지금은 적당한 시기가 아니다"라는 것을 의미하고 있었다. 무엇보다 나는 북한에 들어갈 수 있을지가 염려되었다. 마침내 1997년 5월, 그 당시 내가 근무하고 있던 월드비전의 다른 직원들과 함께 북한으로부터 비자를 받았다. 비자를 받는 것만큼 북한의 입국도 매우 어려웠다. 북한으로 통하는 정기적인 비행항로가 여의치 않았기 때문이다. 북경에서 1주일에 두 번 평양으로 운항되는 비행기를 이용해 우리 일행은 입국하였다.

우리 일행은 그해 벼 작황과 관련하여 북한을 방문하였다. 공항에서 평양시내 호텔까지 가는 동안 우리는 차창 밖을 통해 평양거리를 볼 수 있었다. 논에서 일하는 사람들의 3분의 1이 군복을 입은 군인들이었다. 거리에는 비교적 많은 사람들을 발견할 수 없었다. 270만의 인구를 갖고 있는 도시 치고 평양거리는 한낮임에도 불구하고 한산하였다. 아시아의 다른 대도시에서 볼 수 있는 도시의 활기와 복잡함을 전혀 찾아볼 수 없었다. 우리 일행을 싣고 가는 두 대의 벤츠와 몇 대의 버스들만이 파리와 런던에서 볼 수 있는 확 트인 도로를 천천히 달리고 있었다. 경찰

복장을 한 젊은 여성이 교차로에서 마치 로봇처럼 절도 있게 리듬을 타면서 복잡하지 않는 교통을 정리하고 있었다. 여성 교통경찰은 부족한 전력을 아끼기 위해 교통신호등을 대신하고 있었다.

모스크바, 북경과 달리 평양에서는 도시건축과 설계에 있어 과거의 역사 흔적을 찾아볼 수 없었다. 오직 김일성만이 평양의 우상이며, 그의 모습과 이름과 추억이 평양의 건축물과 공공장소, 그리고 건물 대부분에 표현되어 있을 뿐이었다. 북한 엘리트계층의 자녀들은 김일성대학에 보내어진다. 그들은 김일성거리를 따라 걸어가면서 위대한 수령을 노래하고, 김일성스타디움에서 벌어지는 스포츠행사에 참여한다. 김일성의 웅장한 묘를 방문하는 방문객들은 손을 길게 뻗친, 금을 입힌 김일성 동상에 참배한다.—이 동상의 건립에 8억 5,100만달러의 경비가 소요되었다.[1]

우리 일행은 국제구호기관의 활동을 NGO와 UN 기관들과 서로 연관시켜 관리, 감독하고 있는 홍수통제복구위원회Flood Control and Rehabilitation Commission 부회장인 종Mr. Jong을 저녁에 만났다. 종은 우리 일행에게 극진한 저녁을 대접했는데 북한주민에게 닥친 끔찍한 일들이 생각나자 불편한 마음을 감추지 않았다. 식사 내내 종은 식량난과 그리고 자신들이 식량난과 관련해서 북한에서 어떠한 일들을 전개하고 있는지에 대해 설명하였다. 종은 내가 앞으로 1년 동안 밝혀내고자 하는 세 가지 점에 대해 지적해주었다. 첫째, 농촌지역보다 도시지역에서 기아가 더욱 심각하다는 점이다. 농부들은 산과 들에서 부족한 식량을 대체할 수 있는 식량을 구할 수 있고, 그리고 텃밭에서 채소를 경작할 수 있기 때문에 식량부족을 다소 해결할 수 있다. 둘째, 1996년~97년 북한당국은 37만톤의 작물을 수입하였다는 점이다. 셋째, 중국과의 물물거래가 가능한 북한의 북쪽지방 식량사정이 남쪽보다 훨씬 낫다는 점을 지적하였다.

영어를 사용할 줄 알고 이미 수차례 각 지역을 다녀온 북한 감시원 때문은 아니더라도, 왜곡되지 않은 진실이 밝혀진 경우를 제외하고 기아에 관한 북한관리의 설명과 실제 기아상황과의 차이를 밝혀내는 일은 그리 쉬운 일은 아니다. 내가 공항에서 만난 NGO와 UN 직원들은 상당한 정도의 분노와 좌절을 표출하였으며, 북한당국에 대한 냉소를 감추지 않았다. 구호요원과 직원들의 이같은 감정표현은 긴급상황이 일어났던 세계 다른 지역에서는 찾아볼 수 없었던 일이었다. 많은 이들이 북한에는 긴급상황도 발생하지 않았으며, 죽어가는 사람도 없고, 그리고 국제구호기관도 북한에는 존재하지 않는다고 토로하였다. 이들은 북한당국의 매일 반복되는 조작과 속임수, 그리고 선전선동에 지쳤다고 불평하였다. 나 자신도 1주일만에 이와 같은 경험을 하고 북한을 떠났다. 이같은 반응은 냉전시기 동구를 방문했던 서구인들이 일반적으로 경험하게 되는 반응이었다. 이는 주로 문화와 이데올로기 충돌에서 오는 불일치 때문에 나타나는 반응이다. 같은 이유에서 북한을 방문한 서구인들도 이 같은 경험을 하게 되었던 것이다. 북한은 공산주의가 수립되기 훨씬 이전부터 외부세계와 고립되어 있었다. 북한을 단 한 마디로 표현할 수 있다면, 가장 적절한 표현이 될 수 있는, '은둔의 나라'라는 표현은 북한 공산주의를 지칭할 뿐 아니라 훨씬 이전인 조선시기까지 거슬러 올라가서 언급될 수 있는 표현이다.

외부세계에 대한 북한의 반응과 태도는 기아가 점점 심각해지자 변화되어갔다. 1996년 초 NGO가 북한에 비자 신청을 하는 경우 일반적으로 2~3개월이 소요되었는데, 1997년 6월 나는 단 2주일만에 비자를 받았다. 1996년 초 6명의 중립국 구호요원들은 6개월이나 걸려 비자를 받았는데 그 당시로는 당연한 일이었다. 1997년 중반 이후부터 100명 이상이 매년 비자를 받고 있다. 북한사정에 정통한 미국 외교관에 의하면, 북한이 더 많은 중립국 구호요원들의 북한 방문을 주저하는 것은 지금까지 북한이 견지하고 있는 서구사회에 대한 반감만큼이나 영어를 구사할 수 있는 통역관의 부족을 반영하는 것이라고 하였다. 타당한 이유라고 나는 생각하였다.

평양 남쪽에 위치한 산업도시 사리원을 방문했던 일은 나의 북한 방문에서 절대 잊을 수 없는 사건을 경험하게 되는 계기가 되었다. 내가 대표단 앞에서 모퉁이를 돌아 우리 일행의 여행일정에는 포함되어 있지 않은 좁은 골목길을 들어섰을 때의 일이다. 그때, 몇 명의 마을 주민들이 같은 골목길을 걸어오고 있다가 우리 일행과 마주치게 되었다. 그들은 우리를 보자마자 갑자기 돌아서서 집으로 달려가 문을 닫아버렸다. 아마 갑작스럽게 그들을 놀라게 했다고 나는 생각하였다. 순식간에 벌어진 일에 나도 놀라기는 하였지만, 나는 사람을 보고 그와 같은 반응을 보이는 나라는 북한을 제외하고 그 어느 곳에도 있을 수 없다는 생각이 번득 스쳐갔다. 북한을 방문하는 동안 이와 상반되는 경우도 있었는데, 나는 가끔 열렬한 환대와 많은 호기심을 불러일으키기기도 하였다. 난민의 증언을 통해 나중에 안 사실이지만, 북한에서는 외국인과 접촉을 할 경우 심한 중죄에 처해진다고 한다.

기아가 발생했다는 증거

북한에 도착한 지 얼마 안 되어서, 북한과 같이 중앙의 통제가 완벽하게 이루어지는 국가에서 기아에 관한 확실한 증거를 외부인이 찾아내기란 무척 어렵다는 사실을 알게 되었다. 그래서 더욱 더 나는 북한당국이 숨기려고 하는 증거들을 찾아내기로 마음먹었다. 지난 수세기 동안 이루어진 기아에 관한 연구들은 기아가 시작되었음을 나타내는 지표와 기아에 관한 실증적 자료들을 포함해서 포괄적인 연구성과를 이루어냈다. 불행히도 이러한 연구성과들이 체계적으로 잘 활용되고 있지는 않으나, 숙달된 구호요원들은 이러한 고전적 기아지표를 통해서 추론되는 사실적 증거들을 잘 이해하고 있었다.

시장원리에 기초한 기아지표에는 곡물가격의 상승, 부족한 곡물의 종류, 그리고 각 가정의 식량 공급원으로 사용될 가축의 곡물소비량도 포함된다. 대부분의 일반가정은 다음해 경작을 위해 일반적으로 수확량의 10% 정도를 종자로 비축해 놓는다. 그러나 다음 추수 때까지 자신들이 생존할 수 없을 것이라는 생각이 들게 되면, 사람들은 종자로 남겨놓은 곡물까지 다 먹어치운다. 또 다른 기아지표로서 식량을 구입할 현금을 마련하기 위해 비정상적으로 낮은 가격에 토지와 집을 파는 일이 광범위하게 일어난다. 기아가 시작되면서 가축용 동물의 매매가 늘어나고, 시장에서 거래되는 가격보다 일반적으로 낮은 가격에서 거래가 이루어진다. 농촌 가정들은 자신들이 죽기 전에 소유하던 가축을 내다 파는데, 이 같은 일이 한꺼번에 발생하기 때문에 가축시장은 갑자기 포화상태가 되고, 그 결과 가축 가격은 급락하게 된다. 주요 곡물가격은 품귀현상으로 인해 더욱 오르게 된다. 이런 상황에서 주요 곡물가격은 개인의 급료 상승을 훨씬 앞지르게 된다. 그래서 종종 기아의 원인이 식량의 부족에서 기인한다기보다 갑작스럽게 치솟는 곡물가격을 따라 잡을 수 없을 정도로 상대적으로 각 가정이 가난해지기 때문이라고 보는 견해도 있다. 마침내 곡물가격이 최고조에 이르렀다고 생각되면, 장사꾼들은 최고가격에 곡물을 팔려고 점점 더 많은 곡물을 매점매석하게 된다.

시장원리에 기초한 기아지표가 아닌 것 중 일반적으로 평상시에는 식용으로 사용되지 않는 야생식량의 소비를 기아지표로 들 수 있다. 이같은 대체식량은 도시에서 멀리 떨어진 농촌지역에서 기아가 만연했을 때 사람들이 먹을 수 있는 식량으로 바뀐다. 같은 경우이지만, 가축의 과잉소비도 기아 시작을 알리는 지표가 될 수 있다. 굶주린 주민들은 얼마 남지 않은 곡물가루에 톱밥이나 가루로 만든 옥수수 속대를 섞어 대체식량을 만들어 먹는다. 또한 주민들은 식량을 살 수 있는 돈을 마련하기 위해 귀중품, 가구, 이불 등을 포함한 가재도구를 시장에 내다 판다. 가뭄이나 홍수와 같은 자연재해들이 오래 지속되는 경우 이런 사례들은 더욱 빈번해진다. 곡물 생산이 감소되고, 이로 인한 가계수입이 현저히 줄고 동시에 곡물가격이 가파르게 오르면서 이 같은 사례는 더욱 늘어난다.[2]

기아를 예고해주는 시장원리에 기초한 지표들은 기아가 시작되고 진행되는 과정에서도 지속적으로 나타난다. 기아가 더욱 가속되고 최고조에 이르면, 때때로 공개적으로 밝혀지는 후속지표들이 더 확연하게 모습을 나타낸다. 바로 이 후속지표들이 기아가 진행되는 동안 북한당국이 끊임없이 숨기려고 했던 위기의 정도를 나타내는 지표들이었다.

어떤 지역에 기아가 발생하면, 굶주림과 이와 관련한 질병에 의한 사망률, 그리고 식량과 일자리를 찾아 떠나는 사람들의 이주 숫자가 이 후속지표에 포함된다. 기아를 알 수 있는 또 다른 지표로는 부종, 단백질 결핍성 소아 영양 실조증, 체중감소와 같은 비타민과 단백질의 부족에서 오는 영양 결핍상의 문제, 그리고 어린이 성장발육 저해와 같은 낮은 성장률이 이에 포함되기도 한다. 출생률도 감소되는데, 영양결핍상태의 여성 숫자가 증가하면서 불임과 유산이 늘어나고, 영양결핍의 여성들은 애를 낳아 수유하는 것을 원하지 않기 때문에 임신을 하지 않는다.[3]

기아의 예고를 알리는 지표에는 시장체제가 적법하게 운용되고 완전하게 제 기능을 다하고 있을 때에만 확실히 인지되는 것도 있다. 마르크시즘에 기초한 경제체제하에서 시장은 아예 존재하지 않거나 아니면 지하시장만이 운용되기 때문에 외부세계에서 볼 때 전혀 파악되지 않을 수도 있다. 북한당국은 1940년대에 이미 작은 규모의 지방시장을 인정하였으나, 중립국 구호요원들이 이러한 시장체제의 존재를 알고 시장이 어떻게 운용되는지를 알고자 했을 때, 북한당국은 이를 허락하지 않았다. 평양 주재 독일영사가 외교사절 자격으로 기아로 피해를 입은 지역을 방문했을 때의 일이다. 독일영사는 일행을 이탈해서 한 지방시장을 둘러보았다. 이 사실이 밝혀지자 그는 즉시 안전보위부에 체포되어 감옥에서 하룻밤을 지냈다고 한다. 미국 외교관에 의하면, 독일영사는 체포되기 전까지 북한 기아구호에 대해 회의적인 외교 그룹에서 몇 안 되는 적극적인 기아 원조를 주장해오던 사람이라고 한다. 그러나 그의 열정은 북한 감옥에 수감되면서 위축되었다. 독일영사의 예를 들 필요도 없이, 나는 시장을 방문해서 직접 확인해 보고 싶은 욕구에도 불구하고 신중하게 자제했다. 기아 발생을 예고해주는 지표 10개 중 6개가 시장체제를 통해 파악되는데, 나는 숙달된 경험자의 눈으로 파악할 수 있는 나머지 4개 지표에 연구의 초점을 맞추려고 한다.

평양에서 그 증거를 찾아내는 것은 쉬운 일이 아니었다. 도시에 대한 실정을 파악하지 못하도록 북한당국은 우리를 항상 같은 길로 안내하였다. 북한의 고위관료를 만날 때도 회의는 우리가 묵고 있는 호텔에서 주로 진행되었다. 다른 정부기관을 방문한 적도 없었다. 평양을 벗어난 지역을 여행할 때, 나는 일반 주민들과 얘기를 나누기 위해 마을에 잠시 세워주기를 반복하여 부탁하였다. 우리 안내원은 주민들이 놀랄 수도 있고, 쓸데없는 시간낭비가 될 것이라면서 정중하게 거절하였다. 그리고 필요하다고 생각되면 자신들이 직접 준비할 것이라고 하였다. 안내원은 여행 마지막 날 사리원의 한 가정을 방문할 수 있도록 허락하였다. 주민과의 대화를 비디오로 찍고 난 후, 외교부 직원이 통역해준 사실들이 아주 정확하다는 것을 알 수 있었다. 그러나 나는 자연스럽게 이루어진 가정방문에 대해 의혹을 품게 되었고, 방문한 가정이 신임받는 당 간부의 가정이 아닌가 하고 의심하게 되었다.

그러나 이 같은 의혹을 밝혀줄 물증은 없다.

접근의 어려움과 북한주민의 자발적 행위는 기대하지 않더라도 정보 수집을 하는 데 있어서 가장 큰 장벽은 언어였다. 북한 외교부는 위기 발생 초기부터 국적을 불문하고 한국어를 말할 수 있는 중립국 구호요원에 대한 입국을 허락하지 않음을 분명히 하였다. 비록 북한당국이 그후 이러한 규제를 다소 완화하기는 하였으나, 내가 북한에 머무는 동안 우리 의사를 어떻게 정확히 전달할지에 대한 뾰족한 방법을 찾아낼 수 없었다. 정치적으로 민감한 상황하에서 통역관이 미리 기아에 관한 상황을 정확히 전달해주었다면, 우리가 북한 상황을 이해하는 데 많은 도움이 되었을 거라는 아쉬움이 남는다. 상황을 정확하게 파악하기 위해서는 무엇보다 언어의 역할이 중요하다는 사실을 새삼 깨달았다. 1990년 앙골라 내전이 발생했을 때, 앙골라 국내사정을 평가하기 위해 앙골라를 방문하였다. 내 질문을 통역해준 통역관의 질문에 답하는 앙골라 난민의 5분간의 대화가 단 한 줄의 영어 문장으로 번역되어 나에게 전달되었다. 번역되어 전달된 표현에는 분명 많은 내용이 빠져있을 것이다. 이와 같은 상황이 이번 북한답사 동안에도 어김없이 일어났다. 나는 한국어의 분량과 번역된 영어 분량이 일치하지 않기 때문에 특별히 통역의 정확성을 요구하였다. 내가 신중하게 알아차리지 못한 부분도 있겠지만 대화의 여러 부분이 그냥 지나쳐버렸을 것이다. 한 NGO 기관이 미국에서 보내온 7만 5천 톤의 원조식량 분배를 감독할 한국어 구사능력이 있는 식량 모니터 요원을 모집했을 때, WFP는 그 모니터 요원이 발각되었을 경우 북한당국의 반응을 크게 우려하고 있었다. 그러나 북한은 이에 대해서 어떤 심각한 반대도 하지 않았다.

평양 외곽지역의 첫번째 방문은 희천시였다. 희천시는 평양 북동부에서 약 160킬로미터 떨어진 인구 40만의 산업도시이다. 희천시는 1995년과 1996년 사이 홍수로 인한 자연재해의 심각한 피해를 입고 식량난의 위기에 봉착하였던 지역이다. 그곳에 도착하기 위하여 새롭게 건설중인 4차선의 고속도로를 달리고 있었는데, 그 도로 중간이 갑자기 끊겨져 있었다. 우리 일행을 실은 차량이 그 길을 달리고 있는 유일한 차량이었다. 고속도로가 끝이 나면서, 우리는 좁고 구덩이가 파여진 시골길을 달리기 시작하였다. 현대화된 고속도로와 황폐하게 버려진 시골 길을 달리고 난 후, 이러한 극단적인 이분법이 일반적인 북한의 발전모습이라는 생각이 들었다. 수도 평양에서 멀리 떨어진 곳일수록 경제적으로 더 가난하고 사회 간접자본들이 투자되지 않은, 그래서 실질적으로 황폐화되어가고 있는 현장들을 목격할 수 있었다. 평양에서 얼마 떨어지지 않은 가까운 교외에서 적은 무리의 염소떼와 소떼를 발견하기도 하였다. 그러나 평양을 떠난 후 우리는 실제로 야생이든 가축이든간에 새나 동물의 흔적을 찾아볼 수 없었다. 평양을 벗어난 후 8시간 동안 우리는 돼지 1마리와 봄농사를 위해 밭을 갈고 있는 9마리의 황소만을 보았을 뿐이다. 평양에서 희천으로 가는 지역이 농촌지역임에도 불구하고 오리, 닭, 양이나 개, 그리고 어떤 야생동물도 전혀 눈에 띄지 않았다. 북한에서 목격되는 동물희귀현상은 아무리 가난한 지역이라 할지라도 아시아 농촌지역에서는 찾아볼 수 없는 진귀한 광경이다. 평양시를 벗어난 지역에서 목격된 동물희귀현상도 기아를 나타내는 한 가지 지표라 할 수 있다. 가축용 동물의 소비도 기아를 나타내는 지표이다.

희천시내로 들어가는 도중에 목격된 일반 군중들이 거의 모두가 젊은 사람이라는 사실에 충격을 받았다. 노인이나 중년에 접어든 사람이 거의 보이지 않았다. 50세 이상의 사람이 단지 몇 사람 보였을 뿐이다. 1년 전에 심한 홍수로 황폐화되었다는 사실이 믿겨지지 않을 정도로 거리에 나와 있는 사람들은 모두 잘 차려 입고 건강해 보였으며 영양상태도 좋아보였다. 그러나 희천시 공장 굴뚝에서 뿜어나오는 연기는 볼 수 없었으며 건물 안에서 작업하는 사람들의 모습도 찾아볼 수 없었다. 안내원은 경제침체로 인해 공장의 가동이 중단되어 조용하다고 설명해 주었다. 공장에서 물건을 생산해낼 전력과 자원이 더 이상 없었기 때문이다. 그리고 다른 아시아 국가에서와는 달리 왜 길에 노인들이 보이지 않느냐는 질문에, 안내원은 노인들은 자신에게 배급된 식량을 어린 손자들에게 주어 움직일 수 없을 정도로 쇠약해져 있다고 대답하였다. 유교사상이 지배적인 북한사회에서 이같은 이야기는 충분히 이해되고도 남았다. 자손에게로 가계가 대물림되어야 한다는 생각은 유교사상에서 가장 중요한 가르침이기 때문이다. KBSM에서 제출한 통계도 이같은 사실을 입증해주고 있다. 60세 이상 노인인구의 사망률이 난민의 가족과 그 마을에서 가장 높게 나타나고 있다.[4] 희천시와 시골지역에서 노인들을 발견할 수 없었음에도 불구하고, 평양시의 호텔 근처를 걷고 있을 때 나는 10명 중 1명꼴로 노인을 발견할 수 있었다.

우리는 희천시에 소재한 학교 두 곳을 방문하였다. 하나는 유치원이고, 다른 하나는 중학교였다. 18명이 한 반으로 구성된 유치원에서 그 중 5명 정도가 확실한 영양결핍상태를 보이고 있었다.―얼굴은 붓고 머리는 탈색되어 있었으며, 피부손상을 포함한 영양결핍상태를 보이고 있었다. 어린이들에게 소매를 걷고 내가 팔 언저리를 볼 수 있도록 안내원에게 요청하였다. 어린이들은 영양부족으로 심각한 체중감소를 보이고 있었다. 체계적으로 어린이들의 영양결핍상태를 측정하는 것이 금지되어 있었기 때문에, 얼마나 많은 어린이들이 영양결핍상태에 있는지를 정확히 알아내기는 쉽지 않았다. 대부분 어린이들의 팔은 극히 야위어 있었고 그 중 5~6명은 더욱 심각하였다. 우리 일행이 다른 교실의 어린이들도 만나보고자 요청했으나, 안내원은 어린이들이 모두 집으로 가고 없다고 거절하였다. 그러나 유치원을 떠나려고 할 때, 나는 유치원 건물 2층을 돌아보았다. 그곳에는 우리 일행을 흥미롭게 쳐다보고 있는 한 무리의 어린이들이 모여 있었다. 어린이들은 자신의 모습이 우리를 인솔한 안내원을 당황하게 만들었다는 사실을 전혀 모르고 있는 듯했다. 학교당국은 무작위로 어린이집단을 표출했다고 설명했으나 우리 일행이 목격한 현장이 위기의 심각성을 과소평가하고 있는지, 과대평가하고 있는지에 대한 여부는 확인할 방법이 없었다.

희천시로 가는 길에, 주로 여성들로 이루어진 수백명의 사람들이 떼를 지어 산과 들판에서 야생식물을 채취하는 것을 목격하였다. 프랑스에서 야생 버섯과 민들레를 식용으로 사용하는 것과 같이 한국도 전통적으로 버섯, 도토리와 같은 야생식물을 식용으로 이용해왔다. 정확히 어떤 종류의 식물들이 채취되고 있는지를 달리는 차 안에서 파악하기는 어려웠으나, 식물 채취에 열중하고 있는 많은 사람의 행렬이 길을 따라 계속되고 있는 것을 보고 우리 일행은 무척 놀랐다. 북한의 농업학자들이 1997년 여름 NGO와 몇몇 농업 관련 기업의 초청으로 미국을 방문했을 때의 일이다. 북한 학자들은 중서부에 위치한 농업연구센터와 전형적인 미국 농장을 방문하였다. 우리 일행이 옥수수밭을 지나 사람 손길이 전혀 닿지 않는 잡초와

찔레덩굴 사이를 걸어나올 때, 북한 학자 중 한 사람이 이 가운데서 어떤 풀이 식용으로 사용되는지를 물어왔다. 우리는 이것을 먹지 않기 때문에 전혀 알지 못한다고 대답하였다. 대답을 듣자마자 북한 학자는 무심코, "만약에 독이 없다면 우리나라에서는 모두 식용으로 사용될 텐데" 라고 중얼거렸다. 1년이 지나고 나서, 중국에서 KBSM이 주관한 난민과의 면담에서 나는 이와 똑같은 소리를 다시 들을 수 있었다. 기아구호활동을 북한에서 시작한 이래 식량찾기운동에 대한 실례들이 저널리스트와 구호요원들을 통해 전해지고 있다. 지방에서 목격된 북한 주민들이 야생식량을 찾는 광경은 잘 먹느냐 못 먹느냐의 문제를 떠나 생존하기 위한 처절한 모습이었으며, 이 광경은 북한 전역을 강타할 기아의 전조를 알리는 신호탄과 같은 것이었다.

냉전 이후 발생한 어떤 지역의 위기보다 심각한 북한위기에 대해서, NGO들은 조직적으로 그들의 내부 평가서와 답사 보고서를 공유해오고 있다. 미국에 소재하는 150여개 인도주의 NGO 연합체인 인터액션Interaction—워싱턴 D. C. 소재—의 재난담당 책임자인 비숍Jim Bishop이 이러한 자료 공유와 교환을 조정하였다. 실질답사를 통해 보고된 바에 의하면, 북한당국이 자신의 위기상황을 외부세계에 공개하지 않으려고 얼마나 끈질기게 노력하고 있는지를 알 수 있다. 평양 외곽지역을 답사했던 한 NGO 기관의 보고서를 보면,

> 평양과 평양을 제외한 다른 지역간의 격차는 여러 측면에서 광범위하게 나타나고 있다. 평양시의 삶은 정상적으로 진행되고 있는 듯한 반면, 다른 도시와 지방, 그리고 농촌지역에서는 인적, 물적으로 붕괴되어가고 있다는 것을 보여주는 징후들이 눈에 띈다. 최근 탁아소를 방문한 사람들은 심각한 영양결핍상태의 어린이 숫자가 점점 증가하고 있다는 사실을 경고하였다. 한편, 집에 남아 있는 노인인구의 상태를 확인할 수 있는 방법은 없지만, 노인층의 건강상태와 이들의 조기사망에 대한 보고서들이 전국에 걸쳐 제출되고 있다. 우리가 관찰하고 제출한 보고서에는 비관적인 평가만이 담겨 있을 뿐이다. 협동농장을 방문했는데, 그곳 어린이의 1/3~1/2에 해당하는 어린이들이 오래 지속된 굶주림으로 병을 얻고 쇠약

해져, 더 이상 유치원과 탁아소에도 못 갈 형편이었다. 한편 유치원과 탁
아소에 출석한 어린이들 중에서도 많은 아이들이 영양결핍상태를 보이고
있었으며, 일부는 아주 심각한 수준이었다. 이외에도 북한여성들의 유산
이 증가하고 있으며, 영양결핍으로 수유부와 영아의 상태도 아주 심각한
위험에 처해 있다.[5]

기아 구호정책

평양으로 돌아오는 길에, 우리는 다른 구호기관의 구호요원들에게 예전에 들
은 적이 있는 어린이집을 방문하고 싶다고 안내원에게 부탁하였다. 안내원은 다른
NGO 기관이 예전에 방문했던 희천시에 소재한 어린이집이 아닌, 평양 소재의 한
곳과 사리원에 있는 어린이집 방문을 허락하였다. 북한의 대도시와 지방에 설립되
어 있는 어린이집 설립목적이 다소 미심쩍게 생각되기도 하였지만, 어린이집을 관
리하는 직원은 다음과 같은 설명을 해주었다. 두 쌍둥이, 세 쌍둥이, 네 쌍둥이가
태어나면 이들 가정에서 새로 태어난 영아들을 제대로 돌볼 수 없기 때문에 국가
에서 이들을 돌보아준다고 하였다. 특히 운동과 음악에 재능이 있는 어린이들이
주로 수용되는데, 부모 중 한 명이 죽거나 또는 실직과 병을 얻어 어린이들을 돌볼
수 없을 때 어린이집에 의탁된다고 하였다. 그러나 NGO와 UN 직원들은 기아가
발생하자, 길에 버려진 고아들도 어린이집에 수용되었음을 확인했으며, 이 같은
사실은 1995년 초 어린이집에 수용된 아이들 숫자가 급격히 증가되었던 사실로도
충분히 설명될 수 있다.

어린이집 직원들은 수용된 어린이들을 잘 돌보고 있었으나, 직원들은 어린이
의 영양결핍상태, 다양한 급식체계, 그리고 비타민 부족과 치료기간 중에 행해져
야 하는 기초적인 측정과 처치법에 대해서는 별다른 지식을 갖고 있지 않은 듯했
다. 어린이집에 수용된 어린이들은 정도의 차이는 있지만 대부분이 심각한 영양결
핍상태로 고통을 받고 있었다. 많은 어린이들이 끔찍한 상황에 놓여 있었다. 가장
심각한 상태의 어린이 집단에 대한 사진촬영은 허용되지 않았다. 1997년 가을,

UN은 NGO 기관들에게 어린이집에 더 이상 약품과 식량을 보내지 말라고 경고하였다. 이미 1년 전부터 약품과 식량을 공급하였으나 어린이들의 상황이 호전된 것이 없기 때문이었다. 구호품들을 어린이집에 공급하면서 동시에 영양결핍의 심각성에 따라 차별화되는 치료법도 직원들에게 교육되었다. 그러나 교육과 설비는 물론 구호품조차도 어린이들의 상태를 호전시키는 데 도움을 주지 못했다. 어린이집 상황이 호전되지 않았음에도 불구하고, 북한당국은 중립국 보건담당 직원의 어린이집 상주를 허락하지 않았다. 북한 어린이들이 이같은 끔찍한 상황 속에 계속 남겨져 있어야 하는 이유를 전혀 이해할 수 없었다.

북한체제에 동정적인 몇몇 구호기관들은 NGO 직원들과 국제연합아동기금 United Nation Children's Fund이 떠날 때까지, 자신들이 북한어린이 기능 장애 치료에 투입될 것을 요구하였다. 어린이집을 방문했을 때, 나는 어린이들이 무엇을 먹고 있는지를 보여달라고 부탁하였다. 원조국에서 보내 온 무지방 가루우유를 먹고 있었다. 비록 무지방 가루우유가 영양분이 풍부하다고는 하지만, 영양결핍 상태의 어린이들이 필요로 하는 지방을 제공하기에는 충분하지 않았다. 구호에 지친 NGO 요원들은 서구사회로부터 구호품을 계속 얻어내기 위해 북한당국이 영양결핍 상태의 어린이를 이용하고 있다고 분개하였다. 그리고 지원된 구호품들이 어린이들을 위해 쓰이지 않고 있다고 불만을 표출하였다. 비관적인 실례이지만, 마르크시스트 경제체제에서 노동자들은 종종 보잘것없는 임금을 보충하기 위해 직장에서 시설물을 빼내, 자신의 모자라는 임금을 충당한다. 경제난이 시작되면서 북한에서는 임금이 삭감되거나 완전히 사라졌다. 만약 어린이집 관리 직원 자신의 아이들이 영양결핍상태라면, 그들에게 지급되어야 할 구호품을 빼돌려 자신의 모자라는 임금을 보충하려는 생각은 하지 않았을 것이다.

그 날 밤 평양으로 돌아와서 평상시보다 일찍 호텔방에 들었다. 그러나 밤 10시경 북한 김수만 대사로부터 아래층 카페에서 만나자는 연락을 받았다. 테이블에 앉자마자 김대사는 나의 정치적 견해에 대해 질문하기 시작하였다. 지도자 김정일에 대해 어떻게 생각하고 있는지, 북한의 정치, 경제 시스템에 대해 어떻게 생각하는지, 그리고 사절단 일행에 참가한 진짜 이유가 무엇인지에 대해 꼬치꼬치 캐물었다. 그러나 곧 김대사는 약간의 적개심을 갖고 자신의 질문에 스스로 답하기 시작하였다. 북한체제와 김정일에 대해 반대하고 있지는 않은지, 그리고 미국정부를 대표하여 정치적인 목적을 갖고 북한을 방문한 것은 아닌지에 대해 나에게 반문하면서 스스로 대답하였다. 나는 내가 생각하고 있는 북한의 정치체제에 대해 김대사에게 분명히 전달하였다. 혹시 나의 견해 때문에 우리의 구호노력이 제지당하거나 제약받을 수도 있으나, 북한체제와 김정일에 대한 나의 정치적 견해는 우리 일행의 임무와는 무관한다는 것을 분명히 하였다. 그리고 정치적이며 외교적인 임무를 띠고 북한을 방문한 것이 아니라, 이번 방문의 목적은 단지 고통을 받는 북한주민들을 도와주기 위함이라고 설명하였다. 나는 예전에 〈워싱턴 포스트〉에 썼던 기사를 그에게 상기시켰다. 북한에 대한 구호사업을 정치화하려는 클린턴행정부를 공격했던 내용으로 김대사는 이미 읽어 그 내용을 알고 있었다.

한편 화제를 바꿔서, 나는 미국과 남한정부가 북한에 했던 것과 똑같이 북한도 미국과 남한에게 같은 행동을 하고 있다고 비난하였다. 클린턴행정부가 남한과의 관계정상화가 이루어진 후에 북한에 식량원조를 해주겠다고 약속했는데, 북한은 오히려 적반하장식의 태도를 보이고 있다고 나는 말하였다.—북한은 진지한 협상이 이루어지기도 전에 먼저 식량을 요구해오고 있는 것이다. 미국의 입장에서 이러한 북한의 요구는 오히려 양국의 관계에 불리하게 작용되고 있음을 나는 김대사에게 상기시켰다. 양국의 외교협상태도에 따라 북한주민의 굶주림이 해결될 수 있고, 적극적인 원조를 위한 정치적 환경이 조성되기 때문이다. 결과적으로 여러 복합적인 상황들이 원조국으로부터 식량원조에 대한 약속이행을 더디게 만들었다. 만약 미국 정부가 태도를 바꾼다면 그 여파로 인해 북한의 요구량에 영향을 미치기 때문이다. 북한은 미국정부가 식량원조에 조건부 제한을 하도록 입장을 바꾸게 함으로써, 사태를 더욱 어렵게 만들 수도 있기 때문이다. 기아구호활동에 있어서 시기를 맞추는 것이 얼마나 중요한지를 나는 김대사에게 상기시켰다. 식량 원조국으로부터 선적된 식량이 늦게 도착하면 사태가 악화되어진다는 것도 거듭 강조하였다. 북한 주민들이 배고픔으로 가장 고통을 받는 최악의 시기는 가을 추수 바로 전 몇 달일 것이다. 이에 대해 김대사는 북한의 협상태도에 대한 보고가 서구사회에 잘못 알려져 있다고 반박하였다. 북한은 억지요구를 한 적이 없으며, 국제사회의 언론은 북한에 대해 왜곡된 시각을 갖고 이를 즐기고 있다고 불평하였다. 평양의 협상태도에 대한 국제사회의 보고가 왜곡된 것이 아니라고 생각하고 있어도, 나는 김대사에게 반문하지 않았다. 대화는 여기서 끝이 났다. 정치와 외교문제는 싫든 좋든간에 북한에 대한 구호작업과 복잡하게 얽혀 있다. 따라서 국제사회와 정치 외교문제가 원만히 해결되지 않는다면, 북한의 대참사가 끝나지 않을 수도 있다. 원조국과 북한과의 외교적 이해충돌이 곤경으로 치달을 경우, 결국에는 일반 주민들을 수렁으로 빠뜨리는 끔찍한 결과를 초래할 수도 있기 때문이다.

남서부지역의 쌀 곡창지대인 사리원에서, 나는 희천시에서 목격했던 광경들을 다시 반복하여 경험하였다. 그러나 두 도시 사이에는 두 가지 점에서 분명한 예외가 있었다. 어린이집을 방문했을 때 일이다. 주최측 사람이 조용히 방문을 닫는 것을 보았다. 나는 뒤로 물러서서 문 가까운 쪽에서 그의 동작을 살펴보았다. 또한 그가 어린이들을 방 뒤쪽에서 앞쪽으로 이동시키는 것을 볼 수 있었다. 우리 일행은 1살에서 3살에 이르는 어린이들로 갑자기 둘러싸이게 되었다. 대부분의 어린이들이 심한 영양결핍상태를 보이고 있었다. 특히, 모여 있는 아이들 절반 정도는 더욱 심각하였다. 어린이들은 울거나 웃지도 못할 정도로 동작이 둔감하고 멍한 상태였다. 소수의 어린이들은 부종으로 부어 있었으며, 또 다른 일부는 머리털이 탈색되고 빠져 있었다. 어린이들은 비타민과 단백질 부족으로 나타나는 영양실조로 인해, 여윈 팔과 다리에는 부스럼이 심한 피부장애를 나타내고 있었다. 어린이들은 말로 표현할 수 없을 정도의 끔찍한 상황에 처해 있었다. 나는 조심스럽게 일행을 빠져나와, 우리에게 공개되지 않은 다른 건물쪽을 향해 걸어갔다. 나는 재빠르게 문이 닫혀져 있는 3개의 방 안을 들여다보았다. 잠시 순간적으로 들여다본 것이기 때문에 방 안의 어린이 영양상태를 정확히 과학적으로 입증할 수는 없으나, 우리의 접근이 제한된 3개의 방 중 어느 방에도 영양결핍상태 어린이들은 보이지 않았다. 각 방에는 약 10명의 어린이가 있었는데, 주최측은 건강이 양호한 어린이들은 건물 뒤쪽에 남겨놓고 우리가 방문하고 있는 방에는 상태가 심각한 어린이만을 이동시켜 놓았던 것이다. 이번 사건으로 지금까지 우리가 보아왔던 사실들에 대한 진실 여부에 대해, 그리고 북한의 의도에 대해 다시 한번 숙고해봐야 할 필요성을 조심스럽게 생각하게 되었다. 만약 최악의 경우 내가 순식간에 목격한 현장이 사실이라면 북한 어린이에 대한 위기의 심각성은 과장된 것이 분명하였다.

어린이집 방문에 이어 우리 일행은 공식적인 스케줄에 따라 같은 지역 내에 위치한 고등학교를 방문하였다. 마르크시스트 깃발이 바람에 휘날리고 있는 학교 운동장에 군대식으로 정렬되어 있는 학생들은 양호한 건강상태를 보이고 있었다. 학생들의 신체적 건강상태와 복장상태도 그 도시의 다른 어떤 계층 사람들보다 훨씬 나아 보였다. 학생들은 짧은 팔의 셔츠와 반바지, 그리고 치마를 입고 있었으며, 모두 함께 모여 있어 학생의 영양상태를 한 눈에 파악하기가 용이했다. 어림잡아 약 1,400명의 학생이 모여 있었는데, 2~3명 정도만 영양부족 상태를 보였을 뿐이었다. 방금 어린이집에서 목격한 광경과는 너무 대조적이어서 우리 일행은 놀라움을 금치 못했다. 이 고등학교에서 3블럭 정도 떨어져 있는 어린이집에서 우리는 수단이나 소말리아보다 더 측은하고 건강상태가 안 좋은 어린이들을 만나 보았고, 여기서는 오히려 남한과 일본의 학생들과 비교될 정도의 양호한 건강 상태의 학생들을 만난 것이었다. 주최측에게 내가 방문한 고등학교가 사리원에 있는 일반적이고, 전형적인 고등학교인지를 물어보았다. 안내원은 돌아서서 나에게 미소를 지으며, 아니라고 머리를 저었다. 이 학교는 사리원에서 가장 좋은 학교라고 하였다. 확인할 수는 없지만, 추측하건대 이 학교는 당 간부 자녀들이 다니는 학교일 것이라는 생각을 해보았다. 만약, 이 고등학교 학생들의 건강상태가 북한 기아상황을 반영하는 것이라면 원조계획은 즉시 중단되고, 모든 구호요원들은 본국으로 돌아가야 할 것이다. 우리 일행이 목격한 어린이집이 바로 북한의 포템킨 마을 Potemkin village(거짓으로 과장되어 있는 마을)인 것이다.

평양으로 돌아오는 길에 북한의 고위 정부관리들과 주체사상 및 마르크스 이념에 대한 일련의 대화를 시작하였다. 나는 농업성 차관을 만날 것을 요청하였으나, 그는 노동당의 고위 당직자가 되어 있었다. 정부관리들은 각 내각에서 기술직 관료들을 관리하는 책임을 지고 있는 당 이념과 정치에 능통한 관리들이었다. 관리들은 자신이 속한 내각 부서의 기술과 관련된 업무에 대해서는 오히려 아는 바 없었다. 우리는 주최측에게 우리가 만나기를 원하는 전문적인 관료 대신, 왜 내각의 정치담당 관료들만 만나야 되는가를 반문하였다. 북한측은 우리가 서열에 따른 관리들을 만나고자 요청해왔기 때문에, 우리 요구에 따랐을 뿐이라고 대답하였다. 북한 관리들은 질병률과 사망률, 그리고 농작물 작황에 대해 다소 과장된 통계를 인용하였다.—어린이 사망률은 미국과 유럽보다 다소 낮았다. 만약 북한이 제시한 수치가 정확하다면, 북한은 더 이상 위기상황이 아니기 때문에 국제원조사회에서 파견된 구호요원들은 다음 비행기로 북한을 떠나야 할 것이고, 인도주의 차원에서 이루어진 기아원조도 당장 중단되어야 한다고 나는 반박하였다. 북한관리들은 다소 누그러진 목소리로 정치가 통계 수치에 영향을 주었으며, 제시된 수치들은 다소 오래된 것이어서 현재 북한의 기아 상황과는 특별한 관계가 없다고 말하였다. 농업성 차관에게 식량증산을 위해 필요한 변화와 조치에 대해 논평해 줄 것을 요청했을 때, 식량증산에 필요한 어떤 변화와 정책도 지금 상태로는 전혀 고려되고 있지 않다고 관리는 분명히 대답하였다. 그리고 관리는 최근 기아사태는 미국의 북한에 대한 경제제재와 자연재해 때문이라는 말을 거듭 반복하였다.

기아상황에 대한 재평가

평양에서 베이징으로 돌아가는 비행기에 올랐을 때, 내 눈으로 확인되지 않은 기아상황에 대한 평가를 어떻게 내려야 할지에 대해, 상반된 감정 사이에서 나는 많은 혼란을 느꼈다. 북한당국이 조심스럽게 연출한 광경, 조작된 통계수치, 그리고 의도적으로 계획된 관리들과의 대화는 내 자신이 목격한 사실에 대해 회의적인 의구심을 갖게 하기에 충분하였다. 거의 모든 측면에서 겉으로 보여지는 모습 이면에 분명 숨겨진 진실들이 있었다. 그러한 진실을 밝혀내려는 시도는 처음부터 가능하지 않았다. 처음부터 북한당국은 기아구호를 지지해온 국제구호요원들에게 진정 북한에 긴급사황이 일어났는지에 대해 의구심을 갖게 했으며, 결국에는 이들을 기아구호에 반대하는 집단으로 바꾸어놓는 데 성공하였다. 실제로 모든 중립국 인도주의 지원국들은 북한에 현재 어떤 상황이 벌어지고 있는지에 대해 서로의 논리를 전개하고 교환하는 데 많은 시간을 소비하였다. 그 후 북한당국이 성난 국제사회의 회의론자들에게 북한 체제와 주민들에게 강한 동정심을 유발하게 하고 북한 기아를 지원하는 지지자그룹으로 바꾸어 놓으려고 노력을 기울이기는 하였으나, 북한 당국은 이와 관련된 효율적인 전략을 세울 수는 없었다.

분노가 차츰 진정되어가면서, 나는 지금까지 북한에서 목격하고 경험했던 사실과 기존 기아 연구에서 밝혀진 지표들을 비교 분석해보았다. 객관적으로 비교 분석된 증거들은 분명히 북한에 기아가 발생했음을 예고하고 있었다.—야생식량 찾기, 취약한 인구집단의 영양결핍상태, 가축용 동물의 소비 증가, 가재도구와 가옥 매매, 그리고 가뭄 뒤에 연이은 두 차례의 홍수는 이미 식량생산 감소를 가져왔으며, 다수 인구의 이동에 관한 증거들이 이를 증명하고 있었다. 더욱이 거시경제학적 측면에서 북한주민이 필요로 하는 식량의 총량과 북한이 실제로 생산해 내는 식량 총량과의 격차—그 격차는 원조국의 식량원조로도 메울 수 없다. 마침내 북한의 경제붕괴는 도시의 실직률을 높이고, 식량배급체제 붕괴는 북한 각 가정의 식량수급을 감소시키거나 중단하기에 이르렀다. 아무리 교묘하게 북한당국이 위장하려고 해도 기아는 북한 전역에 걸쳐 이미 나타나고 있었다.

3. 감춰진 기아의 두 얼굴

    두 개의 북한이 나란히 공존하고 있다. 하나의 북한은, 평양에서 목격되는 북한이다. 다양한 색깔의 마르크시스트 깃발이 펄럭이는 가운데 퍼레이드가 진행되고, 깨끗한 제복을 갖춰 입은 밝은 모습의 영양상태가 좋은 당 간부 집안 어린이들이 그들의 장래를 보장해 주는 당 간부 학교에 다닌다. 평양시에서 바라다보이는 북한은 넓고 시원하게 확 트인 길과 웅장한 건물들, 그리고 김일성묘—번쩍이는 위대한 지도자 김일성 동상들—로 이루어져 있었다. 북한은 당 간부, 엘리트, 군 장성, 그리고 평양에 살고 있는 주민들만을 위해 존재하는 것 같다.

    평양이라는 가공의 북한은 많은 희생을 치르고 유지되어왔다. 북한당국에 위배되거나 사상적 의심을 받는 사람은 물론, 아프거나 불구가 되거나 장애가 있는 사람들은 매년 정기적으로 숙청되어 평양에서 사라졌다. 평양주민은 다른 도시에 비해 제법 높은 수준의 식량배급을 받고 있으며 북한 당국에 협조적이고 신뢰감을 주는 사람들에게 전문적인 교육을 보장해주고 있다. 북한 전문가 오버도퍼의 주민성분에 따라서 행해지는 "평양주민 숙청"에 관한 글을 살펴보면 "평양 주재 외국 외교관들에 의하면, 평양 주민은 정기적으로 심사되고, 정치적으로 의심이 간다고 생각이 들거나, 아프거나 나이 들고 장애가 있는 사람들은 수도에서 추방된다."[1] 실제로 평양에서 여러 해 동안 거주했던 러시아 외교관에 의하면, 매년 북한당국은 약 1만명 정도의 정치적, 사상적 문제가 있는 사람들을 수도에서 지방으로 쫓아낸 다고 하였다. 그리고 그 사람들이 떠난 간 자리를 북한체제에 새롭게 충성하는 1만 명의 사람들로 다시 채우고, 충성에 대한 보답으로 지방에서 평양으로 불러들인다 는 것이었다. 또 다른 예를 들면, 1988년 아시아 워치Asian Watch에 의해 보고된 인권보고서에 의하면, 평양에 사는 주민 중 듣지 못하고 시각 장애를 가진 사람들 이 정기적으로 일제 점검되어 동북부 지방으로 추방되었다고 한다. 동북부 지방에 서 구호활동을 펼치는 NGO가 작성한 보고서에 의하면, 동북부 지방은 듣지 못하 고, 장애가 있는 사람들의 비중이 다른 지역에 비해 비정상적으로 높다는 사실을 알려주고 있다. 이 보고서를 통해 북한 당국의 평양주민 숙청과 관련된 사실을 짐 작할 수 있다.

다른 하나의 북한은, 마르크시스트 깃발로 휘황찬란하게 빛나는 평양의 겉모 습을 유지하기 위해, 추방된 사람들이 살고 있는 곳에서 발견되는 북한의 모습이 다. 중국의 옥수수와 바꾸기 위해 부속들이 떨어져나간 폐허가 된 공장들, 강제수 용소, 학생들이 빠져나간 학교, 그리고 파손된 아파트 건물더미가 북한의 다른 모 습이다. 더러운 행색의 도둑들과 영양결핍의 꽃제비로 꽉찬 거리, 농민시장에서 허술한 틈을 타 식량을 훔치기 위해 서성이는 거지들, 그리고 절망적으로 생명을 부지해보려고 하지만, 죽어가는 사람들로 제 기능을 다 하지 못하고 중국으로 탈 출하려는 사람들로 붐비는 역이 바로 평양과 공존하는 또 다른 하나의 북한 모습 인 것이다. 이것이 바로 북한이 외부에 공개하기를 꺼리는 취약한 모습으로, 북한 기아의 감춰진 부분이다. 비극적인 사실임에도 불구하고 외부세계에 잘 알려져 있 지 않다.

1997년 여름부터 1998년에 작성된 UNICEF, WFP, 그리고 대부분의 NGO 보고서에 의하면, 북한의 위기는 이미 벼랑 끝에 와 있으며, 북한당국은 이 재난을 피할 수 없었고 지금 회복해나가려는 과정에 있다고 전하고 있다. 공식적으로 평 양은 겉모습을 위장할 수 있었다 할지라도, 엄청난 기아가 숨겨져 있다는 사실을 숨길 수는 없었다고 이 보고서들은 전하고 있다. 1998년 여름, 평양거리는 일본에 서 수입해 온 새 자전거들로 물결치고 있었고, 새롭게 단장한 상점과 가게들이 문을 열었다. 7세 이하 대부분의 어린이들도 예전과 비교하여 뒤떨어지지 않을 정도의 비교적 건강하고 활기찬 모습들을 하고 있었다.

오랫동안 빈틈없이 한반도의 정치상황을 지켜보아왔던 러시아조차 북한의 기아 발생에 대해 의심하였다.

> 대부분 러시아 경제학자들은…… 지난 3년 동안 기아로 인해서 북한에서 200만명이 사망하였다는 서구사회의 보고에 동의하지 않았다. 더욱이 러시아학자들은 '기아'라는 용어가 북한의 상황을 설명하는 데 적당한 용어가 아니라고 주장해오던 차였다. 다른 국가에서도 발견될 수 있는 현상으로 "식량의 부족상태"가 오히려 북한의 상황을 표현하는 데 타당하다고 하였다. 최근 몇 년 동안 발견된 몇 가지 요인들이 식량부족상태를 야기했다고 지적한다. 자연재해, 농업시설의 퇴화와 관개 시스템의 퇴보, 스탈린식 농업경영의 문제점, 총체적인 경제난 위기, 그리고 기존 사회주의 국가에서 시행된 식량배급의 한계와 문제점들이 지적된다. 러시아 경제학자들은 북한당국이 국제사회의 식량원조를 더 얻어내기 위해 그들이 현재 처한 위기상황을 일부러 과장하는 것이 아닌가 하고 의심하였다.[2]

앞 장에서 이미 설명된 바이지만, 1997년 6월 내가 북한을 방문했을 때, 나는 제복을 입고 군대식 퍼레이드를 연습하고 있는 고등학교 학생들을 보았다. 대부분의 학생들은 건강하고 양호한 영양상태를 보이고 있었으며, 잘 차려 입고 깨끗하게 보였다. 학생들은 식량부족으로 못 먹어서 여위거나 성장발육의 문제를 보이지 않았으며, 오히려 그들은 사상적 열정으로 활기차보였다. 그 당시 나는 그들이 당 간부의 자녀들이라고 생각하였다. 그리고 1년 후 평양에서 열린 기념식을 경축하기 위해 수십만명의 학생들과 군인들이 끝없는 퍼레이드를 펼치고 있었다. 위대한 지도자 김정일의 권력승계를 축하하기 위해 모인 학생들이었다. 제국주의적 광경을 목격하면서 평양에서 떨어진 동북부 산간지역에는 터무니없는 기아로 젊은이들이 꽃피기도 전에 소진되어가고 있다는 사실을 도저히 상상할 수 없었다.

한편, 중국으로 탈출한 굶주린 난민들은 같은 기간 동안에 나라 안에서 일어난 끔찍한 장면을 다음과 같이 묘사하고 있다. 대량 아사사태, 전국의 진료소 기능 마비, 북한 가정의 집단 동반자살, 중국 국경을 넘어온 넘쳐나는 난민들, 식량을 찾기 위해 절망적으로 방황하는 주민들, 심지어 인육을 먹었다는 사례까지 전하고 있다. 접경지역에 근무했던 NGO 요원의 보고에 의하면, 만주지역 중국인들과 국경을 오가며 장사하는 조선족 상인들 사이에서, 북한이 붕괴되기 전까지 얼마나 체제가 지속될지에 대해 내기를 걸기도 했다고 한다.[3] 한 여성 난민이 KBSM과의 면담에서 자신의 이야기를 털어놓았다.

> 우리가 당국으로부터 정기적인 식량배급을 받지 못한 지가 벌써 5년이나 되었다. 각 가정은 굶주림과 질병으로 죽은 사람이 2~3명이나 되고, 집 없이 떠돌아 다니던 사람들의 시체가 여기저기서 발견되기도 하였다. 그런 시체를 거두어 매장하는 이는 아무도 없었다. 인간의 시체가 죽은 개마냥 길에서 부패되어 썩고 있었다. 지금 북한에서는 비인륜적인 상황들이 벌어지고 있으며, 한편 공개사형이 집행되어 죽은 사람의 살점을 뜯어 먹는 장면이 목격되기도 하였다. 장마당에서 나는 국수 한 사발을 사 먹을 수 없었다. 틈이 날 때를 호시탐탐 기다리며, 내 국수사발을 가로 채려는 꽃제비가 옆에서 쳐다보고 있는 것이 느껴지기 때문이다. 그러나 어떻게 그들을 비난할 수가 있겠는가? 이러한 상황은 기아가 발생하고부터 일상적으로 목격되는 장면이며, 북한 어느 곳에서나 목격되는 일이었다. 그리고 움직일 수 없는 환자와 노약자는 물만 마실 뿐이었고, 각 가정으로 공급되는 전기와 물은 전력부족으로 자주 끊겼다.[4]

북한에 이같이 상반된 두 가지 모습이 동시에 존재하고 있다는 사실을 믿기는 어려울 것이다. 일반 북한주민들이 죽어가고 있다면, NGO 기관들과 UN 기구에서 파견된 직원들은 그 광경을 틀림없이 목격했을 것이나, 사실은 그렇지가 않았다. 그러나 신빙성이 있는 정보들이 북한 전역에 기아가 발생하고 있다는 사실을 전적으로 입증하고 있었다. 참혹한 기아가 어떻게, 그리고 왜 공개적인 모습을 나타내지 않고 감추어져 있는가에 대한 이유를 알기 위해서는, 1996년 12월 김정일의 연설문을 살펴 볼 필요가 있다. "인민군은 식량을 제대로 공급받지 못하고 있다. 우리가 직면하고 있는 최근의 어려움을 보면서, 우리의 적들은 우리 사회주의가 곧 멸망할 것이라는 헛소리를 하고 있다. 그리고 적들은 우리를 침략해 올 가능한의 모든 기회를 엿보고 있다. 만약 우리가 적의 공격에 대비할 충분한 군수품을 가지고 있지 않다는 사실을 적들이 알게 되면, 미제국주의자들은 우리를 즉시 침략할 것이다."[5] 연설을 통해 밝혀진 예외적인 김정일의 북한사태 시인은 의미하는 바 크다. 북한 지도자의—남한을 포함한—서구세계에 대한 두려움, 즉 북한군이 식량부족으로 고통받고 있으며, 기아로 야기된 먹는 문제가 바로 북한 존폐 위기로까지 확대될 수도 있다는 김정일의 두려움을 나타내고 있다. 김정일이 암시하듯, 만약 예기치 않은 기아라는 재난 때문에 북한이 붕괴될 수도 있다면, 북한당국은 이 유린상태를 감추려고 온갖 노력을 기울일 것이라고 우리는 추측해 볼 수 있다.

그러나 구호요원들은 이와는 다른 생각을 하였다. 북한은 미국의 미시시피주와 같은 크기의 땅덩어리에 약 2,300만명의 인구를 갖고 있는 나라인데, 단지 100명 정도의 중립국 구호요원들이 목격하고 수집한 사실자료들이 얼마나 정확할 수 있느냐의 문제이다. 나 자신을 포함한 구호요원 대부분은 한국어를 할 줄 모르고, 그리고 북한에 대한 경제학적, 지리학적인 사전지식도 충분히 갖고 있지 않다. 또한 중립국 구호요원들이 실질답사를 하기 전에 답사하고자 하는 대상과 지역이 북한당국에 의해 미리 선정되기 때문에, 실질답사를 통해 얻어지는 정보의 정확성과 현실성에 있어서도 문제가 있다. 북한당국에서 엄격하게 선발된 통역관들이 우리와 동반하고, 주민들이 완전 통제되고 있는 전체주의 정치체제 국가에서 우리는 북한당국이 미리 정해 놓은 길을 따라 이동할 뿐이었다. 북한에서 구호활동을 펼쳐온 구호요원들은 한결같이 50년 동안 북한처럼 완벽하게 전체 주민의 일거수일투족을 오웰ORWELL식으로 통제하고, 무적의 안전보위부가 모든 주민의 삶에 침투되어 감시하는 나라를 본 적이 없다고 하였다. 구호요원들이 북한에서 보고 들은 사실들에 혼란스러워하는 것은 더 이상 놀라운 일이 아니다. 북한 내에서 일어난 사건과 목격한 상황에 대해 나 자신 스스로에게 애써 설명하려고 했던 구체적인 상황들에 대해서 나 또한 정기적으로 의심을 품게 되었다. 북한당국이 모든 사실을 교묘하게 위장하려고 하였기 때문에, 실재상황이 아닌 것만을 보도록 강요당

했으며, 결국 그 실재상황을 놓치게 되는 나는 신화에 나오는 죄수와 같은 심정이
었다.

한 NGO 요원이 1998년 봄 북한에서 돌아오는 길에 썼던 글이다.

> 북한에서 진실된 사실이 무엇인지를 우리는 모른다.—배경자료를 읽
> 고, 10일간 북한을 돌아보고, UNDP, UNICEF, 그리고 다른 NGO 기관
> 에 종사하는 사람들과 많은 이야기를 나누었지만. 우리는 북한상황을 희
> 미하게 감지했을 뿐이었다. 북한이 아주 위태로운 상황에 처해있고, 북한
> 이 거의 모든 외부세계에 대하여 국가의 신용을 잃었다는 점이었다. 북한
> 을 최근 방문하고 돌아오는 길에 비행기 안에서 잠을 이루지 못하는 구호
> 요원이 있었는데—시차 때문이 아니라, 북한 전역에 존재하는 사상이 전
> 달하는 메시지를 구별해내지 못하기 때문에 혼란스러워 잘 수 없다는—그
> 를 나는 동정하였다……. 한 노르웨이 출신의 UNICEF 직원은 나에게 다
> 음과 같이 말하였다. 자신은 우간다에서 근무한 적도 있고, 아프가니스탄
> 과 자이레에서도 근무한 적이 있다고 하였다. 그러나 "북한이 가장 어려운
> 지역이었다. 신변안전 때문이 아니라, 무엇이 일어나고 있는지를 전혀 파
> 악할 수 없기 때문이다."[6]

1998년 12월까지도 UN은 부족한 정보에 대해 불평을 토로하였다.

> 비록 북한에서 구호활동을 펼치는 인도주의 기관이 많은 정보를 수집
> 하려고 노력하고 있다 할지라도, 유용한 데이터는 구호기관들이 현재 북한
> 의 사정과 사태 파악을 위해 정상적으로 요구되는 양보다 훨씬 적게 수집
> 되고 있다……. 구호요원들에게 예정에 없는 스케줄로 이루어지는 답사나,
> 북한당국이 허락하지 않은 방문은 전혀 생각할 수도 없다. 접근이 용이하
> 지 않다는 점—미리 결정된 사항은 아니지만—북한의 상황을 평가하고,
> 감독하고, 분석하기 위해 필요한 접근이 구호요원들에게 허락되지 않고,
> 쉽지 않다는 점은 정확한 통계와 결론을 내리는 데 많은 어려움과 혼란을
> 야기하였다. 그래서 정확하게 밝혀진 통계에 기초하기보다 구호요원들에

의해 목격되고, 그리고 그들의 추론에 기초해서 결론에 이르게 된다.[7]

주체사상의 역할

북한체제가 기아의 심각성을 공식적으로 발표하지 않고 은폐하려는 데는 또 다른 이유가 있다. 북한은 지난 30여년 동안 마르크스·레닌사상을 북한 고유 형태인 주체사상으로 발전시키는 데 상당한 정치적 자본과 자원을 사용해왔다. 주체사상은 한 마디로 말해서 자립을 의미하는 북한 고유의 통치철학이다. 여러 측면에서 주체사상은 정통적인 마르크스 이론과는 거의 관계가 없는 특이한 통치철학이다. 두 사상을 좀 더 깊이 비교 연구해보면, 오히려 마르크스 이론과는 상반되는 철학이라 할 수 있다. 동구권국가들도 마르크시즘의 반국가주의 이론을 단지 수사학적으로만 이해하고 받아들이고 있을 뿐이라고 말할 수도 있겠지만, 마르크시즘은 그 기본원리가 반국가주의이다. 한편, 주체사상은 40여년에 걸친 일본의 강압적인 식민지 통치역사와 문화를 단절하고 새롭게 시작하려는 북한의 국가주의적인 열정에서 시작된 철학이다. 주체사상은 자급자족의 경제체제를 기본원리로 한다. 주체사상은 마르크시즘과 신의 존재를 부정하는 데에서 시작된다. 북한 당 지도부는 이 사실을 인정하려고 하지 않겠지만, 주체사상은 그 기본원리에 있어 마르크스·레닌주의보다 한국의 전통적 철학인 유교사상을 더 많이 반영하고 있다.[8]

1998년 상반기 북한에서 근무했던 WFP 의장인 커츠Dong Coutts는 그가 북한에서 근무한 6개월 내내 인도주의 구호계획을 시행하는 과정에서 주체사상의 적법성과 관련해서 잦은 충돌을 빚어왔다고 말하였다. 북한에 대한 국제사회의 식량원조는 북한주민에게 이념적인 불명예이기 때문이다. 식량원조를 받아들이는 것은 북한 농업과 경제의 실패를 인정하는 확실한 증거가 될 것이고, 북한의 구걸하는 처지를 국제사회에 공개적으로 알리는 일이기 때문이다. 특히 북한당국이 철저하고 공평하게 원조된 식량을 주민들에게 분배하지 않을 것이라는 전제하에, 국제원조기구들이 북한에 원조된 식량을 운송에서부터 분배에 이르기까지 직접 감독하기 위해 북한 전역을 돌아다닐 것에 대해 당 지도부는 더욱 불안해하였다.

　　아시아인들은 전통적으로 상대방과 상대국에 대해 "체면 잃는 것"을 아주 수치스럽게 생각한다. 한편 50년 동안 전체주의 정치체제가 지배해온 북한으로서는 공개적으로 체면 잃는 사실을 스스로 인정할 수는 없는 것이다. 이같은 사실이 더욱 북한을 화나게 만들었다. 영양결핍으로 인한 북한어린이들의 비참한 모습과 여윈 노인들의 모습이 TV를 통해 전 세계에 알려졌을 때, 북한 지도부는 당혹감과 수치심으로 위축될 것이고, 북한의 적대국인 서구 식량원조국이 자신들을 국제적인 웃음거리로 만들었다고 격분할 것이다. 사진과 비디오와 같은 영상자료를 사용하지 않고 북한 기아의 심각성에 대해서 외부세계에 발표할 때에도, 북한 외교관들은 자기 나라에 대해 더 이상 부정적으로 전달하지 말라고 요청해왔다. 오히려 서구 사회에 북한을 알릴 것 같으면, 북한에 대한 찬사거리를 찾아 전해달라고 부탁했다. 혹시 일부 사람들은 북한의 이같은 태도에 분개하거나 화를 낼지 모르지만, 대부분의 많은 사람들은 북한의 손상된 자존심에 동정심을 갖고 있는 나에게 걱정과 당혹스러움이 담긴 목소리로 북한의 상황에 대해 질문을 해왔다.

　　구호사업이 시작되면서, 북한은 자신들의 식량배급 체제를 통해서 구호식량이 분배되어야 한다는 의사를 분명히 전달하여왔다. 국제구호기관의 어떠한 간섭도 북한당국은 참을 수 없었다. 1998년 말, 북한당국은 과학적으로 입증될 수 있는 주민에 대한 영양평가뿐 아니라 통례적으로 이루어지는 질병률과 사망률에 대한 조사도 금지하였다. 구호요원들이 재고 식량이 얼마나 남아 있는지 알아보기 위해, 그리고 식량가격의 변화를 추적하기 위해 농민시장의 실질답사를 요구하였으나 이 또한 금지하였다. 결론적으로, 북한당국은 궁극적인 식량원조를 목적으로 인도주의 구호기관들이 전통적으로 시행해오던 특정지역의 식량위기 심각성에 대한 조사와 측정, 국제구호기관의 전통적 감독시스템을 전면 금지하였다. 식량위기 실태 분석을 위한 진단상의 모든 방법을 금지하는 것은, 식량위기임에도 불구하고 북한당국이 계속적으로 주민과 공급체계를 완전히 통제하고자 하는 착각에 사로잡혀 있음을 반영하는 것이었다. 그리고 북한당국의 이같은 금지는 기아가 심각한 곳이 어느 지역이며, 얼마나 심각한지를 감추고 방해하려는 효과를 노리고 있는 것이라는 생각을 갖게 하였다. 국제구호기관들은 구호식량의 분배방식을 놓고, 북한당국이 결국에는 체면도 잃고 식량 분배관리도 제대로 할 수 없을 것이라고 하면서 북한당국과 논쟁을 벌였다. 결국 기아를 위장했던 것이 북한체제에 정치적 이득을 가져다주었다. 구호식량을 언제, 어디서, 어떻게 분배해야 할지에 대한 북한당국의 완전 통제는 계속되었다.

북한의 고립주의와 주민통제에 관한 역사적 고찰

한국의 역사적 배경을 살펴보면, 북한의 고립주의와 심각한 수준의 외국인 혐오증, 그리고 비밀주의와 외국사상과 문물에 대한 반감 등은 북한체제에만 국한된 것은 아니다. 반면 남한정부는 500년 동안 지속되어온 조선시대 고립주의에서 벗어나 외부세계에 문호를 개방하고 민주자본주의와 자유경제체제를 받아들였다. 어떤 측면에서, 북한이 남한으로부터 느끼고 있는 위협은 전적으로 군사적 위협만은 아닐 것이다. 전체주의 국가인 북한을 가장 위협하는 사실은 남한이 자본주의 현대화 선봉에 서 있다는 점일 것이다.

조선왕조는 오래 전부터 문화적, 정치적으로 밀접한 관계를 유지해온 중국을 제외하고는 쇄국주의정책을 고수해왔다. 조선왕조는 아시아의 여느 다른 국가들보다 훨씬 더 중국의 유교적 세계관을 전적으로 받아들이고 있었다. 조선인들은 중국문화가 다른 문화보다 우수하다고 생각하였다. 지금까지도 북한은 중국과 의존적이며 종속적인 관계를 지속해오고 있다.

봉건제후들을 제압하고 일본을 통일한 도요토미 히데요시는 1592년과 1597년에 조선을 침략하기 위해 많은 군대를 보냈다. 이때, 이순신 장군은 일본군의 군수품 공급선을 제압함으로써 일본의 침략을 되돌릴 수 있었다. 300척의 일본 군함을 괴멸시킨 1597년 해전과 참혹한 육상에서의 일본군과의 전투로 인해 조선의 폐해는 이루 말할 수 없을 정도로 심대하였다.[9] 조선은 그 이후 고립주의를 추구하였으며, 19세기에는 그 정도가 더욱 심각하였다. 19세기 서구 열강들은 무역거래를 위한 중국과 일본의 문호 개방에는 성공하였으나 조선의 문호개방은 완전히 실패하였다. 페리제독의 성공적인 일본 문호개방에 뒤이어 조선의 문호개방을 요구한 미국상선 제너럴 셔먼호의 입항을 저지하기 위해 모인 군중을 향해 대포를 발사하는 사건이 발생하였다. 평안감사 박규수가 이끄는 조선 군대에 의해 셔먼호는 불타고 선원이 사망하는 피해를 보았다. 그후 유럽의 외교관, 상인, 그리고 신부들은 모두 조선의 문호를 개방하려다가 불행한 경험을 당하였다. 로마가톨릭 신부들이 부녀자와 가난한 백성들을 개종시키고 천주교를 전파했을 때, 조선은 가톨릭 전파를 외국의 위협으로 간주하고 신자들을 대량 학살하였다.[10]

20세기 모든 전체주의 국가체제에 해당되는 사안이지만, 북한도 예외 없이 정치적인 목적을 위해 모든 정보를 국가가 통제하고 있다. 국가에 의한 정보통제가 특별하다고 생각하지 않기 때문에 북한 관리들은 자신들 체제하에서는 당연한 것이라고 나에게 설명하였다. 북한당국을 곤혹스럽게 만드는 정보들은 사전에 이미 변경되거나 보고되지 않는 것이 일반적이다. 북한당국은 외부세계에 대한 일반적인 정보의 북한 내 공개를 다른 어떤 전체주의 국가보다 더 심하게 통제해오고 있다. 에버스타트와 바니스터는 1992년 북한 인구통계에 관한 책에서 다음과 같은 사실을 전하고 있다.

> 북한은…… 인구에 관한 통계자료가 매우 부족하다는 점에서 다른 나라와 다르다. 아프리카 사하라 사막에 위치한 나라와 다르게 북한이 문맹률이 높은 것도 아니고, 주민들이 방랑생활을 하는 것도 아닌데—북한 행정기관들은 초보수준에 머물고 있다. 현재 북한은 아프가니스탄이나 캄보디아와 같은 나라와 마찬가지로 오래 지속되는 국내 혼란과 소요에서 회복과정에 있는 것도 아니다. 그런데 북한에서 자유롭게 정보들이 공유되지 않고 있다는 사실은, 국가가 정보를 통제하고자 하는—국가만이 정보를 보유하려는—정치 지도층의 의사를 반영하는 것이라고밖에 생각할 수 없다. 그러므로 북한에 관한 기본적인 통계수치들은 북한이 회원국으로 가입되어 있는 국제기구가 제공하거나, 아니면 마르크스·레닌 형제국가들로부터 입수되는 것이 고작이다.[11]

1945년 일본의 식민지 지배가 끝나고 수립된 북한의 국가 안전체제가 발전되어왔던 과정을 통하여 우리는 최근의 기아가 어떻게, 왜, 그렇게 완벽하게 체계적으로 외부세계에 위장될 수 있는지에 대한 단서를 찾아볼 수 있다. 일본으로부터 독립한 이후, 전체주의 성격을 띤 행정기관의 제도적 형태는 김일성이 38선 이북 지역에 자신의 권력을 확립하는 1945년과 1950년 사이에 갖추어나가기 시작하였 다. 1948년 수립된 북한은 과거 일본 식민지시대와는 차별화를 이루려고 하였으 며, 남한정부는 실패했지만 김일성은 식민지시대 관리들을 성공적으로 숙청하였다 고 알려져 있다. 그러나 김일성은 일본이 고용했던 많은 수의 조선인 경찰들을 그 대로 남겨 두었으며, 일본 경찰체계와 성격을 파악하는 데 그들을 이용하였으며, 초기 국가안전기관 운용에 이들을 참고하였다. 북한의 초기 국가안전체계는 일본 의 식민지경찰과 공포의 소련 KGB 요소를 함께 결합해 놓은 듯했다. 새롭게 탄생 한 북한 사회안전부(경찰, 현재 인민보안성)의 위력은 "식민지 조선에서는 말할 것 도 없고, 제2차세계대전이 발발하기 바로 전 일본경찰 역할만큼이나 사회 전반에 위력을 떨쳤다……. 개인들을 훈련시키는 것에서부터 외국으로부터 국가를 방어하 는 일에 이르기까지 예전의 일본경찰과 다른 것이 하나도 없었다."[12]

북한의 사회안전부는 범죄자의 법 집행을 포함, 정부의 사회정책을 집행할 뿐 아니라 궁극적으로 "통일을 달성하기" 위해서 요구되는 '계급투쟁'을 위해 반동분 자를 색출하고, 동요하는 주민의 재교육까지 자신들이 국가로부터 불가침의 권력 을 위임받았다고 생각하였다.[13] 사회안전부는 외부의 적으로부터 사회와 국가를 보호한다는 명목 아래 군인과 같은 임무를 수행하였다.

안전보위부의 엄청난 권력은 안전보위부가 담당하는 책임의 정도를
보아도 알 수 있다. 법과 질서의 유지, '반국가'·'반혁명'적 행위에 대한
방어, 신분증과 개개인의 상세한 출신배경이 적힌 서류 요구를 포함, 외국
인과 북한 주민 개개인에 이르는 감독과 감시, 일반적인 범죄 예방, 모든
국가 재산의 보호, 교통통제와 화재예방, 북한 내 다른 지방으로의 이주에
관한 통제와 주민활동에 관한 감독과 조사, 출생·사망·혼인과 관련한
등록 업무, 귀중한 자료의 보관, 요시찰인 명부에 오른 개인들의 정기적인
감시, 감옥과 강제수용소의 관리와 운용, 북한을 들고 나는 모든 선박들의
통제, 국가 공중방위시스템의 운용 등이 포함된다.[14]

이렇게 폭넓은 임무를 책임지고 있는 안전보위부는 기아구호요원과 중립국 직원의 감독과 감시를 위해 평양으로부터 새롭게 지침을 받을 필요가 없었다. 안전보위부의 임무는 체제를 위태롭게 할지도 모르는 외국의 영향으로부터 그들의 사회를 보호하는 것이기 때문이다. 기아구호요원들은 민주자본주의국가 출신이고, 구호요원들은 50년 동안 북한의 주적이라고 가르쳐왔던 사람들이기 때문이다. 북한에 위기가 발생하자, 100여명의 외국인들이 북한 전역에서 식량과 의약품을 분배하는 일이 발생하였다. 구호요원들은 인도주의 기준에 맞추어 구호활동을 전개하였고, 50여년 동안 전혀 경험해보지 못했던 새로운 사실을 목격한 안전보위부 요원들은 무척 혼란스러워하였다. 이를 입증하는 다량의 NGO 보고서들이 제시되고 있다. 남한과 미국이 동시에 북한이 감추고자 하는 기아의 심각성을 밝혀내고, 북한에 대한 잠재적인 공격 가능성을 찾아낼지도 모른다는 김정일의 두려움은 안전보위부의 정신교육을 한층 더 강화하였다. 내부와 외부의 적으로부터 사회를 통제하고 지켜야 하는 안전보위부—북한제도에 익숙한 안전보위부들은 기아를 위장해야 한다는 판단이 일반적이다— 의 정신교육은 북한체제의 안정과 결합되어 있기 때문이다.

북한당국은 절실히 외국의 식량 원조를 필요로 하였으나, 외부세계에 자신의 내적 취약성을 절대로 내보이고 싶지 않았다. 북한은 세 가지 선택권을 갖고 있다. 위기의 주된 원인인 북한체제를 근본적으로 개혁해나가든지, 북한주민들을 굶게 내버려두든지, 아니면 국제원조를 받아들이되 북한의 붕괴된 모습이 외부에 노출되는 것을 극히 제한하는 것이다. 북한체제를 변화시킨다는 것은 전 주민에 대한 중앙당국의 완전통제를 위협받는 일이기 때문에 북한은 개혁을 거부할 것이다. 그리고 사회 불안이 확대되는 것도 당국은 두려워하기 때문에 주민의 대량 기아사태도 북한은 선택하지 않을 것이다. 결론적으로 북한은 국제원조를 받아들이되 그에 따른 역효과를 가장 최소화할 수 있는 방향에서 체제를 위험하게 하지 않는 방법을 선택하려 할 것이다. 북한이 심각한 기아를 위장하려고 하는 이유들이 여기에 있다. 그러면 실제적으로 북한이 기아 위장을 위해 정교한 책략을 수행했다는 증거는 무엇일까?

비밀의 캠페인

중국 국경선을 넘어온 난민들과 면담을 해온 영국 저널리스트 베커와 법륜에게 나는 북한 내에서 구호활동을 하는 구호요원들은 왜 직접 북한 내에서 기아에 관한 확실한 증거들을 듣거나 볼 수 없는지에 대해 질문하였다. 북한 내 활동을 통해 입수되는 보고서에는, 쇠약해진 몸을 끌고 북한주민들이 식량을 구하기 위해 거리를 배회하고, 길에는 거두어 줄 사람 없는 시신들이 뒹굴고 있으며, 공동묘지에는 시체 썩는 냄새로 악취가 심하다는 내용은 전혀 없기 때문이다. 북한이 아닌 다른 지역에서 구호활동을 펴온 사람들은 모두 그 지역에서 일어난 소름끼치는 기아의 공포를 기억하고 있다. 눈으로 확인되지 않았을 뿐 아니라 증거도 없이 어떻게 기아가 발생했다고 말할 수 있겠는가? 나는 법륜에게 좀 더 신중히 난민에게 기아 상황에 관한 구체적인 질문을 해 줄 것을 부탁하였다. 국경없는의사회(MSF), 베커와 면담을 한 난민들은 북한체제의 마력적인 위력의 내부통제력을 첫째로 들고 있다.

중립국 구호요원들이 도시와 지방에 구호활동을 시작하기 위해 방문할 때, 지방당국은 기아로 보여지는 모든 증거들을 길거리에서 완전히 치워버린다. 거지들, 쇠약해진 사람들, 부랑아들, 쓰레기와 찌꺼기들, 그리고 죽어 나뒹구는 시체들까지도 길에서 완전히 제거된다. 한편, 입고 나갈 깨끗한 옷이 없는 주민은 집에 그냥 머물러 있도록 지시받는다. 한국어를 아는 한 구호요원은 NGO대표단들이 도착하기 바로 전, 거리에서 주민들에게 모두 집으로 들어가라는 방송을 하면서 마을을 지나는 트럭 한 대를 보았다고 한다. NGO 기관에서 파견된 식량모니터 요원이 그 도시에 머무르는 동안, 당 간부들만이 유일하게 식량배급을 받기 위해 집 밖으로 나오는 것이 허락되어 있는 사람들이었다. 한 마디로 말해서, 북한당국은 하나의 거대한 포템킨 마을Potemkin village을 창조하고 있었다. 주민들의 어둡고 참혹한 현실은 외면한 채 방문객에게 보여주기 위해 위장된 그런 마을이었다. 중립국 요원들에게 기아를 위장한 지역의 방문을 획책하는 것은, 결과적으로 북한당국으로 하여금 시간을 소모하게 만드는 일일 것이다. 왜 북한 당국이 소수의 NGO 관계자들에게만 비자를 허용하는지에 대한 이유도 이를 통해 설명될 수 있다.

1998년 5월 북한에 사는 친척을 만나기 위해 북한을 방문한 한 조선족은 고향을 방문하고 나서 목격했던 것을 이렇게 알려왔다.

길거리들이 이상하게 깨끗하게 청소되어 있었다. 예전에 이 거리에는 많은 집 없는 사람들이 서성거리고 있었는데, 지금은 거리에 나와 있는 사람을 발견하기 힘들었다. 거리에 나와 있는 북한 관리는 호루라기를 불면서 건물 뒤로 숨으라고 외쳐대고 있었다. 그리고 안전보위부는 강제로 주민들을 길에서 몰아 내기에 분주하였다. 그들은 계속 "고개를 숙여라"고 외쳐댔다. 왜 거리가 이처럼 깨끗하고, 사람이 없고 한산한지를 궁금해하고 있을 때, 적십자 표지를 단 중국과 남한정부의 자동차들이 내가 서 있는 길 앞을 바로 지나가고 있었다. 거리가 조용하고 깨끗하게 정돈되어 있는 이유가 바로 그 차량들 때문이라는 것을 금방 알아차릴 수 있었다. 나의 옷차림으로 내가 북한주민이 아니라는 것을 알아차린 안전보위부 요원은 나에게 길에서 비키라고 하지 않았다.

한편, 그 당시 집 없는 사람들은 바람을 피하기 위해 버려진 건물 안이나 그 주변에서 잠을 잔다. 내가 만난 어린이들은 오랫동안 계속된 질병과 굶주림으로 심한 고통을 겪고 있었다. 어린이들의 등과 손목은 심하게 굽어 있었고, 그들의 목은 자신의 머리를 지탱할 수 없을 정도로 가늘어져 있었다. 어린이들의 눈은 초점을 잃고 감염되어 있었으며, 머리는 말라 뻣뻣해져 있었으며, 웃거나 미소지을 수 없을 정도로 쇠약해져 있었다. 그들의 입술은 경직되어 있었고, 입을 벌리면 피가 나올 정도로 말라 있었다. 어린이들 무리에서 나는 비정상적으로 코가 튀어 나온 한 소년을 발견하였다. 왜 그렇게 코가 부풀어 있느냐고 나는 물었다. 그 소년은, "사탕 쌌던 껍질을 내 코에 집어넣어 두었다. 항상 사탕 냄새를 맡고 있으면, 배고픔을 잊을 수 있기 때문이다."라고 말하였다. 건물과 건물 사이의 빈 공간에 집없는 어린이들이 무척 많았다. 나는 영양결핍으로 이미 시력을 잃은 어린이도 보았다.

그리고 나는 장마당에서 옥수수떡을 파는 상인에게 찔려서 중상을 입은 어린이도 보았다. 나는 상인에게 어린이 때리는 것을 멈추라고 하고, 왜 그렇게 화가 나 있는지에 대해 그 상인에게 물었다. 자신도 굶주림 때

문에 벌써 5명 아이들 중 2명을 잃었다고 여자 상인은 대답하였다. "이 옥
수수떡은 나에게는 생명과 같은 것이다. 이 아이가 지금 내 목숨을 훔치려
고 하기 때문에 정신을 잃을 정도다. 그래서 나는 이 아이를 정신없이 때
렸다."고 대답하였다.[15]

1997년 2월 지방의 한 도시를 방문했던 한국어를 아는 중립국 구호요원은 다
음과 같은 보고를 하였다. 어느 날 새벽 5시, 마을 어디에서나 들을 수 있는 방송
을 통해서 중립국 구호요원이 자신들 마을을 곧 방문할 것임을 알리는 안내가 주
민들에게 전달되었다. 방송은 계속해서, 반듯한 옷과 신발이 없고, 또 건강상태가
좋지 않다면 길에 나오지 말라는 내용을 전달하고 있었다. 비디오로 촬영된 난민
과의 면담에서 외국인에 관한 내용 중 담뱃불을 빌리자는 외국인의 간단한 요구에
응하는 것도 감옥에 갈 정도의 중대한 정치적 범죄라고 그 난민은 증언하였다.[16]

1998년 9월 마지막으로 북한과 중국의 접경지역을 방문했을 때 일이다. 나는
난민에게 북한 내에서는 기아를 포착할 수 있는 확실한 징후가 왜 존재하지 않는
지에 질문하였다. 전직 대학교수였던 난민은 "우리 자신의 문제를 외국인 앞에 드
러내 놓고 말하는 것은 수치스러운 일이다. 북한 체제하에서 그러한 일은 자존심
을 상하게 하는 것이다." 북한 체제에 대한 나의 순진함에 그는 재미있어하는 듯했
다. "우리는 외국인을 만나는 것이 절대 허용되지 않는다.", "북한당국의 선전에
의하면 모든 구호단체는 정치적 동기를 갖고 있다. 구호단체의 궁극적인 목적은
공산주의를 붕괴시키고 북한을 '적색' 에서 '황색' 으로 바꾸는 것이다. 북한은 지
구상에 남아 있는 마지막 낙원이기 때문에 외국인들은 절대적으로 북한에서 기아
에 관한 증거를 볼 수 없을 것이다. 그리고 북한에 실재하지 않는 기아를 어떻게
관리들이 외부세계에 보여 줄 수 있겠는가?"고 그는 덧붙여 말하였다.[17]

한때 제철소가 있었으나 경제난 이후 산업이 침체된 두만강 유역 문산에서 온
여성난민이 있었다. 그 난민은 UN 구호기관의 직원이 자기 마을에 들어온 이후
일어난 사건에 대해 다음과 같이 이야기해주었다. "자기 마을의 반장이, 지금 UN
직원이 마을에 와 있으니 하루 종일 집 밖으로 나오지 말라는 것이었다. 그래서 자

기 반에서는 아무도 집 밖으로 나오지 않았다."고 했다. 또 다른 난민은, "우리도 며칠 동안 외국인의 방문에 대비해서 마을거리를 청소하고 정리했다. 중앙당국은 불명예를 원하지 않는다." 만약 사실 그대로의 기아 상황이 외부인에게 알려진다면, 북한은 자존심을 잃을 정도로 수치스러워지는 것이다.

〈워싱턴 포스트〉의 폼프레는 중국을 방문한 적이 있으며, 남한과 가까운 접경지역 마을 출신으로 기아를 피해 북한을 탈북한 남자와 면담을 하였다. 폼프레는 다음과 같이 적고 있다.

> 북한의 남쪽지역에 위치하고 있는 유명한 관광지의 하나인 금강산 근처 출신인 그는 외국인 일행이 자기 마을에 오기 바로 전, 당국은 마을의 공중방송을 틀어 놓고 마을 사람들로 하여금 집안에 머무르라는 지시를 하였다고 한다. "여기 우리들이 살고 있는데, 외국인들은 우리를 보지 못한다." 그는 덧붙여서, "우리들은 눈에 보이지 않는 사람들이다."[18]

문호개방에 대한 북한의 태도는 중국 대련시에서 있었던 등소평과 김일성의 역사적인 회담 일화를 통해 가장 잘 요약되어 표현된다. 등소평이 지금 중국에서 한창 진행중인 시장경제체제의 경제기적을 보여주면서, 이러한 기적을 "서구세계가 들어올 수 있는 작은 창문"을 중국이 허용하였기 때문이라고 말하자, 김일성은 "중국이 서구세계를 향해 창문을 열어 놓으면, 파리떼도 날아들어온다"라고 응답했다. 이에 대해 등소평은 "그러면 우리는 원하지 않는 요소들이 중국에 들어오지 못하도록 차단막을 칠 수도 있다."라고 응수하자, "그것은 철의 장막이 되어야 할 것이다."라고 김일성도 즉각적으로 대답하였다.[19]

역사적인 전례들 : 20세기에 발생했던 전체주의국가의 기아사례

만약 북한의 사례가 외부세계에 상당한 규모의 기아를 숨길 수 있었던 20세기 전체주의 국가들 중 첫번째 성공사례라면, 다른 나라들이 실패한 믿기 어려운 일을 어떻게 북한은 성공할 수 있었는지에 대해 우리들은 의아해할 것이다. 전체주의국가에서 발생했던 예전의 기아들 중 네 경우 모두가—소비에트 우크라이나 (1930~33), 중화인민공화국(1958~62), 에티오피아(1984~85), 그리고 캄보디아 (1975)—유사한 중앙당국의 행태를 보여주고 있다.

Dekulakization(탈부농화)와 우크라이나 기아

1929년과 1933년에 소련의 탈부농화와 강제집단화로 인해 1,450만명의 생명을 앗아간 우크라이나 대기아 참사에 대해, 콩퀘스트는 스탈린이 우크라이나에서의 자신의 정책실책을 숨기려고 이같은 대참사가 일어났다고 기록하고 있다. 1933년 8월과 9월에 두 번에 걸쳐 총리를 지낸 바 있는 프랑스 사회당 당수인 헤리옷Edouard Herriot이 소련을 방문하였다. 그는 우크라이나에서 5일을 보냈다. 콩퀘스트는 그 여행에 관해 다음과 같이 적고 있다.

> 키에프를 방문한 방문객은 헤리옷이 오기 전 준비에 대해 다음과 같이 묘사하고 있다. 그가 오기 전 날 모든 주민들은 새벽 2시부터 거리와 집을 청소하고 장식하라는 지시를 받았다. 식량배급소는 문을 닫았다. 식량을 타기 위해 줄서는 것이 금지되어 있었기 때문이다. 집없는 아이들, 거지들, 굶주리는 사람들이 거리에서 모두 사라졌다. 지역주민들은 덧붙여 말하기를 상점들은 음식으로 가득 채워져 있으나 상점에 경찰들이 파견되었고, 상점 가까이 접근하는 사람들은(식량을 사는 것이 법으로 금지되어 있기 때문이다) 지역주민들까지도 모두 체포되었다. 거리는 물로 깨끗이 청소되어 있었다……. 어린이집의 전형인 칼코브Kharkov로 그들은 나를 데리고 갔다……. 어떤 마을은 외국인에게 보여주기 위해 바로 옆에 위치하고 있었다. 이 마을은 집단농장 중 가장 모범이 되는 마을이었다……. 이 농장의 농부들은 공산주의자들이거나 콤소몰에서 뽑혀 온 사람들이었다. 이들은 모두 잘 먹고 잘 지내는 것 같았다. 소들의 영양상태도 아주 좋아 보였다.[20]

집단농장을 방문한 헤리옷은 우크라이나에 기아가 발생하지 않았다고 발표했으며, "반 소비에트 정책을 획책하는 잘못된 보고들"을 오히려 비난하였다.[21] 한편

프라우다지는 소비에트에서 일어난 기아에 대한 브루주아 언론의 거짓 보도를 헤리옷이 절대적으로 거부하였다고 보도하였다.[22] 한편 콩퀘스트는 또 다른 실례를 들고 있다.

> 미국과 영국, 그리고 독일의 대표단이 칼코브를 방문하였다. 농부거지들에 대한 일제 단속이 이미 앞서서 진행되었다. 거지들은 화물자동차에 실려, 어디론가 허허벌판에 내버려졌다. 터키 대표단은 숙소로 가는 길에 로조바Lozova의 합류점에서 식사를 하기로 예정되어 있었다. 터키 대표단이 머물기 훨씬 전에, 역에서 죽거나 죽어가는 사람들은 이미 트럭에 실려 아무도 모르는 곳에 내버려졌다. 기차역은 깨끗해졌으며, 말쑥한 차림의 '종업원'과 '관리'들이 그 자리를 채우고 있었다.[23]

대약진운동과 중국의 기아

모택동은 1956년 강제적인 농업집단화를 시작하면서 1958년 대약진운동을 전개하였다. 모택동은 마르크시스트 유토피아 건설을 위해 중국식 위업 달성에 박차를 가하고자 대약진운동을 계획하였다. 이는 산업부문에서 자발성과 함께 '혁신적인' 농업경영을 병행하는 것이었다. 모택동은 대약진운동의 실천사항들을 소련의 악명 높은 농업상, 리젠코Trofim Denisovitch Lysenco와 다른 유사 농업학자들에게서 빌려왔다.[24] 모택동의 자만심에 영합하는 공산당 내 아첨꾼들은 기아로 인한 폐허를 모택동에게 알리지 않았다. 그들은 모택동의 정책으로 오히려 식량의 대량증산을 가져 왔으며, 굶주린 농부에게서 강제로 징발된 식량들은 수출하였다고 모택동에게 전달하였다.

〈*The Times of London*〉에 의하면, 이 기간에 홍콩으로 탈출한 난민들 중 기아에 관한 사실들을 잘 알고 있는 난민들은 "편견을 갖고 있으며, 그들이 제공하는 정보들은 좀처럼 정확하지 않을 뿐 아니라, 그들은 단지 불행한 일에 다소 흥미를 갖고 있을 뿐이다."라고 해서 강제 해산되었다고 한다.[25] 베커는 중국기아에 관한 그의 저서에서, 모택동의 급진적인 평등주의를 칭송하는 서구의 좌익 정치지도자들에 관한 이야기로 할애하고 있다. 중국학자들 또한 근거 없는 반공산주의 선전일 뿐이라고 일축하면서 기아에 관한 보고를 간단히 처리하고 있다.

〈뉴욕 타임즈〉와 앨솝Joseph Alsop과 같은 몇몇 저널리스트들만이 중국의 끔찍한 재난에 대해 정확한 보도를 했던 반면, 대다수 사람들은 재난의 증거들을 무시하였다. 끔찍한 증거들을 무시한 중국정부의 이같은 처사는 중국정부의 거의 절대적인 완전통제를 의미하는 것으로—중국보다 앞서 소련정부가 취했던 행동도 이와 마찬가지이다—이는 외부세계 방문자에게도 똑같이 적용되었다. 외국인들은 당국이 보여주기만을 원하는 것만을 볼 수 있을 뿐이다. 그리고 앞서 지적했듯이, 자신의 기아를 위장하는 데 성공한 중국당국은 외국인에게만 국한하지 않고, 모택동에게도 기아 사실을 숨겼다. 모택동이 지방을 순시할 때마다 공산당원은 기아에 관한 증거들을 숨겼으며, 식량생산이 가파르게 떨어지고 있었음에도 불구하고 식량증산이 이루어지고 있다는 허위 보고만을 모택동에게 전달하였다.[26] 1960년에야 모택동은 팽덕회와 같은 원로들을 통해 기아가 얼마나 처참했는지에 대해 들을 수 있었으며,[27] 1962년 모택동은 자신의 계획을 포기하고 정책을 바꿔 식량증산을 도모하였다. 모택동의 새로운 사상도입의 실패가 가져온 결과로 3,000만 명의 사람이 목숨을 잃었다.

멩기스투Mengistsu하에서의 에티오피아인의 이주와 기아

또 다른 감춰진 기아로는, 1972~73년 수십만의 생명을 앗아간 에티오피아에서 발생한 기아를 꼽을 수 있다. 이 기아로 인해 1974년, 하일레 셀라시에Haile Selassie를 권좌에서 몰아내기 위한 군부 쿠데타가 촉진되었다. 그리고 1984~85년에 기아가 연이어 발생하여 100만의 사람이 목숨을 잃었다. 이 기아는 가뭄으로 인한 농작물의 감소 때문에 발생하였다. 에티오피아 기아에 관한 카플란Robert Kaplan의 책에서, 카플란은 중앙정부의 강제적인 이주정책이 이러한 재난의 주된 요인이라고 지적하고 있다. 멩기스투Mengistu Haile Mariam 대령의 마르크시스트 체제는 앰허릭Amharic과 티그레얀Tigrayan 고산지대의 수십만 주민—이곳 주민들은 멩기스투체제를 전복시키기 위한 폭동을 동시에 지지해온 사람들—을 좀더 낮은 평야지대로 이주시키려고 하였다. 멩기스투체제는 동시에 고산지대의 가족주거지구를 계획적으로 조성된 지역으로 이주시키려고 하였다. 외관상으로는 농장의 '효율성'을 높이기 위한 목적으로 시도된 계획이었으나, 실제로 이같은 정책실행은 역효과를 가져왔다. 마르크시스트 농업체제하에서 지역간에 이루어지는 식량의 거래는 금지되어 있었기 때문에, 한 지역의 잉여농산물이 식량이 부족한 다른 지역으로 이동될 수 없었다.

1985년 기아 발생에 대한 중앙정부의 책임에 관해서 분명하게 보도된 것은 없다. 하버드대학이 위험에 처한 개발도상국 민족에 관한 연구와 보고서들을 출판하기 위하여 창립한 기관—문화적 생존Cultural Survival(Cambridge, Massachusetts)은[28] 잔인한 이주정책을 피해 에티오피아 국경선을 넘어 수단으로 탈출해오는 수천의 난민을 면담하였다. 문화적 생존에서 제출한 보고서에 의하면, 이 정책으로 1985년 7월까지 수십만의 사람이 죽었다고 한다.

> 고향에 남아 있는 소수 사람들은 식량생산 감소로 영양결핍상태였다, 그러나 많은 사람들은 붙잡혀서 강제이주를 당하기 전까지 아직 기아를 겪지는 않았다……. 재정착 캠프에 도착하기 한 달 전까지 버틸 수 있는 최소의 식량만을 정착민들은 배급받았다. 그러나 식량을 배급받고 나서, 매일 11시간씩 1주일 중 6일과 반나절 동안 일을 해야 한다는 사실에 주목해야 한다.[29]

그러나 그 당시 국제구호기관들은 에티오피아 난민들에 대한 상황보고를 간략하게 보고하거나 피난민들의 고백과 증언을 일축하였다. 피난민 고백은 에티오피아 중앙정부에서 제공한 정보들과는 상반된 내용이었기 때문이었다. 에티오피아 내에서 구호사업을 전개하기 위해 중앙정부의 승인을 받아야 하는 예속적인 NGO 기관들로서는 이주정책이 시행되었다는 사실과 높은 사망률을 나타내는 어떠한 증거도 본 적이 없다고 하였다.

캄보디아 기아와 크메르 루즈Khmer Rouge의 킬링 필드
캄보디아의 '킬링 필드'는 20세기 전체주의국가에서 발생하였던 네번째 대기

아 참사이다.— 그리고 다섯번째 기아 참사를 꼽는다면, 레닌의 농업집단화 실패로 인해 수백만이 죽은 1920년대 초 소련에서 발생한 기아를 들 수 있다. 1976~79년의 캄보디아 킬링필드가 전통적인 시각에서는 기아상황이 아니라고 말할 수도 있다. 그러나 크메르 루즈는 굶주림을 도시의 엘리트들을 제거하는 수단으로 악용하였다. 시한 시브Sichan Siv는 미국의 해외 근무장교 트위닝Charles Twining의 캄보디아 난민과의 인터뷰를 도와 준 캄보디아 국적의 시민이다.[30] 그는 잔학 행위로 희생된 사람들 중 세번째로 많은 숫자가 실제로는 크메르 루즈가 교묘하게 계획한 굶주림에 의한 사망자일 것이라고 말하였다. 크메르 루즈는 희생자들을 죽음에 몰아넣을 정도로 강제로 일을 시키고, 겨우 연명할 정도의 아주 적은 식량만을 배급하였다. 그리고 사망률을 더욱 증가시키기 위해, 공산당 간부들은 희생자들이 들판에서 야생식량을 구하러 다니는 것조차 전면 금지하였다. 들판에는 희생자들의 생명을 연장시켜 줄 야생식량이 풍부하였기 때문이다.[31]

이 연구의 목적과 가장 관련이 있는 사안으로, 1977년 캄보디아 수립 초기부터 불거져나온 난민보고에 대한 국제사회의 반응을 들 수 있다. 크메르 루즈 악몽이 끝나고 베트남과의 전쟁으로 이어진 인도주의 구호사업에 관한 고전적 저서인 *The Quality of Mercy*에서 쇼크로스William Shawcross는 다음과 같이 상세하게 기록하고 있다. 난민들이 일종의 악마와 같은 끔찍한 사건을 전달하고 있기 때문에, 비평가들은 대참사를 알리는 난민들의 증언을 도저히 믿으려 하지 않았다. 전제군주조차 크메르 루즈와 같은 지탄받는 행동을 하려고 하지 않았다. 촘스키 Noam Chomsky와 같은 좌익성향의 학자들이 포함된 비평가들은 이념적 이유를 들면서 그같은 난민 보고를 기각하였다. 촘스키는 "1975년 크메르 루즈가 승리를 거둔 순간부터 서구 언론들은, 서구세계와 특히 태국과 같은 아시아의 반공산주의 국가들은 '광대하고 전례없는' 크메르 루즈를 반대하는 선전을 하면서 서로 결탁하고 있다."고 발표하였다.[32] 좌익성향의 다른 학자들과 저널리스트들도 베트남 전쟁에서 공산주의에 대한 공격과 관련하여 이와 같은 견해를 갖고 있다.

20세기 전체주의 국가에서 발생한 다섯번째 대기아

20세기 전체주의 국가에서 발생하였던 모든 기아는 예외 없이 그 지역을 방문하는 외부인들에게는 잘 파악되지 않았다. 모든 전체주의 국가는 본질적으로 외부세계에 보여지는 사실까지 포함해서 전 사회의 모든 요소를 통제하고 있었다. 그러나 20세기에 북한만큼 완전하게 통제할 수 있는 국가는 어디에도 찾아 볼 수 없을 것이다. 외부세계에 자신의 불행이 알려진다는 것을 북한당국은 수치스럽게 생각하고 있기 때문이다.

그러나 북한주민에 대한 기아구호사업을 막 시작하려고 할 때, 이론적으로 평등에 기초해서 모든 주민이 고통까지도 서로 나눈다는 북한의 식량배급체제를 보고 실제로 감탄하는 소수의 기아구호요원들도 있었다는 사실을 나는 감지할 수 있었다. 구호요원과 일부 학자들은 북한체제가 개인의 자유를 억압하고 있다는 점에 대해서는 부정적이지만, 자유 억압보다 더 중요하다고 생각되는 먹는 문제에 있어서 아무도 굶지 않는다는 사실에 더 큰 비중을 두고 있었다. 만약 단순하게 생각하고 북한사람들과 다소 친분이 있는 사람이라면, 자신들이 북한당국으로부터 체계적으로 기만당하고 있다는 사실을 전혀 깨닫지 못할 것이다. 한편, 좀 더 회의적인 생각을 갖고 있는 구호요원들은 북한체제가 더 많은 국제원조를 얻어내고, 한 술 더 떠서 그들의 정치적 목적을 달성하기 위해 위기를 과장하고 날조하고 있다고 믿고 있다.

기아구호활동을 펼치는 우리의 동기가 아무리 순수하고 그 근거가 타당하다고 하더라도, 우리가 지원해야 할 북한주민들에게 앞으로 일어날 일에 대해서 결정할 책임이 우리에게는 없다. 접경지역에서 보고되는 참혹한 기아 상황에 대한 증거들과 NGO 기관들과 일부 저널리스트들을 통해서 북한의 기아상황이 발표되어도, 북한에서 지속적으로 구호활동을 전개하고 있는 많은 단체들은 이러한 증언과 증거에 대한 어떤 해석도 거절하고 있다. 일부 구호단체들은 기아 상황을 개선시키려는 자신의 사업이 정치적 목적이 우선하고 이를 수행하려는 북한당국에 의해 악화되는 것을 원하지 않는다.

WFP 이사이자 인도주의 구호사업가인 버티니Catherine Bertini에게 이 문제를 제기했을 때, 다음과 같은 교훈적인 답변을 해주었다. "만약 수정주의자들의 해석이 옳다고 증명되었다 하더라고, 끔찍한 기아가 지금 바로 우리 눈앞에서 전개되고 있다면, 우리는 무엇을, 그리고 어떻게 지금과 다르게 행동할 수 있단 말인가?" 이 질문은 뒤에서 다시 언급될 것이다.

4. 기아로부터 살아남기
북-중 접경지역을 따라서

시간이 지남에 따라, 북한 전역에서 참혹한 기아 상황에 대한 증거들이 속출하였다. 앞으로 전개될 위기의 심각성을 예견하고, 높게 치솟을 사망률이 예상되자 착잡한 마음을 금할 길 없었다. 한편 북한에서 구호작업을 펼치고 있는 NGO 기구들로부터 북한의 기아상황과 모순되는 정보들이 제공될 때마다 더욱 마음이 불편하였다. 나의 의구심은 내가 직접 만나보지 않은 난민들의 증언과—영국 출신 저널리스트인 베커를 제외한—모호하고 모순된 정보들로 이루어진 UN과 NGO의 답사보고서를 포함해서 일반적으로 기아에 대해서 거의 아는 것이 없는 일부 저널리스트들이 발표한 난민 관련 언론기사로부터 연유된다. 그래서 혹시 북한에서 일어나고 있는 사건들을 내가 잘못 해석하고 있지나 않은지, 또는 북한 각지에서 보고되는 기아에 관한 기록들을 내가 잘못 읽은 것은 아닌지 의문이 생기기도 하였다. 아니면 북한에서 직접 구호활동을 하고 있는, 북한의 기아상황에 대해 좀 더 냉소적인 NGO와 UN 구호요원들의 시각이 옳을 수도 있다는 생각이 들기도 하였다. 기아와 같은 재앙은 북한에서 결코 일어난 적이 없으며, 단지 북한당국이 단순한 식량부족 사태에 대해 더 많은 외국의 식량원조를 요청하기 위해 허위자료를 제공했을 뿐이다라고 생각할 수도 있다. 그러나 이같은 가능성이 있다 할지라도, 내가 그 사실을 있는 그대로 받아들이기에는 너무 많은 상념들이 나를 괴롭혔다.

당시 북경 주재 홍콩 〈사우스 차이나 모닝 포스트〉의 저널리스트인 베커로부터 북한과 중국의 접경지역을 중심으로 수집된 심층적인 보고서들이 전달되었다. 1996년과 2000년 사이에 씌어진 20여편에 달하는 급보들은 북한 내부 사정을 알수 있는 사건과 일화들이 풍부하게 담겨져 있는 자료들이었다. 베커의 권위있는 북한기아에 관한 보고들은 예전부터 시작된 그의 기아연구에서부터 유래한다. 1997년 1월 출간된 *Hungry Ghosts*는 1958~62년 모택동의 대약진운동의 실패로 야기된 중국 기아에 관한 저서로, 기아 재난에 관한 뛰어난 저서 중 하나이다. 베커는 기아구호사업을 펼치는 대부분의 구호요원들보다 전체주의 국가에서 발생했던 기아에 대해 더 잘 이해하고 있었다. 그의 책 재판본에는 북한 기아에 대해 후기를 적어놓기도 하였다.

우리민족서로돕기 불교운동본부의 법륜스님에 의해 이루어진 난민 면담을 통해 북한 비극에 대한 최초의 체계적인 증거들이 우리들에게 제공되었다. 1993년부터 법륜은 자신이 창설한 NGO, 우리민족서로돕기 불교운동본부(KBSM)를 운영하고 있으며, 많은 조선족이 살고 있는 북한과 중국의 접경지역인 연변에서 활동해오고 있다. 법륜 자신은 아직 북한에 들어가본 적이 없지만, 중국에서의 활동을 통해 북한 내에서 어떠한 일들이 일어나고 있는지에 관한 정보를 제공해 줄 수 있는 광범위한 인적 연락망을 구축해오고 있다. 1997년 6월, 조선족 친구 중 한사람이 북한기아에 관한 설명을 하였을 때도, 그와 함께 두만강—중국과 북한의 동쪽 경계선인—가까이 도착하기 전까지도 법륜은 그의 이야기를 전혀 믿을 수 없었다. 법륜은 두만강 건너편에서 영양결핍상태를 보이고 있는 북한 어린이들을 보았다. 쇠약해진 어린이들의 모습을 발견하고 혼란해진 법륜은, 그 이후부터 강 건너 중국으로 탈출해 온 난민들을 면담하기 시작하였다. 북한 기아의 심각성에 대해 갖고 있던 의문들이 면담이 시작되면서 하나 둘씩 사라지기 시작하였다.

한반도 분단상태가 지속되는 50년 동안, 북한 문제가 남한정부의 정책에서 가장 핵심적인 사안이 되어왔다. 이러한 남북상황하에서 법륜이 남한으로 돌아와서 북한의 기아고통에 대해 처음 공개했을 때, 평양에 동정적이지 않은 일부 계층에 의해 법륜의 노력은 왜곡되고 좌절되었다. 남한 정치계와 언론은 북한 기아를 공개하는 법륜의 동기를 의심하기 시작하였다. 북한 기아 실상을 알리는 법륜의 보고서는 아예 염두에 두지도 않은 채, 자신들의 기본 입장과 견해에 이용할 목적으로 오히려 재해석하였다. 한편, 남한의 일부 좌익 정치인들은 법륜이 과장되게 북한의 대량 아사를 보고함으로써 오히려 북한당국을 당혹스럽게 하고 있다고 법륜을 비난하였다. 그리고 우익집단에서는—특히 국가안전부와 국군관련기관에서는—법륜을 괴롭히고, 그의 북한 방문을 불허했으며, 그가 수집한 사진과 자료들을 압수하였다. 우익집단은 북한 기아 희생자들에 대해 남한 내에서 어떠한 동정심도 유발되는 것을 원하지 않았다. 남한 내에 동정심을 불러일으키는 것은 북한에 식량원조를 제공하도록 식량원조국에 압력을 증가시킬 수도 있기 때문이다. 우익 관점에서 보면 북한에 대한 식량원조는 증오스러운 북한 체제의 붕괴를 방해하는 일이기 때문이다. 법륜의 북한 기아실상 공개는 남한 내 모든 사람들을 동시에 난처하게 만들었다. 반면 이같은 사실은 법륜에 대한 나의 신뢰감을 높여 주는 계기가 되었다. 법륜은 아무도 알고 싶어 하지 않는 고통스러운 진실을 밝혀냄으로써 모든 사람을 괴롭히고 있었던 것이다.

법륜과 베커가 접경지역에서 난민들의 증언들을 수집하고 있을 때, 나는 월드비전을 통해서 중국에 친척이 있는 재미한인사회의 지도층에게, 그들도 자신의 친척들로부터 기아에 관해 들은 적이 있는지를 물어보았다. 1997년 1월 1일부터 6월 30일 사이 난민들에게 마을에서 일어났던 사망률에 관한 9가지 질문을 하였다. 재미한국인이 그 질문을 한국어로 번역해 주었다. 1997년 7월과 8월 사이 400여 차례에 달하는 면담이 이루어졌다. 그러나 그 중 33개만이 완전하였고, 대부분의 난민들은 체포되고 추방되는 것이 두려워 질문에 대답하려 하지 않았다. 일반적인 난민들이 전체 인구에 대한 사망률을 잘 알지 못할 것 같아 대도시에 대한 사망률 통계는 이에 포함시키지 않았다. 그러나 면담 결과 지방에서는 그 지역 인구의 15%에 달하는 사람이 사망하였다는 사실을 알게 되었다. 기아실상에 대한 과학적인 조사가 불가능하기 때문에 기아가 북한에 실제로 존재하는지, 그리고 그 심각성이 어느 정도인지에 대한 판단은 난민들로부터 수집된 일화를 통해서만 가능하였다. 월드비전 내에서도 이 조사방법에 대하여 대단한 항의와 반발을 유발시켰다. 호주, 캐나다, 그리고 미국과 같은 서구지역에서 활동하는 월드비전은 남한, 중국, 그리고 태국과 같은 아시아지역의 월드비전과 상당한 견해 차이를 드러냈다. 후자는 이 조사를 발표하게 되면 북한당국이 분명 분노하게 될 것이라고 반박하였다. 그리고 이러한 우려가 실제로 나타났다. 평양에 주재하는 UN기관과 NGO사무소는 이같은 조사가 북한에서 활동하고 있는 구호단체의 입장을 난처하게 하고 있다고 불평하였다.

유럽 NGO의 하나로, 포괄적인 인도주의 구호사업을 전개하고 있는 국경없는 의사회Médecins Sans Frontieres도 월드비전과 마찬가지로 북한 위기에 관한 논쟁을 포함한 내부 갈등을 경험하고 있었다. 난민과 면담을 하기 위해 북한의 접경지역을 답사중인 국경없는 의사회의 중국 사무소에 파견된 직원은 월드비전과 KBSM에 의해 수집된 것과 유사한 기아로 파괴된 북한실상을 접할 수 있었다. 1998년 봄, MSF는 국제언론에 그들의 첫번째 답사결과 보고서를 발표하였다. 이 발표는 북한 내에서 구호활동을 펼치고 있는 MSF 직원들을 당황하게 만들었다. 북한 내 MSF 구호요원들은 난민들의 주장을 뒷받침할 어떤 증거도 자신들은 발견하지 못했다고 말하였다. 북한기아의 실재 여부를 놓고 전 세계 국제지원기구들 사이에 신랄한 논쟁들이 계속해서 일어났다. 논쟁이 계속되는 사이 난민과 면담을 했던 MSF직원은 해고되었다 다시 재고용되어, 1998년 여름까지 더 많은 증거들을 수집하기 위해 다시 접경지역으로 파견되었다. 그 해 8월 MSF는 중국 접경지역에서의 난민 면담을 통해 수집된 자료가 담긴 번역본 12페이지를 출간하였다. 9월 30일, MSF의 국제의장인 고메어Eric Goemaere 의장은 MSF가 북한에서 16개월 동안 구호활동을 해왔음에도 불구하고, MSF의 난민 면담에서 밝혀진 것이 모두 사실로 드러난다면 MSF의 인도주의 구호사업이 기만당하고 있다고 생각하기 때문에 MSF는 북한을 당장 떠날 것이라고 발표하였다.

번역 출간된 난민의 증언내용은, "길거리에 나뒹구는 시체들", 중국으로의 대량 난민 이동, 도시지역에서 주요 식량의 구입원이 되어가고 있는 농민시장의 역할, 그리고 높게 치솟은 곡물가격에 대한 것들이었다. 그리고 식량을 구걸하면서 길거리를 배회하는 버려진 아이들, 살아 남기 위해 야생식량을 찾아 떠돌아다니는 무리들, 식량 살 돈을 마련하기 위해 마지막까지 자신이 소유하고 있던 가재도구를 내다 파는 일—집까지 포함해서—에 대해서도 기록하고 있었다. 군대에서 탈영한 몇몇 난민들은 부족한 식량배급으로 인해 야기된 군대 내부의 불안에 대해서도 보고하고 있다. 그들은 자신의 상관으로부터 집단농장에서 식량을 훔쳐 오라는 명령을 받았다고 하였다. 또한 기아를 피해 탈출하려는 사람들로 꽉 찬 열차 안의 참혹한 광경에 대해서도 묘사하였다. 사람들은 열차가 이동하는 도중에 사망하기도 하였다. "죽은 시체들은 창 밖으로 간단하게 내던져졌다." MSF가 난민을 통해서 수집한 증언에는 월드비전과 KBSM의 조사에서는 빠진 정보 하나를 제공하고 있다. 북한 당 간부와 군인들은 구호기관으로부터 전용한 식량을 팔아서 자신들의 부를 축적하고 있다는 내용이다.[1]

〈워싱턴 포스트〉는 1997년과 1998년 사이에 북한에서 일어났던 기아에 관한 산발적인 흥밋거리만을 보도하였다. 특별한 관찰이나 심도있는 조사방법으로 이루어지지 않은, 매년 가끔 일어나는 상황만을 흥미 본위로 보도하였다. 1999년 2월 초, 북한 기아위기에 대해 기사를 쓴 적이 있는 폼프레는 접경지역을 답사하면서, 20여명의 난민과 국경수비대 관리들과 심도있는 면담을 시행하였다. 북한 기아에 관한 그의 장황한 보고서에는 "산산조각이 난 북한가정의 기괴한 정경들, 전기와 불기 없는 썰렁한 집, 약속된 외국원조식량이 제때에 도착되지 않은 북한 도시와 마을의 상황, 작은 나뭇가지와 나뭇잎, 옥수수 속대와 개구리로 연명해가는 이웃들과 그들을 통제하는 당 간부들, 그리고 당 간부만을 위해 비축되는 외국원조식량"에 관한 증언들이 포함되어 있었다.[2]

또한 폼프레는 국경지역의 상황을 묘사했던 한 서구외교관의 말을 인용하였다. "이곳은 무법지대이다. 모든 사람들이 3개에서 4개 정도의 신분증을 가지고 있다. 이곳에서 지구 종말을 보는 것 같다." 그리고 국경을 수비하는 중국관리는 폼프레에게 "일본, 미국, 남한, 그리고 러시아를 포함한 각국 정보기관들이 국경선 너머에서 어떠한 사건이 진행되는지를 관측하기 위해 이 지역을 자주 찾아온다. 또한 이 지역은 중국 공안당국의 철저한 관리를 받고 있는 지역이기도 하다."라고 전하였다. 특히 중국 공안당국은 국경을 넘어오는 30만명의 불법 난민들의 행렬에 골머리를 앓고 있다고 하였다. 폼프레는 중국경찰이 난민의 일제 검거에 나서서 의심받는 가택을 수색하고, 검거된 이들을 북한으로 강제 송환한다고 하였다. 송환된 난민들은 감옥에 수감되거나 또 다시 굶는 나날을 보내야 된다고 하였다. 1998년 여름, 북한측 국경수비대는 국경선을 넘는 난민을 발견한 즉시 총을 발사해도 된다는 명령을 받았다. 비록 국경에서의 사살사건이 1999년 2월 감소하기는 하였지만, 중국측 두만강 유역에서 5구의 총 맞은 시체를 발견하였다고 폼프레는 전하였다.

국경선을 따라 일어난 사건들

황해에서 동북쪽 방향으로, 중국과 북한은 동해까지 약 1,410여 킬로미터에 걸쳐 양국이 국경을 접하고 있으며, 지정학적으로 3개 구역으로 크게 나뉜다. 첫번째 구역은 황해에서 압록강을 따라 펼쳐지는 지역으로, 압록강은 남쪽 방향으로 급하게 꺾인다. 압록강은 수심이 깊고 강폭이 넓어서 난민들이 압록강을 건너오는 것은 위험하고 용이하지 않다. 더욱이 난민들이 이쪽을 선호하지 않는 이유는 이곳 중국측 지역에는 한국어를 모르는 중국 한족이 살고 있다는 사실이다.

지도상에서 국경을 따라 전개되는 두번째 지역은 두만강과 압록강이 만나는 합류지점으로 약간 둥글게 남쪽을 향해 있는 두만강지역을 들 수 있다. 이 접경지역의 중국측 지역은 산림이 울창하고 인구밀도가 희박한 지역으로 백두산까지 포함한다. 특별히 모험심 많은 난민이 이 어려운 지역을 통과하려고 한다 하더라도, 울창한 산림지역을 통과할 수 없을 뿐 아니라, 난민들은 이미 기아로 쇠약해질 대로 쇠약해져 있어 험한 산악지역을 통과한다는 것은 거의 불가능하다. 그리고 기온이 섭씨 영하 30도에서 40도로 떨어지기 때문에, 겨울에 이 산악지역으로의 탈출은 더욱 불가할 것이다. 그럼에도 불구하고 압록강보다 강폭이 좁고 얕은 두만강으로 난민들은 더 많은 탈북 시도를 하고 있다. 많은 난민들의 행렬이 이 지역의 끝에 위치한 곳에 몰려 있다.

국경지역의 세번째 부분은 동해까지 이르는 북동쪽지역이다. 탈출을 시도하는 난민들에게 있어 이 지역은 다른 두 지역이 갖고 있지 않은 한 가지 유리한 점이 있다. 중국측 지역에 살고 있는 주민 대부분이 조선족으로 구성되어 있기 때문이다. 약 100만~300만에 이르는 조선족은 19세기 말부터 몇 차례에 걸쳐 이곳으로 이주해왔다. 이 지역에 분포해 있는 조선족은 중국당국에 조선민족주의를 내색하지도 않으며, 민족문제도 일으키지 않으면서 중국공산당과 중국당국에 충실하게 살아온 소수민족이다. 조선족은 성실하고 열심히 일하는 민족일 뿐 아니라, 조선족의 낮은 출산율은 중국 한족에게 전혀 위협적이지 않다. 중국당국이 강을 건너 북한을 탈출해오는 북한친척들을 도와주는 조선족에 관대한 이유가 여기에 있다.

그러나 1997년에 시작된, 북-중 접경지역에서 일어난 사건들은 예전에 경험했던 사건들과는 전혀 성격이 다른 것이었다. 중국으로 유입되는 난민의 극적인 증가는 중국 중앙정부와 지방당국을 당혹하게 만들었고, 급기야는 기아 희생자들을 도와주는 사람들에게 과중한 처벌을 하기에 이르렀다. 1998년 6월 어느 날 밤 10시와 새벽 2시 사이, 중국 공안은 난민을 찾아내기 위해 갑자기 조선족 집들을 일제히 수색하고 찾아낸 난민들을 강제로 북한에 추방하였다. 북한으로 돌아가는 길에 난민들은 국경보안대에 심하게 구타당하기도 하고, 한 달 이상 감옥에 수감되거나 927수용소라 알려진 강제수용소로 보내지기도 하였다. 출감된 후 그들은 각자의 고향으로 보내졌다. 또한 많은 조선족들은 자신의 북한 친척들을 도와주었다는 죄명으로 경찰에 끌려가 조사받고 방면되기도 하였다. 그러나 1999년까지 심문을 받는 과정에서 고문이나 학대가 있었다는 보고는 없었으며, 접경지역을 중심으로 야기된 긴장은 인구이동이 빈번해지면서 더욱 증가되었다.[3] 난민 유입을 막기 위해 중국당국은 난민을 숨겨 주거나 도와주는 사람에게 1년치 월급에 해당하는 벌금을 부과하였다.

법륜은 정기적으로 나에게 직접 이 지역에서 난민과 면담을 할 수 있게 주선해 주었다. 그러나 대부분의 북한측 주민들은 이 지역을 답사하는 사람들을 남한과 미국의 정보원으로 생각하고 있었다. 그리고 나도 북한에서 구호활동을 전개하고 있는 월드비전이 위험에 처하는 것을 원하지 않았다. 1998년 6월, 나는 월드비전의 직무를 사임하고 미 평화연구소United States Institute of Peace(USIP)에 특별연구원으로 근무하면서 이 책을 완성하였다. 여행과 글쓰기가 한결 자유로워졌으며, NGO 활동에 대해서도 더 이상 방해받지 않아도 되었다. 1998년 9월 나는 법륜의 초대에 흔쾌히 응하였다. 나 자신이 과거 몇십년 동안 전쟁과 기아로 고통받는 8개 다른 지역에서 실지답사를 통한 현장체험과 구호활동을 한 적이 있기 때문이다. 아마도 나는 북－중 접경지역에서의 경험을 다른 지역의 경험들과 비교할 수 있을 것이다.

법륜과 그의 영어통역자인 박지현, 그리고 나는 9월 중순 열흘 동안의 현지답사를 시작하기 위해 중국 연길에 도착하였다. 연길은 수십년 전에 도시가 형성되었고, 현재 30만의 인구가 살고 있는 길림성 연변조선족자치주의 수도이다. 연길은 북한 국경선으로부터 자동차로 15시간 떨어진 곳에 위치하고 있다. 한때 조선족이 이 지역 인구의 대다수를 이룬 적도 있으나, 중국당국의 가혹한 인구억제정책으로 중국 한족이 이 지역으로 많이 이주해 거주하고 있다. 내가 연길시를 방문할 때만 해도, 조선족이 연길시 인구의 40%를 구성하고 있었다. 한편 연변자치주의 작은 도시와 지방에는 아직도 조선족이 많이 살고 있었으며, 이러한 이유로 많은 북한 난민들이 이곳으로 탈출하고 있다.

남한정부의 자금으로 건설된 연길시 공항은 현대적이고 효율적인 기능을 갖추고 있었다. 이 공항을 일컬어 중국인들은 변방지역의 전초기지라 부르고 있다. 공항의 현대화와 연길시의 번영은 한국어를 말할 수 있는 풍부한 인력을 갖고 있는 이 지역에 대한 남한기업의 투자로 이루어낸 결과였다. 남한의 관광객들은 단군문화가 서려 있는 백두산을 관광하기 위해 이곳을 방문한다. 1997년 남한에 경제위기가 닥치자 남한의 관광사업이 한때 잠시 주춤하기도 하였다. 그러나 경제위기에 상관 없이—연길시의 많은 호텔들과 식당들만 봐도—대부분의 남한 사람들은 평생에 한 번 백두산을 방문하고 싶어 하고, 그래서 많은 남한 관광객들이 이곳을 방문하고 있다. 6월 중국 공안당국의 일제 점검과 강제 추방에도 불구하고, 연길에서 난민을—최근에 새로 탈북해 온 사람이 아니라 하더라도—찾아보는 일은 그리 어려운 일이 아니었다. 난민들은 이 도시 어느 곳을 가리지 않고 숨어 있었다. 공원과 뒷골목, 시장 주변, 도시의 수없이 많은 식당 뒤켠의 쓰레기통 안에까지 숨어 있었다. 나는 24명의 북한 주민들과 면담하는 데 성공하였다. 이들 중 19명은 두만강 지역의 작은 도시와 큰 산업도시에서 온 노동자들이었고, 한 사람은 평양 출신, 몇 명은 함경남도 출신, 그리고 나머지 한 사람은 남서지방 출신이었다.

그리고 나는 몇 명의 조선족과 이야기를 나누었는데, 그들은 북한의 기아가 얼마나 오랫동안 지속될지에 대해, 그리고 자신의 북한친척들을 얼마나 더 오랫동안 도와주어야 할지에 대해 오히려 나에게 물어왔다. 일부 조선족들은 이미 그들의 북한 친척들을 외면하고 있었다. 난민들이 중국으로 들어오기 시작한 초기에 난민들은 식량을 구걸하거나 그 지역 여러 곳에 흩어져 있는 인삼농장에서 일거리를 찾을 수 있었다고 한다. 그러나 1998년 중반부터 기아위기가 심각해져감에 따라, 연변의 노동시장은 포화상태가 되어갔으며, 식량을 구걸하는 일이 용이하지 않자 일부 난민들은 도둑이 되거나 식량을 얻기 위해 살인도 하게 되었다고 한다. 조선족조차도 더 이상 난민들을 환영하지 않게 되었다. 중국 접경지역의 한 퇴직 트럭기사는 중국과 북한의 공산주의자들은 수십년에 걸쳐 자신의 국민들에게 자본주의에 대해 거짓말을 해왔다고 나에게 말하였다. 공산주의자들에 의하면 자본주의는 부자들에게만 이익을 주고 나머지 사람들은 가난하게 만들었다고 한다. 트럭기사가 계속해서 말하기를,

그것은 모두 거짓말이었다. 중국과 북한에서 당 간부를 제외한 모든 사람들이 가난한 것은 자본주의가 아니라 바로 공산주의이고, 이러한 문제로 북한에 기아가 발생했다. 등소평과 강택민 체제하의 중국은 자본주의—비록 우리들은 그렇게 부르지는 않지만—를 받아들였다. 보통 일반 주민은 배불리 먹고 잘 살아본 적이 없다. 나는 도와달라고 부탁하는 북한 친척들에게 북한도 중국식 경제개혁을 받아들이고, 중국의 시장자본주의 시스템을 채택해야만 이 끔찍한 기아도 끝이 날 것이라고 말하였다.

이러한 생각을 갖고 있는 사람은 그 혼자만이 아니었다.

두만강을 가로질러 놓여 있는 시멘트로 축조된 긴 다리는 중국의 도문과 북한의 남양을 연결하고 있다. 한 조선족 상인의 아내가 그 다리를 건너 북한에 들어가

본적이 있다고 하였다. 중국에 친척이 있는 북한사람들은 친척들에게 도움을 요청하는 편지를 자주 보낸다. 연락을 받은 중국의 친척들은 북한의 친척을 이 다리에서 만나 음식과 돈을 건네준다고 한다. 그러나 기아가 한층 더 기승을 부리면서, 다리에서 만나는 사람의 숫자는 점점 줄어들었다.

조선족 상인 아내가 나에게 말하기를,

1996년만 해도 100명에서 200명에 달하는 조선족들이 매일 이 다리를 건너갔다. 그러나 1997년 방문자 수는 하루 평균 50명으로 줄어들었다. 올해(1998년)는 단 3~4명만이 매일 이 다리를 건너고 있을 뿐이다. 이러한 숫자의 감소는 북한사람들이 다리를 건너오는 것을 그만둔 것이 아니다—그들은 예전과 같이 변함없이 그 자리에 그대로 있고, 단지 중국측 친척들의 숫자가 줄어들었을 뿐이다. 방문교류의 감소는 조선족 친척들이 북한 친척들의 끊임없는 요구에 지쳐, 더 이상 조선족들이 오지 않기 때문이다. 만약, 당신이 강 건너 북한쪽을 바라보면, 아파트 현관에 쪼그리고 앉아 있는 사람들을 발견할 수 있을 것이다. 지난 해, 그들은 북한 공안에 의해 다시 북쪽으로 추방되었다. 300~400명의 불쌍한 북한 사람들이 중국에서 자신의 친척이 오기만을 기다리면서 길거리에 모여 앉아 있다. 중국측에서 혹시나 거지떼들이 모여 있는 광경을 목격하는 것을 두려워한 나머지, 북한당국은 이 무리들을 강제로 해산시키기도 하였다. 어떤 북한 주민들은 결코 오지 않는 중국 친척을 몇 달을 기다리기도 하고, 또 어떤 이들은 오지 않는 친척을 기다리다 사망하기도 하였다.[4]

몇 년 동안 북한에 있는 친척들을 지원해온 일부 조선족들은 자신들의 수입으로 더 이상 북한의 친척을 지원할 수 없어 도움을 중단했다고 하였다. 그들은 굶고 있는 북한 친척을 돕지 않겠다는 자신의 결정에 심한 죄책감을 느끼고 있었다.

연변지역의 조선족과 그들의 북한 친척들은 수세기에 걸쳐 혈연을 기초로 한 끈끈한 친인척관계를 유지해오고 있다. 이 유대관계는 북한 북쪽지방 주민들이 그나마 다른 지역에 비해 기아를 이겨낼 수 있었던 가장 주요한 요인 중 하나이다. 기아가 점점 위협적으로 다가옴에 따라, 북한주민들은 본능적으로 중국 친척들에게 구원의 손길을 요청하였다. 한편, 대약진기간에 야기된 기아로 중국의 조선족 친척들이 고통을 받을 때, 조선족 친척은 자신보다 형편이 나은 북한 친척들에게 도움을 요청하였던 전례가 있다. 그러나 1980년대 들어서면서 경제분야와 농업분야에서 개방과 개혁으로 성공을 이룩한 중국과, 1990년대 심한 경제난으로 고통을 겪고 있는 북한, 두 국가의 경제적 상황은 완전히 뒤바뀌어 있었다. 결과적으로 기아는 중국의 남쪽에서 북한으로 이동해가고, 경제적 번영은 중국쪽으로 이동해갔다.

북한주민의 생존전략

기아에서 살아 남기 위해 사람들이 동원하는 모든 과정은 불가사의하다. 매번 새로운 기아 상황이 발생할 때마다 예기치 않은 상황이 전개되기 때문이다.[5] 1995년에서 1999년 FAO/WFP에서 농산물 작황 보고서를 작성했던 연구자들에 의하면, 북한에서도 이러한 위기에 대처하는 작동체계들이 목격되고 있음이 보고되고 있다. 1997년 6월, FAO/WFP가 작성한 중간 보고서에는 이러한 위기 대처 작동체계들을 보여주는 지표들이 발견되었다. 이러한 지표를 통해 북한에 이미 기아가 진행중임을 알 수 있었다. 그러나 북한 내에서 활동하는 중립국 구호요원들은 기아로 발생된 사망률에 대해 아는 바 없었으며, 많은 북한 주민들이 굶주림으로 사망하여 대량으로 매장된 사실도 들어보지 못했다. 그리고 구호요원들은 영양결핍으로 쇠약해진 북한주민들을 만나본 적도 없다. 즉, 중립국 구호요원들은 북한 기아에 관한한 소외되어 있었으며, 실제로는 이미 북한에 기아가 도래했음에도 불구하고 단지 어렴풋이 감지하고 있었을 뿐이었다.[6]

북한주민의 위기 대처 작동체계를 세 개의 범주로 나누어 생각해볼 수 있다. 가족구성원 중 먹을 입을 줄이는 것, 식량형편이 나은 지역으로 이주하는 것, 그리고 예전에 국가가 보장해주었던 식량배급체제와는 상관없이 자기 스스로 대체식량을 찾는 것이다.

① 식량으로 부양할 가족 구성원의 수를 줄이는 일

지금 현재 각 가구당 가족 구성원이 먹어야 할 남아 있는 식량이 빠르게 감소한다면, 먹을 입을 줄이는 것이 남아 있는 가족들에게 좀 더 나은 형편의 식량을 제공하는 방법이 될 것이다. 존스 홉킨스대학Johns Hopkins University의 공중보건 연구팀은 광범위하고 과학적인 난민들의 통계를 분석하여 북한 가족이 점점 붕괴되어가고 있으며, 가족의 크기가 줄어들고 있다는 실재적인 증거들을 제시하였다.[7] 내가 면담한 난민들은 그들 가족구성원들이 어떻게 뿔뿔이 흩어졌는지에 대한 근거를 도표로 제시하였다. 일부 난민가족은 국경지역을 통해 중국으로 탈출하는 참혹한 여정에도 불구하고, 가족 구성원이 그대로 유지되기도 하였다. 그러나 두만강을 사이에 두고 중국측이든 북한측이든간에, 공안이나 국경보안대를 만나게 되면 난민 가족은 숨기 위해 달아나야 하고, 그 과정에서 가족을 잃게 된다.

인구억제와 가족계획　최소한 더 이상의 아이를 갖지 않는 것은 잠재적인 짐을 더는 일일 뿐 아니라, 열악한 식량사정하에서 그나마 남은 가족을 보호하는 일이 될 것이다. KBSM에 의해 이루어진 난민 면담에서, 북한 여성들은 임신이 되지 않도록 피임을 하고 있다고 하였다. 북한 여성들은 새로 태어날 아이들을 먹여 키울 능력도 없을 뿐 아니라 임신 그 자체가 북한 여성의 생존을 위협하는 일이기 때문이다. 일부 여성들은 이러한 이유로 결혼을 미루고 있다고 덧붙였다. 그리고 이미 임신한 여성들은 임신중절에 대해 생각하고 있다고 하였다. 북한 여성이 임신하지 않으려고 신중하게 행동한다 할지라도, 이미 영양결핍과 그 후유증으로 발생되는 불임은 벌써 북한의 출생률을 감소시키고 있었다.[8] KBSM과 존스 홉킨스대학의 공동 조사에 의하면, 기아가 진행됨과 동시에 급격한 북한 여성의 신생아 출생률 감소가 발생했음을 보여주고 있다. 존스 홉킨스대학의 조사에 의할 것 같으면, 1990년 초는—기아가 발생하기 전—1,000명당 21.8명의 출생률을 보였는데, 1997년에는 1,000명당 11명으로 50%의 출생률 감소를 나타내고 있다.[9] 그리고 기아가 시작되기 전인 1980년대에 북한당국은 이미 인구억제정책을 시행하고 있었다.[10] 즉, 식량공급이 급격히 감소하기 시작하면서 출생률 감소는 국가와 각 가정 차원에서 이미 위기를 대처하는 작동체계로 작용하고 있었다. 그러나 기아가 더욱 기승을 부리고 인구가 현격히 감소되자, 북한당국은 인구억제정책을 수정하였다. 베커와 KBSM이 주도한 난민 면담을 통해 살펴보면, 북한당국이 피임기구와 낙태를 금지하고 있다는 보고들이 계속적으로 입수되었다.

북한 노년층의 고의적이고 본의 아닌 굶주림 먹을 입을 줄이려고 북한주민이 자행하는 끔찍한 시도 중 하나가 자기 가족 구성원을 내다버리는 일일 것이다. 이같이 끔찍한 일은 수단에서도 있었다. 수단 남쪽 지방에 거주하는 부족은 기아에 대처하기 위한 작동체계로서 10대 소년을 내다버렸다. 이 지역은 소년이 장가갈 때 전통적으로 혼례지참금 형식으로 소를 신부측에 주어야 하는 전통이 있다. 결과적으로 딸을 가진 신부측은 가족재산이 늘어나는 반면, 아들을 가진 신랑측은 소를 잃게 되는 재산의 감소를 가져온다. 이러한 경제적 계산법은 위기가 닥쳤을 때, 생존을 결정하는 주요한 요인으로 작동된다.

한편, 유교적 문화 잔재가 북한 사회 전반에서 발견되고 있음을 알 수 있다. 비록 수사학적인 표현으로 유교적 가치가 주체사상과 마르크스·레닌주의라는 용어를 빌어 좀 더 현대화된 전체주의적 형태로 해석되기도 하지만. 유교적 가치관에 의하면 가족 내 연장자들은 전통적 가치를 전수하고, 가족사를 기억하는 가족 구성원 중 가장 존경 받는 위치에 놓여있는 구성원이다. 유교사상은 조상을 숭배하는 제례의식을 통해 연장자에 대한 존경심을 나타낸다.[11] 이 같은 유교적 가치관이 남아 있는 북한 사회임에도 불구하고, 어린 가족 구성원들에게 생존할 수 있는 기회를 주기 위해 노인을 내다버리는 사례들이 확인되고 있다. 한편, 할아버지와 할머니들은 자신의 몫을 손자들에게 나누어주어, 어린 손자 손녀들이 살아남을 수 있는 기회를 제공하는 일화도 전해지고 있다. 연장자에 대한 배려와 위기시에도 가족혈통은 이어져나가야 한다는 혈통 지속의 갈등 사이에서, 때때로 희생자의 강력한 권고로 또는 그들의 절대적인 반대에도 불구하고, 혈통을 지속시켜나가야 한다는 유교적 관념이 결과적으로 승리를 거두게 된다.

버려진 아이들의 증가 　열악한 식량수급하에서 가족의 생존을 지속하기 위한 방안으로, 북한의 노년층만이 유기되는 것은 아니다. 절망적이고 혼란스러운 이주가 시작되면서, 어린이들은 가족의 부주의로 가족과 헤어지게 되거나 또는 의도적으로 내버려지게 된다. 이와는 반대로 북한의 부모 대부분은 자신이 굶더라도 자신의 아이들을 먹이는 경우가 일반적이다. 한편, 굶주린 부모가 먼저 사망함으로써 남겨진 아이들은 고아가 되어 혼자 힘으로 자활해나가야 한다. 몇몇 경우, 실제로 부모가 없는 고아가 아니고 단지 먹을 것이 없어 어린이들이 버려진다고 북한 관리가 나에게 말하여 주었다. 수도 평양에까지 버려진 아이들(일명 꽃제비)의 현상이 목격된다. 한 북한 관리에 의할 것 같으면, 한때 평양 시내에서 버려진 아이들을 수색하기 위한 소집명령이 있었다고 한다. 그가 속한 당 간부팀은 버려진 아이들을 찾아내기 위해 도시를 일제 소탕하고, 찾아낸 아이들을 창고에 감금하였다고 하였다.

1997년 봄과 1998년 여름, 세 개의 독립된 NGO 기관이 살기 위해 식량을 도둑질하는 아이들 무리를 목격하였다고 전하고 있다. 1998년 북한 동북부에 위치한 나진·선봉지역을 방문한 한 구호요원은, 느리게 움직이는 식량 수송트럭을 따라 달려가고 있는 굶주린 어린이 무리를 발견하였다. 어린이들은 날카로운 막대기로 식량주머니를 쿡쿡 찌르면서 계속 달리고 있었다. 한 떼의 어린이들은 식량주머니에서 흘러나오는 옥수수 알갱이들을 조심스럽게 주워 모으고 있었다. 수도에서 멀리 떨어진 지방에서 근무한 한 NGO 구호요원은 수천의 버려진 아이들이 기거하는 건물에 대한 소문의 진상을 조사한 적이 있었다. 실제로 구호요원들은 문이 잠겨진 한 낡은 창고에, 아무도 감독하지 않고 방치된 채, 더럽고 누더기만을 걸친 3,800명의 아이들을 발견하였다. 비록 그 어린이들은 영양결핍상태에 있었지만 죽을 정도의 심각한 상태는 아니었다. 어린이들은 그곳에 머무른 것이 단 며칠밖에 안 되어 보였다. 아마도 이 창고와 가까운 도시에서 거리를 일제 단속하고 어린이들을 창고에 가두어 둔 것 같았다. 버려진 아이들의 존재는 북한 사회 질서가 서서히 붕괴되어 가고 있음을 보여주는 한 예라 할 수 있다.

중국으로 이주하기까지 장사로 가족들의 생계를 이어가던 한 상인은 자신이 살던 도시의 농민시장에서 있었던 사건을 나에게 말해주었다.

세살 먹은 남자아이와 그의 네살짜리 누나…… 그들의 건강상태는 차마 눈으로 볼 수 없을 정도로 아주 비참하였다. 소년은 꼼짝도 않고 시장 바닥에 누워 있었고, 누나는 동생 옆에 초점을 잃은 채 무관심하게 앉아 있었다. 그들은 이름과 나이가 적힌 종이를 각자의 목에 걸고 있었다. 그들 부모는 자신들보다 형편이 나은 상인이 아이들을 데려가 거두어주기를 바라면서 그들을 시장에 내다 버린 것이었다. 우리 일행은 그들이 하도 불쌍해서, 삶은 계란 두 개를 사서 다른 아이들이 훔쳐가기 전에 빨리 먹으라고 일러주면서 그들 옆에 놓아주었다.[12]

어느 이른 아침, 법륜은 나를 장백의 숲이 우거진 언덕으로 안내하였다. 이곳은 북한 혜산시에서 두만강 바로 건너에 위치한 변방도시이다. 그곳에서 나는 양강도 운흥 출신인 38살의 과부를 면담하였다. 남편은 1997년 6월 20일 조그만 옥수수자루를 들고 집으로 오는 도중 식량을 빼앗아가려는 도둑과 싸움을 벌이다, 이 과정에서 심하게 얻어맞고 사망하였다. 그의 부모들도 기아로 굶어 죽었다. 1998년 8월 25일 그는 세번째로 중국에 건너온 것이었다. 그의 숙부가 혜산시에 살고 있는데, 도와 달라는 그의 요청이 거절되자 중국으로 건너온 것이라고 하였다. 그가 처음으로 중국으로 건너왔을 때는 4살짜리 아들과 8살짜리 딸을 동행하였는데 접경지역에서 붙잡혀서, 탈북하다 검거된 사람들을 수용하는 혜산시의 927캠프로 보내졌다. 그 수용소 안에는 약 500여명의 사람들이 수감되어 있었으며, 매일 2~3명의 사람들이 죽어나갔다. 작은 방에는 40명의 사람들이 빈틈없이 꽉 채워져 있었다. 밤에 누워 잘 수가 없어서, 사람들은 구부리고 새우잠을 자야만 했다. 그는 석방된 후에도, 자신은 전혀 음식을 먹지 않고 두 아이에게 나누어 주고 아이들이 살아남을 수 있도록 하였다. 그는 아이들이 죽기 전에 자신이 먼저 죽을지도 모른다는 생각을 하였고, 자신이 죽는 문제보다 자신이 죽고 난 후 길에 버려질 아이들을 생각하면서 너무 괴로워하였다. 그러나 자신과 아이들이 국경선을 넘어 중국으로 건너온 후에는 자신과 가족이 살아 남을 수 있다는 희망을 갖게 되었다고 하였다. 비록 넉넉하지는 않았지만 나이 든 중국인 부부가 자신들을 먹여 주고 돌보아 주었으나, 곧 중국인 부부가 가지고 있던 식량이 바닥나자 더 이상 그 집에 머무를 수가 없었다. 그 이후 북한으로 다시 돌아오고, 돌아와서는 또 어떻게 해서든 중국으로 다시 건너오려고 끊임없이 기회를 엿보았다. 그는 두 아이를 돌보아 줄 수 있는 중국인 가족을 찾아 아이들을 맡기고, 자신은 중국 내륙으로 들어가 중국인 농부와 결혼할 계획을 갖고 있다고 하였다. 그는 자기가 살고 있던 마을의 약 40%에 달하는 가정이 굶주림으로 붕괴되거나 식량을 찾아 마을을 떠나서 이미 자취를 감추었다고 덧붙였다.[13)]

인신매매　북한 가정에서 먹을 입을 줄이는 방법으로 가장 흔하게 목격되는 것은 딸과 부인을 '인신매매자'에게 파는 것이다. 식량을 얻기 위한 수단으로 가족 구성원 중 여성을 매매한 사례들은 18~19세기의 유럽과 20세기의 아프리카와 남아시아에서 기아라는 위기발생시 흔히 찾아볼 수 있는 사례이다.[14)] 우리 일행이 인신매매로 소문이 자자한 마을을 지나고 있을 때, 법륜은 어린 북한 소녀를 대상으로 한 매춘 거래가 요사이 부쩍 증가하고 있다고 말하였다. 대부분의 어린 북한 소녀들은 아시아 매춘사업에 이용되는 것이 아니라, 주로 중국 한족과 조선족 농부의 신부감으로 팔려가는 경우가 대부분이었다. 부부당 한 자녀 이상을 금지하는 중국의 인구정책이 완화되기 전까지, 남자 상속자를 갖고자 하는 중국 가정의 욕망은 태어난 여자아이들을 살해하는 끔찍한 짓을 서슴없이 자행하였다. 이 결과 중국 남녀인구의 심각한 성비 불균형이 초래되었다.[15)] 중국의 성비 불균형은 1990년대 말 결혼 적령기의 신부 부족사태를 초래하였으며, 신부 부족현상은 도시보다 지방에서 더욱 심각하였다. 이러한 중국의 농촌사정은 북한의 어린 소녀들로 하여금 선택할 여지없이, 중국 농부들의 결혼 '제의'를 절망적으로 받아들이게 만들었다. 이러한 상황하에서 북한 어린 소녀들은 노예신분보다 더 나을 것이 없이 취급되었다.

1999년 7월, KBSM은 중국으로 탈출해 오는 북한 주민의 이동규모와 중국에 도착하면서 식량난민들이 처음으로 실행하게 되는 위기대처 방안들, 그리고 식량난민이 중국에서 극복해야 할 어려움 등에 관한 최초의 광범위한 연구를 발표하였다.[16] 이 연구를 위해 KBSM 직원들은 두만강 북쪽에 위치한 세 곳의 중국측 지역에서 2,479명의 난민을 대상으로 조사를 시작하였다. 이 세 지역은 모두 1억 이상의 인구가 분포되어 있는 지역으로, 중국에서 조선족의 비중이 높은 지역들이었다. KBSM은 도망중이거나 숨어 있는 북한주민은 이 조사에 포함시키지 않았으며, 길거리를 떠도는 꽃제비들도 이 조사에는 포함시키지 않았다. 중국경찰의 엄격한 감시와 검문 때문에, KBSM은 난민들의 비중있는 실상을 파악할 수 있는 큰 도시를 벗어나 중국당국의 감시가 상대적으로 소홀한 시골지역을 중심으로 조사를 전개하였다. 면담한 난민의 3/4이 주로 여성들이었다. 면담 여성 중 반이 인신매매자들에 의해 결혼을 목적으로 매매된 사람들이었고, 일부는 친척에 의해 매매되기도 하였다. 이 중 60% 정도가 20세에서 30세의 여성들이었다.[17] 결혼을 목적으로 팔려온 여성들은 여러 달 동안 낯 설은 집에 갇혀 노예처럼 취급받았다고 한 결같은 증언을 하였다. 평안남도 대동강지역 출신인 21살의 여성 난민은 다음과 같이 증언하고 있다.

> 인신매매자는 나를 깊은 산중에 살고 있는 낯선 한 중국 남자에게 팔았다. 그 중국인은 키는 160cm 이고 검은 색 피부를 띠고 있는 40세 정도의 남자였다. 내가 그 곳에 도착하자, 그는 내가 알아듣지 못하는 중국어를 말하면서 나를 방 안에 가두고 문을 잠그었다. 밤이 되자 그 남자는 술에 취해 나타나서 나를 거칠게 폭행하였다. 오랫동안 굶주림에 지친 나는 그의 폭행에 더 이상 저항하거나 움직일 여력이 남아 있지 않았다. 걷잡을 수 없는 고통과 슬픔 때문에 나는 새벽이 되어서도 울음을 그칠 수 없었다. 또한 그 중국인은 나를 개같이 사슬로 채워 두었기 때문에 나는 도망 갈 수도 없었다. 나는 반 년 동안이나 그같은 비참한 고통을 겪어야 했다.[18]

일부 여성들은 네 번, 다섯 번 이상 팔리고 또 되팔리면서 매번 능욕을 당했다. 그러나 한편으론 결혼해서 행복하게 사는 경우도 가끔 보고되고 있다. 대부분 여성들이 자신들이 받는 폭행에 대해 커다란 고통을 느끼고 있지만, 중국에서의 처지가 북한에서 굶어 죽는 것보다 오히려 낫다고 말하고 있다. 이러한 결혼은 불법이기 때문에 대부분의 중국인 남편들은 경찰의 검색과정에서 북한 출신 신부가 발견되어 과중한 벌금이 물리기 전에 북한 신부를 포기하게 된다.

법륜의 보고대로, 모든 북한여성들이 결혼을 목적으로만 매매되는 것은 아니다. 일부는 매춘을 하기 위해 술집에 팔리기도 한다. 함경북도 온성군 출신의 27살 여성은 다음과 같이 증언하였다.

> 나는 접대부로서 가라오케 술집에 종사하였다……. 나는 손님과 자도록 강요받았다. 그렇지 않으면 주인은 나를 고발하겠다고 협박하였다. 계속적인 매춘으로 나는 성병에 시달려야 했다. 나는 매춘으로 번 돈을 주인에게 갖다 주고, 주인은 그 중 반만을 나에게 돌려주고 나를 해고시켰다. 그 이후 나는 중국에서 살아 남을 다른 방도를 찾아내지 못하고, 결국 50세 중국 노인에게 나를 의탁하게 되었다……. 우리들은 서로 대화가 통하지 않았을 뿐 아니라 노인은 나로부터 성병이 감염되었다. 노인은 나를 원망하면서 심하게 나를 학대하였다. 심한 폭행으로 나는 여러 차례 병원 신세를 지기도 하였다. 가끔 처지를 한탄하면서 죽을까도 생각해보았지만, 다른 한편으로 북한으로 돌아가서 굶어 죽느니 차라리 중국에 남아 있는 것이 훨씬 낫다고 생각하였다.[19]

두만강 유역에 위치하고 외부세계에 다소 잘 알려져 있지 않은 중국의 작은 농촌지역 남평은 두만강 유역을 중심으로 북한 젊은 여성을 인신매매하는 세 개 조직 중 하나가 있는 본거지이다. 내가 법륜에게 도대체 어떤 사람들이 그같은 조직을 만들었는가 하고 물었더니, "그 마을에 살고 있는 모든 사람들"이라고 대답하였다. 법륜의 대답이 비록 과장되어 있기도 하지만, 인신매매가 전역에 걸쳐 얼마나 광범위하게 이루어지고 있는지를 단적으로 표현하는 말이었다. 북한여성의 수요가 점차 증가하고, 또한 인신매매를 통한 수익도 높아지면서 북한여성의 인신매매가 증가추세를 보였다. 기아상황이 점점 심각해지면서 북한으로부터 어린 소녀의 공급이 많아지고, 그들의 몸값은 인신매매자들의 관심을 끌 정도로 제법 높게 형성되어 있었기 때문이었다. 부모들이 자신의 딸을 25달러에 팔면, 인신매매자는 북한 소녀들을 중국 농부에게 250달러에 되팔아 엄청난 이득을 챙긴다. 소녀들이 인적이 드문 중국 내륙으로 더 깊이 들어가면 갈수록 그들의 몸값은 더 오르게 되고, 이쁠수록 높은 값을 받게 된다. 그러나 난민들은 예쁜 것은 별로 소용이 되지 않는다고 한 술 더 떠 말한다. 중국 농부들은 자식을 몹시 원하기 때문에, 어떤 여성이라도 상관없으며 인물이 못생겨도 중국 농부들은 개의치 않는다고 하였다. 철면피 인신매매자들은 돈이 드는 투자를 하지 않고 이익을 챙기려고 여성들을 납치하기도 하였다. 그래서 남성 가족을 동반하지 않고 단신으로 중국에 들어오는 북한 여성들은 많은 위험에 노출된다.

각 조직간에 인신매매 경쟁이 심해지면서, 인신매매 조직간 경쟁이 NGO 기관 직원들에게 문제를 일으킨 사례가 있다. 3명의 KBSM 직원이—젊은 남자 직원 한 명과 두 명의 여자 직원—두만강 유역 한 마을에서 난민을 지원하는 활동을 하고 있었다. 그런데 인신매매단의 한 조직원에게 반대파로 잘못 오인되어 남자 직원은 심하게 폭행당하고 간신히 도망치는 사건이 있었다. 두 명의 여자 직원은 북한 여성으로 오인되어 거의 납치된 상태였다. 그 후 세 명의 NGO직원은 급히 서둘러 그곳을 떠났다.[20]

법륜과 나는 문이라는 15살짜리 여자아이와 장백에서 저녁을 같이 한 적이 있었다. 그 소녀는 성장 발육이 제대로 되지 않아 10살 정도로밖에 보이지 않았다. 그 소녀가 경험한 이야기는 다른 북한 소녀들의 경우를 대변하는 예가 될 것이다. 소녀와 그의 엄마, 그리고 남동생은 돈이 떨어지자 고향인 함흥시—북한에서 두 번째로 큰 도시—를 떠났다. 그 소녀의 아버지는 영양실조로 질병을 얻어 1996년 2월에 사망하였다. 나머지 가족은 아버지가 죽자 고향집을 팔고, 그 돈으로 가족의 생계를 위해 장마당에서 장사를 시작하였다. 그러나 장사는 뜻대로 잘 되지 않고 가족이 먹고 살 수 있을 정도가 되지 않았다.

문은 학교에 다니고 있었으나 기아로 상황이 더욱 나빠지자, 학교 선생들마저 학생들에게 식량을 가져오도록 요구하였다. 학생들이 선생의 요구를 들어 주지 않으면 그 학생들은 나쁜 점수를 받거나 규율을 어긴 죄목으로 징계를 받기도 하였다. "식량을 요구하지 않고 버틴 선생들은 결국 굶주림으로 사망하였다. 학생들을

위협하던 지독한 선생들만이 살아 남았다." 고 그 소녀는 증언하였다. 문은 네 차
례에 걸쳐 중국으로 탈출한 경험을 갖고 있다. 문은 매번 붙잡혀서 혜산시에 위치
한 927수용소에 수감되었다. 그 수용소에서 문은 고분고분하게 굴지 않는다는 이
유로 많이 얻어맞았다고 한다. 누더기를 이어 만든 밧줄을 이용해서 수용소 창문
을 빠져 나가려고 했을 때, 수용소경비대의 소리에 놀란 소녀는 5층 아래 땅으로
떨어져 심하게 부상을 입었다. 심하게 다리를 다쳐 문은 거의 두 달동안 걷지를 못
하였다고 한다. 수용소를 두번째로 빠져 나온 이후, 소녀의 엄마는 자기 딸을 입양
하고자 원하는, 두만강에서 아주 멀리 떨어진 내륙지방에 살고 있는 중국 농부가
족에게 25달러에 딸을 팔았다.

소녀의 이야기는 계속되었다. 문은 중국 농부가족에게서 도망치기 바로 전 날
밤 헛간에서 하룻밤을 보내고 있었다. 중국 농부 가족들은 소녀에게 아주 친절하
였고 문에 의하면 그들은 중국어만을 말하였기 때문에 알아들을 수는 없었지만,
문은 다음과 같은 사실을 알아 차릴 수 있었다고 한다. 문은 내일 집으로 오기로
되어 있는 국경경비원인 농부 아들과 혼인을 치를 예정이었다. 그 사실을 알아차
리자마자, 문은 열차역으로 몰래 도망쳐 나가 열차 화물칸의 화물상자에 몸을 숨
겨 도망칠 수 있었고, 결국 다음 날 아침 장백에 도착하였다. 이와 같은 사연으로
그 소녀는 장백에 머무르게 되었던 것이다. 우리가 중국에서 흔히 만날 수 있는 탈
북 소녀들과 문은 다르게 보였다. 일반적인 탈북 소녀들은 낡은 누더기 넝마를 걸
치고 피부병에 걸려 있었으나 문은 비교적 자신이 깨끗하게 보이려고 애를 쓴 모
습이 역력하였다. 옷도 깨끗하게 손질되어 있어 탈북한 소녀로 알아차릴 수 없을
정도였다.[21]

중국지방관리들은 신부매매행위를 뿌리 뽑으려고 안간힘을 기울였으며, 이따
끔씩은 성공하기도 하였다. 1998년 말, 두 갑의 담배로 세 명의 북한 여성을 매매
한 두 명의 중국 남자가 체포된 사건이 있다. 이들은 이 중 한 여성을 362달러에
되팔았고, 나머지 다른 여성을 매매하는 과정에서 체포되었다.[22]

대부분 북한 주민의 이동은 주로 밤에 이루어지는데, 1998년 국경경비대의 수
가 극적으로 증가되었다. 군인들이 강 양쪽에 50미터 간격으로 촘촘히 보초를 서

고 있었고, 강둑을 따라 여우굴같이 파놓은 구멍에 경비원들이 숨어 있었다. 그러나 지방당국의 노력에도 아랑곳없이, 국경을 넘으려는 북한주민들은 돈으로 국경경비대의 도움을 살 수 있다. 많은 난민들은 중국에서 다시 북한으로 돌아가는 길에 군인들이 요구하는 대가를 지불하는 방식으로 군인들에게 뇌물을 주어 그들을 매수한다. 국경경비원들은 난민들 대부분이 그들의 흥정을 들어주기 때문에 난민들이 북으로 다시 돌아가는 길에 그들이 주는 뇌물을 받는다. 또한 국경경비의 허술함은 법적인 방법을 통해 정상적으로 무역이 이루어질 경우 많은 세금을 물어야 하는 물품에 대한 밀무역을 성행시키고 있다. 세금이 무거워질수록 밀무역으로 발생되는 이익은 더 커지는 법이다. 예를 들어, 두만강 지역을 중심으로 이루어지는 일본 중고자동차 거래를 들 수 있다. 수심이 낮고 강폭이 좁은 두만강의 조건은 중고 자동차 밀거래에 적격이다. 그래서 주로 밤에 밀거래업자들이 이용하는 강둑을 중국 국경경비대는 시멘트 장벽으로 높이 세우기도 하였다. 한 UN 구호요원은 일본의 중고차들을 싣고 오는 여러 척의 화물선이 남포항에 도착하는 것을 보고 북한의 경제가 1998년 여름 좀 나아지는 것 같다고 말하기도 하였다. 나는 그 중고차 대부분이 중국과 밀거래하기 위해 수입되는 것이라고 생각하였다.

젊은 북한 여성들만 중국으로 팔려가는 것이 아니라, 강건한 북한 남성들도 인삼농장과 같은 중국 농장의 인부로 공급된다. 북한 남성들은 지치지 않고 열심히 일하는 노동자로 평판이 나 있다. 그러나 점차 늘어나는 난민으로, 중국의 노동시장이 위축되었다. 불법 이주자로서의 북한주민의 보잘것없는 지위는 그들의 협상위치를 더욱 힘들게 만드는 요인이다. 북한 노동자를 못마땅하게 생각하는 중국 주인에 의해 중국당국에 넘겨지면, 그들은 임금과 소지품을 모두 빼앗길 뿐 아니라 북한으로 추방된다. 북한으로 추방된 그들은 수용소로 보내어진다.

마지막 방법으로 선택되는 동반자살　위기대처방안 중 북한주민이 선택하는 가장 끔찍한 방안은 동반자살일 것이다. 나는 동반자살이 기아라는 위기에 북한주민이 선택하는 위기대처방안이 아니라 북한주민으로 하여금 마지막으로 선택하게 만드는 최후의 상실감이라는 생각을 해본다. 살아남겠다는 희망까지 완전히 상실된 상태에서 동반자살은 이루어진다. 10년에 걸쳐 기아구호활동을 해오는 동안 나는 그 어느 곳에서도 동반자살이라는 현상에 대해 들어본 적이 없다. 콩퀘스트는 1930~33년 우크라이나에서 발생한 기아에서 개인 자살에 관한 사례들을 보고하고 있다.[23] 한편, 나는 보스니아와 콩고의 난민캠프촌에서 있었던 노인의 자살에 대해서는 들어본 적이 있다. 그들은 고위층에 속해 있던 사람들로 완전한 박탈감과 예속으로 인해 수치를 느끼고 자살한 경우가 대부분이었다. 처음으로 동반자살에 대한 증언을 들었을 때, 나는 혹시 통역관이 그 난민의 말을 잘못 이해하고 전달한 것은 아닌가 하고 내 귀를 의심하였다. 동반자살에 대한 증언은 나에게 너무 충격적이었다. 그리고 KBSM에 의해 이루어진 조사와 내가 면담했던 많은 난민들이 의외로 동반자살에 대해 많은 증언들을 하였기 때문에 그냥 지나쳐버릴 수 없었다.

북한을 방문할 당시 의회직원이었고, 지금은 일리노이주 하원의원인 커크 Mark Kirk는 북-중 접경지역을 방문하고 몇 명의 난민들과의 인터뷰를 비디오로 촬영하였다. 한 여성이 함경북도 자신의 고향에서 있었던 두 가족의 동반자살에 관한 사건을 전하였다. 그는 말을 계속하는 동안 한때 자신의 이웃이었던 그 가족의 비극을 생각하면서 계속 눈물을 흘렸다. 대부분의 동반자살은 어린 아이들이 있는 젊은 부부들에 의해 주로 행해진다. 부모들은 자식을 먹여 살리기 위해 자신들이 음식을 먹지도 않지만, 한편 자신들이 먼저 죽어 아이들이 길에 내버려질 것을 두려워한 나머지 동반자살을 결행하게 된다. 부모들은 차라리 부모 없는 아이들을 남겨 놓느니, 마지막 식사를 장만하기 위해 그들의 남은 가재를 몽땅 털어 한 줌의 쌀을 산다. 쌀과 쥐약을 섞어 가족이 다같이 먹고 자살하게 된다. 한 난민 증언에 의하면, 자기 동네에서는 전 가족이 숲에서 목을 매고 죽은 것이 발견되었고 하였다. KBSM 조사에서 밝혀진 다른 난민의 증언에 의하면, "자살하는 주민의 숫자가 점점 늘어나고 있다. 기아 초기에는 노동자와 농부들이 주로 자살하였으나, 지금은 관리들의 자살사례에 대해서도 보고되고 있다. 상황은 더욱 악화되어 자신의 자식을 먹는 사례까지 보고되고 있다."라고 증언하였다.[24] 1942년 중국에 기아가 발생했을 때도, 북한 난민들이 나에게 증언했던 것과 같은 전 가족 동반

자살 사례들이 중국에도 있었다는 것을 나는 추후에 알게 되었다.[25]

가족이 부당하게 박해받거나, 중앙관리에 의해 공개적인 치욕을 당했을 때, 자신들을 박해한 관리를 죽어서라도 괴롭히겠다는 생각으로, 전 가족이 동반자살이라는 방법을 선택한 실례를 한국의 역사에서 찾아볼 수 있다. 일부 북한 기아난민들은 기아가 초래된 책임을 당 간부에게 돌리면서 그들에 대한 끝없는 분노를 표현하기도 하였다. 기아난민들은 자신들이 굶는 동안에 원조식량을 훔쳐 자신의 배만을 채우고 있는 당 간부들을 원망하면서, 죄에 대해 심판을 받아야 한다고 한결같이 말하였다. 기아책임에 대한 대중의 분노가 자살과 연관되어 있다는 증거를 북한의 동반자살 현상에서는 찾아볼 수 없으나, 한국의 전통적 역사문화와의 연관성을 생각해볼 때 쉽게 무시될 수 없는 부분이다.

② *식량을 구하기 위해 다른 지역으로 이주*

다양한 목적과 개인적 이유로 기아기간 동안 많은 사람들이 이동한다. 남자들은 자신의 가족이 일거리를 찾아 나서기 전에 먼저 일을 찾아 이동하게 된다. 자신의 수입 일부를 고향에 남아 있는 가족들에게 송금하기 위해서, 또는 그들 자신이 살아남기 위해서라도 집을 떠나는 경우가 대부분이다.[26] 1992년 8월과 9월, 소말리아에 기아가 발생했을 때 내가 인터뷰한 많은 유민들은 식량을 얻기 위해서, 또는 부족간의 분쟁을 피해서 인도주의 구호기관에서 운영되는 캠프로 모여 들었다. 소말리아 수도 모간디쉬의 인구는 미국 주도의 군대 병력이 도착한 후 갑자기 25%가 증가하였다. 그들은 국제병력이 식량부족과 부족간의 싸움으로부터 자신의 안전을 지켜줄 수 있을 것이라고 믿고 마을을 떠나 도시로 향하였던 것이다.[27]

중국으로 탈출하는 것은 북한 기아로부터 살아남는 가장 확실한 방법 중 하나이다. 평양 북쪽에 위치한 마을에서 온 한 난민은 "집을 떠나는 대부분의 사람들은 중국에 한 번도 가본 적이 없는 사람들이다. 안전요원의 경비가 물 샐 틈 없었지만 식량을 얻을 수 있다는 희망을 가지고 나는 중국에 왔다……. 우리 마을의 반수 이상은 식량을 구하기 위해 떠났고, 그들 대부분의 목적지는 중국이다.[28]

북한체제의 주민통제시스템은 더 이상 기능을 하지 못하고 있었다. 주민의 자유이동이 가능할 정도로 북한체제가 자유로워진 것이 아니라, 식량배급체제를 통해 주민들을 더 이상 통제할 수 없게 되었던 것이다. 기아가 발생하기 전, 정상적인 북한체제에서 주민들은 다른 지역으로 이동하기 위해서 관할 사회안전부로부터 여행허가증을 받아야 한다. 북한에 살고 있는 모든 주민들은 가구별로 등록되어 있으며, 북한당국이 주민 이동을 통제하는 것은 도시로의 과잉집중을 막으려는 의도에서 비롯되었다. 특히 지방에서 도시로의 이주는 아주 어렵다.

아프리카에서 기아가 발생했을 때와 같은 광범위한 인구이동은 아니라 하더라도, 주민통제체제를 통해 기아가 발생하기 전부터 주민의 이동을 억압해온 북한의 시각으로 보면, 기아가 시작되면서 나타난 인구이동은 규모가 큰 것이라고 생각할 수 있다. 비록 북한의 주민 이동이 주는 의미가 다른 사회와 같은 경우로 이해되지는 않지만, 북한당국에서 발표한 기아가 아닌 이유로 발생되는 주민이동에 관한 조사 통계가 눈에 띈다. 예를 들어, 북한에서는 결혼을 해서 '리'(1,900명 정도가 사는 구역단위)나 '동'(7,600명이 사는 마을)을 떠나 이웃마을로 옮겨가는 것을 이주로 정의한다. 그런데 1980년대에 80만에서 100만에 이르는 인구가 매년 자신의 마을을 떠났다는 통계가 보고되었다. 그러나 그 지역과 마을을 구성하고 있던 어떤 계층이 이동하였는지에 대해서는 이 자료만으로는 불분명하다.[29]

MSF의 면담은 주민의 이동을 통제하던 전통적인 북한통제체제가 붕괴되었음을 단적으로 보여주고 있다.

> 요사이 여행이 가능해졌다. 당신이 어디를 가고 어디에서 왔는지에 대해 소리지를 필요도 없고, 조심스럽게 행동할 필요도 없게 되었다. 예전에 여행증이 없다면 이동하는 것을 꿈조차 꾸지 못했는데, 그토록 어렵던 여행규제가 많이 느슨해졌다. 만약 허가받지 않은 여행으로 단속에 걸릴 경우 50원의 벌금만 있으면 된다.[30]

광범위한 측면에서 기아로 초래된 중국으로의 북한주민 이동은 1996년 가을까지 증가되는 추세를 보였다. 난민들이 국경선을 넘어 산악지역으로 통과하는 과정에서 부딪치게 되는 어려움은 제쳐두고라도, 북한 주민의 이동규모는 기아의 심각성을 알려주는 가장 중요한 지표가 되고 있다. 중국과 북한당국은 1998년, 월경을 시도하는 북한주민의 단속강화를 위해 두만강 지역에 경비초소를 증설하였다. 그러나 다른 측면에서 중국으로의 주민이동에 대한 북한체제의 자세는 다소 완화되었다고 볼 수도 있다. 기아가 발생하기 전에 북한당국은 중국으로 탈출을 시도하다 잡힌 사람들을 공개 처형시켰다. 그러나 기아가 발생하고 나서 중국으로 탈출하다 잡힌 사람들에 대한 벌칙은 고작 때리는 처벌과 개인의 소집품과 중국에서 번 돈을 압수하는 정도에 그쳤다. 그리고 난민들이 자신의 출신지역으로 다시 보내지기 전까지 몇 달 동안 927수용소에 수용될 뿐이었다.

북한 국내 유민들을 수감하는 927수용소　1997년 9월 27일, 김정일은―명령한 날짜를 따라 927수용소라 명명―210개의 지역관리들에게 국내 유민들을 수용할 수 있는 시설을 만들라고 명령하였다.[31] 927수용소의 등장은 식량을 찾아 북한 전지역을 떠돌아다니는 절망적인, 그리고 결국에는 외지에서 죽어갈 운명에 놓인 주민에 대한 중앙당국의 비상상황에 대한 긴급 대책이었다. NGO직원들에 의하면 북한에서는 이러한 사람들을 "가망없는 사람"이라고 부른다고 하였다. 더 이상 그들에게는 살아남을 기회가 주어지지 않기 때문이다. 1996년 12월, 김정일은 주민들의 대량 이동에 대해 언급하면서, 지방에서의 무질서와 혼란에 대해 관리들에게 불평하였다. 북한 내에서 당국이 주민들에게 이동과 이주를 허가하는 것은 주민들을 통제하기 위해서 계획된 정책이었다. 주민의 이동과 이주는 다른 규제를 통해서 그 강제성을 더욱 확고히하고 있다. 북한주민들은 자신이 살고 있는 마을에서만 식량배급을 받게 되어 있다. 만약, 그들이 공식적인 당국의 허가를 받지 않고 출신지역을 떠나게 되면, 그들은 식량을 나누어줄 친척이 없는 한 굶게 되어 있다. 식량배급체제가 붕괴되고 주민들이 더 이상 국가에서 지급하는 식량에 의지하지 않게 되자 주민의 이동을 규제하는 강력한 힘이 사라지게 된 것이다.

　남한으로 망명한 북한의 고위층 황장엽은 망명 후 언론보도를 통해서 주민을 통제해왔던 식량배급체제가 마비되자 그 결과 주민의 이동을 구속해왔던 기재가 사라진 것에 대해 다시 확인시켜주고 있다.

북한은 주민을 식량으로 통제한다. 만약 식량이 배급되지 않으면 주민들은 죽게 된다. 북한은 식량배급체제를 통하여 전 국가와 주민을 통제하였다. 다른 말로 표현하면, 식량배급은 통제의 수단이다. 그러나 기아가 발생하자 평양에서조차 식량배급이 원활하게 시행되지 않았다. 평양을 제외한 다른 모든 지역은 무능력상태에 빠졌으며, 그 결과 주민을 통제하기가 한층 어려워졌다. 사람들은 식량을 찾아 동에서 서로 전국을 헤매고 다녔다. 만약 이러한 점들을 고려해 본다면, 북한의 식량사정이 지금 얼마나 심각한지를 이해할 수 있을 것이다.[32]

중국에서 북한난민들은 강을 건너기 전 중국공안에 체포된다. 그 후 북한으로 강제 송환되고 보통 각 군에 위치한 악명 높은 927수용소에서 보내진다. 수용소는 혹한의 추위에도 불구하고 전혀 난방이 되지 않으며, 위생시설은 엉망이다. 수용소 내의 식량은 부족하고 전염성 질병과 사망률 또한 높다. 난민들 증언에 의하면 각 수용소는 300~1,500명을 수용하고 있으며, 각 방에 40~50명을 감금하고 있다. 출신지역으로 강제적으로 보내지기 전까지 북한 전역의 이같은 수용소에는 6만~31만 5천명의 북한내 유민들이 동시에 수용된다. 비록, 이같은 수용소 내의 수감자 회전과 이동에 대한 연구가 이루어지지는 않았지만, 이들이 수용소에 머무르는 기간은 몇 주에서 2달에 이르는 단기간이 대부분이라고 한다. 1년에 6번 정도의 회전이 이루어지고 있다는 근거를 기준으로 수감자에 대한 통계를 추출해보면, 최소 37만 8천명에서 최고 190만명이 해마다 이 수용소를 거쳐나가고 있다는 통계가 나온다. 어쨌든 수용소 수감자 숫자에 대한 통계 파악을 통해 기아로 발생된 북한 내 인구이동도 추측해 볼 수 있다. 한편, 많은 사람들이 공안의 검색을 피하거나 식량을 찾아 나서다 죽기도 하고 중국으로의 탈출에 성공하기도 한다. 1999년 여름, 북한 중앙당국은 927수용소를 폐쇄하고 남아 있는 수감자들을 일반 주민의 눈에 띄지 않는 외곽지역의 수용소로 보냈다.[33]

탈출과정에서 발생하는 사망과 공동묘지　　역사적인 기록을 살펴보면, 기아를 피해 탈출하는 과정에서 많은 수의 사람들이 사망한다. 사람들이 고향과 도시를 떠날 때, 이미 그들은 가장 효과적인 위기 대처 능력을 갖고 있지 않은 상태에 놓여 있기 때문이다. 위생상태, 식수, 그리고 식량을 포함해서 모든 상황이 빠르게 악화된다. 임시숙소에서 집을 떠난 사람들이 함께 지내는 것은 전염병 감염의 위험을 증가시킨다. 국제구호기관에 의해 운영되고 있는 난민캠프에서 도움이나 보호를 받을 수 있는 다른 지역의 난민과는 다르게, 북한 난민들은 도움을 청할 곳이 어디에도 없다. 중국으로 탈출하려는 난민들은 탈출 과정에서 죽기 십상이다. 난민들은 그들이 탈출 과정에서 직면해야 했던 고통과 참혹함에 대해 증언하였다. 한 미국인 연구자가 집을 떠나온 두 소년을 면담하였다. 소년들은 다른 네 사람과 함께 고향을 떠났으나, 다른 일행은 탈출 도중에 사망하였다고 한다.[34]

많은 난민들은 겨울 동안에 두만강을 건너 중국으로 탈출하려는 계획을 신중하게 고려한다. 겨울 시기에는 두만강이 결빙하기 때문에 탈출이 용이하다. 그러나 겨울이 오히려 탈출하기에 부적당할 수도 있다. 들판이나 산에서 이동중 먹을 수 있는 대체식량을 구하기도 힘들 뿐 아니라, 난민들이 두만강에 도착하기 전에 지나가야 할 산악지역의 기온은 섭씨 20도 이하로 떨어지기 때문이다. 산악지역의 낮은 기온은 체온저하를 가져와 영양상태가 좋지 않은 사람들에게는 더욱 치명적이다. 대부분의 난민들은 추위를 막아 줄 충분한 의복도 갖추고 있지 않기 때문에 추위를 견디지 못하고 생명을 잃을 위험에 빠지기 쉽다. 1998년 초 혹독한 겨울이 계속되는 기간에, KBSM 직원은 두만강의 제한된 구역에서 얼어 죽은 수십 구의 시체를 발견하였다.

이동중에 사망하는 또 다른 실례로, 북한 내에서 이동 도중 사망하는 사람들의 사망률이 기아가 지속되는 동안 높은 증가세를 보이고 있다는 점이다. 북-중 접경지역을 중심으로 북한측에 위치한 마을 내 공동묘지의 증가가 이같은 사실을 입증하고 있다. 법륜과 내가 두만강 강둑을 따라 걸으며, 두만강 건너 북한의 무산시를 바라보았다. 마을에 있는 산 중턱 곳곳에 새롭게 흙 둔덕을 쌓아 올리고, 비석들로 가득 찬 공동묘지가 눈에 띄었다. 두 대의 트럭이 묘지 근처에 멈춰서더니, 30명 정도 되는 남자들이 트럭에서 시체로 보이는 흰 비닐로 싼 물체들을 나르고 있었다. 사람들은 큰 구덩이에 비닐로 싼 시체들을 내려놓고 있었다. 그들은 일을 끝낸 후 구덩이 주위에 둘러서서 머리를 떨구고 손을 모은 채 잠시 묵념을 하는 것 같았다. 그리고 구덩이를 메우고 나더니 그들의 물건들을 챙겨 어디론가 떠났다. 법륜은 두만강유역에서 목격된 이와 유사한 두 건의 집단장례식에 관한 비디오테이프를 나에게 건네주었다. 이 중 하나는 법륜이 직접 촬영한 것이고, 다른 하나는 남한의 텔레비전방송국이 촬영한 것이었다. 두 개의 테이프를 통해 북한 내 많은 수의 공동묘지가 실재하고 있다는 사실을 알게 되었다.

50년 동안 마르크시즘이 지배하여왔던 사회임에도 불구하고, 조상에 대한 전통적인 예식이 아직도 북한 사회에 남아 있으며, 북한은 가계 혈통을 중요시하며 조상이 죽은 후 마련되는 묘지를 좋은 장소에 마련하려는 등 아직도 철저하게 유교문화의 잔재가 존속되고 있다고 생각된다. 북한학자인 린톤Steve Linton은 이에 대해 다음과 같이 적고 있다.

> 조상의 묘를 옮기는 것은 한국과 같은 유교적 전통사회에서 후손이 결정해야 할 가장 중요한 사안 중 하나이다. 죽은 후 묻히게 되는 조상의 최후 안식처는 남아 있는 후손들의 앞으로의 운명에 지대한 영향을 미친다고 믿고 있기 때문이다. 그래서 때때로 매장 후 몇 년이 지난 후에도, 조상의 흔적을 좀 더 길조의 장소에 옮기려고 시도하기도 한다. 조상이 죽은 당시, 경제적 여유가 없어 적당한 조치를 취하지 않은 경우에는 좀 더 나은 장소로 조상의 묘를 옮기려는 시도가 더욱 간절해진다.[35]

한국의 문화적 정서를 고려할 때 예외적인 경우를 제외하고 한국인은 일반적으로 공동묘지를 꺼린다. 중국 국경선을 따라 조성된 공동묘지들은 가족과 고향, 그리고 이웃들을 떠나 정처없이 돌아다니다 외지에서 사망한 사람들의 흔적이 묻혀 있는 곳임에 틀림없었다. 특히 두만강지역의 공동묘지에 묻혀 있는 사람들은 중국 국경선을 넘지 못하고 죽은 사람들이 대부분일 것이다.

한 난민 소년의 이야기　법륜과 나는 쓰레기더미를 뒤져 빵 부스러기를 찾아 먹고 연명해가는 김이라는 소년을 장백에서 알게 되었다. 그는 자신이 16살이라고 하였다. 그러나 김은 성장장애로 제대로 발육되지 않아, 북한의 다른 탈북소년들과 마찬가지로 10살에서 12살 정도로밖에 안 보였다. 김의 피부는 열악한 위생상태 때문에 발생하는 피부질환인 피부 옴으로 덮여 있었으며, 이는 난민수용소 대부분의 어린이들에게서 종종 발견되는 일반적인 피부질환이었다. 그리고 김의 머리에는 이가 득실거리고 있었다. 법륜의 차분한 태도와 친절한 말에 안정을 얻고 우리를 신뢰하게 된 소년은 입을 열기 시작하였다. 김은 우리들이 자신을 다시 북한의 927수용소로 보내려는 비밀경찰로 의심하고 처음에는 두려워하였다고 했다. 법륜은 우리들을 국경지역에서 장사하고 있는 상인들이라고 소개하였다. 그리고 북한과 거래를 하기 전에 북한에서 최근에 어떤 일들이 벌어지고 있는지에 대해 알고자 한다고 하였다. 접경지역에서 만난 난민들 중 북한에 대해 비판적인 견해를 전달하는 난민들은 북한정부를 곤란하게 만들려는 남한측 기관원일 가능성도 있다고 말하는 소수도 있다. 만약 김이 남한 정보기관에서 보낸 사람이라면 김은 법륜과 나를 속이는 데 성공한 것이다. 그는 중국에 친척이 없다고 하였다. 사실 그는 자신이 알기로도 더 이상 살아 있는 친척이 없었다. 김의 신체적 상황과 초점을 잃은 우울한 표정은 그의 말을 믿기에 충분하였다. 이번 탈출이 식량을 찾으러 중국에 온 두번째라고 하였다. 그는 닷새 동안 세 끼 식사만을 했을 뿐이었다. 그래서 면담하는 동안 그에게 식사를 제공하고 배불리 먹여주었다.

김의 부모는 2년 전, 살던 집을 2,000원(15$)에 팔아서 장사할 자금을 마련하였다. 그러나 2년 동안은 장사가 잘 되다가, 더 이상은 장사로 가족의 생계를 꾸려나갈 수 없게 되었다. 그의 부모가 집을 판 후 같은 마을에 남아 있기는 하였으나, 가족들은 제각각 흩어져 지냈다. 김과 아버지는 삼촌집에 머물고, 여동생과 엄마는 외삼촌집에 각각 얹혀 살았다. 삼촌집에서 김과 아버지는 옥수수 뿌리와 쌀겨, 그리고 산에서 채취해온 야생식물로 연명해나갔다. 이러한 식사로 인해 김은 고통스럽고 심한 변비로 내내 고생하였다. 1997~98년 겨울, 집단농장에서 소들이 사료 부족으로 몽땅 죽은 사건이 있었다. 소가 죽자 집단농장의 농부들보다 오히려 형편이 더 나은 이웃마을의 당 간부들이 와서 죽은 소를 다 가져갔다. 김은 만약 마을사람들이 죽은 소를 자의대로 처분하여 먹어 치웠다면, 그들은 모두 사형당했을 것이라고 하였다. 결국 김의 부모는 기아로 사망하였다. 영양결핍증에 걸린 어머니는 지난 여름 그 마을을 휩쓸고 지나간 파라티푸스 전염병으로 죽고, 김이 중국에서 식량을 가지고 오는 동안에 김의 아버지는 1998년 8월 굶주림으로 사망하였다. 나중에 이웃들을 통해서 안 사실이지만, 10살짜리 김의 누이동생은 음식을 구걸하면서 고향 길거리를 헤맸다고 한다. 그러나 이웃들도 자신의 가족을 먹일 식량이 남아 있지 않았기 때문에 아무도 김의 여동생을 돌보아주지 않았다.

김이 처음으로 두만강을 건넜을 때 그는 중국공안에게 붙잡혔다. 검거된 후 쇠방망이로 심하게 얻어맞고, 북한으로 강제 송환되었다. 북한에서 또 다시 심하게 구타당하고 그는 혜산의 927수용소로 옮겨졌다. 수용소에는 300명 가량의 사람들이 있었으며, 그 중 40여명이 파라티푸스를 앓고 있었다. 수용소의 더러운 위생환경과 영양부족으로 수용소 사람들은 전염성질환에 쉽게 노출되었다. 평균적으로 하루에 2~3명의 사람이 죽어나간다고 그는 말하였다. 시체들은 열차역과 시장에서 수거된 다른 시체와 함께 20~30구 시체가 묻힐 수 있는 큰 구덩이에 같이 묻혀졌다. 수용소 사람들이 이러한 시체들을 묻는 노역에 매일 불려 나갔다. 중국으로 다시 탈출하는 길에, 김은 천천히 움직이는 열차 밑에 매달려 왔다고 하였다. 그러나 열차 승무원이 열차 밑에 붙어 있는 김을 발견하고 발로 차서 김을 떨어뜨렸다. 바닥에 굴러 떨어지면서 김은 두 개의 갈비뼈가 부러지는 심한 상처를 입었고, 그 상처를 우리에게 보여 주었다.[36]

기아열차 많은 북한주민들은 김이 타고 왔던 것과 같은 열악한 열차를 이용해서 북한에서의 탈출을 시도한다. 김정일도 1996년 12월, 기아와 관련된 연설을 통해 기아열차에 대해 두 번 언급하였다.

천리마제철소로 가는 도중 나는 사람들이 식량을 얻기 위해 길 가에 줄 서 있는 것을 보았다. 나는 다른 지역에서도 이와 마찬가지로 식량을 구하려는 사람들로 넘쳐나고 있다는 사실에 대해 들어 알고 있다. 그래서 식량을 구하러 나서는 사람들로 열차역과 열차가 붐비고 있다고 들었다.

비탄스러운 일들이 지금 전역에서 일어나고 있다. 그러나 책임있는 지방 관리와 마을관리들, 그리고 각 지역의 당 비서들은 실질적인 노력은 강구하지 않고 단지 사무실과 회의실에 모여 강습과 회의만 할 뿐이다. 국가 열차운행체제는 말 할 필요도 없고, 열차 또한 사람들로 초만원이다.[37)]

난민들이 묘사하고 있는 북한의 열차는, 대학살 기간 동안 유태인들을 죽음으로 몰아넣었던 열차를 생각나게 하였다. 그러나 이 두 열차 간에 차이가 있다면, 유태인들은 운송열차에 강제로 실려진 반면, 북한사람들은 끔찍한 기아에서 벗어나기 위해 필사적으로 열차타기를 원하고 있다는 것이다. 북한당국은 주민들이 열차를 이용해서 이동하는 것을 방지하기 위해 내키지 않는 시도를 하였다. 나는 중국으로 네 차례나 탈출한 경험이 있는 함흥 출신의 27세 공장노동자에게 물어보았다. 그는 자신이 경험했던 여행과정에 대해 자세히 묘사하였다.

꽃제비들은 항상 열차표 없이 열차를 탈 수 있다. 열차에는 군인과 보안경찰, 그리고 당 간부들을 위한 특별한 예약칸이 있다. 다른 열차칸들은 우편과 화물칸으로 지정되어 있었는데, 꽃제비들은 용케 이러한 열차칸에 몰래 숨어들었다. 그리고 일반주민들을 위한 5개의 여객용 객차가 있다. 이 열차칸의 유리창은 모두 깨져 있다. 사람으로 이미 꽉 차 있는 열차를 비집고 타려는 사람과 정원을 훨씬 넘게 차 있는 사람들로 인해 유리창은 멀쩡한 것이 하나도 없다. 열차는 입구에 매달린 사람, 열차 천장에 누운 사람, 그리고 열차 밑에 매달린 사람들을 포함해서 어처구니 없을 정도로 꽉 차 있다. 아마도 약 700명의 사람들이 열차에 타고 있는 것 같다. 120개의 좌석을 포함해 열차는 1대 당 180명이 정원이다. 만원으로 인해 일부는 질식하기도 하고, 쇠약해진 사람들은 열차 안에서 굶어 죽기도 하였다. 전력장애로 열차가 갑자기 멈춰 서면, 사람들은 잠시 쉬기 위해 열차에서 내리기도 하였으나 출발하기 전에 즉시 열차로 돌아가야 했다. 화장실에도 사람들이 꽉 차 있어서 여자들은 자기가 서 있는 열차 안에서 소변을 보아야 했다. 남자들도 여자와 마찬가지로 열차 안이나 열차칸들이 서로 연결되는 장소에서 소변을 보았다. 죽은 시체들은 열차역에 버려졌다. 그러나 나는 철로 주변에서는 시체를 본 적이 없다. 가끔 열차 지붕 위에 올

라 타있던 사람들이 열차가 급정거하거나 열차 위의 전기선을 만지다 감
전되어 죽기도 하였다.

　강원도지역으로 가는 동안, 나는 7구의 시체를 보았다. 또 다른 지역
으로 이동하는 도중에 한 달에 3구의 시체를 본 적도 있다. 나는 북한에서
중국으로 탈출하는 과정에 총 20구의 시체를 보았다. 차량끼리 연결된 곳
에 올라타고 있던 사람들이 갑자기 열차가 급정거하면서 끼어 죽기도 하
였다.　어떤 사람은 입구에 매달려 오다가 떨어져 죽기도 하였다.

　열차역은 이가 득실거리고 꽃제비들이 방뇨한 오물로 심하게 악취가
나고 있었다. 흥남역에서는 나뒹구는 시체들이 사람의 시선을 끌지 못하
고 방치되어 있었다……. 1995년 처음으로 나타난 꽃제비의 숫자는 1996
년 지금까지 빠르게 늘어나고 있다.[38]

나는 1963년 남편을 따라 북한으로 이주하고 지금까지 북한에 살고 있는 나이
든 한 일본여성을 면담하였다. 중국 도착 전까지의 일어난 일들에 대해 내가 묻자,
그 여성은 고개를 떨구고 울기 시작하였다.[39] 남편은 자신의 6명 자녀 중 2명의 자
녀와 함께 굶어 죽었다고 하였다. 그후, 중국으로의 탈출을 결심한 그는 열차를 타
고 중국으로 탈출하였다. 중국으로 가는 도중 유리창이 없는 열차 안에서의 추위
는 거의 죽을 지경으로 혹독한 것이었다고 하였다. 열차 안의 사람들은 열차 안으
로 들어오는 황량한 산바람을 막기 위해 자신들이 입고 있는 옷으로 창문을 막아
보기도 하였다.

　내가 직접 만나서 면담한 난민의 증언과 KBSM이 수집한 수백 개에 달하는 이
야기 형태의 난민 진술은 이와 유사한 경우들에 대해 언급하고 있다. 많은 증언들
은 소름끼칠 정도의 끔찍한 사건들이 대부분이었다. 열차 안의 더러움, 탈출과정
에서 사고로 죽은 사람들에 대한 이야기, 열차 안에서 질식사한 사람들과 차량에
끼이는 사고에 관한 증언, 그리고 열차역에서 일어난, 차마 눈 뜨고 볼 수 없는 비
극적인 광경들에 대한 것들이었다. 베커의 접경지역에 대한 보고서에도 이와 비슷
한 내용들이 담겨 있다.

　함흥시 열차역에서 김씨부인과 다른 사람들이 여러 날 동안 열차가 오

기를 기다리고 있었다. 매일 아침, 열차승무원은 20구의 시체를 끌어내리고 있었다. 사실 너무 많아서 희생자의 신원을 확인할 수도 없었다. 많은 사람들이 벌써 자신들의 신분증을 식량과 바꾼 지 오래였기 때문에 그들은 신분증을 소지하지 않았다. 마침내 열차가 출발하기 시작하였다. 이 열차는 사람들로 꽉 차 있었고, 가끔 전력이 끊기는 관계로 접경지역에 위치한 혜산시까지의 480킬로미터 거리를 꼬박 3일이나 걸렸다. 한번은 철로에서 철도경비원이 어떤 여자가 갖고 있는 식량을 뺏고, 신분증과 열차표가 없다는 이유로 심하게 구타하였다. 열차가 혜산시에 도착했을 때, 그 열차 안에서만 8명이 굶주림으로 죽었다.[40]

1998년 여름 열차를 타고 중국으로 건너온, 쌀 생산지인 남서지역 출신의 한 난민이 나에게 다음과 같이 전하였다,

열차시간을 알려주는 스케줄은 아예 존재하지 않는다. 사람들은 열차역으로 가서 열차가 나타날 때까지 몇 시간 또는 며칠을 기다려야 했다. 열차는 정기적으로 운행되지도 않았으며, 정해진 시간도 없었다. 열차에 올라타는 일은 대단히 괴로운 일이었다. 철로에 놓여 있는 침목은 썩어져 나갔으나 다시 제대로 복구되지 않아서, 철로를 달리는 열차는 폭풍이 치는 바다를 항해하는 배처럼 위 아래로 심하게 요동치며 진행하였다. 철로에서 탈선하지 않으려고 열차는 천천히 움직였다. 나는 이동 도중 탈선하여 철로 옆에 벗어나 있는 파손된 열차도 목격하였다. 그 후 다른 열차의 탈선사건에 대해서도 여러 차례 들었다.[41]

③ *외국으로부터의 송금과 대체식량 찾기*

기아를 피해 탈출할 기회가 주어지고, 친척으로부터 도움을 받을 수 있는 개인들, 그리고 자신들에게 송금을 해줄 수 있는 친척을 해외에 갖고 있는 사람들은 그렇지 못한 사람들보다 기아에서 훨씬 살아남기 쉽다. 에티오피아 내전기간에, 에리트레안Eritrean 반란군은 수도로 들어오는 UN의 공중보급로만 남겨둔 채 나머지를 모두 폐쇄하고, 아스마라Asmara의 수도를 점령하였다. 주민들이 필요로 하

는 식량의 총량과 UN의 공중보급로로 공급되는 식량의 톤수에는 상당한 차이가 있었다. 한편, 대부분의 가정들은 유럽과 미국, 그리고 캐나다에 자신들에게 송금을 해줄 수 있는 친척들을 갖고 있었다. 친척이 보내준 송금으로 그들은 도시 밖을 벗어나 식량을 구입할 수도 있었고, 전선 양쪽에 배치되어 있는 군인들을 매수하여 밀거래를 할 수도 있었다. UN의 공중보급로를 통해서 들어 온 친척들의 해외 송금 덕택으로 대대적인 기아 참사를 막을 수 있었다.

북한의 경우도 일본의 조총련과 호주, 미국, 캐나다의 친척으로부터 송금되는 현금 유입과 국경을 넘나들면서 유입되는 현금을 무시할 수 없다. 그러나 그 규모가 어느 정도인지는 쉽게 파악되지 않고 있다. 북한의 친척들에게 보내지는 송금의 양이 어느 정도인지 어림잡아 예측한다 하더라도, 북한당국이 북한가정에 그 송금액을 제대로 전달하고 있는지에 대해서도 파악되지 않는다. 위기대처 방안으로서 해외친척이 보내주는 송금이 갖는 한계는, 한국전쟁 이후 남과 북에 이산가족이 발생했으며 북의 친척 대부분이 남한으로 이주하였다는 사실일 것이다. 남한 정부는 재미교포의 북한으로의 송금을 제지하여왔다. 특히 남한정부는 북한당국이 친척에게 송금이 도착하기 전에 북한당국이 그 돈을 유용할 수도 있다는 점을 들어 적극 억제하여왔다. 난민의 증언에 의하면, 해외 친척의 송금을 북한의 친척은 여러 달, 또는 몇 년을 기다린 후에나 받을 수 있었으며, 북한당국은 개인의 계좌에 송금된 돈을 전용하기도 하였다고 한다. 또한 북한당국은 독단적으로 송금액의 일부 또는 전액을 압수하기도 하였다.

김일성의 적극적인 지원과 후원으로 신장되어온 일본의 조총련은 역사적으로 북한당국과 북한친척들에게 많은 액수의 돈을 송금해왔다. 북한당국에 보내지는 직접적인 보조금은 조총련 내 친북한기관을 통해 들어왔다. 조총련이 운영하는 파친코업소에서 발생한 수입들이 그 기금의 주류를 이루었다. 매년 조총련이 북한에 보내는 송금액이 얼마나 되고, 또한 파친코의 수입이 얼마나 되는지를 일본정부는 추적하기 어려웠다. 그러나 1990년대 중반 네 가지 변화가 나타나면서 북한으로 보내지는 조총련의 송금액은 감소하기 시작하였다. 첫번째 변화는 조총련사회의 유지와 번영에 영향을 줄만큼 일본 경제가 침체되어 있다는 것이다. 두번째는 김일성의 사망과 김정일의 조총련 끌어안기가 실패하였다는 점이다. 세번째는 조총련의 세대교체를 들 수 있다. 조총련의 젊은 세대는 북한과 그 체제에 더 이상 충성적이지 않다. 마지막으로 친척을 방문하러 고향을 찾아간 노년층 조총련에 대한 북한당국의 박대를 꼽을 수 있다. 그 결과 북한으로의 송금은 대폭 줄어들었다.[42]

야생의 기아대체식량　　많은 난민들이 산과 들에서 야생의 대체식량을 찾아 나선 경험에 대해 이야기하고 있다. 많은 난민들의 증언을 통해 내가 얻은 일반적인 원칙은 독이 없으면 모두 먹을 수 있다는 것이었다. 함흥에서 온 한 난민은 여동생이 독이 없는 줄 알고 야생식량을 먹고 죽은 이야기를 전하였다.

대체식량으로 굶주림을 해결하려는 방안은 이미 몇 년 전부터 지방의 주민들 사이에서 자발적으로 행해지고 있었다. 북한당국은 기아의 기세가 꺾일 기미가 보이지 않자, 평양 주민들에게도 적극적으로 야생의 대체식량을 찾아 나서도록 독려하였다. 1996년 여름, 야생의 대체식량은 북한주민이 이용하는 전체식품의 30%에 달하는 양이었다.[43] 1997년 6월 북한을 방문했을 때 나는 직접 이러한 사실들을 목격할 수 있었다. 1998년 북한주민들의 야생 대체식량 찾기 노력은 북한 전역에 걸쳐 상당한 수준에까지 이르고 있었다. 미 하원 국제관계위원회의 커크가 1998년에 입수한 비디오테이프에는 야생식량을 어떻게 수확하고, 이것을 '대용식량'으로 만들어가는 과정에 대한 내용이 자세히 담겨져 있다. 이 테이프는 북한 주민의 교육용으로 제작된 것이다. 기아구호 활동을 해왔던 10년 동안, 나는 굶주림에 대처하는 방안으로 이 테이프만큼 기묘한 내용을 담고 있는 것을 예전에 본 적이 없다. 예를 들어, 연못의 수초를 수확하는 방법, 수확된 수초를 말리는 방법, 그리고 그것을 가루로 내어 밀가루나 옥수수가루와 섞어 분량을 늘리는 방법에 대해 상세히 보여주고 있었다. 그 테이프에 담겨 있는 또 다른 내용으로는, 옥수수 껍질, 떡갈나무 잎, 그리고 잡초를 모두 갈아 가루로 만들어 국수를 만드는 방법이 설명되어 있었다. 이렇게 만들어진 국수는 영양적 가치가 보잘것없는 것은 물론이고 인체 내에서 잘 소화되지도 않는다. 실제로 한동안 굶주린 사람들에게 이러한 식품은 심각한 위장장애를 일으킨다. 대체식량의 영양학적 분석에 대해 WFP가 발표한 결과는 아직

없지만, 이전에도 물론 이같은 대체식량의 영양학적 가치에 대해 밝혀진 자료는 없
다. 그리고 대체식량은 일반적으로 정해지지 않은 비율의 옥수수와 밀가루가 섞여
만들어지기 때문에, 이를 분석한 영양학자들은 이 식품이 갖고 있는 열량이 어느
구성요소에서 기인하는 것인지를 파악할 수 없다.[44] 반면, 일부 대체식품들은 영양
학적 가치를 지니고 있으며, 한국인의 전통적인 식품에서 유래되는 것들도 있다.
버섯, 잣, 도토리, 메뚜기, 몇몇 종류의 여린 식물의 싹, 그리고 해초들이 이에 포함
된다. 도시의 일반가정들은 이러한 대체식량에 접근하기가 용이하지 않을 뿐 아니
라, 생명을 유지할 수 있는 충분한 열량을 대체식량으로부터 공급받을 수 없기 때
문에, 대체식량은 쌀과 옥수수와 같은 주요 식량원을 결코 대신할 수 없다.[45] 당 간
부들도 하루에 한 끼나 두 끼는 대체식량을 이용하는 것이 공식적인 당의 정책이었
다고 북한의 한 고위관리는 나에게 말하였다. 이같은 명령이 실제로 당 간부들에게
시달되었는지에 대해서는 확인이 안 되지만, 만약 이러한 정책이 강제적으로 시행
되었다면 이는 김정일의 다른 어떤 행동보다도 엘리트가 주도하는 혁명으로 주민
과 엘리트를 더욱 가깝게 결속시키는 계기를 마련하게 되는 것이 될 것이다.

내가 평양에 머무는 동안, 나를 초대한 김수만 대사는 김일성 자서전 중 한 권
을 나에게 선물하였다. 나는 그 책이 영어로 번역된 7권 중의 한 권이라는 사실을
나중에야 알았다. 그리고 김수만 대사가 7권 중 특히 이 책을 선택해서 나에게 준
것이 우연이 아니라는 것도 알게 되었다. 이 책은 1930년대 김일성의 항일투쟁에
관한 업적을 서술해 놓은 책이었다. 김일성부대가 고난을 이겨내고 항일투쟁을 성
공적으로 수행한 역사적 사실이 작금의 기아상황과 연관되어 나에게 부각되었다.

행군이 시작되면서 우리들은 묽은 죽으로 된 두 끼 식사만을 하였다.
식량이 바닥나자, 우리는 하루에 한 끼만을 먹고 행군을 지속하였다. 마침
내 식량이 다 떨어지자 우리들은 들판에 있는 눈을 집어 먹으며 배고픔을
참아내야 했다. 우리의 시야는 흐릿해지고, 다시 행군을 시작하자 어지러
움을 느끼면서 더 이상 걸을 수 없을 정도로 기력이 쇠약해져갔다. 해방이
되고 당 간부들에게 이러한 일화를 들려주는 이유는, 배고픔을 경험해보
지 않은 사람은 쌀이 얼마나 귀중하고 농부의 수고가 얼마나 대단한지를

깨닫지 못한다는 것이다. 이러한 경험을 해보지 않은 사람은 혁명을 안다
고 말할 수도 없다……. 항일혁명군에는 어린 시절 충분한 영양섭취를 하
지 못하고 심한 고난을 겪었기 때문에 키 작은 사람이 특히 많다. 영양결
핍으로 그들은 제대로 성장 발육하지 못하였다. 우리들이 산악지역에서
전투를 할 때, 우리는 가끔 적당한 식량을 구할 수 있었다. 약초, 식물뿌
리, 나무껍질, 엿기울, 쌀겨, 술 거르고 남은 찌꺼기들이었다. 우리들은 불
규칙한 시간에 거친 음식들만을 먹어, 여러 종류의 소화기 장애로 고생을
하기도 하였다. [46)]

기아상황이 점점 더 악화되자, 북한의 방송 매체들이 1997년의 가장 어려운 시
기를 60년 전으로 거슬러올라가 그들의 위대한 수령 김일성 장군의 항일투쟁 시기
와 비교하면서, 이와 같은 역사적 사건을 더욱 자주 인용하고 있다는 사실을 알았
다. 이러한 시도는 심각한 식량난의 책임을 북한체제의 실패로 돌리려는 쇠약해질
대로 쇠약해진 주민들의 분노를 애국적 열정에 호소하여 모면해보려는 북한 당국
의 의도에서 비롯되었다.

기아시기에 북한주민들은 종종 구걸도 하고, 추수를 하고 들판에 떨어진 곡식
낟알들을 손으로 주워 모으기도 하고, 장마당에 떨어진 곡식 낟알을 줍기도 하였
다. 두 명의 난민은 KBSM과의 면담에서 방금 옥수수 낟알을 뿌린 들판에서 뿌린
낟알들을 파왔던 자신들의 경험을 전해주었다. 그들은 씨감자 조각을 모두 파서
며칠 동안 끼니를 때울 수 있었다고 하였다. 기아라는 재난이 닥쳐 농부들은 자신
이 다음 추수 때까지 살아 남을 수 없을 것이라 판단되면, 수확을 위해 남겨 놓은
곡식종자들을 모두 먹어치운다. 그래서 구호요원들은 농부들이 종자들을 먹어 치
우지 않아도 될 정도의 충분한 식량이 배급되지 않으면, 농부들에게 다음해 농사
지을 종자를 미리 나누어 주지 않았다. 개인이 아닌 집단농장이 곡식종자를 소유
관리하고 재배하는 마르크시스트체제에서 농부들은 단지 농작물이 뿌려지기만을
기다리다, 그 씨종자들을 파가면 되었다. 그러나 나는 이러한 사건이 쌀 재배지에
서도 있었다는 이야기는 들어본 적이 없다. 벼를 경작하려면 볍씨는 작고 물이 흥
건한 모판에 먼저 뿌려지기 때문에 땅을 파서 볍씨를 모으기가 그리 쉽지 않기 때

문이다.[47)]

해안지역 출신의 난민들은 바다에서 산출되는 새우와 오징어를 잡아 중국으로 팔거나 옥수수와 물물교환하였던 경험에 대해 말해주었다.[48)] 일부 영양학자들은 북한사람들이 식사를 통해서 충분한 단백질이 섭취되지 않고 있음을 지적하고 있는데, 위기시에 예견되는 상황으로 충분히 이해가 되는 지적이다.[49)] 생존한다는 것은 식품을 통해서 얻어지는 열량 섭취로 가능한데, 북한주민은 단지 중국으로부터 손쉽게 얻을 수 있는 옥수수를 통해서만 열량 공급이 가능하였다. 1킬로그램의 해산물은 2배나 되는 양의 옥수수로 교환된다. 그래서 북한주민들은 많은 양의 옥수수를 얻기 위해 질 좋은 단백질 공급원과 물물교환한다. 난민 증언에 의하면 쌀도 옥수수와 물물교환되고 있으며, 옥수수를 사려고 쌀이 팔리고 있는 경우가 많다고 하였다. 가격면에서 쌀은 킬로그램당 옥수수보다 50~60%의 더 높은 가격을 받는다. 캐나다 저널리스트인 맥킨지Hilary Mackenzie 보고에 의하면, 함흥시 외곽에 위치한 함주에서는 어민들이 잡은 조개를 모아 중국으로 가져가 쌀과 밀가루로 물물교환된다고 하였다. "1톤의 검은 조개는 2.5톤의 하얀 밀가루와 같은 값에 거래된다."[50)]

기아가 심각해짐에 따라 절망적인 지방관리들은 제분소를 대체식량공장으로 전환하였다. 해초, 연못의 수초, 소나무껍질, 벼뿌리, 옥수수대와 옥수수 속대를 가루로 만들어 옥수수가루, 쌀가루와 섞어 주식을 늘리려는 노력을 경주하였다. 평양의 한 고위관리는 WFP 이사인 버티니에게 북한 전역으로 확산되고 있는 대체식량 소비로 많은 북한주민들이 끔찍한 소화장애를 겪고 있다고 하였다. 오히려 이러한 식품들을 소화시키려고 인체는 많은 열량을 낭비할 뿐이었다. 결과적으로 대체식품들은 소화기계통에 심각한 문제를 초래할 뿐 아니라 영양적 손실도 가져오게 된다. 그러나 북한관리들은 대체식량 사용을 중지하라는 인도주의 구호기관들의 경고를 무시하였다.

일반적으로 기아에 직면한 농부들은 사료 부족으로 가축이 죽기 전에 자신들이 키운 가축을 도살한다. 한편, 사료 부족으로 가축 사육이 어려워지면 사람들은 가축을 팔려고 시장에 내놓게 되고, 이 결과 갑작스런 공급과잉으로 가축 값은 폭락하게 된다. 가축 가격의 폭락도 기아 발생을 알리는 지표가 된다. 비록 농민시장에서 육류가 판매되고 있다는 사실에 대해 알려진 바 없지만, 이 시기에 가축 소비가 급격하게 발생하였다는 정보들이 보고되고 있다. 농업성의 한 관리는 WFP 관리에게 1996~97년 겨울, 곡식을 사료로 하는 가축을 처분하라는 당국의 지시가 집단농장에 하달된 사실을 전해주었다. 중앙당국은 곡식을 사료로 하는 가축 대신 풀로 사육되는 염소로 대체하라고 지시하였다. 한편 중앙당국의 지시에 의해 유일하게 보호된 가축은 소뿐이었다. 고기와 우유의 공급원으로서가 아니라, 소는 연료 부족시 동력화된 농기구를 대신해서 농사를 짓는 데 필요하기 때문이다. 그러나 당국의 지침과는 상관없이 농부들은 자신이 다음 수확시기까지 살아 남을 수 있는지에 대한 확신이 서지 않으면 소까지도 처분하였다.

맥킨지도 이와 유사한 사례를 보고하고 있다.

> 나는 북한 전역에 가축들이 완전히 사라진 것을 목격하였다. 닭, 토끼, 그리고 개들까지 그 흔적을 찾아볼 수 없었다. 내가 북한을 여행하는 동안, 나는 염소 한 마리는 물론 가축을 전혀 구경할 수 없었다. 안내원이 오리농장으로 안내하기는 하였으나 나는 그 안에 들어갈 필요가 없었다. 유일하게 볼 수 있는 가축은 들판에 있는 소 몇 마리뿐이었다. 온성에서 강아지가 보신탕용으로 팔리는 것을 보았다. 그러나 그것이 강아지가 아니라 늑대라고 안내원 가족은 나에게 말하여 주었다. 그 가족은 돼지우리를 갖고 있었으나 이미 잡아먹고 돼지는 한 마리도 남아 있지 않았다.[51]

1998년 UNDP 농업토론회에서 발표한 보고서에 의하면, "이번 연구목적을 위해 수집된 통계에 의하면 소는 37% 감소되었고, 양과 염소도 36% 감소되었음을 알 수 있다. 우리의 관심을 끄는 좀더 중요한 사실은 곡식을 사료로 하는 돼지와 가금류의 감소가 각각 57%, 90%까지 큰 폭으로 감소하였다는 것이다."[52] 이 연구는 홍수와 가축수 감소에 대한 상관관계를 밝혀주면서, 북한체제가 직면하고 있는 재난에 대해 설명하고 있다. 한편, 이 보고서는 기아 때문에 가축들이 멸종되어가고 있다는 곤란한 결론은 피해가려고 애쓴 흔적도 엿보였다.

위기상황에서 가장 취약한 집단인 북한의 각 가정들이 기아에서 살아 남는 가장 간단하고 직접적인 방법은 비공식적이고 불법적인 방법을 통해 자신의 식량을 늘리는 일일 것이다. 북한가정이 식량을 취득해가는 각가지 방법들을 통해서, 빈곤이 오래 지속되면서 각 세대가 위기에 대처해가는 방법들이 발전되어가고 있음을 알 수 있다. 가장 일반적이면서, 단번에 현금을 마련할 수 있는 확실한 방법은 가재도구들을 내다 파는 일일 것이다. 옷, 가구, 냄비와 솥, 도자기, 그리고 마지막으로 집까지 포함해서 모두 내다 판다.[53] 북한 공산정권이 수립되면서, 지주와 자본가로부터 이동되어 자신들에게 주어진 가족 소유의 자산을 식량을 구하기 위해 처분하였던 것이다. 서울에 근무하는 한 미국외교관은 북한의 골동품과 전통적 가보들이 1996년부터 서울의 골동품상점에 나타나기 시작하였다고 나에게 말해주었다. 무역업자들이 중국접경지역에서 북한사람들로부터 구입한 물품이 대부분이라고 하였다.

남한전쟁포로였던 72세의 장무환은 1998년 10월 북한을 탈출하였는데, 접경지역에서 성행하고 있는 혈액불법거래에 대해서 전하고 있다. 밀거래업자는 현금을 필요로 하는 북한사람들로부터 혈액을 불법거래하였다.[54]

접경지역을 중심으로 이루어진 실질답사에 대한 비판

각각 다른 견해를 갖고 있는 몇몇 출처를 통해 접경지역의 보고서에 대한 비판이 전해지고 있다. 웨인가너Eric Weingartner는 NGO 기관(이 안에 월드비전도 포함됨)에 의해 고용된 사람으로, 북한에 지원되는 개인단위 원조물품의 선적을 조정하는 일을 맡고 있다. 그리고 한때 미 행정부에서 파견되어 WFP에서 근무한 경험도 있다. 그가 제출한 정기적인 보고서에는, 접경지역에 관한 보고서조차 높은 사망률에 대한 언급이 제외되어 있다. 웨인가너는 평양 주재 WFP본부에서 근무한 경험도 있는 사람으로, 그의 견해는 다른 WFP 직원의 견해와 크게 차별화되지 않는다. 그는 단 두 가지 이유에서 접경지역의 보고서에 대해 의혹을 품고 있다.

첫째, 그는 접경지역 보고서들 대부분이 각 NGO 기관들이 자신의 기금을 확충하기 위한 목적으로 작성되었다고 믿고 있다.—이는 일반적인 NGO활동에 대한 공격이다. 둘째, 난민들이 중국에서 다시 북한으로 강제 추방당하는 것을 피하기 위해 기아를 일부러 조작한다는 것이다.[55] NGO 기금조성은 접경지역을 중심으로 이루어진 조사의 동기와는 전혀 무관하다. 〈워싱턴 포스트〉, 〈사우스 차이나 모닝 포스트〉, 그리고 존스 홉킨스대학은 NGO 기관이 아니다. 그리고 웨인가너의 두 번째 이유는 난민의 증언과 그들이 보여주는 행동을 통해 현실적으로 반박될 수 있다. 난민 대다수 경우가 중국에 머물지 않고 식량을 구하고 나면 다시 북한으로 돌아가고 있다는 사실이 이를 입증한다. 실제적으로 많은 난민들은 식량이라는 소기의 목적을 달성하면 다시 북한으로 되돌아갔다.[56]

난민에 대한 일반적인 비판으로, 일시적으로 발생한 열악한 식량사정을 기아로까지 확대하여 꾸며냈다는 지적도 있을 수 있다. 위기를 확대 과장함으로써, 조선족 친척이나 친구들이 난민의 가족들을 도와주기를 바란다는 것이다. 비록 동정을 사기 위해 기아의 심각성을 과장한다고 하더라도, 만약 난민들이 자신의 생명을 위협하는 위기에 직면하지 않았다면, 그들은 그 길고 험난한 중국으로의 탈출을 시도하지 않을 것이다. 생명을 건 탈출은 배가 고픈 사람들이 어쩌다 하는 행동이 아니라, 더 이상의 고통을 참아낼 수 없을 때 선택하는 최후의 방법이다. 대량 탈출과 관련된 증거들은 그 자체만으로도 북한의 기아가 마지막 단계에 이르렀음을 증명하기에 충분하다. 만약 난민 면담이 적은 수에 그친 정도라면, 웨인가너의 주장은 좀 더 신뢰성을 높일 수 있을 것이다. 수십명의 난민은 소기의 목적을 달성하기 위해 이야기를 조작할 수 있다. 그러나 2,300명에 이르는 난민의 개인면담에 대해 조작 운운하는 것은 절대 있을 수 없는 일이다.

북한난민 보고서의 가장 두드러진 특징은 북한주민이 북한 외 다른 지역에서 발생했던 기아상황과 유사한 경험, 사건들을 어떻게 그렇게 자세히 설명할 수 있느냐이다. KBSM이 조사를 실시했을 때, 난민에게 던진 질문은 참혹한 기아기간 동안 어떻게 그들이 살아남을 수 있는가였다.—난민들이 위기에 대응하여 왔던 방법을 집중적으로 질문하였다. 이야기를 더 잘 꾸며내기 위해 난민들은 기아에 관한 책을 읽은 적도 없다. 다른 지역에서 발생하였던 기아들과 아주 유사하게 난민들은 자신의 경험을 사실적으로 그려내었고, 기아로 발생된 죽음에 대해서도 비슷하게 묘사하였다.

접경지역 보고서에 대한 또 다른 비판으로 그 지역이 주변강대국들의 비밀요원으로 꽉 차 있다는 사실을 지적한다.─중국, 일본, 북한, 미국, 남한 등 각국의 비밀요원들은 자국의 정치적 목적을 위하여 북한기아의 심각성에 관해 거짓 정보들을 근거없이 유포하고 있다는 것이다. 만약 이것이 사실이라면, 각국 요원의 비밀활동은 직접 자신의 가족과 이웃들에게 치명적인 영향을 주고 있는 기아에 대해 입증하려고 애쓰는 병든 2,300명 난민들보다 훨씬 더 치밀하게 조직되어 있다고 생각할 수 있다. 북한난민으로 믿게 하기 위해서 남한 출신의 2,300명 비밀요원들이 접경지역 도착과 동시에 굶주린 난민으로 위장하였다는 사실은 도저히 납득되지 않는다.

비밀요원이론은 이미 초점에서도 많이 벗어나 있다. 다시 말하면, 거짓 기아를 꾸며내는 것이 어떤 나라에 이득을 가져다 줄 수 있겠는가? 1996년 여름까지 미정보국은 북한에 기아가 발생하였다는 사실을 부정하였다. 중국정부도 언론매체들이 북한의 기아에 관해 보고하는 것을 원치 않았다. 중국은 북한에 기아가 발생하면, 국제구호기관들이 북─중 접경지역으로 모여들 것이고, 국제구호기관들이 중국에서 활동하게 되면 더 많은 북한난민을 중국으로 유입시키게 되는 자석 역할을 할 것이기 때문이다. 북한난민의 중국으로의 유입은 중국당국이 끊임없이 피해오는 민감한 사안이다. 베커에 의하면, 중국 관영통신은 1998년 3월까지 북한위기에 대해 전혀 언급하지 않았다고 한다. 남한의 중앙정보국과 다른 정부기관도 1998년 중반까지 북한의 위기를 공식적으로 인정하지 않았다. 남한정부의 입장에서 붕괴되기를 원하는 북한체제에 개인이나 국제사회가 북한을 지원하는 것을 원하지 않기 때문이다. 언론을 통해 북한의 기아가 알려지면 북한을 지원하라는 분위기가 조장되기 때문이다. 일본정부는 처음부터 북한에 기아 원조를 해줄 생각도 없었으며, 내부보고서에 의해 북한에 기아가 진행중임을 알고 있어도 공식적으로 기아의 실재를 부정하여왔다. 일본정부는 접경지역에서 수집된 통계를 왜곡할 이유가 전혀 없다.

그러면 기아에 대해 과장된 보고서를 만들어낼 수 있는 곳으로 오직 북한당국만이 남게 된다. 그러나 북한당국은 기아보고서가 북한체제가 실패했음을 여실히 증명하고 굶주린 주민들을 자극함으로써 국가 안전을 위협할 수도 있다고 믿고 있었기 때문에 과장할 필요가 없다. 그리고 기아보고서를 통해 북한의 불안한 국내 상황이 알려지면, 남한과 미국에게 북한을 공격해 올 빌미를 줄 수 있다고 믿고 있었다. 북한은 어쨌거나 현재 식량원조를 받고 있으며, 우선 무엇보다도 북한체제 스스로 인정하기를 원하지 않는 기아에 대해 과장되게 꾸며낼 하등의 이유가 없다. 만약 처음부터 북한체제가 자신의 실패를 인정하려 했다면, 북한은 국제 언론과 방송의 북한 입국을 순순히 받아들여, 굶주린 북한주민의 사진을 외부에 알렸을 것이며 더 많은 식량 원조를 얻어내려고 했을 것이다.

김정일체제의 붕괴

기아라는 위급상황하에서 지금까지 설명된 북한주민의 위기대응방안의 두드러진 특색은, 대부분이 전체주의 국가인 북한법을 위반하는 불법적인 행위라는 것이다. 가족 구성원의 생명을 지키고, 열악한 환경에서 살아 남은 사람들은 법을 위반하고, 북한체제의 위엄에 도전한 사람들이다. 일부는 체제를 이용해서 자신의 배를 불리고, 그 과정에서 자본주의를 환영하였으며, 고위 군 장성과 당 간부들은 자신의 가족을 보호하기 위해 당연히 자신의 정치권력을 이용하였다. 그들 모두 낡은 공산주의 경제질서에 안녕을 고했으며, 또한 그들의 태도는 경제난을 초래한 김정일의 실패한 지도력을 인정하는 것이었다. 위대한 지도자 김정일이 식량배급체제를 통해서 자신들을 먹여준다고 믿어왔던 도시의 가난한 사람들은, 굶주림으로 사망하거나 겨우 목숨을 연명해나갈 수 있었다. 도시민들은 더욱 가난해지고 절망적이 되었다. 비록 북한의 지도층이 이러한 결과를 예상하지는 않았다 하더라도, 기아에 적절히 대응하지 못하고 끔찍한 재앙을 초래하게 된 북한체제의 비참한 실패는, 지금까지 체제를 지탱해온 지지기반을 완전 분열시키는 결과를 초래하였다. 독재체제라 할지라도 이같은 초래는 그 체제를 운용하는 정치적 지지력과 생명력에 엄청난 타격을 입힌다.

나는 법륜, 박지현과 함께 북한에서 탈출해온 난민과 면담하기 위해 길림에서 서울로 가는 비행기에 올랐다. 비행기 안에서 내가 접경지역에서 목격한 것들을 곰곰이 되돌아보았다. 2년 동안 나는 북한기아에 관한 충분한 증거들을 마침내 찾아내었다. 이 면담자료들은 북한기아 발생 원인이 무엇이며, 누가 왜 죽었는지를 설명하는 미시경제학적 이론을 구성하는 데 필요한 기본자료가 될 것이다.

5. 기아의 경제학

　　1998년 9월, 북한과 중국의 접경지역을 따라 내가 목격한 사실들은 지금까지 내가 다른 지역에서 보아왔던 기아상황과 경제적 측면에서 유사성을 갖고 있다. NGO와 UN이 발표한 보고서에는 지금까지 북한에서 시행되어왔던 식량배급체제 붕괴에 관한 경제적 측면의 분석이 결여되어 있다. 북한에서 구호활동을 전개하고 있는 구호요원들은 기아가 어느 정도로 심각한지를 예측해볼 수 있는 시장체제가 북한에 결여되어 있음을 지적한다. 그러나 이 시각은 아주 잘못된 것이다. 북한에도 극히 작은 부분이지만 암시장과 농민시장을 통한 경제활동이 이루어지고 있었다. 단지 북한의 국가이념이 암시장과 농민시장의 존재를 절대로 인정하지 않기 때문에, 북한당국은 외국인들에게 그 사실을 위장하는 정책을 써왔을 뿐이다. 그래서 북한에서 시장체제가 운용되고 있다는 사실들이 쉽게 목격되지 않았을 뿐이다.

　　북한 기아에 대한 분석은 공중위생, 주민의 영양상태, 북한의 총 농업생산량, 그리고 원조된 식량분배 등을 통해서 주로 이루어져왔다. 그러나 기아라는 현상은 원칙적으로 공중위생과 주민의 영양상태라는 문제와 연관된 정치경제학적 현상이다. 수십년 동안 기아에 관한 두 가지 경제학이론이 끊임없는 논쟁을 계속하였다. 맬서스Thomas Malthus의 유효수요원리와 노벨 경제학 수상자인 센Amartya Sen의 사회적 선택이론이다. 18세기 영국 감리교 목사인 맬서스의 이론은 식량재배 용지가 제한되어 있는 경우, 기하급수적으로 증가하는 인구는 산술급수적으로 증가하는 식량을 초과하게 되어 식량과 인구 사이에 심각한 불균형이 발생하게 된다는 것이다. 인구가 필요로 하는 식량과 충분한 식량을 생산할 수 있는 농업체계 능력과의 간격이 벌어지면 벌어질수록, 기아가 발생하여 그 체제가 지탱할 수 있는 수준까지 인구가 감소된다는 것이다. 맬서스는 필요로 하는 식량의 양과 현재 보유하고 있는 식량의 차이가 기아로 인한 사망을 불러일으킨다고 믿었다. 그러나 맬서스이론은 기아라는 재난이 발생했을 때, 일부 계층은 오히려 부를 축적할 수 있는 기회를 갖게 되는 반면, 굶어 사망하는 사람들도 발생한다는 사실에 대해서는 충분히 설명을 하지 못하고 있다. 식량분배가 그 국가의 정치적 목표와 연관되어 있기 때문에, 전체주의 체제하에서조차 기아가 발생했을 때 굶주림이 그 사회 구성원 모두에게 똑같이 적용되지 않는다. 1958~62년 중국에 기아가 발생했을 때 중국공산혁명으로 재산을 몰수당한 지주와 자본가 계급은 다른 사회계층보다 더 많은 상실과 고통을 경험하였다. 지주와 자본가는 공산주의 사회에서는 적대계급이기 때문이다.[1]

맬서스이론과 비교해서 센의 이론을 살펴보면, 각 가구가 식량에 접근하는 방법은—시장에서 식량을 구매하거나 또는 물물교환을 통해 식량을 구입하는 것, 그리고 농장에서 농산물을 생산하는 것 등이 포함된다. 그리고 북한과 같은 사회주의체제의 식량배급체제를 통한 식량분배도 이에 포함된다—식량배급을 통해 누가 살고 죽는지가 결정된다.[2] 만약 곡물값이 가파르게 오르고 동시에 급료가 고정되거나 감소하면, 각 세대 구성원들은 위기대응 방안을 강구하지 않으면 굶어 죽게 될 것이다. 전체주의 체제와 같이 국가가 주민의 식량 생산과 분배를 통제하는 체제에서, 국민생활 전반에 걸친 국가 통제를 더욱 강화하기 위해 이러한 시스템은 필연적으로 이용된다. 이같은 통제에는 종종 권력을 주어 포상하는 것과 그들의 존재를 무시하는 것 등도 포함된다. 그러므로 라우츠Sue Lautze가 지적했듯이 전체주의 국가의 정치적 목표는 기아라는 대재난이 발생했을 때, 누가 살고 죽는지를 결정하는 데 지대한 영향력을 미치게 된다.

앞에서 우리는 1990년대에 북한에 끔찍한 기아가 발생했다는 것을 확인하였다. 그러나 기아의 발생원인과 다른 지역의 기아와 구별되는 북한기아의 역동성을 완전히 이해하기 위해서는 북한의 정치경제가 우선 검토되어야겠다. 이를 위해 북한 식량배급체제의 몇 가지 요소들을 살펴보아야 한다. 북한의 식량배급체제는 지금까지 어떻게 운용되어왔으며, 국가경제가 악화되면서 식량배급체제는 어떻게 불능상태에 빠지게 되었는지, 그리고 위기가 심각해지면서 북한당국은 무엇을 결정했으며, 북한 기아가 더욱 치명적인 상황으로 발전하는 데 이러한 결정사항들이 어떻게 관여되어 있는지를 분석해야 한다. 식량배급체제와 새롭게 싹트기 시작한 농민시장과의 왜곡된 상호작용, 치솟는 곡물 시장가격, 그리고 전국적인 곡물의 매점매석은 북한 식량체제를 더욱 혼란스럽게 수렁으로 빠져들게 하였다.

북한 기아는 북한주민들의 유일한 식량공급원인 식량배급체제 붕괴에 의해 야기되었다. 북한의 식량배급체제 붕괴는 네 가지 사회적 요인에 의해 초래되었다, 그 중 두 가지 요인은 북한 중앙당국의 결정에서 기인한다. 첫번째 요인으로 농업생산 감소를 꼽을 수 있다. 열악한 농업정책의 시행과 왜곡된 경제분야의 인센티브제도, 그리고 비료와 해충제의 생산 감소, 1995년부터 몇 년에 걸쳐 북한의 농업에 막대한 피해를 가져온 자연재해 등이 곡물 생산 감소를 초래하였다. 두번째 요인으로 러시아와 중국의 갑작스런 원조식량의 감소를 들 수 있다. 북한의 기아를 분석하는 대부분의 학자들은 이 두 가지 요인에 대해서는 잘 이해하고 있다.

그러나 학자들이 간과하고 있는 것은 세번째와 네번째 요인이다. 이 두 요인으로 인하여 적은 규모로 국한된 지역에서 시작된 기아가 1996년과 1997년 기록적인 사망률를 초래하면서 국가적 재난으로 확대되었다. 1994년과 1995년 북한당국은 동쪽 해안에 인접한 평야지역에 식량배급을 중단하고, 동북지역 주민들에 대한 차별적 대우를 시작하였고—세번째 요인—이같은 결정으로 평양은 100만명 이상의 인명 피해가 초래되었다. 네번째 요인으로, 1995년 비참한 농업작황을 기록한 이후 농부 1인당 1년 배급량을 167킬로그램에서 107킬로그램으로 줄이겠다는 중앙당국의 결정을 꼽을 수 있다. 농부에게 돌아가지 않은 잉여농산물을 도시와 탄광지역에 공급하겠다는 이 결정은 농부들의 자발적인 협조로 끝이 나는 듯했다. 그러나 농부들은 그들 자신이 앞으로 살아 남기 위해서는, 1996년 추수 이후부터

특히 옥수수 생산지역을 중심으로 매점매석을 포함한 다른 방법들이 강구되어야
한다는 것을 깨닫게 되었다. 농부들은 집단농장에서의 작업시간을 줄이고, 남는
시간을 개인적이고 비밀스러운 자신의 텃밭에 투자하였다. 이 네번째 요인 때문에
배급체제를 통해 공급되어야 할 전체 식량의 양이 가파르게 감소되었다―북한의
식량배급체제는 중국과 러시아의 감소된 식량지원과 북한 내 생산량감소라는 이
중 타격을 입고 이미 비틀거리고 있었다.

식량배급체제

1991년 말과 1992년 초 러시아체제가 붕괴되던 당시 나는 미 행정부의 인도주
의 구호사업 책임자로 근무하였다. 그 자격으로, 나는 커니Fred Cuny와 기술지원
팀을 러시아에 보내 1992년 여름의 작황 실패와 정치적 혼란으로 야기된 경제적
소용돌이가 러시아에 기아를 초래할 것인지에 대한 분석을 하도록 지시하였다. 인
도주의 구호사회에서 커니는 가장 능력있는 답사전문가이고, 국제적으로 인정받
는 기아전문가이다.[3] 미 국무부 부관인 이글버거Lawrence Eagleburger는 러시
아내 대도시에서 혹시 기아로 야기된 폭동으로 옐친Boris Yeltsin의 허약한 새 정
부가 붕괴되고 음해당할 것을 두려워하였다. 커니는 지금까지 식량배급체제가 어
떻게 작동되어 왔으며, 앞으로 러시아에 기아가 초래될 것인가에 대한 이해를 돕
기 위해 6개월에 걸쳐 러시아의 식량배급체제를 연구하였다. 러시아 식량배급체
제에 대해 현존하는 유일한 연구인 그의 보고서에서, 그는 러시아체제가 정치적
혼란과 경제적 붕괴에도 불구하고 불충분하지만 그런 대로 체제가 질서를 유지할
수 있다는 결론을 내렸다. 불안한 상황에서도 체제가 지속될 수 있었던 주된 이유
는 다음과 같다. 아직도 대부분의 집단농장은 많은 양의 잉여 농산물을 당국에 투
매하였고, 지난 여름 식량생산이 10% 정도 감소하자 미국은 막대한 양의 곡물을
높은 비율의 보조금으로 러시아에 제공하였다. 그래서 러시아는 사회가 불안정함
에도 불구하고 식량부족 사태가 발생하지 않았다.[4]
　북한과 소련의 식량배급체제는 아주 유사하다. 북한 농업체계는 소련의 복사

본으로 소련방식을 그대로 따르고 있다. 그래서 소련의 식량배급체제가 북한 식량배급체제의 원형으로 역할하고 있다는 것은 그리 놀라운 일이 아니다. 그러므로 식량배급체제가 최고의 기량으로 발휘되고 있을 때, 이론적으로 북한체제—소련의 복사본—는 낮은 보조금 비율을 적용하여 노동의 대가로 주민들에게 기본적인 필수품만을 제공하여왔다. 국가에 중요한 업무일수록 그 업무에 종사하는 노동자는 더 많은 배급을 받는다. 예를 들어, 국가안전보위부와 당 호위국에 종사하는 사람들은 같은 서열인 군 간부가 받는 쌀 배급량보다 3배나 많은 양을 받는다고 한다—북한체제 내 상당한 마찰요인이 되고 있다.[5]

스탈린 자신도 필요에 따라 인민들에게 지급한다는 마르크스 이론은 비현실적이라고 지적한 바 있다. 국가 입장에서 임금의 차등지급은 더 중요하고 필요한 업무에 대한 보상으로서 당연히 허용될 수 있는 사안이라고 하였다.[6] 북한에서도 광부들이 가장 높은 배급을 받고 있다. 광산이 제 기능을 다 한다면 결정적으로 외화를 벌어들일 수 있는 물자를 광부들이 생산하고 있기 때문이다.[7] 그러나 어떠한 이유로 광산이 폐쇄된다면, 광부의 봉급과 배급 또한 끊기게 된다. 북한군인들과 집단농장의 농부들은 각기 다른 체제의 배급을 받는다. 농부들은 추수가 끝난 후 일년 분 배급을 한 몫에 받는다. 반면 군인들은 군대자체의 급식체제를 통해 식사가 제공되고 있으며, 매년 추수가 끝나고 첫번째 배급을 받는 것은 군인들이다.

북한 중앙당국은 64개 부류(원저에는 64개의 카테고리로 나누어 있다고 적혀 있으나, 북한은 1967년에서 1970년 사이 3계층 51개 부류로 주민을 분류하는 사업을 실시하였다)로 북한주민을 분류하고, 적대계층·동요계층·핵심계층으로 일반주민을 구분하였다. 각 개인은 김일성사진이 박혀 있는 배지를 달고 있는데(현재는 김정일의 배지로 대체되었다), 배지는 각 개인의 지위를 나타낸다.[8] 성분조사사업을 통한 계층분류는 주민의 사회활동을 제한하는 데에도 적용된다. 높은 지위의 사람이 낮은 지위 사람과 결혼을 하면 그들은 낮은 지위로 강등된다.[9] 식량의 차등지급도 국가에 대한 업무의 중요성, 정치적 지위, 사회계급이 서로 결합되어 결정되었다.[10] 기아가 심각해지자, 계급이동에도 변화가 발생하였다. 이 시기에 상층계급으로의 상향조정은 거의 드물게 나타났으며, 낮은 단계의 하향이동만이 발생하였다.[11] 아마도 이러한 결정은 새로운 성원들로 희석될지도 모르는 핵심계급의 특권을 유지하기 위해서 이루어졌을 것으로 생각된다.

계층분류를 통해 결정된 개인의 사회적 계급은 합법적인 체제 내에서 식량배급과 여행증을 포함, 개인생활에 영향을 미치는 다른 부분에 이르기까지 각 개인의 처우에 지대한 영향을 준다.[12] 그러나 한 연구에 의하면 1980년대에 이르러서 이와 같은 계층분류가 다소 느슨해졌음을 알 수 있다. 이는 오래 전에 이미 시작된 북한당국의 주민완전통제와 김정일의 무소불위의 권력이 그 힘을 잃어가고 있음을 보여주는 것이다.

북한 사회구조의 부분집합으로서 전통적인 식량배급체제에 김일성과 그의 가족이 맨 위에 자리하고 있으며, 12개 서열에 의해 식량이 차등으로 지급된다. 최저하위에 위치한 강제수용소 수감자들은 생존하는 데 필요한 양보다 훨씬 적은 하루 200그램의 배급만을 받을 뿐이다. 기아가 발생하기 전 일본으로 탈출한 북한주민에 의하면, 2년 동안 대부분의 강제수용소 수감자들이 굶주림으로 죽었다고 인권담당 감독관에게 증언하였다.[13] 강제수용소의 식량사정은 기아기간에 더욱 악화되었다. 김일성 가족과 당 간부, 그리고 비밀경찰과 보위부를 포함한 상위 5개의 서열 밑에 7개의 배급서열이 존재한다. 광부, 국가방위 일꾼, 산업노동자, 어부는 하루 900그램의 식량을 배급받는다. 비무장지대에 근무하는 군인들은 높은 지위에 있는 관리와 같은 수준으로 850그램을 받는다. 군에 종사하는 관리들, 경공업에 종사하는 산업일꾼, 교직자, 기술자, 대학생, 그리고 평양에 거주하는 주민들은 하루 700그램을 받는다. 평양을 벗어난 지역 주민들은 700그램보다 적은 양을 배급받는다. 고등중학생, 장애인, 55세 이상의 여성, 61세 이상의 남성들은 하루에 400그램을 받는다. 2~4세에 해당하는 유치원 어린이들은 200~300그램을 배급받는다. 위에서 이미 언급되었지만, 죄수를 포함한 감옥 수감자들은 단지 200그램만을 받을 뿐이다.[14] 최초의 북한주재 WFP소장인 페이지Trevor Page는 베커에게, 1996년 2월 중앙당국은 기아로 인한 식량부족이 심화되어 감량배급도 어려워지자 이 서열분류를 3개 서열로 축소하였다고 전하였다.[15]

개인의 부를 축적하기가 어려운 마르크시스트 체제는 자유시장 경제체제에서

보다 여러 측면에서 기아희생자들에게 심각한 영향을 미친다. 한편, 정치권력을 갖고 있는 계층은 국가 재산에 접근하는 기회를 얻고자 더욱 노력한다. 국가에서 제공하는 상품과 서비스에 접근하는 것은 부를 취득하는 것과 같은 효력을 갖고 있으며, 당 엘리트와 비밀경찰 그 가족들은 기아와 같은 위기가 발생했을 때 위기로부터 보호된다.

북한에 기아가 발생해서 국가가 더 이상 자신들을 책임질 수 없는 상황이 되자, 농부들 역시 식량을 얻을 수 있는 기회에 스스로 접근함으로써 다른 계층의 주민들보다 어려운 위기를 이겨낼 수 있었다. 농부들이 식량을 얻을 수 있는 기회에 접근한다는 것은 식량으로 대체할 수 있는 작물을 재배할 작은 텃밭을 갖고 있다는 것을 의미한다. 그리고 농부들은 농작물이 추수되기 전 농작물을 전용해버린다. 농부들은 마을 산에 개인 텃밭을 갖거나 집단농장 안에 인가받은 개인 텃밭을 운영하고 있다. 기아가 발생하기 전에 발표된 인권보고서에 의하면, 비특권계층에 해당하는 주민들은 이 기간에 도시보다 농촌지역에서 사는 것을 더 선호하였다고 한다.[16] KBSM에 의해 이루어진 난민조사에 의하면, 중국 국경선을 넘어 탈북한 사람 중에 농부들은 거의 없다고 한다. 농부가 북한 전체 인구의 25%를 차지하고 있는데, 농부출신의 난민은 전체 난민의 4%에 불과하였다. 그리고 전체 인구의 15%는 농촌에서 살지만 비농업 종사자들이다.[17] 이 조사에서 이례적인 점을 발견한 KBSM은 어느 지역에서 기아가 가장 심각한지를 난민들에게 직접 물어보았다. 70.4%가 도시라고 말했으며, 1.9%만이 농촌지역이라고 하였다. 24.3%는 어느 지역이 더 심각한지 모르겠다고 했으며, 나머지 3.4%는 두 지역이 똑같이 심각하다고 이 보고서는 전하고 있다.[18]

매년 추수가 끝나면, 정부관리는 집단농장의 농부들과 그 가족들에게 1년치 배급을 지급한다. 반면 일반 북한주민들은 한 달에 두 번 배급체제를 통해 식량을 공급받는다. 농부들에게 1년치 배급량이 분배된 뒤, 추수된 농작물은 내년 농사에 사용될 종자를 제쳐두는 일과 같은 집단농장 공동의 목적을 위해 비축된다. 그리고 중앙당국은 이미 농부들에게 지급된 농작물을 배급체제를 통한 일반주민 공급용으로 상당량 구매한다. 이 할당량은 미리 결정되어 있고, 고정된 가격에 농부들로부터 ‘구매’ 하여 충당된다. 쌀은 1킬로그램당 0.46원이고, 옥수수는 1킬로그램당 0.15원이다. 한편 국가가 보조금을 지원하는 형식으로, 국가는 농부들에게 사들인 곡식을 쌀 1킬로그램당 0.15원, 옥수수 0.08원의 가격으로 배급체제를 통해 일반 주민들에게 공급한다.[19] 한편, 농민시장에서 거래되는 쌀의 가격은 킬로그램당 8원이고, 옥수수는 4원이다.

집단농장에 농업용 기계와 예비부속품, 트랙터용 연료, 그리고 비료 해충제 제초제를 포함한 소비용 물자의 투입이 원활히 이루어지는 동안에 이러한 운용체제는 비교적 잘 이루어졌다. 그러나 1990년대에 이르러 해가 갈수록 이러한 투입은 점점 사라져갔다. 투입감소는 곡물수확량의 급속한 감소를 초래하였다.

[표 2] 1989~98의 북한의 곡물 생산량(단위 : 1000톤)

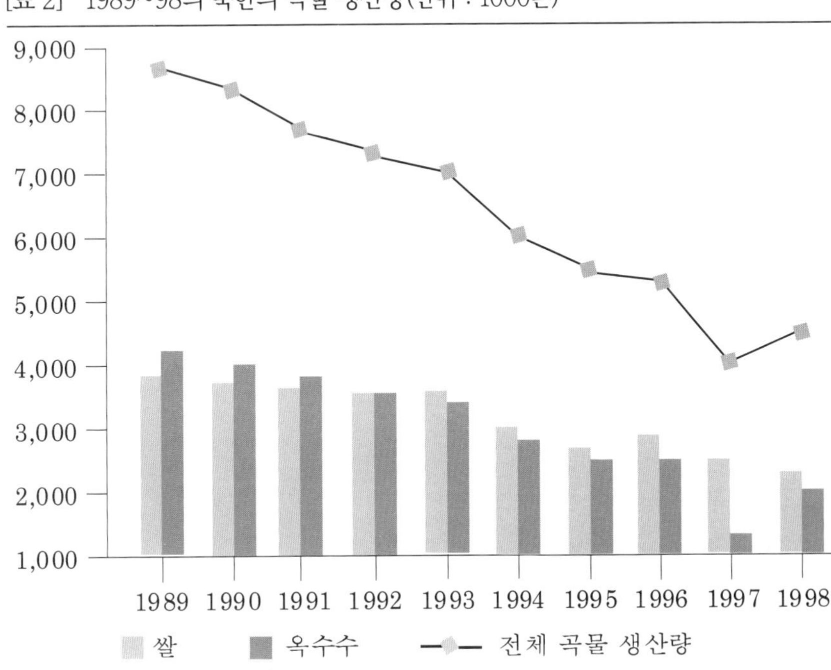

출처: FAO, 〈세계정보와 조기경보체계〉

투입이 이루어지지 않자 생산량은 감소되었고, 부족한 생산량은 사람들의 필요를 증대시키고, 그 결과 농민시장은 활기를 띠기 시작하였다. 곡물생산량의 감소, 농부들의 식량전용, 그리고 중국과 러시아로부터의 식량원조 감소는 북한 식량배급체제를 불능상태로 전락시키기에 충분하였다. 농민시장(혹은 암시장)에서 거래되는 쌀과 옥수수의 가격은 북한당국이 집단농장에서 사들이는 가격보다 17배에서 26배의 높은 가격으로 형성되었다.—배급체제를 통해 공급되는 곡물의 가격보다는 50배의 높은 가격이다. 농민시장에서의 높은 가격형성은 농부들로 하여금 국가에 팔 식량을 숨겨 이를 농민시장에 팔아 엄청난 이득을 챙기도록 부추겼다. 한편, 정치권력을 쥐고 있는 당 간부들과 군 관리들은 배급체제의 식량을 전용하였다. 특히 중국에서 수입해 들어오는 식량과 원조국이 제공하는 식량을 전용하여 농민시장에 내다 팔아 이득을 챙겼다. 배급체제는 시간이 지날수록 혼란에 빠지고, 반면 농민시장은 점점 번성하고 전역으로 널리 퍼져나갔다. 배급체제를 통해 주민들에게 지급되어야 할 식량이 농민시장으로 빠져나가는 악순환이 계속되었다.

농부, 광부, 그리고 공장노동자들이 봉급으로 받는 현금은 각 개인이 필요로 하는 물품구입에 사용된다. 공장노동자는 한 달에 평균 60원에서 90원을 받는다. 비록 사회적 신분에 따라 구입하려는 식량의 양이 제한받기는 하지만, 이 돈으로 가족들을 부양할 쌀과 옥수수를 배급체제를 통해 구입하였다. 그러나 식량부족이 심각해져감에 따라 각 세대가 배급체제를 통해 구입하도록 허가된 배급량이 감소되고 마침내 완전히 중단되었다. 이러한 상황이 초래되자 일반주민들은 자신과 가족들이 살아 남기 위해 다른 수단을 강구하여야 했다.[20] 한편, 배급체제를 통한 식량구입이 광부와 도시근로자들에게는 유일한 방법이기 때문에, 식량배급체제의 급속한 붕괴는 배급체제를 대체할 다른 대안이 없는 도시에서 대량 아사사태를 초래하였다. 비록 높은 가격으로 식량이 거래되고 있다고는 하지만, 농민시장은 해당 지역에서 배급체제를 대신한 새로운 식량공급체계로서 자리잡아 나아가고 있었다.

1994년과 1998년 사이, 배급체제가 비농업지역에 거주하는 주민들의 기본적인 식량공급원으로서의 기능을 상실하였다는 증거들이 난민의 면담을 통해 밝혀지고 있다. 북한에서 제공되는 정보와 자료들을 일반적으로 다 신뢰할 수는 없다. 그러나 1997년까지 UN, 적십자사, 그리고 다른 NGO 기관들이 제공하는 원조 식량이 북한의 식량배급체제의 상당한 부분을 차지하고 있는 것은 사실이다. 만약 식량배급체제가 붕괴되지 않았더라면, 북한당국은 식량부족 사실을 외부세계에 알리려 하지 않았을 것이다.

비록 4년이나 지나고나서 보고된 사실이기는 하지만, 1999년 추수가 끝난 뒤 WFP가 제출한 평가보고서에는 함경북도에서 식량배급체제가 그 기능을 완전 상실하였다는 것을 알리고 있다. 1995년 식량배급체제는 함경북도에서 그 기능을 완전 상실하였으나, 1997년 중반까지 WFP나 다른 구호기관들은 그 지역에 식량원조를 하지 않았다. 존스 홉킨스대학과 KBSM의 난민면담으로 이루어진 연구를 통해 보면, 연구결과를 왜곡한 것은 아닌가 하는 생각이 들 정도로 함경북도 출신이 다수(60%)를 차지하고 있다. KBSM이 면담한 난민 1,679명 중에 20%는 함경남도 출신이고 나머지 20%는 다른 지역 출신으로, 이 수치 또한 배급체제 의존도의 급속한 감소를 전해주고 있다. 조사연구에 의하면, 김일성이 사망하기 전 배급체제의 영향을 받지 않는 인구의 40%는 농촌에 살고 있었고, 나머지 60%는 식량배급체제에 의존하고 있었다. 1996년에 농촌지역 거주자 비율은 그대로 유지되었는데, 그 중 6%만이 식량배급체제를 통해 식량을 공급받았다.[21] 북한 각 지역 출신의 난민을 면담하기 위해 중국 접경지역을 방문했을 때, 식량배급체제 붕괴에 대한 난민의 증언은 여러 면에서 일치하였다. 한 달에 두 번은커녕, 식량배급은 오직 여섯 번의 국경일에만 지급되었다고 증언하였다.

농민시장의 유래와 기능

북한에 기아가 발생했다는 사실이 알려지면서, UN과 NGO가 제출한 답사보고서에는 공식적으로 인가된 농민시장의 규모와 거래품목, 그리고 시장이 열리는 횟수에 대한 언급들이 포함되어 있었다. 북-중 접경지역에서 면담한 모든 난민들은 그들의 출신지역과는 상관없이, 농민시장이 북한주민의 생존에 얼마나 중요한 역할을 해왔는지에 대해 증언하였다. 그리고 시장을 통해 식량을 구입하거나 물물교환했던 경험들에 대해서도 자세히 설명하였다. 농민시장이 없는 도시지역은 농민시장이 있는 곳에 비해 인구감소가 훨씬 빠르게 진행되었다. 여러 의미에서 농민시장의 출현과 운용은 북한경제의 실질적인 사유화를 의미하는 것으로 해석될 수 있다. 북한 내에서의 농민시장의 기능과 발전은 북한체제에 이념적인 당혹감을 주기에 충분하였다. 그래서 북한관리들은 중립국 구호요원들이 식량가격을 알아보기 위해 농민시장을 방문하고 조사하는 것을 금지하였던 것이다. 또한 농민시장에서 불법거래되는 밀수품과 원조식량이 너무 많아서 외국인의 농민시장 방문을 북한관리들이 규제하였다고 한다.

남한 통일부에서 발간한 1999년 1월 보고서에 의하면, 농민시장은 1990년대 중반 그 숫자가 급격히 증가하여 북한 전역에만도 300~350개의 농민시장이 있다고 한다. 북한주민들이 필요로 하는 곡식의 60%와 일상품의 70%가 농민시장에서 거래되었다. 각 시에는 3~5개, 각 구역에는 1~2개의 농민시장이 있다고 보고되고 있다.[22]

대부분의 NGO와 UN기관들이 제출한 농민시장에 관한 보고서를 살펴보면, 시장들이 새롭게 형성되고 있다는 사실을 알 수 있다. 실제로, 공산주의 체제에서 농민시장의 유래는 제2차세계대전 말엽까지 거슬러올라간다. 북한의 농민시장도 1945년에서 한국전쟁이 시작되는 1950년까지 농민경제 한 부분을 담당하면서 활기차게 기능하였다. 그 후, 강제적인 농업집단화가 완료되는 1953년과 1958년에 농민시장은 그 기능을 상실하였다. 1958년부터 1980년까지 농민시장은 엄격한 정부규제를 받으면서 소규모로 기능하여왔다. 1969년 김일성은 공식적으로 허가된 농민시장에 대해 처음으로 언급하고 있다.

농민시장은 거래의 한 형태를 나타낸다. 농민시장을 통해 농부들은 한정된 장소에서 직접 사람들에게 농산품의 일부를 판다. 협동농장에서 집단적으로 공동 생산된 물품과 협동농장의 각 개인이 부업으로 생산한 물

품들이 주류를 이룬다……. 농민시장에서의 가격은 공급과 수요에 의해
자연스럽게 결정된다. 그러므로 상품가치와 관련된 법칙들은 다소 무분별
하게 적용되기도 한다. 국가는 농민시장에서 이루어지는 공급과 수요, 물
품의 가격을 규제하지 않는다…….

협동농장과 개인부업으로 생산된 물품들이 사회주의에 존재하듯, 농
민시장의 존재도 필연적이다. 농민시장은 해로운 것이 아니다……. 사회
주의사회에서 개인이 부업으로 곡식을 생산해내고, 농민시장을 지속적으
로 유지시키는 것은 '실' 보다 '득' 이 더 많다. 우리들은 아직, 국가 시스템
을 통해서 인민들이 필요로 하는 충분한 양을 공급하지 못하고 있다…….
이러한 상황에서 개인이 부업으로 곡식을 생산하고 그것을 시장에 내다
파는 것이 잘못된 일인가? 농민시장이 그다지 썩 내키는 방안은 아니지만,
인민들이 필요로 하는 모든 물자를 공급할 수 있는 발전된 방안이 충분하
지 않다면, 농민시장은 지속될 수도 있다……. 국가가 인민들이 필요로 하
는 상품들을 생산하거나 공급할 수 없는 한, 우리들은 농민시장을 빨리 폐
지해야 한다는 '좌경' 에   대항해서 엄격하게 농민시장을 보호해야 한
다…….

단지 통제방법이 있다면, 우리들은 구매자 1인이 사고자 원하는 양을
규제하는 방법만을 취할 수 있다……. 이는 소수 사람들 손에 상품이 집중
되는 것을 규제하는 것이다. [23]

1980년대 초, 북한의 경제발전속도가 완만해지면서 곡물생산량이 극히 감소하
기 시작하였다. 그 결과 농민시장은 더욱 발전하여나갔다.[24] 농민시장의 발전과 지
속력은 산업화와 집단농업화에 필요한 노동력을 국가가 동원한 시기와 역으로 관
련되어 있음을 알 수 있다. 농민시장에 대한 김일성의 참을성 있는 태도와는 달리,
그의 아들 김정일은 농민시장에 대해 부정적인 시각을 갖고 있다. 김일성이 사망하
자 김정일은 중앙당국의 명령으로 농민시장을 폐쇄하려 하였다. 그러나 "어떤 지역
에서 머지않아 폭동이 일어날 것이다."라는 소문이 있은 후, 명령을 내린 지 3일만
에 김정일은 그 결정을 철회하였다. 명령철회는 김정일 자신의 신념변화라기보다
당시 북한이 처한 정치 경제적 현실을 고려한 것이라고 생각되어진다.[25] 그로부터

2년이 지난 1996년 12월, 김정일은 농민시장을 비사회적이라고 공격하였다.

김정일은 식량공급체제가 사유화되고 농민시장의 발생으로 인민들이 당 간부에 덜 의존하게 되는 것을 두려워하였다. 이러한 분위기가 인민들 사이에 조성되면, 주민에 대한 국가의 통제가 감소되고 동구에서 일어났던 사태와 같은 상황이 북한에서도 발생할 수 있으며, 결과적으로 북한 공산주의의 괴멸을 초래할 것이기 때문이다.

그럼에도 불구하고, 1993년까지 농민시장은 매일 개설되었고, 국가는 농민시장을 어느 정도 공식적으로 인가해주었다. 국가는 개인이 차지하고 있는 시장의 상점규모에 따라 한 달에 30원, 매일 2원에서 15원에 이르는 세금을 거두어들였다. 중국상인들은 매일 50원의 세금을 내었다. 1990년대 말까지 농민시장에는 꿀, 채소, 텃밭에서 생산한 곡식뿐 아니라 닭, 돼지, 개고기가 판매되었다. 농민시장의 성장과 지속은 북한에서 자본주의가 싹트고 있음을 의미하는 것이었다. 농민시장을 통해서 북한주민들은 북한의 기능장애 경제체제가 더욱 악화되어가고 있음을 깨닫게 되었으며, 동시에 시장경제원칙을 배워나갔다. 남한 통일부에서 발표한 보고자료에 의하면,

이러한 사실들은 사회통제가 경제위기를 더 이상 감당하지 못하고 있다는 것을 보여주는 사례이다. 농민시장에는 낮은(공식적인) 가격과 높은(비공식적인) 가격의 이중가격이 존재하고 있다. 북한주민들은 농민시장에서 상당히 높은 가격으로 물건을 팔아 이득을 챙길 수 있다는 점도 알고 있다. [27]

대약진운동의 실패로 중국에 기아가 발생했을 때에도 북한의 농민시장과 유사한 시장을 통해 중국인민들은 식량을 구할 수 있었다. "농민들은 강제적으로 정부에 조달해야 될 농산품들을 몰래 지니고 있다가 지방시장에 좋은 가격으로 내다 팔았다."[28] 중국과 북한에서 동시에 목격되었고, 중앙당국의 묵인하에 이루어진 식량공급의 이중체제는 한 체제가 붕괴되고 다른 체제가 새롭게 시작될 때 나타나는 비참한 경제상황이다. 사회주의 국가가 자본주의 시장경제체제를 받아들이지 않는 것은, 높은 시장가격이 형성되었다고 해서 농산물의 증산이 발생하지 않기 때문이다. 사회주의국가 농부들은 자신들이 농사짓는 땅이나 그들이 생산해낸 곡식을 소유하지 않기 때문에 식량증산에 노력을 기울일 필요가 없다. 기능장애의 경제체제에서는 더 많은 식량을 생산하기보다 국가의 재산을 전용해 시장에 내다 파는 일이 농부들에게 더 많은 이득을 가져다주기 때문이다. 한편, 배급체제가 마비되면서 자신의 식량문제를 시장체제를 통해서 해결할 능력이 없는 사람들은 제한된 수입 내에서 이미 높은 가격으로 형성된 식량을 구입해야 하기 때문에, 시장의 식량가격 이중체제는 이들에게 굶주림을 의미하는 것과 같았다.

남한정부는 새롭게 출현한 농민시장과 이 시장에 익숙해진 난민의 면담에 기초한 보고서를 발표하였다. 5,000명 이상의 중국인, 조선족, 그리고 북한주민들이 농민시장을 통해 거래를 하고 있다. 북한상인들은—주로 군 퇴역자와 당 간부 부인, 안전요원들, 퇴직한 정부관리들—초기자본주의의 새로운 계급을 형성하는 계층으로 부상하고 있다. 국제시장으로서의 역할을 하고 있는 농민시장에서 북한화폐는 통용되지 않는다. 이러한 이유로 농민시장이 더욱 확대 발전할 수 있는 기회가 제약받고 있다. 만약 북한상인들이 중국의 위엔화나 미국 달러를 갖고 있지 않다면, 중국과 조선족 상인들은 물물교환을 오히려 더 선호한다. 난민은 농민시장에서 달러가 가장 많이 유통되고 있으며 선호하는 화폐라고 말하였다. 북한당국은 북한화폐를 중국화폐로 교환하는 데 20%의 수수료를 부과한다. 높은 수수료를 부과하는 것은 외국화폐를 구매하고자 하는 사람들에게 불이익을 주기 위해서이다. 내가 면담한 난민들과 KBSM의 난민면담을 통해 남한정부에서 발표된 보고서가 사실임을 확인할 수 있었다.

남서지방 출신 북한상인을 통해 농민시장이 어떻게 기능하는지를 알아보았다. 내가 서울에서 면담했던 다른 난민들과 마찬가지로 그는 식량배급체제의 붕괴로 농민시장이 출현하고 발전할 수 있었다는 점을 들어 설명하였다. 김정일은 농민시장을 폐쇄하려는 그의 목적을 달성할 수 없었다. 1994년 김정일은 단속을 통해 더 많은 규제를 하려 하였다. 예를 들어, 지방당국은 그 도시에 시장이 열리는 장소를 그 지역의 쓰레기하치장과 같은 지저분한 장소로 한정할 것을 명령하였다. '경제사범 경찰'이라는 새로운 명칭으로 지칭되는 안전보위부 요원들은 시장에서 금지된 물건이 팔리고 있는지를 감독하였다. 난민 설명에 의하면 "경제사범 경찰이 시장에 갑자기 나타나면, 상품이 압수되거나 파괴되기 전에 상인들은 그들의 상품을 숨기느라 일대 혼란이 일어난다. 경찰들은 사방으로 뛰어다니고 시장은 갑자기 아수라장이 된다. 경찰은 거래허가가 인정되지 않은 품목에 대해서는 강제로 압수해 갔다."[29] 경제사범 경찰은 자신들이 필요로 하는 품목이 눈에 띄면 압수한다는 명목으로 몰수해도 되는 것이었다. 실제로 그들은 자신의 '봉급 충당용'으로 압수된 물품에 대해서는 소유가 허용되어 있었다.

농민시장 기능을 제한하는 규제들이 농민시장에 게시되었다. 다섯 개 범주에 속하는 거래허가 품목이 농민시장에 게시되었다. 곡식 외의 농산물, 중고 옷가지, 중고 가구, 해산물, 야생동물의 고기를 포함한 산과 들에서 수집된 야생식량들이 허가품목에 해당한다. 비록 농민시장에서 곡식 판매가 불법이라고는 하지만, 단속하는 경찰들이 통제할 의사가 없는 것인지 아니면 통제할 수가 없었는지는 몰라도 농민시장에서의 곡식거래는 점점 늘어나는 추세였다. 중국에서 생산된 중국 공산품에 대한 단속도 이와 마찬가지였다. 1998년 9월, 북한 혜산시 건너편에 위치한 중국의 장백에서 지나치게 화려한 거실 장식용 큰 거울이 트럭에 실려 국경선을 넘어 북한으로 들어가는 것을 나는 보았다. 한 난민은 자기 고향인 함흥시 6개의 큰 농민시장에서 거래되는 곡식의 양이 중국산 공산품 판매를 훨씬 앞지르고 있다고 하였다. 한편, 시장에서 거래되는 사치품과 일용잡화에 대한 당국의 규제는 궁핍한 북한주민들에게 상대적으로 느껴질 수 있는 박탈감을 우려해서 취해진 조치라는 생각을 해본다.

1998년 6월 8일, 함경북도 남영에서 발생한 사건으로 인해 주민들 사이에 반중국 감정이 촉발되었다. 1998년 9월 그 당시 나는 북-중 접경지역에 머무르고 있었는데, 그 사건에 대한 소문은 내가 있는 곳까지 전해졌다. 남영 기차역에서 기다리고 있던 한 북한군인이 재떨이에 중국산 담뱃불을 껐는데, 그것이 폭발하는 사건이 발생하였다. 이 사고로 중앙당국은 중국산 제품의 판매를 전면 금지하고, 이어 중국산 제품을 공격하는 선전을 시작하였다. 법륜은 종종 두만강 제방으로 나가 건너편에 있는 북한어린이들에게 가끔 식량을 던져주곤 하였다. 담배사건 이후로, 북한어린이들은 중국 과자를 원하지 않는다고 소리질렀다. 학교 선생들이 중국 과자에 독이 들어 있다고 주의를 주었다고 했다. 1998년 여름, 미국출신의 기아 구호요원이 중국 국경관리에게 들은 정보에 의하면, 북한에서 체포된 144명의 중국 상인과 중국공안이 체포한 북한사람들을 서로 맞바꾸었다고 한다. 북한당국의 중국 상인에 대한 체포 결정은 중국산 제품을 반대하는 움직임과 연관되어 있음이 분명하였고, 같은 시기에 중국 상인을 체포하는 사건이 발생하였던 것이었다.[30] 중국정부는 중국제품의 판매를 금지하고, 중국 상인을 체포하는 북한당국에 불만을 갖게 되었으며, 북한에 강한 항의를 표시하였다. 7월 22일, 평양은 중국산 제품에 대한 금지조치를 해제하고 저질의 중국산 제품이 북한에 유입되는 것은 소수의 파렴치한 상인들 탓이지, 전체 중국인과 중국정부의 잘못은 아니라고 북한 중앙당국은 발표하였다.

중국 상인 체포, 중국산 제품 금지 이면에 숨어 있는 북한의 공식적인 동기가 무엇인지는 분명하지 않지만, 이러한 사건을 통해 북한의 의중을 짐작해볼 수는 있다. 김정일은 기아가 가장 극심할 때, 농민시장에 자본주의 사치품들이 닥치는 대로 진열되어 팔리는 것이 북한체제 기반을 뒤흔들어 놓을 수도 있다고 우려하였다. 시장에서 중국산제품을 포함한 자본주의 상품들이 진열되어 거래되고 있다는 사실은, 북한체제가 강조해온 평등주의에 모순될 뿐 아니라, 굶어죽는 사람이 있는 한편, 잘 사는 사람들도 있다는 것을 보여주는 명백한 증거이기 때문이다. 또한 중국 상품의 질이 열악한데 비해 높은 가격으로 매매가 이루어지고 있다는 사실에 김정일은 분명 언짢았을 것이다. 중국 상인들은 자신들의 상품과 경쟁할 다른 상품이 없는 상황에서, 중국의 가장 질 낮은 상품들을 농민시장에 쏟아 부었다. 북한 주민들도 이러한 점들을 나에게 불평하였다. 그리고 북한당국은 서구 언론이 중국 상인을 면담할 때, 중국 상인이 북한기아 심각성에 대해 말하는 것에 매우 당혹해하였을 것이다. 이미 2년 전에 〈사우스 차이나 모닝 포스트〉, 〈로스앤젤레스 타임스〉, 〈뉴욕 타임스〉, 그리고 〈워싱턴 포스트〉는 중국 상인들과의 인터뷰를 중심으로 한 기사들을 실은 바 있다. 그러므로 평양은 중국 상인들의 장사를 방해하고 그들을 체포하고 괴롭힘으로써 더 이상의 '스파이 노릇'을 방지하려 했던 것이다.

이유야 어찌되었든, 북한당국은 농민시장과 같은 초기 형태의 시장자본주의 현실에 많이 불편해하였다. 농민시장이 점점 번성해갈수록 북한당국은 더욱 초조해하였다. 사회주의 가치를 붕괴시키는, 즉 개인이 이득을 통해 자신의 부를 축적하고자 하는 욕망과 중국산 상품을 통해 보여지는 중국의 시장경제 발전의 증거들, 그리고 부의 불평등한 분배들이 시장이라는 장소를 통해 주민들에게 서서히 인식되어가는 것에 두려움을 느끼고 있었다. 그러나 북한당국이 상인과 소비자들을 괴롭힐수록, 시장에서의 거래를 규제하면 할수록, 농민시장은 북한체제의 정치적 목적을 위해 작용하도록 만들어진 모든 제도에 저항하였다. 시장은 자체의 역동성을 지니고 있는 체제이기 때문에, 세계 각국은 시장을 통제하기가 그리 쉽지 않다. 다양한 식량과 중국산 상품으로 가득찬 농민시장의 존재는, 북한체제가 직면하기를 원하지 않았던 바로 그런, 통제하기 어려운 북한의 미래이었던 것이다. 그래서 북한당국은 상인들의 활동을 최대한 방해하려고 노력하였다.

중국산 약품을 제외하고 기본적인 생존유지와 거리가 먼 중국산 상품은 그것을 구입할 여유가 있는 사람들에게 편리하고 안락한 삶을 제공해주었다. 그러나 농민시장에서의 곡식거래는 전적으로 다른 의미를 함축하고 있다. 도시노동자와 광부가족들에게 있어 배급체제의 붕괴는, 만약 그들이 식량을 구할 수 있는 다른 대안이 빨리 강구되지 않는다면, 그들에게 죽음을 의미하는 것이기 때문이다. 농민시장 출현은 실제로 식량배급체제 붕괴에 의한 것이며, 배급체제의 붕괴와 직접 관련되어 있었다. 식량을 원하는 구매자들이 많다는 것은 시장이 효율적이고 경쟁적인 체제로 발전하기 이전에, 새롭게 출현한 상인계급에게 상당한 이익을 가져다 준다는 것을 의미한다. 북한의 공식적인 자료에 기초한 UNDP 보고서는 접경지역의 농민시장 존재는 인정하고 있지만, 북한 다른 지역에 농민시장이 실제로 존재하고 있는지에 대해서는 부인하고 있다.[31] 1997년 여름, 캐나다 출신 저널리스트 맥킨지는 함경남도 함흥시에 개설되어 있는 제법 큰 농민시장 위를 비행하였다고 한다. 또한 함흥시 군수품공장에서 한때 근무한 적이 있는 식량난민은 함흥시에 존재하는 6개 큰 시장을 방문한 자신의 경험을 상세히 설명해주었다. 그리고 북한을 공중촬영한 사진자료에 의해서도 북한에 농민시장이 존재하고 있음이 확인되었다.[32]

UNDP보고서와는 대조적으로, WFP와 FAO가 1997년 6월 발표한 농작물 작황에 관한 중간평가 보고서에는 교대로 상설되는 시장체제에 대한 내용을 담고 있다.

> 심각한 식량 부족사태와 식량을 공급해 줄 수 없는 체제, 그리고 더 이상 식량을 조달할 수 없는 각 가정의 무능함은 배급체제 외의 '사적인' 식량시장의 출현을 가져오는 결과를 초래하였다. 현재 이러한 기능을 지니고 있는 시장은 북한 여러 곳에 실재하고 있으며, 시장에서 거래되는 가격은 대다수 주민의 능력을 초과하는 비싼 가격에 거래가 이루어지고 있지만, 주민들은 이곳을 통해 주요 산물과 일용품 등을 구입할 수 있다고 전하고 있다.[33]

농민시장에서 기능하는 공급과 수요의 작동법칙이 오랜 기아기간 동안 북한주민들에게 식량을 공급해 줄 수 있는 유일한 방법임을 알 수 있다. 그리고 만약 농업체제에서도 사유화가 이루어진다면 시장을 통해 발생되는 이득과 같은 유발 동기가 발생하여 더 많은 식량을 증산하도록 주민들을 고무시킬 수 있을 것이다. 기아가 발생한 기간 동안 비효율적인 사회주의 농업체제로 인한 최소의 식량생산과 높게 형성된 소비자가격이라는 두 요소가 혼합된 체제를 북한당국은 운용하여왔던 것이다. 상품수입과 생산에 가해지는 북한당국의 철저한 규제와 이념적 압력에도 불구하고, 높은 구매력은 시장에서 거래되는 식량가격을 올려놓았다. 또한 당과 경찰이 시장에서의 거래를 규제할수록 식량가격은 계속 높은 가격으로 상승하였다.

기아가 발생한 기간 동안 일어난 논쟁 중 가장 특별한 것은 1999년 9월 농민시장의 실재에 관한 남한과 북한 언론기관 사이의 비난과 반격이었다. 남한의 언론은 북한당국이 전역에 걸친 농민시장을 폐쇄하였다고 발표하였다. 농민시장에 자리를 내준 경제를 국가가 다시 통제하기 시작하였고, 소상인과 같은 새로운 계층을 숙청하기 위해서 폐쇄하였다는 내용이었다. 그러나 1999년에 이루어진 KBSM의 난민 면담에서도 남한의 기사를 뒷받침해주는 사실을 확인할 수는 없었다. 흥미로운 일은 북한 관영통신이 이 같은 남한기사에 대해 남한당국의 또 다른 날조행위라고 비난하였다는 것이다—북한당국이 농민시장을 폐쇄한 것이 아니라, 아예 처음부터 농민시장은 존재하지 않았기 때문에 중앙당국이 닫을 시장이 아예 북한에는 존재하지 않는다는 것이었다. 관영통신은 단지 소수의 소규모시장은 존재하고 있는데, 간단한 물품만이 거래되고 있으며 나이 든 노인들이 주로 운영하고 있다고 하였다. 그리고 소규모 시장의 존재는 거대한 경제체제의 측면에서 대수롭지 않은 것이라고 덧붙였다.

농민시장과 기아로 인한 아사

각 가정의 구매력을 감소시키는 경제적 요인들이 발생하면서, 농민시장의 증가와 배급체제 붕괴로 인한 식량가격의 인상은 높은 식량가격을 지불할 능력이 없는 각 가정에게는 아예 식량 접근 기회도 주지 않았다. 공장의 생산능력은 급격히 떨어져 대부분의 공장들은 문을 닫았으며, 도시근로자와 광부들의 임금은 완전히 중단되었다. 임금 중단사태는 배급체제의 기능이 마비됨과 동시에 일어났다. 산업근로자의 한달 평균 봉급은—작금의 상황은 그렇지 않지만 만약 임금이 정상적으로 지급된다면—농민시장에서 거래되는 곡물 중 가장 싼 식량인 옥수수를 구입해서, 다섯 가족이 단 5일 동안만 충분히 먹을 수 있는 양을 살 수 있는 돈이다.[34]

시장에서 거래되는 상품을 생산해내고, 식량과 교환할 수 있는 노동력과 서비스를 제공하는 일과 같은 자본주의 형태의 경제적 현실을 경험해본 적이 없는 북한주민들은 기아가 심각해지자 죽음 앞에 속수무책이었다. 그나마 자신들이 먹을 농산물을 생산할 수 있는 농부들은 여기서 제외된다 하더라도, 농민시장에 의존해서 자신의 식량문제를 해결할 수 있는 주민의 규모는 들판에서 식량을 찾아 헤매는 일 외에는 달리 먹고 살아 남을 방안을 갖고 있지 않은 사람들보다는 적었다. 기아 발생 초기에는 5세 이하의 어린이, 수유부, 노인들, 그리고 장애자와 병든 환자들이 먼저 사망하는 것이 일반적인 현상이다. 그러나 북한 경우는 광부 가족, 운송과 산업에 종사해온 산업근로자와 사무근로자, 즉 농민시장으로의 접근이 제한되어 있는 도시근로자 가족의 사망이 불균형적으로 높게 나타났다.

기아현상

기아가 발생하게 된 정치경제학적 요인들은 이미 앞 장에서 살펴보았다. 1990년과 2000년에 어떠한 기아현상들이 발견되었는지를 알아보기 위해, 각 시대의 통일된 전후관계 속에서 외견상 본질적으로 다른 요인들을 찾아보기로 하겠다.

국면 I   기아의 발단과 배급의 감소, 그리고 동북지방에 대한 차별정책

(1990~94)

기아가 발생한 초기단계에서 일어나는 현상으로 국가가 보유한 식량이 감소하면 비특권계층에 대한 식량배급이 점점 줄어든다. 북한 내 식량감소는 1992년 정부의 선전캠페인을 통해 처음 일반에게 알려졌다. 주민들에게 "하루에 두 끼만 먹기"를 강조하고, 국가의 생존을 위해 인민이 동참하는 차원에서 한 끼의 식사는 '기부' 하도록 주민을 재촉하였다.[35] 식량배급이 감소하자 나타난, 초기 북한주민 영양상태에 관한 보고는 1998년 12월 UN에 의해 이루어진다. 주민의 18%가 영양결핍의 가장 심각한 단계인 영양결핍과 소진상태를 나타내고, 9세 이하 어린이 중 62%에 달하는 어린이들에게서 심각한 성장장애가 나타나고 있다고 보고서는 전하고 있다.[36] 놀라울 정도의 높은 비율을 나타내고 있는 어린이 성장장애는 기아 초기단계에 북한 전역으로 확대된 영양결핍의 심각성을 나타내는 증거이다. 1990년대 초까지 계속된 배급감소에 대한 난민의 증언이 이 사실들을 확인시켜주고 있다.

1998년 9월 중국과의 접경지역에서 면담한 난민의 증언을 통해, 식량배급이 1990년에서 1994년까지 불규칙적이었다가 그 후 비특권계층에 한해서 식량배급을 완전히 중단했다는 사실을 확인할 수 있다. 이러한 절박한 상황이 매년 일어날 것인가에 대한 WFP 평가보고서 상당 부분이 북한 중앙당국이 제공한 의심쩍은 통계에 근거하고는 있지만, 1995년에 발표된 WFP 보고서는 매년 겨울과 봄의 절박한 식량상황에 대해 경고하고 있었다.

1997년 7월 8일, 미 상원 외교위원회에서 북한당국이 1993년부터 동북지역에 대해 식량배급을 중단함으로써 차별정책을 이미 시행하기 시작했다는 보고가 있었다. '차별정책triage' 이라는 단어의 사용이 조심스러운 이유는, 이 용어는 전쟁과 같은 위급상황에서 모든 부상병들을 구해내는 것이 불가능할 때 치료의 우선순위를 결정한다는 내용을 담고 있는 용어이기 때문이다. 가장 심하게 다친 부상병은 죽게 내버려두고, 의학치료는 생존가능성이 높은 소수의 부상병들에게 집중된다는 것이다.[37]

조선시대에도 한반도의 동북지역은 가장 가난하고, 발달이 낙후된 지역이었다. 공산정권이 수립된 이후에도, 비록 김일성이 동북지역을 산업화시키고 그 지역 주민의 생활수준을 높이려고 많은 노력을 기울였다 하더라도, 동북지역은 다른 지역에 비해 가난하고 열악한 환경을 벗어날 수 없었다. 일반적으로 동북지역의 자원은 점차 감소하여 고갈된 상태이다. 몇몇 난민에 의하면 북한경제가 잘 돌아가던 시절에, 당국은 서북지방과 동남지방에서 생산된 잉여의 쌀과 식량이 부족한 동북지역에서 생산된 공산품을 서로 교환하였다고 한다.[38] 북한 경제가 위축되면서, 국내에서 생산되는 적은 양의 쌀과 원조국이 보내준 식량, 그리고 수입된 식량

등은 평양주민, 당 간부, 군인, 그리고 군수산업에 종사하는 노동자들만을 위해 공급되었다.

1997년 미 의회직원인 커크는 일본의 북한전문가인 이즈미Hajime Izumi에게 원조식량을 배급하는 데 있어 북한당국이 지역적인 차별을 왜 하는지에 대해 질문하였다. 이즈미는 함경북도와 양강도, 자강도지역의 상황이 가장 좋지 않다고 하면서, 북한의 동북지역과 남쪽지역간의 역사적인 적대감을 그 이유로 들었다. 조총련 간부도 커크에게 기아로 인해 북쪽 산간지역의 주민과 함흥시 주민들이 가장 심한 고통을 받고 있다고 하면서, 지역에 따라 차별적으로 배급이 이루어진 사실을 지적하였다.[39]

식량사정이 좋지 않은 동북지역의 지역관리와 당 간부들도 대기아 기간 동안에 자신의 가족들을 잃었다고 법륜에게 증언하였다. 황장엽은 1995년 굶주림으로 목숨을 잃은 50만명 중 5만명의 희생자가 당원이라고 그의 책에서 전하고 있다.[40] 동북지역에 대한 차별정책의 증거는 실제로 특권계층으로 간주되는 당 간부들이 죽었다는 사실만으로도 알 수 있었다. 동북지역 출신으로 북한을 탈출한 난민들은 서구에서 지원된 원조식량에 대해 많이 들어보기는 했으나, 국제사회가 원조한 식량을 보거나 받아본 적이 없다고 한결같이 증언하였다. KBSM 조사에 참여한 난민의 80% 이상이 동북지역 출신이라는 점은 중국에 살고 있는 조선족에 가장 접근이 용이하다는 이유 외에도 이 지역 주민들이 차별적 분배정책의 희생자들로서 가장 많이 궁핍하였기 때문이라고 생각된다. 전체주의 체제에서조차 기아라는 상황이 발생하면, 국가는 주민을 통제할 능력을 상실하게 되며, 주민들은 자기 스스로 생존을 책임져야 하는 것이다. 원조된 식량의 분배를 놓고 WFP와 협상하는 북한관리들 태도에서 그들이 동북지역에 대해 차별하고 있음을 확인할 수 있었다. 예외없이 북한관리들은 WFP가 동북지역에 식량을 분배하겠다는 조건을 끈질기게 반대하였다. 1997년에 발표된 한 NGO 보고서에 의하면,

> 서쪽에 위치한 4개 지역(평안남북도와 황해남북도)은 식량이 정기적으로 공급되기 때문에 비교적 상황이 나아지고 있다⋯⋯. 그리고 거의 모든

UN기관과 최근 북한에서 구호사업을 벌이는 NGO 기구들이 이 네 지역
에 집중해서 구호사업을 진행하고 있다. WFP의 식량조정위원인 요한슨
Anders Johannson은 2개의 동북지역으로부터 자신의 지역에도 WFP의
식량지원이 이루어져야 한다는 전화를 직접 받았다고 하였다. 동북지역
관리들은 WFP가 평양에 있는 FDRC(홍수통제복구위원회) 직원을 통하지
말고 직접 자신들에게 식량을 지원해주기를 원한다고 하였다.[41]

지방관리들은 자신이 관리하는 지역의 기아가 심각한 수준에 이르자, UN에
직접 구원을 요청하였다. 지방관리들은 중앙당국의 명령체계를 회피하고 중앙의
질책도 감수하면서 자기 지역의 기아를 극복하려고 하였던 것이다. WFP의 꾸준
한 압력에 중앙당국은 1997년 여름, 원조식량을 싣고 오는 선박 한 척을 동북지역
에 허락하기에 이르렀다.

1997년 7월 1일, WFP는 동북지역의 원조식량 지원허가에 대한 북한정부의
새로운 동의를 언급하면서, 그동안 소외되었던 동북지역 주민들의 고통을 강조하
였다.

WFP가 지원하는 식량을 실은 전세 선박 한 척이 전 지역에 걸쳐 아사
사태가 가장 심각한 동북지방에 긴급 공급할 원조식량을 싣고 북한에 도
착하였다고 WFP가 오늘 발표하였다. 이번 선적은 가장 심대한 타격을 입
은 동북지역으로 직접 공급되는 최초의 원조식량이 될 것이다. 동북지역
은 이전에 국제원조기관에서 관리를 할 수 없었던 지역이다.

대량 기아사태가 동북지역에서 발생된 지 2년 반이 지나서야 중앙당국은 마침
내 WFP의 원조식량을 허락하였다.[42] 중앙관리의 말을 인용해 볼 때, 동북지역으
로 원조식량을 실은 선적의 접근을 반대한 것은 북한체제가 그 지역에 대한 차별
적 분배정책을 시행했음을 보여준 것이라 하겠다. 홍수가 발생한 1995년 8월부터
마이어트Tun Myat가 1997년 5월 동북지역을 개방할 때까지, WFP와 다른 인도
주의 구호기관에서 지원된 식량, 그리고 상업적 거래에 의해 수입된 어떤 식량도

동북지역으로 전달되지 않았다.[43] WFP가 동쪽지역에 식량을 원조할 수 있도록 북한당국에 강제한 이후에도, 서쪽지역은 여전히 유리한 입장에서 식량원조를 받고 있었다. 1997년과 1998년에, WFP와 쌍무적인 식량원조로 이루어진 총 125만 톤의 원조식량이 북한의 모든 항구로 선적되었다. 비록 33%의 인구가 동북지역에 집중되어 있지만, 이 중 18%의 식량만이 동해안 항구로 인도되었다.[44] 산악지역인 동북지역은 전통적으로 항상 식량이 부족하였고, 1996년과 1997년의 농산물 작황은 한국전쟁 이후 최악의 수준이었다. 한편, 동북지역 농부들이 자신이 생산한 옥수수를 매점매석하는 사례가 늘고 있었다. 만약 식량원조가 통계와 정보에 입각해서 가장 필요한 지역으로 표적이 맞추어진다면, 1996~97년은 제쳐두고라도 동북지역은 자신들의 몫으로 적어도 33%이상은 받았어야 했다. 그러므로 이 지역은 두 가지 점에서 불이익을 당한 것이다.

북한당국은 1995년과 1999년 사이에 중국으로부터 지원받은 원조식량 200만 톤의 상당 부분이 동북지역으로 보내졌다고 주장할 수도 있다. 그러나 WFP는 항구에서 동북지역으로 보내진 중국측의 선적기록을 보유하고 있지 않다. 그리고 원조식량을 싣고 떠나는 중국의 항구는 북한의 서북지역 끝에 위치하고 있어서, 선박들은 동쪽에 위치한 항구보다 서쪽의 항구로 가는 것이 논리적으로도 이치에 맞는다. 지리상으로 원조국의 식량은 동해안에 위치한 항구로 수송되고, 중국에서 지원되는 원조식량은 서해안에 위치한 항구로 일반적으로 수송된다. 그리고 중국과 물물교환된 식량은 육로를 통해 두만강을 건너 동북지역으로 운송된다. 그러나 육로로 운송되는 식량은 바다를 통해 배로 운송되고, 서쪽지역의 철로를 이용해 운송되는 양에 비하면 규모면에서 너무 적은 양이다. 또한 북한은 트럭 등의 운송수단을 운행할 원유가 심각하게 부족하였고, 보수되지 않고 방치된 철도시스템에 사용될 전력이 턱없이 부족하였기 때문에 지원된 물자를 육로로 운반하는 데에는 많은 어려움이 있었다. 열악한 운송체계 환경을 탓하기 전에, 인구의 2/3 이상이 해안지역을 중심으로 살고 있기 때문에 항구에 수송된 물자가 무엇이든간에, 이를 먼 내륙지방으로까지 이동하기는 그리 쉬운 일이 아니다.[45]

사실, 평양은 중국의 원조식량 운송과 관련하여 중국측에 어떠한 요구도 하지 않았다. 동북지역에 원조식량이 필요하지 않다는 그럴 듯한 논리를 전개하면서 식량을 선정한 중국의 배가 동해안에 위치한 항구로 갈 필요성을 언급하지 않았다. 북한당국은 다른 지역과 마찬가지로 동북지역에도 홍수로 많은 피해를 받았다고 하였다. 그러나 중앙당국은 동북지역에 대해 어떠한 접근도 불허한 반면, 오히려 다른 지역으로의 접근은 용이하다고 하였다.[46) 어떠한 경우에 있어서도 홍수가 식량부족의 근본원인이라고 말할 수 없다. 단지, 홍수는 평양이 식량원조를 얻어내기 위해서 선택한 체면 치레의 구실 정도로밖에는 생각되지 않는다. UN 자체평가에 의하면 북한 식량부족의 15%만이 자연재해로 인한 손실분이라고 하였고, 나머지 85%가 스탈린식 농업체제의 만성적 기능장애에서 연유된 것이라고 평가하였다.[47) 동북지역은 농사를 짓기에 열악한 자연환경을 가지고 있을 뿐 아니라, 농사가 잘된 해라 하더라도 항상 식량부족으로 고통받아온 지역이다. 또한 동북지역에서는 쌀이 거의 생산되지 않는다. 쌀농사를 주로 하는 아시아 국가에서 일반적으로 전해 내려오는 말이 있는데, 못자리가 끝나면 곧 가난이 시작된다는 말이 있다. 주로 옥수수가 생산되는 동북지역은 전통적으로 다른 지역에 비해 단위(헥타르)당 산출량이 가장 낮은 지역이다. 동북지역은 주식을 전적으로 옥수수에 의존하고 있으며, 옥수수조차 충분히 자급자족하기에는 부족하다.

중앙당국은 1990년 초 동북지역에 대한 식량배급을 감소시키고 1994년에는 완전히 식량배급을 중단하겠다는 결정을 내렸다. 그러므로 동북지역에 대한 차별적 분배정책은 서쪽지역이 기아로 영향을 받기도 전에 이미 시작되었다고 볼 수 있다. 그러므로 동북지역의 사망률은 북한 다른 지역에 비해 가장 높았고, 가장 일찍 나타났다. 동북지역은 일찌감치 기아로 인해 많은 인구를 이미 상실하였다. 죽은 사람이 다시 죽는 것은 아니기 때문에, 동북지역의 상황은 겉으로는 더 이상의 변화가 없는 듯이 안정되어 보였다. 동북지역에서 생산되는 곡물과 중국 국경을 통해 들어오는 식량은 감소된 나머지 인구를 지탱하기에는 모자라지 않았다. 1995년과 1997년 사이에 기아는 동북지역에서 북한의 다른 지역으로 이동해가고 있었다. 식량위기는 더욱 심각해져 다른 지역도 동북지역과 마찬가지로 높은 사망률을 나타내기 시작하였다. 내가 면담한 동북지역 외 다른 지역 출신 난민은 한결같이 기아가 동쪽지역에서 서쪽지역으로 이동해갔음을 증언하고 있다.

기아가 이동해가는 현상은 북한에만 국한된 특이한 현상은 아니다. 에티오피아의 지리학자 매리엄Mesfin Wolde-Mariam은 에티오피아의 기아 이동에 대해 다음과 같이 설명하고 있다. 기아의 이동은 기아가 처음으로 발생하여 영향을 받은 지역에서부터 시작하여 동심원을 그리면서 이동하는데, 상인들은 곡식이 남아도는 지역에서 흉작으로 인해 식량부족현상이 나타나 곡물가격이 오른 지역으로 식량을 가지고 이동한다. 식량에 여유가 있던 지역이 상인들의 이동으로 식량부족지역으로 전락하게 되고, 기아가 처음 발생했던 지역의 사망률이 비교적 안정되어가는 반면, 새로운 지역에서의 사망률이 증가하게 된다.[48] 기아의 영향을 받았던 지역은 기아에 취약한 지역으로 계속 남겨지게 된다. 이미 기아의 상처를 입은 지역은 기아가 새로운 이웃 지역을 덮쳐 식량을 이동해갔기 때문에, 예전의 장기간 결핍으로부터 빨리 회복될 수 없다. 그러므로 식량배급체제가 붕괴되자마자 농민시장이 북한 전역으로 확대 발전되어나간 현상은 우연한 일이 아니다.

국면 Ⅱ 식량배급체제의 붕괴, 농민시장의 출현, 그리고 파멸을 막기 위한 북한 당국의 필사의 노력(1995~97)

1995년 8월의 대홍수는 이미 기울기 시작한 북한의 식량생산을 더욱 감소시키고, 동요하는 북한사회를 벼랑 끝으로 내몰았다. 홍수 침해를 입기 훨씬 전부터 시작된 북한체제의 엄청난 구조적 실패는 이미 해결할 수 없는 극한 상황으로 북한을 내몰았다. 세 가지 유형의 자연재해는 3년에 걸쳐 북한을 강타했으며, 기아의 근본적인 요인이라고는 할 수 없지만 기아상황을 더욱 부채질하는 결과를 초래하였다. 1995년과 1996년에 발생한 대홍수에 이어, 1년 평균치의 50%까지 옥수수 생산을 감소시킨 심각한 가뭄이 1997년에 겹쳤다.[49] 비록 북한당국은 1998년에 있었던 홍수로 곡물 생산의 부족사태가 발생했다고 주장하나, WFP와 NGO가 평가한 보고서에 의하면 1998년의 홍수는 무시해도 될 정도의 심각한 정도는 아니라고 한다. 비록 북한이 상당한 식량부족 상태에서 벗어난 것은 아니지만 실제로 1998년의 곡물작황은 지난 5년 동안의 작황 중 제일 나은 수준이었다고 한다.

북한의 만성적인 구조적 문제와 자연재해는 평양으로 하여금 북한의 211개 지방 행정관리들에게 지역주민들에 대한 식량문제를 각자 해결하라는 지침을 내리기에 이른다.[50] WFP에 제공된 보고서에 의하면,

식량위기는 상당한 수준의 지방분권과 지역자율성을 주는 계기가 되었다. 중앙집권적인 북한경제의 특성에 역행하는 일로서, 식량위기의 심각성은 중앙정부로 하여금 지방당국에 관할지역의 식량문제를 자체 해결하도록 하는 자율권을 주지 않을 수 없게 했다. 우리들은 지방당국이 외국의 무역사업 관계자와 그 지방에서 생산되는 질 낮은 광물이나 철조각을 부서진 쌀이나 옥수수와 직접 거래하는 것을 목격하였다.[51]

NGO와 UN 구호요원인 맥킨지는 북한의 지방행정 관리들에 대해 다음과 같이 전한다. 지방행정 관리는 이념적으로 잘 동요되지 않으며, 지역주민에 대한 성실한 의무를 갖고 있는 계급으로서 관리들은 주민의 식량문제를 해결할 책임을 갖고 있다. 관리들은 중앙의 정치로부터 다소 독립되어 있고, 중앙이 통제하려고 할 때 행정적인 장애와 구속에 대해서도 중앙과 협상을 한다.[52] 물론 어떤 관리들은 다른 지역의 관리보다 업무를 잘 처리하는 경우도 있다. 능력 있고, 의욕에 찬 지방관리가 있는 지역은 적은 수의 주민이 사망하고, 반면 관료적이며 신속하게 사태에 대응해나가지 못하는 관리를 관할지역의 수장으로 두고 있는 지역은 기아의 영향을 많이 받았다. 때때로 공장지배인과 협력하여 중국과 식량을 거래하는 이들도 바로 그 지역 지방관리이었다. 관리들은 중국과 물물교환하기 위하여 벌목을 하고, 야생약초와 해초를 수집하고, 공장의 기계부속 조각들을 모으고, 생선을 잡도록 지시하였다.

이러한 지방분권은 지역간 식량수급의 불균형을 가져왔다. 라우츠는 미 국제개발국USAID에 보고한 북한의 식량원조 평가보고서에서 다음과 같이 말하고 있다.

국가는 인민들을 위해 평등하게 식량을 공급해야 할 사회주의 국가의

책임을 포기한 것처럼 보였다. 중앙당국은 식량문제 해결을 위해, 지역 자원을 활용해서 사회주의를 유지시켜야 하는 무거운 짐을 지방당국이 각자 책임지도록 명령하였다. 그 결과 최근에는 관할지역에서 생산되는 천연자원을 이용하거나, 중국식량과 물물교환하는 지방관리의 능력에 따라 지역 사회의 생존이 걸려 있었다. 형편이 좀 나은 지역은 이러한 점들을 갖추고 있지 않은 열악한 지역보다 잘 지내게 된다. 그러므로 다음 추수 때까지 살아남을 수 있는 능력이 있는 지역과 그렇지 못한 취약한 지역간의 불균형 격차는 점점 커진다. 거래능력이…… 이러한 불균형 격차를 더 벌려 놓는다.[53]

매점매석과 식량배급체제의 붕괴　식량생산에 관한 집계만으로는 그 자체가 북한에 기아가 발생했는지의 여부를 증명하기에 충분하지 않다. 그러나 곡물생산 통계에 의해 부족한 식량에 대해 도움을 주도록 식량원조국에 영향을 준다는 점에서는 상당히 의미있는 것이다. 많은 국제구호기관들은 북한이 기아로 고통을 받고 있을 때, 북한에서 생산되는 농산물을 분석하고 평가하였다. 그러나 이때 이루어진 거의 모든 평가가 실질적인 통계에 근거하기보다 추정하는 수준에 머물렀다는 데 문제가 있다. 앞으로 8절에서 다루어질 주제이지만, 국제구호기관들은 한결같이 식량배급체제를 통해 분배될 수 있는 곡식의 양과 생산된 곡식의 양을 혼동하면서, 배급체제를 통해 농장에서 생산된 모든 곡식이 주민들에게 배급되고 있다고 추측하고 있었다. 그러나 주민들이 굶주림으로 고통을 받고 있는 상황에서, 추수하는 시기와 주민들이 식량을 배급받는 시기 사이에 큰 격차가 있다는 것은 간과하고 있었다.

드보로Stephen Devereux는 기아에 관한 그의 책에서,

역사에 기록되어 있는 기아를 살펴보면, 예방적이고 투기적인 목적으로 이루어지는 곡식의 매점매석은 식량공급 문제를 가장 극대화시키는 일로서 비난받아왔다. 스피츠Spitz(1985)는 B.C 650년 중국 동주東周시대의 제齊나라 환공桓公의 수상이었던 광충匡充의 말을 인용하고 있다. "식

량부족으로 백성이 굶주리는 가장 큰 이유는 국고에 곡식이 쌓이지 않는 대신 부자들의 곡간에 곡식이 쌓여 있기 때문이다."[54]

드보로는 매점매석이 곡물가격에 미치는 영향을 다음과 같이 설명하고 있다.

시장에 곡식을 내다 팔지 않고 창고에 쌓아 두는 일은 여러 이유에서 곡물가격이 오를 때까지 계속될 것이다. 큰 규모의 농사를 지었던 농부는 가격이 더 오를 것을 예측해서 잉여농산물을 비축해 둘 것이고, 작은 규모로 농사를 지어왔던 농부들은 시장의 가격변동을 대비하는 차원에서 곡식을 쌓아 둘 것이다. 또한 인플레이션은 농부들로 하여금 자신의 생산물을 현금으로 바꾸어 두려는 의사를 위축시켜 놓을 것이다. 그리고 마침내 정부가 농부들의 이득이 극대화되기 전에 세금을 매기거나 정부 차원에서 일정한 가격으로 곡물을 구매하는 등 복합적이고 재정적인 정책을 전개하게 되면, 곡물가격은 이미 올라 있기 때문에 농부들은 매매할 농작물의 비율을 낮게 책정하여 시장에 방출하게 된다. 공급이 줄어들면 가격이 오르는 악순환을 만들어내는 식량이 갖고 있는 특성은 생산자에게는 수입원이 되고 소비자에게는 꼭 필요한 생필품이라는 두 가지 기능에서 유래된다.[55]

북한의 여러 지역에 매점매석에 대한 실질적인 증거들이 있었음에도 불구하고, NGO, UN, 적십자사가 제출한 북한기아에 관한 보고서에는 매점매석현상에 대해 언급되어 있지 않다.

기아가 계속되자 고통을 받는 주민들은 이 기아가 언제 끝날지 아무도 모른다는 심리적 상실감 때문에 곡식들을 더 쌓아두려고 하였다. 이같은 심리적 박탈감은 국가식량배급체제를 통하여 국가식량을 전용하기도 하였다. 기아라는 재난시기에는 매점된 곡식이 금보다도 더 가치가 있는 귀중품이다. 국가식량을 전용하는 것은 이득을 챙겨 부자가 되는 가장 빠른 방법이다. 커니Cuny에 의하면, 1992년 소말리아에 기아가 발생했을 때 소말리아 군벌들은 원조식량 차량으로부터 탈취한 식량 3만톤을 매점해두었다. 그 당시 나는 USAID에서 파견된 기아구호 감독관으로서, 커니의 전략대로 시장에 넘칠 만큼 충분한 양의 원조식량을 소말리아

상인들에게 팔았다. 커니의 전략대로 시장의 곡물가격은 떨어지고, 가격이 오를 때를 기다리고 쌓아두었던 곡식들이 방출되었다. 1990~91년 수단이 심한 가뭄으로 식량부족 상황에 처했을 때, 커니는 50만톤 이상의 곡물이 6명의 소수 곡물상인들에 의해 매점되어 있다는 사실을 알고 있었다. 곡물가격이 가장 올라갔을 때 커니의 전략대로 곡물을 시장에 퍼 부었더니 곧 가격이 떨어지기 시작하였다.

기아기간 동안에 북한에서도 매점매석현상이 있었다는 것을 알 수 있는 네 가지 보도가 전해지고 있다. 첫번째는 이미 인용했던 김정일의 연설을 통해서 북한에서도 매점매석이 성행하였다는 사실을 알 수 있다.[56] 두번째는 FAO/WFP의 보고서에서 밝혀진 사실로, 1996년 가을 130만 톤으로 추정되는 옥수수가—전체 옥수수 수확량의 반에 해당하는—수확이 되기도 전에 사라졌다는 내용이다.[57] 세번째는 서울에서 면담한 난민의 증언으로 숨겨둔 곡식의 무게를 못 이기고 농부들 집 천장이 무너졌다는 일화도 있다. 네번째는 기아의 고통을 참다못해 탈출한 난민의 증언으로, 농부들이 왜, 어떻게 곡식을 매점해 두느냐는 것이다. 일부 농부들은 곡식이 익을 때까지 도둑맞을 것을 두려워하여 밤에 들판에서 자기도 하고, 일부 농부들은 다른 사람들이 생존할 수 있도록 다 익지 않은 곡식을 가져가는 것을 개의치 않는 농부도 있다고 전하였다.

식량의 희소성과 가격 급등은 국가식량을 전용해서 시장에 팔 수 있는 권력을 지닌 당 간부의 부패를 더욱 부추겼다. 어떤 체제하에서도 이득이 생기는 일일수록 부패와 연관되어 있다. 잠재적인 이득이 충분히 보장되는 일이라면 당 간부들은 체제를 위협했다는 이유로 벌을 받는 것도 감수할 것이다. 평양에서 오랫동안 근무한 많은 동구권 외교관들은 김일성 사망 후, 그 이전 북한체제하에서는 상상할 수도 없는, 관리들의 부패사건이 점점 증가하는 추세에 있다는 보고를 전해오고 있다.

북한경제위기와 농업의 실패가 왜 식량가격을 높이고, 각 가정의 구매력을 감소시켰는지가 분명해졌다. 그러나 기아가 그 이전도 이후도 아닌, 바로 이 특정한 시기에 왜 발생했는지에 대해서는 아직 분명하지 않다. 1995년과 1998년 사이에 작성된 네 개의 FAO/WFP의 북한 농작물 평가보고서는, 그 기간 곡물생산에 집중되어 작성된 평가보고서이지 분배에 초점을 두어 작성된 것은 아니었다.(표 2 참고). 이 보고서는 경작지 면적, 곡물의 품종, 경작지 당 생산되는 곡물의 양, 비료사용, 해충제 사용, 종자와 토양의 질 등을 추정해서 전형적인 방법에 의해 평가, 작성된 것이다. 비록 이러한 접근방법으로 정상적인 환경하에서라면 농산물생산을 추정하고 평가하는 것이 가능할지 몰라도, 기아라는 재난시기에는 적당하지 않다. 국제구호기관 감독관들에 의하면, 북한농부들이 식량배급을 통해 공급될 '잉여' 농산물을 징발당하기 전에 은밀히 전용하는 것을 목격하였다고 한다. 이론적으로 마르크시스트 농업체제에서는 일년 농사를 통해 생산해낸 많은 양이 그 작물을 생산한 농부 개인에 의해 관리되는 것이 아니라, 집단농장이나 국가당국에 의해 관리되어진다는 점에서 이러한 문제들은 더욱 심각하게 드러난다. 그러므로 모든 농부들은 잠재적인 식량전용꾼이 될 수밖에 없다.

북한 전역에 걸쳐서 발생한 가용식량에 대한 매점매석과 식량가격 상승이라는 파국적인 결과는, 식량이 시장에서 매매될 경우 잉여의 소득이 발생한다는 특별한 매력 때문에 급격하게 기아를 악화시켰다. 드보로는, "만약 동등한 기타 모든 요인이 만족된 상태에서 농작물의 10%가 잉여로서 팔린다면, 생존에 필요한 양이 채워진 연후에 생산량의 5% 감소는 거래될 잉여의 50% 감소를 발생시킨다."[58]고 하였다.

어떤 요인에 의하여 농작물의 매점매석이 발생하였는가? 1995년 가을이 시작되면서, 당국에 의해 농부들은 생명유지에 필요한 1인 성인 최저필요량의 50% 수준까지 배급이 감소되는 상황에 처하게 되었다. 북한의 경제사정이 좋았던 1960년대와 1970년대, 그리고 농사가 풍년이 들었을 때 농장근로자가 받는 배급의 양은 1인당 1년치가 평균 200킬로그램이었다. 1990년대 초 식량사정이 나빠지기 시작하면서, 배급량은 167킬로그램이었고, 1995년 가을에는 더욱 감소되어 거의 반 수준인 107킬로그램으로 줄어들었다.[59] 107킬로그램은 성인필요량의 50%에 준하는 양이고, 167킬로그램은 최저 성인필요량의 75%에 달하는 양이다. 배급량의 감소는 중앙당국이 재난에 대비하여 내린 결정이었다. 배급량을 감소한다는 결정은 집단농장원의 경제적인 유발동기를 바꾸어 놓았다. 이러한 상황은 북한의 식량배급체제와 그 체제에 의지해서 살아왔던 주민들에게 세 가지 끔찍한 결과를 초래하였다.

첫번째 결과는, 농부들은 농촌에서 식량을 생산해내고, 도시와 광산 지역의 노동자들은 공산품과 자원을 생산하여 서로 교환해오던, 지금까지 사회주의 체제하에서 당연하게 받아들여졌던 사회주의계약이 국가의 식량 배급 감소 결정으로 깨지게 되었다. 소련의 붕괴로 더 이상 원유와 원조식량을 유리한 조건으로 수입할 수 없게 되고, 산업설비의 재투자와 사회간접자본의 유지도 불가능한 상황에서, 대부분의 공장은 더 이상 물품을 생산할 수 없었다. 동북지역에 위치한 공장들은 한 달에 단 며칠만 가동되든지, 아니면 아예 폐쇄되었다. 공장의 가동중단과 폐쇄로 인하여 집단농장에도 식량증산에 필요한 투입이 제대로 제공되지 않았다. 그래서 평양은 서남지역의 평야지대에서 생산된 잉여농산물을 동북지역으로 이동해오던 전통적인 지역간 상호교류를 완전히 차단하기에 이르렀다. 이러한 당국의 조치 이후 동북지역의 도시와 광산지역에 배급되는 유일한 식량은 그 지역에서 생산된 옥수수가 고작이었다. 식량증산에 필요한 투입도 완전 백지화되어 있는 상황에서 홍수와 가뭄까지 덮쳐 동북지역 자체 식량공급은 1995년에 완전히 기능을 상실하게 되었다. 그리고 중앙당국은 이 지역에 대한 배급량을 더 줄이겠다는 끔찍한 결정을 이어서 내렸던 것이다.

WFP와 FAO는 1998년 북한의 농작물을 평가하는 비밀보고회의에서, "지난 몇 년 동안 북한 농촌의 농산물 생산량의 현격한 감소는 도시지역의 공산품과 서비스에 대한 충분한 보상 없이는 도시지역 주민들에게 더 이상 식량을 공급하지 않겠다는 것을 의미한다."[60]는 것이 언급되었다. 비록 WFP는 몇 년이 지나서야 그 사실을 인정하였지만, 이와 같은 언급은 1996년과 1997년의 식량배급체제 위기가 기아 발생 주요원인의 하나임을 말하고 있는 것이다.

두번째 결과는, 농부들에 대한 배급량 감소 결정은 농부들로 하여금 추수 전에 집단농장으로부터 농산물을 전용하도록 하는 동기를 제공한 셈이다. 농부들의 배급량을 줄이겠다는 당국의 과감한 결정은 본질적으로 농부들에게 두 가지 중 하나를 선택하게 만든 꼴이 되었다. 천천히 가족들을 굶어 죽도록 내버려 두든지, 아니면 당국이 추수해가기 전에 몰래 농산물을 전용하든지 둘 중의 하나를 하도록 만들었다—즉, '제때' 추수가 이루어지기 전에 농부들은 식량을 전용해서 자신의 가족 생존을 위해 비축해 두어야 했다. 김정일은 이러한 사실을 보고받은 후 1996년 12월 기아에 관한 연설을 통해, "곡식이 미처 익기도 전에 이루어지는 식량전용"에 대해 불만을 토로하였다. "집단농장원과 농부들은 여러 구실을 대면서 상당한 양의 곡식을 숨기고 있다."[61]

앞서도 언급했지만 FAO/WFP는 1996년 가을 농산물 평가 보고에서, 수확된 옥수수의 반—거의 130만톤에 달하는 양—이 사라졌다는 사실을 인정하고 있다.[62] 그러나 한편으로는 역사적으로 기아가 발생했을 때 나타나는 식량의 매점에 관한 사실과 관련해서 그 보고서는 설명하고 있지 않다. 오히려 사람들이 배가 고파서 옥수수가 익기도 전에 소비했다는 점만을 들추어 설명했을 뿐이다. 북한주민이 필요로 하는 식량소비량을 산정할 때, 이 설명이 갖고 있는 취약점은 더욱 분명해진다. 북한주민에게 최소의 배급량을 지급할 때, 15,000톤의 분량은 한 달 동안 1백만명을 먹일 수 있는 양이다. 그러므로 34만 5,000톤의 곡식은 한 달 동안 북한 전 주민이 먹을 수 있는 양이 된다. 결과적으로 130만톤이라는 양은 거의 넉 달 동안 북한 전 주민이 먹을 수 있는 양이 되는 것이다.

실제적으로 세 가지 분명한 동기에 의해서 농작물의 조기수확이 발생했다. 첫째는 1996년 여름, 농부들은 자기 가족에게 먹을 것을 제공하려고 조기수확을 계획하였다. 전년 가을부터 이미 배급량이 줄어들어 농부와 가족들은 굶주려 왔기 때문이다.[63] 둘째 동기는 농부의 배급량을 더 줄이려는 평양의 결정과 앞으로 또 닥쳐올 식량위기에 대비해서 미리 식량을 저장해 두겠다는 농부들의 계산에 의해서 조기수확이 이루어졌다.[64] 그리고 세번째는 국가의 식량배급체제를 통해 지급되는 가격보다 더 높은 가격으로, 저장해 둔 곡식이나 조기수확한 곡식을 시장에 내다 팔아 이득을 볼 수 있기 때문이다.[65]

식량배급 감소의 세번째 결과는 농부들로 하여금 자신들의 가장 소중하고 제한된 경제자원—그들의 시간과 힘—을 대체식량의 생산활동에 투자하도록 만들었다. 그래서 농부들은 당국에서 이미 오래 전에 자신들에게 허락해주었던 개인 텃밭과 산자락을 이용하여 밭을 만들고, 그곳에 더 많은 노력들을 투입하였다. 이 두 곳 모두 집단농장체제의 통제를 벗어난 사적 영역이다. 1997년 6월 북한을 방문했을 때, 나는 북한관리에게 개인 텃밭의 규모를 늘려보라고 제기한 적이 있었다. 집단농장과 비교해보았을 때 개인 텃밭에서는 같은 규모의 경작지 당 30~40%가 더 많이 생산되고 있었기 때문이다.[66] 그렇지 않아도 농업위원회가 텃밭에 투자되는 농부들의 시간이 문제라고 지적하고 있는데, 내 말을 듣고 겁에 질린 관리는 이미 농부들은 개인 텃밭을 경작하는 데 충분한 시간을 투자하고 있기 때문에 만약 텃밭을 더 늘린다면 상황은 더욱 나빠질 것이라고 하였다. 개인이 비밀스럽게 산에 만들어 놓은 경작지들은 불법적인 것이지만 이미 여러 곳에서 발견되고 있다―사람이 올라가서 경작할 수 있을 것이라고는 전혀 생각할 수 없는, 그리고 농작물이 자랄 수 있을 것이라고는 생각되지 않는 그런 가파르고 척박한 산 위에 경작지들이 조성되어 있었다. 한편, 1998년 가을 나와 법륜은 두만강을 따라 북한측 산중턱에 배열되어 있는 경작지들을 직접 눈으로 확인할 수 있었다.

농부 출신의 난민에 의하면 산중턱에 경작지를 일구기 위해서는 잡초를 태워 화전을 조성하는 방법이 선호되고 있다고 하였다. 기아가 북한에 나타나기 시작하던 초기단계에서, 주민들이 화전을 마구잡이로 조성하는 바람에 북한 산악지역에서 산불이 자주 발생하였다고 한다.[67] 빈번한 산불 발생으로, 당국은 이러한 '화전'을 금지하였다. 그러나 얼마 가지 않아 당국의 금지는 완전히 무시되었다. WFP의 운송책임자인 마이어트는 처음으로 동북지역으로의 출입을 허락받은 최초의 국제구호기관 관리이다. 1997년 5월, 그는 29시간 기차를 타고 평양을 출발하여 청진에 도착하였다. 그는 북한의 산악지역에 수없이 많은 산불이 난 흔적을 발견하고는 충격을 받았다고 하였다.[68] 텃밭에 시간을 뺏긴 집단농장 농부들의 모자라는 노동력은 군인과 도시 노동자들의 노동력으로 대체되었다. 군인과 도시노동자들은 농부들의 농작물 경작과 추수를 도와주었다. 그리고 동북지역에 기아가 발생했을 때도 군인과 도시노동자들은 그들의 임무를 수행하였다.[69]

북한 중앙당국의 배급량 감소 결정에 대한 북한 농부들의 반응은 조선시대와 일본 식민지시대의 역사적 선례에서도 찾아볼 수 있는 것으로, 역사적으로 농부들은 박탈감으로 심한 고통을 받아왔다. 국가가 농부들에게 과중한 세금을 부과하고, 지주들이 소작농들에게 몰수 수준 이상의 많은 소작료를 요구해올 때마다, 농부들은 자신의 농지를 떠나거나 지주의 손이 닿지 않는 산과 언덕에 밭을 일구어 비밀스럽게 농사를 지어 왔다. 19세기 초까지 거슬러 올라가서 이러한 사례를 찾아 볼 수 있으며, 1930년대 일본과 조선인 지주의 착취사례는 최근까지 밝혀지고 있다. 남Andrew Nahm이 쓴 *Korea : Tradition and Transformation*에서 "농지 경작을 거부하는 땅 없는 소작농들은 주로 부재지주에 의해 소유된 소작농이거나 경작지가 희박한 지역에 살고 있는 사람들이다……. 그렇지 않으면 화전민이 된다. 화전에서는 옥수수나 감자, 수수가 경작되고, 화전은 산중턱이나 황무지를 개간하여 만든다."[70]

일본 식민정부가 1935년 출간한 자료에 의하면, "굶주린 가난한 농민들은 이곳 저곳을 이동하면서, 통나무집을 짓고 산 중턱에 곡식과 채소 농사를 지으면서 생계를 이어간다."고 적혀 있다.[71] 1930년대 초, 대부분의 조선인 지주들은 다음 추수 때까지 농부들이 먹고 살아야 하는 양으로 25%의 적은 부분만을 소작농의 몫으로 남겨 두고, 수확량의 75%를 소작료로 거두어들였다. 그리고 이렇게 거두어들인 농산물을 일본에 팔았다. 김정일체제하의 북한 당 간부들은 새로운 지주계급이나 마찬가지이다. 그들은 농부의 수확물을 압수하고, 농부들로 하여금 화전농사를 짓게 만들었다.

조선시대 양반 지주계층의 농민 탄압과 김일성 김정일부자 체제하에서의 집단농장에서 유사성이 발견된다. 어떤 경우에도 농민들은 농지를 자신이 소유하지 않았으며, 농부는 매년 자신이 생산한 수확량을 완전히 소유하지도 못했다. 두 경우 모두 농민들은 멀리 떨어진 부재지주와 당국에게 몰수 이상의 과중한 세금을 지불해야 했다. 몰수정책의 결과로 굶주림과 기아가 발생하였으며, 농부들은 자신의 악화된 상황에 대처해나가기 위하여 좀더 극단적인 방안을 모색하게 된다. 그리고 오랜 박탈의 역사를 갖고 있는 북한 농민들은 그들 부모와 조상의 기억에서 기아에 살아남는 생존전략을 전수받아 빌려오게 된다.

농업에 군사력 투입　NGO와 UN 직원, 그리고 난민들에 의하면, 1997년 중앙당국이 집단농장에 군사력을 투입할 것을 지시했으며 과거 어느 때보다 많은 수의 군인이 농장에 투입되었다. 1997년 6월 북한을 방문했을 때, 나는 젊은 군인들이 군화를 벗고 바지를 걷어 올린 모습으로 논에서 모내는 것을 목격하였다—내가 그 날 목격한 것은 재래적인 논농사 방법이었다. 그리고 9월 말경, 다시 군인들은 쌀을 수확하는 데 동원될 것을 지시받았다. 130만명의 남자노동력, 막대한 숫자의 상비군은 국가가 굶주림이라는 위기에 처해 있을 때 언제라도 노동력으로 전환될 수 있는 막대한 잠재노동인구를 의미한다. 그러므로 북한 중앙당국이 군인들에게 집단농장의 노동력 투입을 지시하는 것은 더 이상 놀라운 일이 아니다. 더욱이 평양은 1998년에 군인들의 '농촌답사'를 더욱 증강시켰다.

또 다른 NGO 관계자는 굶주림으로 농부들이 허약해져 더 이상 농사를 지을 수 없어 군인들이 농장에 투입되었다는 그럴듯한 설명을 하기도 하였다. 1997년 초 워싱턴에서 NGO와 회의를 갖던 북한의 한 외교부 대표는 만약 원조국에서 앞으로 더 많은 식량을 원조하지 않으면, 더 이상 농민들이 농작물을 경작할 수 없게 될지도 모른다고 우려의 목소리로 말하였다.[72] 그의 말에 의하면, 배고픔으로 농부들이 너무 허약해져 있어서 농사지을 힘이 없다는 것이었다. 트랙터를 움직일 연료와 부속품도 없고, 낡은 트랙터 대신 동원되어 육체노동을 제공해야 하는 농부들에게 식량이 원조되지 않으면 그나마 농사짓는 일이 불가능해진다는 설명이었다.

그러나 앞에서도 잠깐 언급되었지만, 기아의 역사를 살펴보면 농부들을 대신해서 군인들이 투입되었다는 사례들이 간혹 발견된다. 한편 기아가 나라 전체에 발생했을 때, 농부들에 의한 식량비축을 방지하기 위해서도 군인들이 투입되기도 한다. 군사력 투입에 대한 북한당국의 결정은, 요람에서 무덤까지 국가가 인민을 책임지겠다는 사회주의국가의 약속을 믿고 따르던 복종적인 인민들의 국가에 대한 신뢰감에 상처를 입혔으며, 평양당국이 사회주의 계약을 더 이상 수행할 수 없음을 보여주는 것이었다. 이 사회주의 계약은 지금까지 북한사회 전반에 기능하여 왔으며, 그 계약시행을 강제하기 위해 요구되는 억압과 제재에도 불구하고 북한사회에 작용하여왔다.

중앙당국은 1996년 수확시기가 임박하자, 농부들의 극심한 식량전용 문제를 더 이상 방관할 수 없었다. 북한당국은 곧 전체주의 국가 방식으로 이 문제에 대응하였다. 즉 명령과 통제를 더욱 강화하였던 것이다. 그러나 강압적인 당국의 대응은 식량전용을 근절하기보다 식량비축을 더욱 촉진시킨 결과를 가져왔다. 망명자와 난민에 의하면, 막대한 양의 식량전용을 차단하기 위해, 김정일은 군인들을 각 지역으로 급파하였다―일명, 옥수수 수비대라고 일컬어진 이 군인들은 옥수수가 익을 때까지 옥수수 들판을 수비하기 위해 급파되었던 것이다. 내가 면담했던 망명자는 다음과 같이 말하였다. "김정일은 각 군인들에게 세 발의 총을 쏘아도 된다는 명령을 내렸다. 한 발은 경고 사격용이고, 그 다음 두 발은 식량을 훔쳐가는 도둑을 사살해도 되는 사격이었다."[73] 그러나 탈북 농민에 의하면 이러한 방책은 제한적인 효과밖에 없었다고 한다. 농부들은 뇌물을 주어 군인을 매수하였다. 군의 식량배급체제가 붕괴되어 군인들도 굶는 신세는 농부들과 마찬가지였기 때문이다. 농부들은 군인들에게 술과 고기를 제공하면서 식량을 같이 전용하도록 매수하였다. 1998년 여름, 함경남도 지방에서는 군인 1명을 그 지역에 할당하는 대신 2명을 한 조로 해서, 도둑으로부터 옥수수를 지키는 일을 부여하였다.[74] 그러나 농부는 2명을 매수하는 데에는 단지 시간이 좀 걸릴 뿐이지 다를 것은 없다고 하였다. 옥수수밭을 수비하던 1명이 2명으로 증가되었다. 그러나 식량부족사태는 군대에도 마찬가지로 군인들도 배고픔으로 고통을 겪고 있었다. 당국의 명령에 의해 군인들이 비록 농촌의 옥수수수비대로 전환되었지만, 군인들은 곡식을 전용하는 농부들을 도와줄 수 있는 동기가 충분하였다. 군인들도 역시 굶주리고 있었기 때문에 농부들과 동병상련의 처지였다.

1997년 8월 5일, 북한 공안은 식량비축과 식량도난에 관한 법령을 발표하였다. "곡식을 훔치는 사람은 사형에 처한다……. 곡식을 파는 행위를 하는 사람도 사형에 처한다."[75] KBSM과 베커의 난민과의 면담을 통해, 곡식을 훔친 죄로 마을에서 공개처형 당한 사례가 보고되고 있다.

식량비축문제에 대한 김정일의 해결책은 체포와 공개처형이라는 강압적인 제재를 통한 시행 외에도, 그의 연설과 교시를 통해서 김정일이 이 문제를 어느 정도로 심각하게 생각하고 있는지를 엿볼 수 있다. 1997년 3월 김정일은,

> 당원들은 집단농장으로 가서, 농부들에게 크고 분명한 소리로 말해야 한다. 우리들은 3년 동안 계속된 흉작으로 농산물 작황이 좋지 않아 국제 구호기관들이 제공한 식량을 먹고 있다. 전 세계가 지금 식량부족으로 고통을 받고 아우성이기 때문에, 어떤 나라도 우리에게 곡식을 원조하려고 하지 않는다. 우리도 지금 식량부족에 직면하고 있다. 우리도 쌀이 충분하지 않기 때문에 군대에 보낼 쌀도 충분하지 않다.[76)]

강제력을 이용해서 식량비축문제를 해결하려는 중앙당국의 시행으로 아마도 많은 죄없는 주민들의 죽음이 초래되었을 것이다. 그러나 이러한 사실을 입증할 확실한 증거들은 밝혀져 있지 않다. 실제로 누가 식량을 숨겨두고, 얼마나 많은 양을 숨겨두었는지 단속기관으로서는 제대로 파악할 수 없었다. 당국의 관리자들도 가능하다면 많은 식량을 비축하려고 하였으며, 마지막으로 남겨져 있는 배급량을 끝까지 유지하기 위해 아마도 더 많은 식량을 모아두려고 하였을 것이다. 소련에서 강제적인 농업집단화가 이루어지고 중국에서 대약진운동이 전개되었던 기간에, 농산물의 수확량이 감소되었음에도 불구하고 농부들의 몫을 더 많이 착취해가려는 중앙당국의 전횡적인 횡포 때문에 농민들은 극심한 고통을 겪어야 했던 사례도 있다. 한편, 농부들에 의한 식량비축을 감소시키는 효과적인 방법은 가격정책일 것이다. 식량가격을 적정수준으로 끌어내릴 때까지 중앙당국(또는 UN이나 NGO)이 꾸준하게 많은 농산물을 시장에 투입하여 낮은 가격을 형성하는 것이다. 그러나 이와 같은 시장메카니즘을 이용한 정책을 북한당국은 이해하지 못하였다.

북한의 경우에 있어 UN과 NGO 기관들이 자신의 구호사업을 전개하는 과정에서 어떠한 미시경제학적 분석도 심각하게 고려하지 않았다는 것은 이들 기관에 의해 행해진 기아구호사업이 북한의 암시장과 농민시장에 영향을 미치는 어떠한 시

도도 시행되지 않았음을 의미하는 것이다. 농민시장에 강압적인 제재를 조치한 이후에도, 중앙당국은 기본적인 미시경제학 이론을 무시한 채 강제적인 수단만을 강구했으며, 이같은 중앙당국의 태도는 식량비축을 경제문제가 아닌 현상으로만 이해하려 했다는 생각이 든다. UN의 한 경제학자는 북한의 고위 재정담당관리가 거시경제와 미시경제의 차이점이 무엇인가를 질문해와서 충격을 받았다고 하였다. 세계경제 진입에 장애가 되는 자신들의 경제학 수준을 인식한 북한지도층은 1998년과 1999년 소수의 젊은 학자들에게 호주에서 시장경제에 대한 지식을 습득할 수 있는 기회를 부여하였다.

기아가 진행되어가는 과정에서 사망률은 두번째 시기에 급속하게 증가되는 것을 알 수 있는데, 북한에서도 1996년 후반에서 1997년 전반기에 걸쳐 사망률이 절정에 이르고 있다. 사망률에 대해서는 나중에 좀 더 깊게 다루어질 것이다. 간단히 정리해 보면, 흉작과 동북지역 집단농장에서 시작된 식량전용은 1996년 말 중앙당국을 공황상태로 만들었다. 결국 중앙당국은 동북지역에 식량배급을 중단하겠다는 단호한 차별정책을 선택하기에 이른다. 두번째 단행된 동북지역에 대한 차별정책은 북한체제가 생존하고 존속되는 데 긴요하다고 생각되는 계층을 위해서 남겨진 식량을 사용하겠다는 데 그 초점이 맞추어져 있다. 수도 평양시민, 탄광과 같은 주요 국가산업체에 근무하는 노동자, 당 간부, 그리고 군 관리와 비밀경찰들이 이에 포함된다. 이같은 범주에 속하지 않은 서부지역 주민들도 생존을 위해 요구되는 최저량을 배급받거나, 나중에 그들의 배급도 완전히 중단되었다.[77]

국면Ⅲ 취약한, 새로운 식량안전체제의 출현(1998~2000)
기아가 심각했던 지역은 도시지역이고 일찍이 동북의 4개 지역에 기아가 먼저 발생하였다—양강도, 강원도, 함경북도와 함경남도. 기아가 발생하기 전 이 지역에는 거의 700만의 주민이 살고 있었다. 다른 산악지역인 자강도, 평안북도 일부, 황해북도도 기아 발생 초기에 심각한 타격을 입었다.

식량배급체제에 관한 난민의 증언에 의하면, 중앙당국은 1998년 1월 각 세대에게 식량문제를 스스로 해결하라는 내용을 지시하였다.[78] 한편, 이러한 발표는 1년이나 늦은 1999년 2월에 남한 언론에 의해 확인할 수 있었다.

> 북한을 방문한 사람들에 의하면 식량배급이 수도 평양에서조차 끊겼다고 한다. 정통한 소식통에 의하면, 평양의 정부기관들은 작년 말 기관과 개인이 각각 자체적으로 식량문제를 해결하라는 공식 통고를 당국으로부터 받았다고 한다. "지금부터 더 이상의 식량배급은 없을 것이다." 북한 정부관리로부터 직접 이같은 말을 들었다고 그 소식통은 전하고 있다.[79]

중앙당국은 예상하지 못한 식량 사유화를 진일보시키는 결정을 내리게 된다. 기아가 진행중인 두번째 국면에서 식량해결을 각 해당지역 책임에 두었다면, 세번째 국면에서는 각 가정이 자체적으로 자신의 식량문제를 해결하도록 하였던 것이다. 이러한 결정을 내리기까지 북한당국도 신중하게 상황을 고려하였겠지만, 무엇보다 우선 당국은 북한체제가 직면한 변화된 현실을 인식해야 했다―무력해진 김정일은 더 이상 이러한 현실을 거스를 수 없었다. 새롭게 형성된 체제는 지금까지 주민에게 군림하던 당국의 통제를 일시에 약화시켰다. 권력을 통해 행사되어진 당국의 통제는 약해지고 체제에 대한 주민의 지지도 점차 손상되어갔다.

1998년 봄, 높은 사망률을 기록한 북한의 기아는 끝이 났다. 이같은 사실은 1998년 초 KBSM에 의해 이루어진 난민의 증언으로 확인될 수 있다. 동북지역 광산촌에서 매달 발생된 사망률 통계를 통해 사망률이 감소되었다는 것이 파악되었으며, 이 부분은 나중에 다시 자세히 언급될 것이다. 그리고 기아로 완전 소진된 주민에 대한 통제를 재천명하는 중앙당국의 시도도 다시 언급될 것이다. 기아를 피해 식량을 찾아 헤매던 유민을 수용하던 수용소는 1999년 봄 중앙당국의 지시로 폐쇄되었다. 그리고 수용소는 일반인의 눈에 띄지 않는 외딴 지역으로 이동하였다.[80] 북한주민의 중국 탈출을 막기 위한 국경수비대는 두만강과 압록강을 따라 더 많은 지역에 세워졌다. 기차와 기차역에서 빈번히 눈에 띄던 꽃제비들은 당국의 일제점검으로 일소되었으며, 스탈린식 주민의 이동통제를 위해서 새로운 신분증이 주민들에게 다시 발급되었다. 그러나 스탈린식 국가를 재건하고 빈사상태의 구질서를 다시 소생시키려는 북한당국의 노력에도 불구하고, 기아라는 대참사가 남겨 놓은 상처와 공포는 북한을 영원히 변화시켜 놓았다. 북한체제가 구질서를 다시 창출할 수 있을 것 같지는 않다.

제2장
북한 기아에 대한 국제사회의 반응

6. 기아의 외교학

　　20세기에 발생했던 모든 기아를 분석해보면, 북한을 덮친 기아는 사전에 충분히 예방할 수 있는 것이었다. 수세기에 걸쳐서 기아를 연구해온 분석가들은 어떤 요인들이 결합되어 기아가 발생하며, 직접적인 기아 징후는 어떤 것이 있는지, 그리고 사망률이 치솟기 전에 어떤 조치들을 취함으로써 기아의 피해를 줄일 수 있는지에 대해 연구해왔다. 그러나 북한의 경우에 있어서 고갈되어 바닥난 경제상황과 경직된 경제이념 및 정치사상은 이미 산업노동자와 광부들을 궁핍한 지경으로 내몰았다. 단지 북한이 갖고 있는 외교적 관심사라면 전통적으로 기아구호의 노력을 해온 서구사회로 하여금 북한에서도 전통적인 기아구호사업을 전개해주기를 촉구하는 것이었다. 그러나 북한의 경우는 서구사회와 외교적으로 복잡하고 미묘한 문제가 얽혀 있어, 북한에 기아가 발생했을 때 서구사회가 즉각적인 반응을 보이기까지는 꽤 오랜 시간이 걸렸다. 서구 각국은 북한에 원조식량이 도착하여 이를 필요로 하는 지역과 주민들에게 제대로 배급되고 제공되는지에 대한 확신이 서지 않았다. 혹시, 구호식량을 절대적으로 필요로 하는 배고픈 계층은 제쳐두고 부조리하게 북한당국에 충성적인 계층과 지도층 엘리트만 배불리게 되는 것은 아닌지 강한 의구심을 갖고 있었다. 6절에서는 기아라는 불능상태를 초래한 북한과 서구국가들간의 외교관계를 살펴보고, 이에 대한 북한의 대응을 고찰해보겠다.

냉전시기의 남북관계

지금까지 북한의 외교사를 통해 볼 때, 북한은 국제사회에서 가장 기본적인 국제질서조차 무시해온 불량국가이다. 기아가 발생하기 전부터 국제사회에서 북한의 평판은 북한에 불리하게 작용하여왔다. 1970~80년대 남한사회를 불안하게 한 테러리스트들은 북한과 연관되어 있었다. 1974년 북한에 동조한 조총련 출신 문세광은 박정희 대통령 암살을 시도하다 결국에는 영부인을 살해하였다. 그 후 암살자 문세광은 평양의 기관원으로 확인되었다.[1] 1983년 전두환 대통령이 버마를 방문했을 때, 북한의 계획적인 폭발사건으로 네 명의 장관, 두 명의 대통령 보좌관, 그리고 버마 주재 대사가 암살되었다. 또한 민간인에 대한 테러를 계획한 북한은 1987년 11월, 북한 공작원으로 하여금 KAL 858편을 폭파하여 115명의 인명을 앗아가는 사건을 일으키기도 하였다. 이같은 사건 외에도 북한의 크고 작은 대남 무력도발은 남북관계를 대치국면으로 몰고갔다. 북한의 적대적인 대남공격에 반응이라도 하듯이 남한정부도 북한과 북한 지도자 김일성에 대한 비난을 멈추지 않았다. 북한에 기아라는 재난이 발생했을 때, 적대적인 남북관계로 인해 북한에 대한 남한의 원조 가능성은 희박해 보였다.

남북한 이념의 차이와 세계관의 충돌, 분단 이후 50년 동안 지속되어온 남북한의 적대관계는 두 번의 끔찍한 비극을 초래하였다. 남북한간에 일어난 두 번의 비극은 막대한 인명손실을 초래하였다. 그 중 하나는 한국전쟁이고, 다른 하나가 바로 북한의 대기아 참사이다. 이미 5절에서 스탈린식 경제모델의 실패와 동구권의 몰락으로 인한 대외원조의 감소로 북한의 경제가 어떻게 붕괴되었는지를 살펴보았다. 반면, 남한은 지속적인 근대화를 이룩하여왔으며, 경제력의 기초 위에 군사력도 증강되고 중진국으로의 진입을 가능하게 하는 경제발전을 20년에 걸쳐 이루어냈다. 남한은 민주주의 개혁을 시작하기 위해 독재정권을 성공적으로 강제한다. 민주주의 개혁은 그 이전에 결여되어 있던 이념적 신뢰성을 남한체제에 주는 계기가 되었다.

즉, 분단 이후 남한체제는 성공과 안정을 이룩한 반면, 북한체제는 상대적으로 실패한 체제가 되었으며, 평양은 서울을 가장 큰 위협 대상으로 인식하게 되었다. 남한의 위협에 대응하여 평양은 실패한 경제를 지탱하기 위해 농업과 경제 발전에 자원을 투입하는 대신, 그나마 얼마 남지 않은 희소자원을 모두 군사력에 집중 투자하여왔다. 1980년대와 1990년대에 북한의 군사력은 그 규모가 두 배로 증가하였고, 이는 북한경제의 부담으로 작용하게 된다. 학자들은 1990년 초 북한 국내 총생산량의 25%가 군사부문에 투자되었다고 평가하였다.[2] 2,300만 북한주민은 배고픔의 고통을 겪으면서도, 그 당시 아시아에서 네번째로 규모가 큰 육군을 보유한 북한군을 유지해야 했다.

국제사회에서 냉전이 종식되고 마침내 민주주의가 승리하면서, 제3세계 외교 관계 수립에 힘을 기울여온 북한과의 외교경쟁에서 남한이 승리를 거두게 된다. 1990년대 초부터 제3세계와 동구권 국가들이 남한과 외교관계를 수립하고, 민주주의와 자본주의를 받아들이게 됨에 따라 북한은 국제사회에서 점점 고립되어갔다. 북한의 가장 가까운 두 개의 동맹국, 러시아와 중국은 북한경제를 지탱해나가는 데 큰 도움을 주었던 경제원조를 점차적으로 중단하게 되었고, 그 결과 북한의 국내사정은 더욱 악화되었다. 그러나 무엇보다 북한을 괴롭힌 사건은 그들 두 나라가 서울과 외교관계를 수립하였다는 사실일 것이다. 소련연방이 붕괴되기 전, 고르바쵸프와 외무장관인 세바르나제는 남한과 외교수립을 결정함으로써 소련의 국가이익이 더욱 증가될 것으로 전망하였다. 고르바쵸프는 1990년 9월 세바르나제를 급파하여 북한의 김영남에게 그 소식을 전달하였다. 한편, 1991년 6월 중국은 남한의 UN 가입을 반대하지 않는다는 의사를 북한에 전달하였다. 그때까지 남북한은 UN 회원국이 아니었다. 비록 남북한이 동시에 UN에 가입하였지만, 남북한 동시 유엔가입이 북한에 주는 의미는 남한이 갖는 의미와는 다른 것이었다. 북한이 40년 동안 끈질기게 피해왔던 남북한 유엔 동시 가입이 이루어진 것이다. 그리고 1년이 지나서 중국의 외무장관도 북한의 김영남에게 중국도 또한 남한과의 외교수립을 계획하고 있음을 조용히 알려왔다. 1년 사이에 북한은 경제적 지원국이면서 이념적 우방이었던 사회주의 두 동맹국의 확고한 지지를 잃게 되었다.

한편, 북한에게 불리하게 돌아가는 국제환경 속에서 북한에게 타격을 주는 사건이 발생한다. 지금까지 주장해온 북한의 역사적 정통성에 대해서 반박할 수 있는 소련의 기록보관소 자료가 공개 발표되었다. 1930년대 말 일본 식민지에 대항하여 투쟁해온 김일성의 지도력이 한민족의 국가관과 독립정신의 정통성을 이어오고 있다고 북한은 주장해왔다. 한 발 더 나아가 북한의 선전에 의하면, 북한은 남한에 대한 미군 '점령'에 반대하고 북한만이 국가의 자주독립을 유지해오는 유일한 체제임을 주장하였다. 남한정부에 제공된 소련 기록보관서의 자료 공개로 북한이 남쪽 공격의 희생자였다는 수정주의자들의 논리가 확실하게 반박당하는 계기가 되었다. 공개된 자료를 통해 북한은 스탈린의 사전 동의와 지원을 받아 남한을 공격하였다는 것이 확실시되었다. 기록보관소의 자료를 통해, 제2차세계대전이 끝난 후 스탈린은 개인적으로 북한을 이끌어갈 지도자로 김일성을 선택했으며, 김일성에게 권력을 주어 앞으로 북한을 이끌어가도록 결정하였다는 것이 밝혀졌다.[3] 결과적으로, 민족정통성에 대해 지금까지 북한이 견지하고 있던 주장이 두 번의 공격을 받게 되었다. 첫번째는 러시아 기록보관서의 자료 공개이고, 두번째는 남한정부가 민주주의와 자본주의를 받아들이면서 놀라운 경제 발전과 성장을 이루어냈다는 사실이다.

남북한간의 일시적 관계개선

남북 외교관계가 개선되는 조짐이 보이기 시작하였다. 1991년 10월, 남과 북의 총리는 20년 동안 막혀 있던 남북관계를 넘어서는 실질적인 관계진전을 이루어내게 된다. 1991년 12월 13일, 남과 북은 남북 사이의 화해와 불가침 및 교류·협력에 관한 남북기본합의서를 채택 서명함으로써, 양국은 각자의 체제를 인정하고 체제전복과 내정간섭을 포기하기로 약속한다. 그리고 남과 북은 한반도에 핵무기가 없어야 한다는 데 인식을 같이 하면서 각자의 체제에 군사력을 사용하지 않는다는 것도 약속하였다. 무력행사 금지의 원칙, 자유왕래접촉 실현과 이산가족문제 해결, 경제 및 비경제분야의 교류 협력, 현 정전사태의 평화상태로의 전환 등을 포함하여 영원한 평화정착을 위한 논의와 신뢰구축을 위한 제도적 장치 설립 등이 포함되어 있다.

남북기본합의서 체결로 남북한 관계개선에 대한 도취감은 1993년 봄까지 지속되었다. 그러나 그 이후 네 가지 사건이 발생함으로써 남북간 화해무드는 급속히 냉각되었다. 첫번째는, 1991년 남북기본합의서에 회의적인 김영삼 대통령이 남한의 대통령으로 새로이 선출되었다. 두번째는, 남북관계가 좋지 않은 시기에 시행된 한 · 미 군사훈련은 북한에게 다시금 공포를 주었으며, 세번째 남한에 대한 간첩 혐의로 62명을 체포하는 사건이 발생하였다. 마지막으로, 북한의 핵사찰과 관련하여 1994년 발생한 일련의 사건들은 북한이 미국에 정면 대결하는 양상으로 발전하였다. 핵문제와 관련하여 미국은 북한에 대한 외교적 대응으로 경제제재 조치를 강구하게 되었다. 평양은 미국의 대북 압박정책을 전쟁에 준하는 행동으로 간주하고 미국을 맹렬하게 비난하였다. 북한핵을 둘러싼 한반도의 긴장은 전임 미국 대통령 지미 카터의 극적인 중재와 그의 성공적인 평양방문으로 위기를 모면한다. 미국으로 하여금 기존의 대북외교전략과는 다른 새로운 외교틀을 생각해보는 계기를 마련하게 하였다.

그러나 카터 대통령이 평양을 떠난 지 3주일이 채 안 되어, 북한을 위기에 남겨 놓은 채 1994년 7월 8일 김일성이 심장마비로 갑자기 사망한다. 어느 국가이든 국가수반이 갑자기 사망하게 되면 사회가 분열되고 불안정해진다. 북한의 경우에 있어서, 위대한 수령 김일성에 대한 북한 주민의 경외심을 고려해볼 때 김일성의 급작스러운 사망은 전혀 예상하지 못했던 일로, 앞으로 북한에 닥칠 대참사의 예고를 알리는 사건이었다. 비록 노동당 간부들이 기아발생에 대한 근본원인을 자연재해 탓으로 돌리고는 있지만, 김일성 사망 이후 내가 면담했던 대부분의 난민들은 기아 발생을 김일성 사망 탓으로 돌리고 있었다. "만약 위대한 수령 김일성 주석이 지금까지 살아 있다면, 우리들이 이렇게까지 굶주림으로 고통받고 죽지는 않았을 것"이라고 난민들은 한결같이 증언하였다.

북한 핵문제로 한반도 전쟁위기가 높아지기 시작하자, 클린턴행정부는 "연착륙 정책(soft landing policy)"을 공식화한다.[4] 1994년 기본합의문을 이끌어낸 연착륙정책의 주도적인 옹호자는 주미대사인 래니James Laney와 동아시아 태평양담당 부차관인 로드Winston Lord이었다. 남북기본합의문을 통해서 미국은 북한에 대해 책임있는 국제적 행동을 요구하였고, 50년 동안 계속되어온 남한에 대한 군사적 위협과 공격을 중지할 것을 요구하였다. 에모리대학 총장으로 재직중 클린턴행정부의 주미대사로 임용된 래니는 한국의 문화와 정치를 잘 알고 있었다. 30여년 전에 래니와 그의 부인은 감리교 선교사로 파견되어 남한에 근무한 경험이 있었다.

연착륙정책에 반대하는 미국 정부관리들은 북한체제의 붕괴 그 자체를 목적으로 하는 사람들이었다. 연착륙정책을 통한 북한 접근 이면에 숨겨진 동기 중 하나는 한반도에서 전쟁의 발생을 피하는 것이다. 군사전문가들이 예상하듯이 북한체제가 붕괴될 때 돌발적으로 많은 사상자가 발생할 수도 있기 때문이다.

클린턴행정부는 1994년 10월 제네바 기본합의문Agreed Framework을 통해서 연착륙정책을 정착시키기 위한 두 가지 핵심요소를 추구해나간다. 첫째, 현재 북한에 실재하는 핵원자로의 제거를 시도한다. 잠정적으로 핵무기 생산에 사용될 수도 있는 북한의 원자로를 남한과 유럽 그리고 일본의 자금으로 새로이 만들어지는 원자로로 대체한다는 것이다. 새로운 원자로의 설계는 핵무기로의 전용을 방지하는 것이었다. 핵개발 동결에 대한 대가로 경수로 2기를 새로이 건설해주고, 경수로 1기 완성시까지 매년 중유 50만톤을 북한에 제공해줄 것을 합의하였다. 북한은 난방과 수송, 그리고 공장을 가동하기 위해서 절대적으로 경유가 필요하였다. 그러나 미 의회내 보수주의자들은 미국에서 제공되는 경유가 북한군에 전용될 수도 있다는 이유를 들어 이러한 계획을 반대하고 있었다.

기본합의문의 두번째 요소로 4자회담 제의를 그 내용으로 한다. 클린턴행정부는 만약 남과 북의 협상테이블에 미국과 중국까지—지금까지 남아 있는 북한의 최대 동맹국—포함되는 4자회담이 이루어진다면, 대북외교는 그 다음 단계를 거치게 된다고 믿고 있었다. 클린턴행정부의 대북외교 최종 목표는 한반도 긴장완화에 대한 약속을 끌어내는 것이었다.

논리적으로, 연착륙정책에 상대적인 경착륙정책이 한반도 전쟁유발의 위험과 대량 인명손실을 가져오기 때문에 연착륙정책을 논의하는 것은 타당한 일이다. 그러나 연착륙정책이 갖고 있는 취약점은 그 정책이 갖고 있는 일반적인 내용이 아니라, 그 실행의 문제이다. 연착륙정책이 성공하기 위해서는 북한의 협조가 절대적인데, 북한은 특질상 비협조적인 태도를 고수하여왔다. 나름대로 평양은 연착륙정책을 다른 외교적 목적을 이루려는 수단으로 인식하고 있다. 즉, 남한을 공식적으로 인정하지 않고, 한·미 군사동맹관계를 파기시키려는 의도를 북한은 갖고 있었다. 한편, 1997년 가을 아시아에 경제위기가 닥쳐옴에 따라 남한도 예외는 아니었다. 남한의 경제가 급강하하기 시작하자 북한의 핵문제가 다시 발의되기 시작하였다. 서울은 핵원자로 폐기와 경수로건설 이행에 필요한 수백억 달러의 투자를 더 이상 재정적으로 지속할 수 없는 상황이 되었다.[5]

기아기간의 남북한관계

자신들의 태도를 바꾸지 않고도 북한은 미국과의 협상을 통해서 그들이 원하는 것을 얻을 수 있다는 사실을 배웠다. 북한의 목적은 시작 단계부터 분명하였다. 첫째, 기아로 인해 북한 전역에서 사망자가 속출하자, 평양은 자신의 지도력을 약화시키면서까지 더 많은 식량을 생산하기 위해 기존의 주체농법에 기초한 농업체제를 개혁할 의사는 처음부터 갖고 있지 않았다. 둘째, 북한은 얼마나 많은 무고한 주민들이 희생되어야 하는지는 전혀 고려하지 않고, 오로지 김정일체제를 유지시키고 김정일을 지지하는 지도층 엘리트의 생존과 마르크시스트 정치 경제체제 요소만을 유지 강화하는 데에만 관심이 있었다. 1990년대 중반 기아위기가 북한에 닥쳐왔을 때, 북한당국은 기아위기를 해결하고 주민을 구하기 위해 그들의 정치적 목표를 수정하는 것을 분명히 거절하였다. 북한당국은 남북한 고위급 군사회담 논의과정에서 한·미 군사동맹관계를 파기시킴으로써 이 끔찍한 정치적 목표를 달성할 수 있을 것으로 믿고 있었다. 평양은 서구에서 지원되는 식량원조로 자신의 체제를 유지시키고 사회 불안정을 피할 수 있을 것으로 생각하였다. 그리고 더욱 중요한 것은 서구의 식량지원을 북한의 주요 정치목표를 달성할 수 있는 하나의 방법으로 인식하였다.

북한 기아문제를 놓고 남한정부는 식량지원에 대한 상반된 동기들이 교차하면서, 식량지원의 지속과 중단을 반복하였다. 북한 기아를 지켜보는 남한 국민들의 입장은 북한 식량지원에 대한 지속적인 정책보다는 혹시나 발생할지도 모를 북한의 도발에 더 많은 반응을 나타내었다. 1995년 북한 주민들이 겪고 있는 고통을 덜어 주기 위해 남한정부와 일본은 동시에 가장 후한 원조를 북한에 지원하기로 결정한다. 일본은 45만톤의 곡물을 약속하였고, 남한은 15만톤을 북한에 기증하기로 하였다. 그러나 북한에 식량을 지원하면서도 한편으로는 원조식량이 북한군으로 전용될 수도 있다는 두려움을 남한정부는 갖고 있었다. 아마도 남한정부는 북한이 필요로 하는 식량원조를 거절함으로써 북한체제의 붕괴를 기대했는지도 모른다. 이러한 이유로 기아가 가장 극심했던 기간에—1996년 봄에서 1997년 여름까지—서울은 단지 명목상의 식량원조만을 북한에 제공하였다. 오히려 서울은 다른 몇몇 국가들에게 북한에 식량을 지원하지 말도록 설득하였다. 이때 김영삼 대통령은 남한 정치체제가 50년 동안 꿈꾸어 오던 정치적 목표가 달성될 수도 있다는 희망을 품었을지도 모른다. 남한의 정치, 경제체제로 운용되는 한반도의 평화적 통일을 이룩하는 순간이 도래하는 듯했다. 김영삼 대통령은 한국의 콜Helmut Kohl로서 기억되고 싶었을 것이다.

북한은 미국정부가 원조를 제공하려 하는데 남한이 이를 반대하게 된다면, 한미간 분쟁이 한미간 동맹을 약화시킬 수 있을거라고 믿고 있었다. 북한 기아 사실이 남한 국민들에게 미치는 파장과 북한에 미치게 되는 영향에 대해서 북한은 예상하지 못했다. 1997년 봄, 기아가 맹렬해지자 남한 언론들은 서로 다투어 북한의 끔찍한 기아 참상에 대해 상세하게 보도하기 시작하였다. 남한은 미국 정부정책을 지원하기로 자신의 정책을 바꾸었다. 1996년 여름, 워싱턴은 평양 당국자에게 "회담에 나와 신중하게 협상에 임하면, 우리들은 북한에 식량을 원조할 용의가 있다."고 북한에 제의하였다. 1997년 봄까지 서울은 5만톤의 곡물을 굶주리는 북한에 지원하기로 약속하였다.

이미 1997년 봄까지 서울이 곡물을 지원하기로 약속한 상황에서 1997년 가을 김대중이 남한의 새로운 대통령으로 선출되었다. 김대중정부의 등장은 남한의 대북정책 변화가 시작되는 순간이었다. 김대중 대통령은 북한에 대한 조정과 화해를 의미하는 '햇볕정책'을 추구하였다. 그러나 평양이 서울의 제의에 반응을 보이기까지 2년이라는 긴 시간이 소요되었다. 북한이 반응을 보이기까지 오랜 시간이 걸린 이유는, 새롭게 선출된 대통령이 아직 완전하게 국가정부를 통제하지 못하고 있다고 북한은 나름대로 판단하고 있었기 때문이다. 아니면 남한이 북한에 대해 아직도 적대감을 갖고 있는 정책을 지속하고 있다고 믿고 있었기 때문인지도 모른다.

김대통령은 관대한 식량원조를 북한에 지원하기를 희망하였다. 그러나 정부 내에서도 김대통령의 대북식량지원에 대해 강하게 반대하는 이들도 있었다. 남한의 경제상황도 북한에 지원을 하기에 여의치 않았기 때문이다. 경제위기로 많은 실직자들이 생겨났으며, 그들도 자신의 생계를 걱정하고 있었다. 이러한 경제상황 하에서 자신의 적인 북한에게 대량 식량지원을 약속하는 것을 탐탁하게 생각하지 않았던 것이다. 1998년 중반, 북한에 대한 남한의 원조정책은 좀 더 적극적이면서 관대하게 발전하였다. 미국이 대규모의 식량지원을 약속하는 대신, 남한은 비료를 지원하기로 결정하였다. 선적되는 비료는 한 차례의 농번기에 쓰일 수 있는 양으로 실질적인 북한의 식량 증산을 위해 유일하게 투입되는 것이었다. 1998년과 1999년에 북한이 놀라운 수준으로 식량증산을 이룩할 수 있었던 가장 주된 요인은 남한의 비료지원에 힘입은 바 크다. 남한의 비료지원과 함께 미국정부의 식량원조가 효율적으로 북한의 기아 재발을 방지하였다.

그러나 북한은 남한의 지원과 제공에도 불구하고 대내 정치적 목적을 위해 적대적인 대남선전과 선동을 계속하였다. 북한은 자신의 생존권을 보장받기 위해 미국과 남한에 벼랑끝 전술을 구사하였으며, 동시에 북한체제의 지속을 보장받기 위한 워싱턴과의 관계 발전을 이룩하려고 노력하였다. 그러나 평양이 제시하는 정책 이면에는 북한이 두려워하는 두 가지 동기가 감추어져 있었다. 첫번째 두려움은 남한에게 북한의 완전 파괴된 궁핍함을 보이게 될 경우 평양이 잃게 되는 체면손상의 문제이고, 두번째 두려움은 만약 북한주민들이 남한의 풍요로움과 자유를 목격하게 된다면, 북한의 주민과 사회 내에 야기될 수도 있는 불안과 폭동을 두려워하였다.

국제 구호사회의 역할

북한에 기아가 진행되는 동안, 북한 주변 강대국과 북한 간에 이루어진 외교관계로부터 몇 가지 결론을 추론해낼 수 있다. 북한의 대외적 외교행태는 가장 절실히 구호사회의 도움이 필요할 때조차도 자기들에게 식량을 지원해 줄 수 있는 모든 잠재적 기증자들을 소원하게 만들었다. 일본정부와 남한정부는 1995년 홍수 이후, 실지로 45만톤 이상의 식량을 북한에 지원하였다. 그러나 일본과 남한의 초기 식량지원에 대한 북한의 무반응과 성의없는 태도는 기아가 가장 치명적이었던 다음 해 일본과 남한으로 하여금 후속적인 식량지원 발생을 방해하였다. 중국, 일본, 미국, 그리고 EU 국가들은 초기 식량지원에 게으름을 피우거나 소극적인 자세를 보임으로써 북한의 기아상황을 악화시켰다. 이들 각국은 자국의 국내정치상황과 외교정책의 이해관계 속에서 식량지원에 대한 그들의 반응과 속도를 조절하였던 것이다.

중국과 북한

중국과 일본은 북한의 기아발생에 중대한 관심을 가지고 있는 제삼자들이다. 중국에게 있어 북한은 국제사회에서 후세인, 가다피 체제와 비교될 정도로 자기주장만 일삼는 고집 세고, 국제사회 규약과 질서에 벗어난 짓만 일삼는 의붓자식과 같은 존재이다. 중국은 북한체제와 자신의 체제를 비교하는 것을 개의치 않는다. 자유화된 경제체제, 급속한 근대화, 그리고 외부세계에 대한 문호개방은 북한 전체주의와 비교할 때, 중국 공산당의 독재정치를 평범하고 오히려 성공적인 것으로 생각하게 만들었다. 북한에 기아가 감지되자 중국은 기아로 발생될 수 있는 결과를 내심 두려워하였다. 독재체제에서 발생되는 기아는 쿠데타와 사회 불안을 야기할 수 있고, 북한에서 사회적 불안이 계속되면 쿠데타 가능성을 배제할 수 없기 때문이다. 식량난민을 시작으로 수백만의 굶주린 북한주민들이 중국 국경을 넘어

들어올 것에 중국은 대비하고 있어야 했다. NGO들이 북한난민 문제를 쓸데없이 참견하고, 국제사회가 중국으로 몰려와 언론 접근을 시도하는 것을 중국은 내심 불편해하였다. 그리고 지속되는 기아로 인해 한반도의 군사력 균형이 위협받는 것을 중국은 우려하였다. 기아로 인한 한반도의 군사적 충돌 가능성을 배제할 수 없었으며, 중국은 한반도의 군사적 충돌을 피하는 문제에 깊은 관심을 갖고 있었다.

통제할 수 없을 정도로 극심해지는 기아로 남북한간에 전쟁이라도 일어난다면, 이미 3만 7천명의 미군이 주둔하고 있는 한반도에 미국은 미군의 수를 증가시킬 것이기 때문이다. 아시아에서 미군과 미국의 정치적 영향력을 몰아내는 것이 중국이 오래 전부터 갖고 있는 정책목표인데, 혹시라도 미국의 영향력이 아시아에서 커지는 일이라도 발생한다면 중국으로서는 달가운 일이 아니기 때문이다. 아시아에서 미국의 영향력이 약화되면 다른 무엇보다 미국의 간섭없이 대만과의 분쟁을 수행해낼 수 있기 때문이다. 이러한 요인들 때문에 중국은 한반도에서 일어날 수도 있는 정치적 긴장이 완화되기를 원하는 것이다. 그래서 중국은 북한에 식량을 원조함으로써 기아로 인한 한반도 긴장사태를 예방하고자 하였다. 그러나 북한에 식량을 원조하면서 중국이 부딪치게 되는 문제는 재정문제로서, 궁극적으로 북한이 경제와 농업분야에서 개혁을 시작하지 않는다면 중국은 무한정 북한이 필요로 하는 식량을 지원해줄 예산이 마련되어 있지 않았기 때문이다. 그러나 북한은 확고부동하게 개혁을 착수하기를 거부하고 있는 상황이다.

중국은 또한 북한문제로 인해 이제 막 싹트기 시작한 남한과 중국간의 무역, 그리고 대만과의 수교를 제쳐두고 북경과 수립한 남한정부와의 관계개선이 북한의 기아로 방해받을 것을 염려하였다. 대만은 냉전시대에 남한과 동맹관계였으나, 남한은 예전의 동맹관계를 끊고 새롭게 중국과 외교관계를 수립하였다. 중국의 식량원조가 북한주민의 기아고통을 줄여주고 북한사회가 불안정해지는 위험을 줄여주기는 하나, 북한에 대한 식량원조로 많은 남한사람들이 중국을 불쾌하게 생각하는 것을 염려하였다. 궁극적으로 중국은 북한체제에 대한 애정에서 비롯되었다기보다는 자신들의 이해득실을 따져 북한에 식량을 원조하게 되었다. 북한에 도착한 중국의 원조식량은 일반적으로 표준 이하의 곡물이 대부분이었다 — 돌이 섞여 있거나, 옥수수 속대와 쥐가 갉아 먹은 찌꺼기들이 섞여 있었다. 중국에서 제공된 원조식량의 질과 상태는 북한기아문제에 대한 중국인의 정서를 반영하는 것이었다. 마치 중국인들이 북한사람들에게 "원조받는 것이 마음에 들지 않는다 하더라도, 우리들은 너희들에게 이것 외에는 줄 것이 없으니 가져가라."고 하는 식이었다. 1996년까지 중국은 UN을 통해서 식량원조를 하지는 않았지만 북한에 식량을 원조한 국가 중 최대 단일 기증국이다. 오히려 중국은 북한당국에게 전권을 위임함으로써 실제로 북한이 원조식량을 북한군에 제공하여 하극상의 저항을 피할 수 있도록 했다고 UN 관리에게 고백하였다.

북한의 공격성과 북한기아에 대한 일본의 소극적 대응

북한 식량지원과 관련한 일본의 지원정책은 중국과 성격이 다른 문제이다. 1995년에 있었던 북한에 대한 일본의 관대한 식량원조는 1996년과 1999년 사이에는 중단되었다. 1905년부터 1945년까지 한반도에 대한 일본의 식민지정책은 한국인 마음에 깊은 상처를 남겨 놓았으며, 한국인은 종전 후 민주화된 일본에게 식민지시대를 속죄할 것을 계속 요구해왔다. 북한의 기아 발생은 적어도 북한의 경우에 있어서는, 일본에게 보상할 수 있는 기회를 제공하는 사건이었다. 한편, 일본의 무역거래는 주로 남한과 이루어지고 있었으며, 파산한 북한과의 거래는 거의 전무한 상태이다. 일본과 북한간의 무역은 바닥을 기는 수준에 머물렀다. 그나마 일본과 이루어지고 있는 '거래'는 수백만 조총련사회에 의해 이루어지는 거래가 대부분이었다. 일본에 거주하는 조총련은 적법하게 운영되는 파친코를 통해 돈을 벌어 들이고, 보조금의 형태로 또는 모호한 형태의 상업성 투자를 통해 조총련 자금이 북한에 유입되었다.

중국과 마찬가지로 일본은 한반도의 긴장이 야기되는 것을 원하지 않는다. 한반도 긴장은 남한과의 무역관계와 지역안보를 위협하기 때문이다. 한반도에서 남북한간에 분쟁이 일어나면 필연적으로 일본은 이에 개입하게 될 것이기 때문이다. 만약 한반도에 긴장이 초래되면 오키나와에 주둔하고 있는 미 공군은 남한의 미군을 지원해야 하기 때문이다. UN 난민고등판무관이면서 저명한 인도주의자인 오가타Sadako Ogata는 일본에서뿐 아니라 서구민주사회에도 꽤 잘 알려져 있는 인물이다. 결국 일본정부의 식량지원에는 실패하였지만, 그와 미국은 각기 다른 관점을 가지고 일본정부가 북한에 식량지원을 해줄 것을 설득하였다.

일본이 북한의 지원에 대해 인색한 반응을 나타내는 결정적인 요인은 본질적으로 전략지정학적인 요인에서 비롯되는 것은 아니다. 실제로 그 요인들은 일반적인 일본의 외교문제와는 관계가 없으며, 주로 일본의 국내정치상황과 더 많은 관련이 있다. 1997년 2월 영향력 있는 일본의 한 신문은 북한이 10명의 일본시민을 납치하였다는 사실을 보도하였다. 납치된 인물들은 주로 10대 소녀들로 1977년에 최초의 소녀 납치사건이 발생하였다고 기사는 전하였다. 그 후, 사라진 그들 10명에 대해서는 전혀 알려진 것이 없었다.[6] 그러나 2002년 북한당국은 일본인 납치사건을 인정하였으며, 그들 일부를 일본에 돌려보냈다. 이상한 소리로 들리겠지만, 일본인 납치사실 보도는 이번이 처음은 아니다. 납치사건에 대한 보도는 이미 몇 년 전에도 기사화되었었다. 북한 식량지원문제와 때를 같이하여 일본인 납치에 대해 새롭게 관심을 갖는 것이 의심스럽기도 하지만, 납치사건에 대한 보도는 북한 식량지원에 대한 WFP 요구에 일본정부가 공약하기 바로 전에 터져나왔다. 혹시 일본의 식량원조계획을 방해하기 위해 남한의 중앙정보국이 관련되어 있는 것이 아닌가 하고 의심하는 이들도 있었다. 그러나 일본인 납치에 대한 문제가 왜 다시 뉴스거리가 되었는지에 대해서 괘념치 않더라도, 일본 대중은 납치사건 보도에 새롭게 격분하였으며, 일본의회는 대북식량지원을 하지 못하게 일본인의 분노를 정부가 반영하도록 압력을 가하였다.

한편, 1997년 5월 북한 국적의 민간인이 불법마약 소지로 체포되는 사건이 일본에서 발생하였다.[7] 납치사건과 마약밀매사건은 1959년과 1982년에 북한 남성과 결혼한 1,800여명의 일본인 처 사건 이후 터진 민감한 문제였다. 1997년 당시만 해도 평양은 일본인 납치사건과 북한은 무관하다고 주장하면서 납치된 소녀들을 돌려보내라는 일본의 요구를 거절하였다. 오히려 북한은 1,800여명의 일본인 처들의 소식을 전해주는 대가로 식량지원을 요구함으로써 일본인들을 더욱 분노하게 만들었다. 일련의 사건들로 북한과 일본의 관계는 급속히 냉각되었다.

북한과 일본간의 외교적 냉각상태가 북한 식량지원사업에 영향을 준다는 것은 분명한 사실이다. 일본의 언론사절단은 워싱턴을 방문하여 인도주의 구호기관 대표들에게 현재 일본정부는 300만톤에 해당하는 곡물을 갖고 있다고 하였다. 좀 오래되어 일본에서는 시장성이 없지만, 식용으로 사용될 수 있는 쌀이 대부분이라고 하였다. 이 쌀의 양은 북한의 기아를 종식시키는 데 필요한 양의 두 배에 달하는 양이라고 그들은 덧붙여 말하였다. 일본은 북한과 지리적으로 가까이 위치하고 있기 때문에, 운송비용도 적게 들고 쌀을 북한에 보내는 시간도 최소로 들겠지만, 이 쌀은 곧 바다에 집어 던져지거나 돼지사료로 팔릴 것이라고 하였다. 홀Tony Hall(민주, 오하이오) 의원은 도쿄를 방문하여 일본정부가 잉여의 곡식을 북한으로 보내 줄 것을 설득하였으나 결국 실패하였다. 그 당시 일본 외무장관은 잉여의 쌀을 가지고 있음을 부인하지 않았다. 그러나 언론의 보도로 일본 대중이 격앙되어 있기 때문에 의회 내에서도 정치적 반대가 너무 격렬하여 식량원조를 승인하지 못하고 있다고 간단명료하게 홀의원에게 전달하였다.[8] 만약 북한당국이 이전의 사건들에 대해 일본에 사과하고, 좀 당혹스럽기는 하겠지만 일본의 의견을 받아들여 일본인 처들을 본국으로 돌려 보내주었다면, 일본정부는 그 보답으로 관대한 식량원조를 북한에 제공하였을 것이다. 그러나 일본과 북한 사이에 놓여 있는 정치적 이해관계는 북한주민들을 기아에서 벗어나게 해 줄 생명줄을 북한에 제공하지 못하도록 하였다.

종전 이후 일본 국가안보에 대한 가장 심각한 북한의 도전이 1998년 8월에 발생하였다. 북한이 새롭게 개발한 대포동미사일이 일본 영공을 지나는 사건이 바로 그것이었다. 국제관례를 무시하고 북한은 일본에게 미사일 발사실험에 대한 사전정보를 알려오지 않았다. 더욱이 미사일이 일본 영공을 지나치게 될 것이라는 사실도 사전에 통보하지 않았다. 대포동미사일 발사사건으로 일본은 더욱 격노하였다. 이웃 국가 일본과 미국의 분노에 놀란 북한은 대포동미사일은 무기를 장착하지 않은 단지 위성일 뿐이라고 발표하였다. 북한의 발표 그대로 대포동미사일이 무기와는 특별히 관계없는 인공위성이라고 하더라도, 차후에 무기를 장착하여 사용할 수 있는 북한의 미사일 능력을 보여주는 사건이었다. 대포동미사일 발사가 가져온 충격은 미사일이 날아간 사정거리로서 앞으로 일본 전역은 물론 미국과 캐나다의 서쪽과 중앙지역까지 도달할 수 있는 능력을 북한이 갖추고 있다는 것을 증명하는 것이었다. 대포동미사일 발사사건으로 북한이 동아시아에서의 전략적 무기균형을 급격하게 바꾸어 놓으려 하고 있다고 군 관계자들은 북한의 군사적 위협을 경각시켰다.[9]

미사일 발사로 일본 내 대북한 저항은 한층 고조되었고, 이로 인해 일본정부의 북한에 대한 식량지원은 감소되었다. 오히려 일본정부는 미국이 요청하는 상당한 규모의 식량지원에 대해 항의하기조차 하였다. 미사일 발사사건이 터지자 일본은 KEDO협정을 잠정적으로 철회하였다. 이 철회는 KEDO의 종언을 의미하는 것으로, 그동안 일본이 북한에 건설될 경수로의 재정지원국으로서 중요한 역할을 맡고 있었기 때문이다. 그러나 도쿄는 그 후 미국으로부터 압력을 받고 철회를 거두어들였다.

연기된 서구 각국의 대응

7절에서 더 많은 상세한 부분이 다루어지겠지만, 미국이 일본과 남한정부의 급격하게 감소된 원조 부분을 대체하기 위해, 상당한 양의 식량원조를 북한에 제공하는 것은 1997년 여름에 이르러서 시작된다. 그러나 약속된 식량은 늦은 여름이 지나도 북한에 도착하지 않았다. 1997년은 북한에서 기아가 가장 극심했던 해로 사망률은 오히려 감소되어가고 있는 중이었다. 비록 각기 다른 이유가 있다고는 하지만 EU도 제공하기로 약속한 식량원조를 늦추고 있었다.

미국의 대북지원과 관련하여 NGO 기구들은 북한기아 심각성을 잘 알고 있었기 때문에 워싱턴이 좀 더 후한 식량을 북한에 원조하도록 조직적으로 강제하고 있었다. 그러나 1996년 9월에 발생한 사건은 이러한 NGO의 지지노력을 단번에 묵살시켰다. 9월에, 첩보임무를 띤 북한 잠수정이 남한 해안선을 침범하였다. 남한의 군 병력은 숨어 있는 북한군을 수색하여 모두 사살하였다. 이 사건 이후 워싱턴 주재 남한측 외교사절들은 NGO의 북한식량 지원에 대한 의회로비를 좌절시키기 위해 미 의회 내에서 활발하게 식량지원 반대운동을 전개하였다. 미국의 아시아 최강 동맹국으로서 남한정부는 북한기아에 대한 어떠한 구호사업에도 반대한다고 이의를 제기하였다. 북한에 지원되는 기아구호식량이 북한군에게 유입된다고 믿고 있기 때문에 서울은 미국의 대북한 식량지원을 전적으로 반대한다고 하였다. 그 이후, NGO 사회에서 북한의 식량원조문제를 제기할 때마다 미 의회와 미 정부 내의 식량지원 반대자들은 미국정부는 동맹국 남한을 지지해야 한다고 한결같이 주장하였다. 김대중 대통령이 대북정책으로서 햇볕정책을 발표했을 때에도, 미 의회와 정부 그 어느 누구도 미국의 대북정책도 변화되어야 한다는 사실을 깨닫지 못하고 있었다. 미 의회와 정부는 기본합의문Agreed Framework과 식량원조를 관련지어 줄곧 생각하고 있었다.

위급한 상황이 발생했을 때 미국의 지도력은 UN 기관의 결정과 NGO 기금, 그리고 국제사회에서 각국의 지원을 동원하는 데 주목할 만한 영향력을 행사한다. 많은 생명들이 위험에 처해 있는데도 불구하고 위급상황이 잘 파악되지 않거나 외부세계에 잘 알려져 있지 않을 때, 미국의 지도력은 더욱 절실히 요구된다. 비록 EU가 미국보다 더 관대하게 정책을 시행하고 대외원조를 위해 많은 예산을 책정해 두었다 하더라도, EU의 수행능력은 많은 제약을 안고 있는 것이 사실이다. EU를 구성하고 있는 각국의 외교적 이해관계가 균형을 이루어야 하기 때문에 시행까지 도달하기 위해서는 많은 시간이 소요된다. 응급상황이라는 판단을 내리게 되면, EU는 미국의 식량원조 공약과 비슷한 수준을 유지하거나 그 수준을 넘치기도 한다. 그러나 일반적으로 EU는 자신이 먼저 나서기보다 오히려 미국정부의 반응에 따라 같이 행동하여왔다. 그러므로 미국정부의 반대나 무관심은 국제사회에서 위급상황에 대한 대응을 약화시키거나 무시한다.

미국은 일찍이 많은 양의 식량을 움직일 수 있는 제삼자일 뿐 아니라, 외교력을 통해 다른 국가들이 참여하도록 설득할 수 있는 지도력을 갖고 있다. 그러므로 북한의 경우에도 펜타곤과 국무부, 그리고 국가안전위원회 각료들에 의해 정의된 전략지정학 측면에서의 북한에 대한 외교적 이해관계는 미 외교정책의 인도주의 정서와 갈등을 유발하여왔다. 그러므로 이같은 미국 내 갈등은 유럽국가들의 반응을 지연시키고 유럽국가의 지원정책이 일관되지 않고 단기적인 것으로 끝나는 데 영향을 주었다.

북한은 이 위기를 어떻게 보고 있는가
-김정일의 1996년 12월 연설문을 통해서-

식량위기에 대응하는 북한의 전략은 1996년 12월 김정일의 모교 김일성대학 설립 50주년을 기념한, 당 간부에게 행한 연설에서 그 윤곽을 찾아볼 수 있다. 북한에서 녹음된 연설문이 입수되어 〈월간조선〉을 통해 그 내용이 출간되었다. 그간 남한에서 출간된 북한자료들은 남한 중앙정보국의 검열을 받아왔다. 그러나 그러한 북한자료들과는 달리 김정일 연설문은 검열을 받지 않은 원본 그대로가 전달되었던 것으로 알려져 있다. 기아에 대한 모호하고 간접적인 표현들은 다른 나라의 기아경험을 반영하고 있었으며, 이러한 표현들은 이 연설문이 진짜 북한의 자료임을 입증하기에 충분하였다. 이같은 근거로 이 연설문에 더 많은 신뢰감을 갖게 되었다.

김정일이 두 가지 중요한 문제로 괴로워하고 있음을 이 연설문을 통해서 알 수 있다. 기아라는 단어를 김정일은 이 연설문에서 19번이나 언급하였으며, 기아에 대처하는 당 간부들의 무능력을 지적하였다. 김정일은 당 간부들을 비난하면서, "식량문제가 전국을 무정부상태로 만들어가고 있다."고 지적하였다. 또한 김정일은, 당 간부들의 혁명적 열의가 부족함을 가차없이 공격하였다. 간부들은 자신에게 부여된 임무를 수행하기보다 외부비판으로부터 모면하고 자신을 보호하려고만 할 뿐이라고 비판하였다. 간부들은 위기해결책을 찾아내서 해결하기보다 문제를 숨기려 하고, 오직 자신의 가족을 위해 특권을 행사하고 있다고 공격하였다.

김정일 연설은 북한의 지도자가 기아를 어떻게 관망하고 있는지에 대한 몇 가지 분석을 가능하게 한다. 첫째, 북한 지도자는 지금 그들이 곤경에 빠져 있음을 분명히 인식하고 있으며, 비록 1996년에 '무정부상태'라고 과장된 표현을 사용하기는 하였지만, 이 위기로 인해 국가권위가 침해당할 수 있음을 김정일은 직시하고 있었다. 둘째, 북한 지도부는 기아라는 위기에 무엇을 어떻게 대응해야 하는지를 모르고 있다는 점이다. 만약, 북한 지도부가 효과적인 전략을 갖고 있다면, 김정일은 자신의 지도력을 호의적으로 나타내기 위해서라도 위기사실을 숨겼을 것이다. 세번째, 기아라는 위기가 닥치자 김정일은 북한 군부를 통해 위안을 찾으려고 했으며, 북한 내의 효율적이고 기능적인 제도로 유일하게 군부를 인식하였다는 점이다. 한편, 김정일은 북한군도 심각한 식량부족에 봉착하고 있으며 미국이 북한의 허약한 틈을 타서 공격해올 수도 있다고 하였다. 중국에서 이루어진 난민과의 면담을 통해, 체중미달과 성장장애로 새롭게 군대에 모집되는 신병들의 신체가 많이 왜소해진 것이 북한군의 새로운 문제라는 것을 알 수 있었다. 또한 김정일이 북한이 겪고 있는 작금의 대격동을 어떤 개인의 책임으로 돌리지 않으려고 애쓴 흔적을 전체 연설문을 통해 발견할 수 있다. 김정일은, 생전에 김일성이 절대 경제 문제에 개입하지 말고 그 대신 군과 당 문제에 총력을 기울이라는 말을 했었다고 하였다. 김정일은 1933년 러시아와 1960년 중국의 당회 필기록을 읽고, 스탈린과 모택동이 기아가 일어난 책임을 회피하면서 오히려 그 책임을 당 간부들에게 전가했던 것과 같이 스탈린과 모택동의 말을 그대로 반복하고 있었다.[10]

한편, 북한체제는 자연재해로 인한 피해를 정기적으로 과장하여 발표하였다. 1995년과 1996년의 홍수, 1997년의 가뭄, 그리고 1997년과 1998년에 심각한 태풍의 피해로 많은 농경지가 피해를 받았다고 평양은 과장 발표하였다. 거듭된 자연재해로 수확량이 감소되고 수많은 사람들이 피해를 보았다고 덧붙였다. 태풍으로 입은 피해를 복구하기 위해 NGO가 복구사업에 지원되는 노동자들의 식량지원 계획Food-for-Work projects을 제안했을 때, 북한당국은 식량지원이 필요한 노동자들의 수를 크게 부풀려 NGO에 전달하였다. 이에 대해서 NGO는 가장 적당한 숫자가 얼마인지를 북한에 즉시 통보하고, 북한관리들이 현실을 깨닫도록 하였다. FAO/WFP 식량평가단은 북한 식량부족분의 15%만이 자연재해로 발생된 것임을 결론지었다.

심각한 식량부족현상을 자연재해와 남의 탓으로 전가하는 북한 중앙당국의 행태는, 대약진운동으로 기아가 발생했을 때 중국정부가 보였던 행태와 아주 유사하다. 모택동은 예전의 채무를 회수하려는 러시아를 맹렬히 비난하고 기아발생은 "전례없는 자연재해" 때문이라고 주장하였다. 역사학자에 의하면,

> 중국에는 매년 기상악화로 항상 식량부족이 발생하는 지역이 있다. 한편, 중국의 최고지도자가 아니면 중국 전역에 대한 기상정보를 접할 수 없을 것이다. 중국에서는 실제적인 인구이동이 일어나지 않기 때문에 산 하나 넘어서는 물론이고 자기가 살고 있는 이웃 지역에서조차 어떤 일이 일어나고 있는지를 아무도 모른다. 그래서 중앙당국의 선전대로, 그 당시 많은 사람들이 자연재해로 인해 기아가 발생했다고 물론 믿고 있으며, 이는 오늘날도 마찬가지이다.[11]

중국 기아에 대해 관심을 갖고 있던 역사학자 베커는 대약진기간의 기상통계를 꼼꼼이 다시 검토해보았다. 그 결과 기아가 극성을 부리던 기간 동안 중국에 이렇다할 자연재해가 없었다는 결론을 내렸다.[12]

북한의 기아대응방안과 대외관계

북한 지도자 김정일이 개혁에 착수하기보다 국제사회의 식량지원을 받아 기아 문제를 해결하기로 결정하면서, 얼마나 많은 식량을 지원국 각국으로부터 확보할 수 있는지에 대해 내각 간에 경쟁을 부추겼다. 북한 수립 당시로 거슬러올라가보면, 내각들 상호간에 경쟁심을 불러일으키고 이를 이용하는 것이 북한식 전통임을 알 수 있다. 초기 기아발생시 NGO와 UN 기구들은 북한 각각의 내각이 개별적으로 서구로부터 원조공약을 받아냈다는 사실을 알아내었다. 북한내각은 누가 얼마만큼의 식량원조공약을 받아냈는지에 대해 공개적으로 논쟁하였다. 각각의 내각들은 각자 받아낸 식량기증에 대한 자료들을 간직하고 있었다. 만약 선적이 늦거나 또는 도착하지 않을 경우, 그리고 약속된 분량과 차이가 날 경우 내각은 기증국가에 항의하였다. 1997년 6월 북한을 방문했을 때, 나는 평양에서 처음으로 북한 관리와 집중적으로 월드비전이 기증하기로 약속한 곡물의 목록에 대해 정밀하게

검토하면서 대화를 나누었다. 북한관리는 약속한 분량과 약간의 오차를 발견하고 아주 꼼꼼히 따져들었다.

북한 외교부는 NGO들에게 그들이 기증하기로 약속한 물자가 북한에 들어오지 않는다면 북한을 방문할 수 없다고 통보하였다. NGO들은 북한이 원하는 대로 들어주어야 했으며, NGO들은 북한을 방문하기 전에 물자들을 지원하기로 약속하고 북한을 입국하기 전에 물자들이 정확히 언제 도착하는지를 조정해야 했다. 기아 초기발생시 북한이 필요로 하는 식량과 의약품을 제공하기 위해서, NGO가 현장답사를 기본적으로 요구한다는 것을 북한당국은 알고 있었다. 그러나 북한은 최대한의 물자를 얻어내기 위해 NGO의 접근을 통제하였다. 예를 들어, 북한이 요구하는 입국비자 수속료는 단순한 수속료 차원을 넘어서는 비싼 가격이었다. NGO 보고에 의하면, 북한당국은 각각의 비자 신청을 승인하는 대가로 50만불의 현금이나 이에 상응하는 물자를 요구하였다고 한다.[13] 아이러니칼하게도 구걸하는 북한 체제에 구호활동을 제공하는 NGO들과 UN 기관들은 주는 입장이 아니라 북한에 들어가기를 간청하는 신세가 되었다.

북한정부는 물품대가를 현금으로 지불하지 않고 민간기업으로부터 식량과 다른 필요물자들을 구입하는 아주 효과적인 방법 하나를 알고 있다. 신용으로 물품을 구입한 후 나중에 돈을 지불하지 않는 방법이다. 평양으로부터 대금을 받아내는 고충에 대해 많은 기업들이 불평하고 있다. 북한기아가 외부세계에 공식적으로 알려지기 바로 전, 북한은 1991년과 1994년에 미국의 기업으로부터 곡물구입으로 사용한 760만불에 대해 채무불이행을 선언하였다.[14] 또한, 북한은 쌀 선적대가로 지불되어야 할 140만불을 태국에 갚지 않았다. 이 사건으로 북한과 태국의 무역관계는 심각하게 긴장되었다.[15] 많은 서구기업들이 북한당국이 자신들을 기만했다는 사실을 깨닫고 더 이상 신용으로 평양에 물품을 팔지 않게 되기까지, 북한의 전략은 몇 년간 유효하게 사용되었다.

인도주의 구호기관에서 밝혀낸 바에 의하면, 1997년 북한은 미국 최대 곡물회사 중 하나인 카길과 북한에서 생산되는 아연과 곡물을 교환하기로 협상하였다. 그러나 곡물을 실은 선박들이 북한으로 가는 도중, 북한의 아연광석이 아직도 항구를 떠나지 않았다는 사실을 접하고 그 거래를 갑자기 취소하였다. 광석을 채굴할 광산장비가 불충분하였기 때문에 거래성사를 위해 필요한 광석을 제 시간에 완료하는 것이 북한으로서는 불가능하였다. 카길과의 거래시 북한은 미국정부가 그 협정을 보증해 줄 것을 요구하였으나, 미국정부는 단지 카길이 수출면장을 용이하게 받아낼 수 있도록 해줄 뿐이라고 북한에 전달하였다.[16]

중국상인들은 북한의 거래행태에 대해 더욱 심한 불평을 한다. 북한과 거래를 할 경우 오직 물물교환에 근거한 거래만을 강조한다. "만약 북한에 상품을 미리 보내면 그들은 절대로 물품비를 지불하지 않는다."[17] 북한과 거래를 했던 중국 기업들 중 북한이 지불을 거절하여 파산지경에 이른 기업들이 상당수 있다. 이런 문제들이 발생하면서 북-중 접경지역의 상황은 악화되었다.[18]

1997년 봄, UNDP는 중국의 농업전문가 대표단을 평양에 보내기로 결정하였다. 대표단은 북한측 관계자들에게 "등소평처럼 시장자본주의를" 해볼 것을 권유하였다. 특히 농업부문에서 서구 시장자본주의를 받아들여 개혁을 시작할 것을 권고하였다. 그러나 북한측의 반응은 즉각적이고 단호하였다. 자신들은 어떤 개혁도 고려한 적이 없다는 것이었다. 등소평의 경제개혁은 공산주의를 배반하는 행동이며 북한은 절대로 등소평의 경제개혁 모델을 적용하지 않겠다고 하였다. 이같은 북한측의 반응은 중국의 대표단을 불쾌하게 만들었다. 북한의 경직된 사고와 이웃 국가에게 식량원조를 요청해오는 북한의 태도에 지친 중국은 식량지원을 하지 않겠다고 북한을 위협하였다. 그러나 북한은 그들에게 남겨진 최소의 외교역량을 이용해서, 대만과 평양간의 정기적인 비행노선 개설을 대만과 협상함으로써 중국과의 사태를 교묘하게 피해갔다. 비행노선 협상의 대가로 대만정부는 북한에 50만톤의 식량을 약속하였다. 중국은 북한과 대만의 협상 소식을 접하고 격분하였다. 그후 중국은 평양이 대만과의 협상을 파기하였다는 소식을 전해 받은 후, 상당한 양의 식량원조를 북한에 약속하였다.

북한은 UN과 NGO에게 식량지원을 호소하면서도 식량을 구걸하는 행동은 거부하였다. 북한은 UN, NGO와 공적관계를 지속하고 원조식량 분배에 따른 식량 기증국가의 주장을 최소한 만족시켜주기 위해, NGO와 UN기관으로 하여금 북한 마을 접근을 허용하였다. 그러나 북한당국은 구호기관에서 제공되는 식량배급을 어떤 지역에 표적을 맞추어 배급할지를 결정하고, 가장 도움이 필요한 지역이 어디인지를 결정하는 권한을 갖고 있는 구호직원의 접근은 결코 허락하지 않았다. 구호활동이 시작되자 북한당국은 방관자가 아닌 전체 원조식량의 배급 관리를 책임지려고 하였다.

2000년 초, 북한당국은 외부세계와의 새로운 관계 모색을 위해 외교공세를 펴나갔다. 북한에 적대적인 미국을 달래는 정책을 전개하기 시작하였다. 북한은 이탈리아와 외교관계를 수립하고, 김정일은 평양 주재 중국대사관을 방문하였다. 또한 김정일은 북경을 방문하여 중국 지도자를 만났으며 북한이 받아들일 수 있는 정도의 경제개혁조치를 포함한 새로운 협정에 조인하였다. 중국에 이어 2001년 7월과 8월에 김정일은 기차를 이용하여 러시아를 방문하고 푸틴 대통령과 정상회담을 가졌다. 러시아가 남한과 외교수립을 이룩한 이후 처음 갖는 러시아-북한의 두 정상간 회담이었다.

2000년 6월 남북 관계의 획기적인 전환점을 이룬 사건이 발생하였다. 김대중 대통령이 3일간 평양의 김정일을 방문하였다. 실질적인 회담협정과 관련해서는 이루어진 것이 거의 없지만, 두 정상간의 만남, 따뜻하게 오고간 대화들, 그리고 두 정상의 모습이 담긴 사진은 외교적으로 큰 성과를 이룬 사건이었다. 이같은 일련의 사건들은 북한 지도층이 기아를 뒤로 하고 적극적인 개혁을 모색하고 있다고 생각할 수도 있었다. 그러나 만약 북한이 양자택일을 한다면, 기아기간에도 변하지 않았던 것처럼 북한지도층은 그들이 지금까지 추구해온 정책을 지속해나가려고 할 것이다. 단호하게 내부개혁은 거부하면서 북한은 중국, 남한, 일본, 러시아, 그리고 미국으로부터 더 많은 식량지원을 얻어내기 위해 외교를 이용하려 할 것이다. 과연 어느 해석이 진실된 것인지는 시간만이 해결할 수 있다.

7. 기아의 정치학

워싱턴의 논쟁

1994년 8월, 의회에서 핵문제 논의가 끝난 후 북한 대표단의 일원이 국무부 관리인 퀴노Ken Quinones에게 미국이 북한에 100만톤의 식량을 제공할 의사가 있는지에 대해 물어왔다. 생각지도 않은 북한측의 대담한 제안에 깜짝 놀란 퀴노는 북한의 취지를 워싱턴에 전달하였다. 그러나 미국측 답변은 분명한 거절이었다. 거절을 받았음에도 불구하고 북한측은 국무부관리가 공법 480조(미국은 자국의 농산물가격을 유지하고 농산물수출을 진작하는 한편 저개발국의 식량부족을 완화하기 위하여 공법 480조를 제정하였다. 1954년에 법제화하고 이 규정에 따라 잉여농산물을 각국에 제공하는데, 이것이 미공법 480조이며, 이를 줄여서 PL 480이라고도 한다)에 근거한 식량지원을 요구할 수 있는 법적 필요조건을 북한측 관리들에게 제시할 때까지 계속 요청해왔다. 만약 북한이 기아와 같은 재난으로 고통받고 있다면, 북한은 식량지원을 받을 자격이 충분하다. 북한에 대한 미국의 식량지원정책은 이 시기까지 거슬러올라간다. 그러나 그 당시만 해도 워싱턴의 그 어느 누구도 북한과의 거래를 이해하지 못하고 있었다.

몇 달이 지난 후, 북한에 콜레라 전염병이 발생했다는 보고를 듣고 퀴노는 자선경로를 통해 50만명분의 콜레라백신 선적을 개인적으로 준비하고 있었다. 퀴노는 자신의 상관이며 북한과의 핵협상을 이끌어간 갈루치Robert Gallucci의 승인을 받아내었다. 갈루치는 초기부터 정치적 조건없이 북한에 인도적 지원을 주장해온 인물이다. 국무부 고위관리들 사이에서 갈루치 혼자만이 북한의 인도적 지원을 주장하였다. 갈루치와 퀴노는 북한에 백신을 제공하는 일이, 의심 많은 북한측 대화자들의 호의를 얻는데 도움을 줄 뿐 아니라 북한과의 협상시 미국에 이로운 영향을 미친다는 것을 알고 있었다.[1]

북한의 기아 발생에 대한 증거

1992년과 1994년에 미국 기업들은 북한과 활기띠게 상업거래를 하고 있었다. 북한으로 수출되기로 되어 있는 1억 2천만 달러에 달하는 옥수수와 밀은 소련이 북한에 선적하는 양과 맞먹는 분량이었다. 그러나 미국이 북한에 보내기로 한 선적은 1994년에 끝이 났다. 북한이 8천만 달러의 부채를 지불하지 않았기 때문에 곡물회사는 북한의 신용을 차단하였다. 비록 이같은 증거들이 결정적인 것은 아니라 하더라도, 북한이 1995년의 홍수로 심한 피해를 받기 1년 전부터 미국은 북한에 식량위기가 임박해오고 있음을 감지하고 있었다. 미국 정보국은 1991년 겨울부터 1992년에 이르는 시기에 이미 북한에 심각한 식량부족 사태가 일어나고 있다는 사실을 증명해주는 증거들을 갖고 있었다. 같은 해 WFP는 북한의 식량지원 요청을 거절하였다.[2] 퀴노에게 100만톤의 식량을 요청한 시점은, 북한이 중국과 소련으로부터 더 이상의 식량 보조를 받지 못하고, 미국과 캐나다 곡물회사와의 거래가 중단되면서 북한이 식량지원을 요청해온다.

퀴노는 홍수가 지나가고 난 후인 1995년 가을, 북한에 다시 들어가서 KEDO 조사단의 일원으로 동북지역을 돌아보게 되었다. 퀴노는 홍수로 엄청난 피해를 입은 농촌지역과 영양결핍으로 굶주린 주민들의 모습을 보고 심한 충격을 받았다. 퀴노와 같은 대표단에 있던 북한측 관리조차 행동이 둔하고 쇠약해 보였다. 적은 칼로리 섭취로 사람들은 기력이 쇠약해졌으며, 거의 대부분의 사람들이 반나절 동안 잠을 자기도 하였다. 퀴노는 워싱턴으로 돌아와서 북한에 식량위기가 시작되었음을 보고하였다. 퀴노의 보고는 기아로 인한 사망자와 관련된 자료를 갖고 있는 일본과 남한의 정보국 관리에 의해 사실로 확인되었다. 그러나 미국의 중앙정보국, 국방성 정보국, 그리고 펜타곤은 북한이 인도주의 지원을 얻어 내기 위해 꾸며낸 자료라 생각하고 이를 묵살하였다. 나중에 밝혀진 사실이지만 이 기관들에 따르면, 미 국무부는 "북한이 먼저 승차하기"를 기다리고 있었다고 한다.[3]

퀴노 보고는 1996년 여름까지 불안정한 북한상황에 대해 미국정부 내에 다양한 논쟁을 유발시켰고, 두 번에 걸친 북한 현장답사는 미 정보국의 북한위기에 대한 평가를 바꾸어놓았다. 첫째, 1996년 봄 외국재해원조실Office of Foreign Disaster Assitance과 미 국제개발국U.S. Agency for International Development은 북한 재해에 대한 검토를 착수하기 시작하였다. 우선 라우츠Sue Lautze를 북한에 보내 북한주민의 영양상태를 인도주의 시각에서 평가하도록 지시하였다. 라우츠의 보고는 8절에서 좀더 자세히 다루어지겠지만, 식량위기가 실제로 북한에 닥쳐왔음을 경고하고 있다. 둘째, KEDO조사단의 일원으로서 퀴노는 12명의 미국 군 관리와 함께 동북지역을 다시 돌아보는 기회를 가졌다. 관리들은 자신의 눈으로 목격한 사실에 심하게 충격을 받았다. 길가에는 죽은 시체들이 나뒹굴고 있었으며, 극심하게 여윈 사람들이 꼬챙이 같은 몸에 누더기옷을 걸치고 있었다. 북한에 식량위기가 진행중임이 분명하였다. 관리들이 미국으로 돌아와서 그들의 목격담을 전하자, 북한 국내상황에 대한 중앙정보국과 펜타곤의 의혹은 사라졌다. 중국으로 탈출한 망명자와 난민들의 면담은 또한 라우츠와 퀴노의 평가가 정확했음을 재확인시켜 주었다. 그러나 참혹한 기아가 북한에 진행중이라는 증거들이 확인되었음에도 불구하고, 적극적인 미국의 반응을 끌어내지는 못하였다.[4]

흥미로운 일이지만 국무부대변인 번즈Nicholas Burns는 1년이 훨씬 지난 1997년 7월 17일까지 북한의 식량위기를 '기아famine'라고 언급하지 않았다. 7월 17일 클린턴행정부는 10만 톤의 식량을 북한에 제공하기로 결정한다는 발표를 하였다. 이 사실을 발표하는 날, 번즈는 드디어, "북한에 기아가 진행중이다."라는 표현을 하였다.[5] 이 발표 이전에 번즈는 'f'라는 단어를 공식적으로 절대 사용하지 않았다. 그가 선호한 단어는 좀더 부드럽고 은근하며, 기아라는 위기보다 덜 경각적인 단어를 사용하였다. 기아위기가 북한에 실재하고 있다 하더라도 미국이 북한위기에 어떻게 반응하느냐에 달려 있었기 때문이다. 미 국무부는 북한위기를 르완다위기와 같은 방법으로 대처하려 하였다. 미 국무부는 대량학살이라는 단어에 난처한 의미를 부여하게 될 수도 있기 때문에, '거의 백만명에 달하는 투치족이 죽었을 때조차도 대량학살genocide' 이라는 단어는 사용하지 않았다.

북한 식량지원을 둘러싼 워싱턴의 논쟁

1995년과 1996년 몇 가지 요인에 의해 미국은 북한에 명목상의 식량지원을 결정하게 된다. 첫번째 요인으로 북·미간 외교역사를 들 수 있다. 미 외교정책 전체를 개관해 볼 때, 미국은 북한을 가장 위험하고 가장 비이성적인 적대국가 중 하나라는 원칙 위에 상정해 놓고 있다. 그러므로 북한이 처한 위기가 얼마나 심각한지에 대해서는 고려하지 않고, 적대국가에 식량을 제공한다는 것은 미국 관리들로하여금 지금까지 고수해온 원칙을 무시하도록 요구하는 것이 된다. 관료적 타성과 40년 동안 계속되어온 북한에 대한 적대감은 대북정책 변화에 거부감을 갖게 하였다. 둘째 요인은, 좀 더 현실적인 차원에서 식량이 군사목적으로 전용될 수 있다는 우려가 미 관리들 사이에 논쟁을 불러 일으켰다. 이러한 의문은 펜타곤과 국가안보회의(NSC)에 참석한 군 관리들에 의해 계속적으로 지적되었다. 그뿐 아니라 상하 양당 의원들은 정부에 서신을 보내 자신들의 우려를 전달하기도 하였다. 마침내 기아에 대한 정의를 놓고 상당한 논쟁이 벌어졌다. 1997년 봄, USAID의 한 고위관리는 북한에서 발생한 기아는 구조적인 식량부족에서 기인한 것이 아니라 단지 자연재해로 발생한 것이라고 말하였다. 한편, UN이 발표한 보고서는 북한 식량부족의 85%는 구조에서 기인한 것임을 분명하게 지적하고 있었다. 이러한 기아 정의에 대한 논쟁은 1년 후 북한에서 구호사업을 벌이게 되는 NGO 사이에서도 일어난다.

국무성 내 한반도문제 관련 고위관리들은 명목상의 식량지원을 제외한 어떠한 지원에 대해서도 반대하였다. 그러나 1996년 봄이 시작되면서, 북한기아 심각성에 관한 증거들을 접하자 국무성 관리들은 자신의 생각을 바꾸기 시작하였다. 국무성은 인도주의 차원이 아니라 대북 정치협상을 위한 외교수단으로 북한에 당근을 권고하였다. 1996년 여름, 동아시아 태평양담당 부차관보인 카트만Chuck Kartman은 대북 협상테이블에서 식량지원이 가장 주요한 논점이 될 것이라고 UN 관리들에게 말하였다. 만약, 북한이 4자회담 참석에 동의하여 4자회담이 진행된다면 미국은 북한에 식량을 제공할 것이고, 미국은 원조를 주저하고 있는 다른 제공자들에게도 WFP의 요청에 적극 참여하라고 권유하겠다고 덧붙여 말하였다. 그러나 만약 북한이 비협조적인 자세로 나온다면, 북한은 원조를 받지 못할 것이라고 강조하였다. 그 당시 카트만은 이와 같은 정책을 입안한 관리가 아니고 전임 동아시아 태평양담당 관리의 정책을 이어가고 있었을 뿐이다. 평양은 북한에 줄 당근으로서 식량지원을 미국이 이용하는 것에 거부감을 느끼지 않았다. 단지 북한은 4자회담에 임하기 전에 미국이 줄 당근을 원했을 뿐이다. 한편, 미국과 남한은 북한이 회담에 나와 그들의 태도를 바꾸지 않는다면, 평양은 당근을 갖지 못하게 될 것이라고 생각하고 있었다.

김일성 부자는 인도주의 식량지원을 미국의 전략적 이해관계와 분리시켜 생각했다. 인도주의 원칙은 비교적 방해받지 않고 수행될 수 있는 원칙이라고 생각하고 있었던 것이다. 만약 북한정부가 4자회담에 협조적이지 않다면, 그로 인한 도덕적 결과는 북한 주민의 굶주림을 초래한다. 전체주의 국가체제에서 전체주의 국가 행태를 바꾸게 하기 위해 무모한 국민을 볼모로 희생시킨 일이 성공한 적은 없다. 전체주의 국가체제에서 국민은 그들 정부행태를 통제할 수 없을 뿐 아니라, 전체주의 정부 또한 국민에게 어떤 재난이 일어나든 전혀 신경을 쓰지 않는다. 국민은 희생되더라도 정부관리는 잘 먹고 잘 살 수 있기 때문이다.

이러한 공식은 전통적인 외교술의 한 방식으로 작용해왔다. 결국 외교는 대가에 따른 보상을 함으로써 상대방 국가에 영향력을 행사하고, 상대방 국가를 조종해보려는 시도이기 때문이다. 그러므로 상대방의 결정과 태도에 영향을 주기 위해서 외교관은 군사개입과 경제원조, 군사위협이나 경제제재조치 등과 같은 다양한 방안을 고려한다. 그러므로 각 국가들은 외교수단으로 이용되는 위협이나 외교적 공약에 기초하여 자국의 결정을 내리게 된다. 일반적인 상황에서 이러한 외교방안들이 통용될 수 있으나, 기아와 같은 위기상황에서는 그 경우가 다르다. 역사적으로 이같은 외교관계의 윤리적 딜레마가 미국정부와 NGO들, 그리고 종교단체들 간에 분쟁을 야기해왔다. 아우구스틴 성인St. Augustine은 전쟁이 일반화되었던 사회에서, 가톨릭의 가르침은 민족국가들이 국가이익을 위해 무력을 사용하는 것을 도덕률이 억제시켜왔다고 하였다. 이같은 윤리적 강제는 상대방 국가의 행동에 영향을 미치기 위한 수단으로서 무고한 많은 인간이 고통받는 가혹한 방법이 사용되는 것을 제한하여왔다.

식량지원이 외교수단의 한 방안으로 사용된 역사는 그리 오래되지 않는다. 외국원조의 한 형태로서 식량이 제공된 것은 제1차세계대전 후까지 거슬러올라간다. 한편, 외국원조의 1년짜리 형태로서 식량지원은 1950년대에 처음 나타났다. 기아로 고통을 받는 지역에 식량지원을 거부하는 논쟁은 1984~85년 에티오피아위기 때 일어났으며, 그 당시 일반 대중들은 다양한 논의를 불러일으켰다. 에티오피아에서 수백만 사람들이 굶주림과 질병으로 사망하는 상황이 발생하였다. 그러나 UN 주재 미 대사인 커크패트릭Jeanne Kirkpatrick과 국가안보회의의 몇몇 참모들은 에티오피아에 식량을 제공하는 공약에 반대하였다. 에티오피아는 아프리카 지역에서 가장 잔인한 마르크시스트 독재자가 통치하고 있으며, 제3세계국가 중 소련과 가장 가깝다는 이유로 에티오피아의 식량지원을 반대하였던 것이다. 에티오피아 사례는 미 의원들과 클린턴행정부가 북한에 대해 갖고 있는 견해와 유사하다. 왜 우리 적대국에게 식량을 지원해야 하는가? USAID 행정관 맥퍼슨Peter MacPherson과 미 난민국 부담당관인 두이Gene Dewey를 중심으로 형성된 관료연합은 레이건 대통령에게 식량지원을 간곡히 요청함으로써 미국의 정책을 뒤바꾸어 놓는 데 성공하였다. 그 당시 레이건 대통령은 "굶주린 어린이들은 정치를 모른다."라는 레이건독트린을 발표하였다. 이후 기아에 대한 미국의 원조는 전략지정학적인 정책과 계산은 배제하고, 위급한 상황이라면 주저없이 원조를 제공한다는 것을 골자로 하였다.

미국 안보를 위협하는 국가 중 하나인 북한이 어떤 상황에 처해 있든 원조를 제공해야 한다는 정치적 민감성은 일단 제쳐두고라도 북한의 식량지원 문제는 일단 백악관 손으로 넘어갔다. 버티니는 1996년 국무부 관리가 자신에게 다음과 같이 전했다고 한다. "북한에 대한 WFP 관여는 이제 USG(미 국무부)의 최고 관심사가 되었다. 백악관과 국가안보회의는 거의 매일 이 사안에 대해 논의하고 있다."[6] 이미 너무 늦은 시기가 되어버린 1997년 7월까지 클린턴 대통령은 북한에 지원될 식량선적에 대해 공표하지 않았다. 내가 면담한 백악관 참모에 의하면, 미 행정부가 일찍부터 북한에 기아가 발생했음을 알고 있었다 하더라도, 그 당시로서는 북한 원조계획을 무리없이 진행할 수 없었다고 하였다. 부적당하고 모순된 증거들이 밝혀짐에 따라 일찌감치 식량지원을 실행에 옮길 수 없었다.[7] 사실, 미 정보국은 1996년 퀴노가 북한에서 돌아온 후 발표한 보고서를 통해 북한주민들이 심각한 굶주림으로 죽어가고 있다는 사실을 알고 있었다. 그리고 일본과 남한의 정보국도 1995년 가을 이와 같은 사실들을 이미 파악하고 있었다.[8] 상당한 양의 식량지원을 결정하기 전에 백악관은 1년 전에 이미 기아에 대한 증거들을 갖고 있었던 것이다. 외교사적으로 미 외교부가 북한 식량지원과 같은 민감한 사안을 극복할 수 있는 유일한 방법은 대통령의 지도력에 의지하거나 언론의 압력을 통과하는 것이다. 한편, 대통령의 지도력은 언제나 준비되어 있는 것은 아닌데, 북한은 기아참상을 알리려는 외국의 언론보도에 고집스럽게 저항하여왔다. 이같은 북한측의 태도는 미 대통령이 자신의 지도력을 결정하는 데 전혀 도움을 주지 못했다.

만약 미 대통령이 관심을 갖고 있지 않더라도, 미 행정부 내의 외교정책기관들, 즉 펜타곤, 국제개발국, 국무부, 국방정보국, 그리고 중앙정보국 등의 본능적인 직관력은 미 외교정책을 결정한다. 실례를 들면, 1996년 5월 리차드슨Bill Richardson(민주, 뉴멕시코) 의원이 평양을 방문했을 때 일이다. NSC의 승인을 받아 리차드슨 의원은 4자회담에 북한이 참석하고 한국전쟁 때 찾지 못한 미군 유해를 북한이 돌려주는 대가로, 1년분에 해당하는 100만톤 식량을 북한에 제공하기로 하였다. 북한관리는 미국의 이같은 제의를 받아들였다. 그러나 국방부관리들은 이같은 제의에 몹시 격분하였다. NSC는 리차드슨 의원에게 그 제의를 철회하라고 하였다.

NSC가 구속하면 할수록 USAID의 행동은 더욱 제한당했다. 국무부 채널을 통하지 않고 국무장관에게 직접 보고하는 독립기관 USAID는 전통적으로 인도주의 직관력을 갖고 운용되는 기관으로서 미 외교 정책결정에 영향력을 행사하고 있었다. 놀라운 일은 아니지만, 그 당시 USAID는 국무부, 국방부와 모두 불화관계에 놓여 있었다. 나와 면담한 USAID의 관리에 의하면, 1985년 에티오피아 상황 이래 자신들은 어떤 지역에서 발생한 기아보다 북한기아 문제를 취급하는 데 있어 국무부와 국가안보회의로부터 많은 정치적 구속을 받았다고 하였다.[9]

1995년 1월이 시작되자 국무부는 외교정책 수행에 있어 자신들에게 영향을 미치는 USAID를 폐지 또는 다른 기관과 합병하려고 압력을 가하였다. 국무부 수뇌부는 USAID 장래문제를 놓고 고민하고 있었으며, 클린턴행정부 내각간의 분쟁으로 USAID 기반이 흔들리고 있었다. 그 사이 국무부는 헬름Jesse Helms(공화, 노스캐롤라이나) 상원의원으로 하여금 USAID를 합병하는 작업과 관련하여 공적인 임무를 부여하였다. USAID는 기아시 식량지원문제에 대한 논쟁에서 불리한 위치에 놓이게 되었다. 1996년 내내 OFDA는 북한의 식량지원 문제를 논의하였으며, 마침내 식량을 협상수단으로 사용하기 이전에 국가안보회의와 국무부가 적당한 선에서 OFDA의 제안을 승인하도록 하는 데 성공하였다. USAID 행정관인 앳우드Brain Atwood는 1997년 봄 국가안보회의 관리들을 여러 차례 만나 카트만이 4자회담에서 식량지원을 북한에 줄 당근으로 사용하는 것을 중지해 줄 것을 요청하였다. 번즈는 미 행정부가 식량지원을 협상의 한 방편으로 사용하고 있다는 사실을 공식적으로 부인하였다. 번즈는 북한과의 협상시 식량원조가 정치수단화하는 것을 인정하지 않았다. 백악관도 아직 착수하지 않은 상태였다.[10]

1996년 여름 대통령 선거전에서, 공화당 대통령 후보인 돌Robert Dole 의원은 북한의 식량지원은 미 국가 안보이익과 깊은 관계가 있다고 주장하였다. 미 선거전이 치러지는 동안, 미 대통령의 지도력 공백으로 북한에 대한 원조 논의는 뒷전으로 밀려나게 되었다. 클린턴행정부가 11월 선거전을 치르기 전, 북한에 대한 식량지원계획을 뒤로 미루었던 사실이 이것으로 설명될 수 있다. 그러나 클린턴이

다시 대통령에 당선됨으로써 미 행정부의 원조제공 거절을 이러한 논쟁 탓으로 설명할 수는 없었다. 대북 식량지원에 대한 미 의회의 압력도 역시 예외는 아니다. 그러나 원조를 중단시키려는 의회의 4년간 위협에도 불구하고 식량지원을 금지하는 어떤 법령도 백악관에 전달되지 않았다. 결과적으로 백악관은 북한에 무엇이 일어나고 있는지를 알고 있으나 단지 무시했다는 사실만이 남게 된다. 백악관은 북한에 기아가 실재하고 있음을 공식적으로 인정하는 것을 단지 거부했을 뿐이다. 북한 기아사태에 미국이 즉각적으로 대응하게 되면 미국 내 인도주의 반응이 고조되어 국무부의 대북협상을 압박하여 올 수도 있기 때문이다. 즉, 북한주민에 대한 측은지심은 북한과의 외교협상시 식량지원을 조건으로 내걸 미국의 입지를 좁혀 놓을 수 있다. 결과적으로 백악관은 북한에 기아가 가장 극성을 부렸던 잔인한 9개월 동안 인도주의 의무를 뒤켠에 방치해 두었다.

미 정책결정에 있어 NGO의 역할

1996년과 1997년 초, NGO 지도자들은 미 행정부 내에서 일어난 북한위기의 논의와 북한에 지원될 식량규모에 대한 격렬한 논쟁에 대해 전혀 알 수 없었다. 그리고 그러한 논쟁이 북한의 4자회담 참여 여부에 달려 있다는 사실에 대해서도 알지 못했다. UN이 제출한 농작물 작황평가서와 NGO 보고서에 의하면, 그 당시 NGO지도자들은 북한의 기아는 점점 심각해져가고 있는데, 무엇인가가 잘못 돌아가고 있다는 것만 감지하고 있을 뿐이었다. NGO 지도자들조차 그 심각성에 대해 잘못 인식하고 있었던 것이다. 한반도문제를 담당하고 있는 정부기관에서는 계속적으로 NGO 지도자들에게 북한에 기아상황이 초래되었다는 것을 입증할 정보국의 평가가 막연하고 모호하기 때문에, 확실한 증거가 포착되지 않는다면 미국은 대규모의 식량지원계획을 시작할 수 없다고 전해왔다. 1997년 3월까지도 국무부 고위관리는 법륜과 나에게 북한에 기아가 발생했다는 증거가 모호하다고 말했다. 관리들은 북한에 식량부족 사태가 발생한 것은 인정하나 아직 심각한 수준은 아니라고 평가하였다. 그러나 같은 달에 보고된 UN 내부자료에 의하면 국무부는 다음과 같이 평가하고 있다.

> 동북지역과 서북의 일부지역에서 5%와 10%에 이르는 기아와 관련된 사망률이 나타나고 있다. 그리고 하루에 지급되는 150그램의 식량은 최근에는 중노동을 하는 남자에게만 한정해서 배급하고 있다. 보고된 바에 의하면 그 지역에 거주하는 일반 여성들은 전혀 배급을 받지 못하고 있다. 이 정보들이 제공된 출처는 밝힐 수 없지만, 국무부도 이 사실을 확인한 것 같다.[11]

분명히, 한반도문제를 담당하는 기관은 이미 북한에 기아가 진행중임을 알고 있었다. 그러나 한반도문제 담당기관은 미국의 식량지원이 북한의 기아를 중지시킬 수 있다고 주장하는 NGO에 더 많은 정보를 주고 싶지 않을 뿐이었다. 그럼에도 불구하고 미국이 식량지원정책을 입안하는 데 NGO들은 큰 역할을 하였다. 1996년 12월, NGO사회에서 존경받는 국제자비단International Mercy Corps의 부의장 컬버Ellsworth Culver는 북한 기아사태를 우려하고 있는 고위급 인사들이 참석한 비공개 회의를 주선하였다. 나는 월드비전의 대표로 그 회의에 참석하였다. 또한 북한 대표단과 UN 외교관들을 포함해서 다른 10여개 NGO기관 대표들도 회의에 참석하였다.

국제자비단과 컬버는 대북 식량지원 문제를 놓고 미국과 북한간의 협상에서 중요한 역할을 하였다. 그리고 국제자비단과 컬버는 남한과 북한의 관계정상화에 많은 노력을 기울였다. 국제자비단은 외교관계가 수립되어 있지 않은 미국과 북한 사이에서 미 국무부와 북한 외교부 쌍방의 외교문서를 각 나라에 전달해주는 역할을 담당하였다. 한편, 컬버의 신뢰감 있고 점잖은 태도는 외부세계에 대해 편집증적이고 때로는 의심을 품는 북한의 태도를 누그러뜨리기에 충분하였다. 국제자비단의 역할은 비정치집단인 NGO 기관도 국제적인 사안에 영향을 미칠 수 있음을 보여주는 한 사례이다. 컬버가 주선한 회의는 북한에서 국제자비단이 앞으로 전개할 역할을 시작하는 계기가 되었다.

회의는 역사적인 분위기 속에서 개최되었다. 레이놀드R. J. Reynolds가의 사유지로, 사우스캐롤라이나 키아와섬의 조지아해변에 위치한 무스그로브

Musgrove농원에서 개최되었다. 이 농원은 여러 개의 우아하고 작은 게스트 하우스들로 이루어져 있었다. 각각의 게스트 하우스들은 레이놀드가 사람들이 사용하고 있었다. 각 방에는 벽난로가 있으며 기름으로 윤을 낸 넓은 마루와 높은 천장이 있는, 조지아의 늪으로 둘러싸인 1920년대 목가풍의 고적적인 게스트 하우스였다. 1976년 12월 카터 대통령이 취임하기 바로 직전 자신의 각료들과 처음으로 회합을 가진 곳도 이곳이다. 그러나 내가 갖고 있는 보수적인 정치적 편견은 제쳐두고라도, 나는 회의를 개최하기 위해 기금을 조성해야 한다는 공론에 다소 무기력해졌다. 한편, 레이놀드가가 이 회의에 거는 기대는 쿠바, 리비아, 이라크와 같은 불량국가와 미국의 관계개선에 초점이 맞추어져 있었는데 그 기대가 다소 어긋나는 듯 했다.

무스그로브회의는 기아구호사업을 전개하는 NGO 운동사에서 가장 영향력 있는 사건으로 기록된다. 국무부 관리가 미국의 대북원조는 북한을 4자회담에 끌어들이기 위한 당근으로 사용될 것이라는 것을 처음으로 NGO에게 인정한 것도 무스그로브회의에서였다. 오직 한 가지 문제에 공감대를 형성하고 있던 사람들과 기관들은 가능성이 없다고 생각하던 자신들의 연합 형성에 갑자기 활기를 불어 넣기 시작하였다. 북한에서 발생할 기아를 방지하고 고통받는 북한주민을 구조한다는 희망으로 회의는 활기를 띠기 시작하였다. NGO들은 더 늦기 전에 북한의 위기를 일반에게 공표하고, 원조를 망설이고 있는 의회와 각 부처에게 식량을 제공하도록 강제하는 데 동의하였다.

북한위기에 관심을 갖고 있는 미 의원은 리처드슨과 홀 의원뿐이다. 홀 의원은 1996년 8월 북한주민의 영양상태를 파악하기 위하여 북한을 방문하고, 그 심각성을 보고 놀랐다. 홀 의원은 1996년부터 1999년까지, 북한을 여섯 차례나 방문하였다. 그는 외국인과 UN 직원에게조차 공개되지 않은 지역만을 찾아 방문하였다. 그 당시 기아를 바로 목전에서 자신의 눈으로 직접 확인하려는 홀 의원의 적극적인 노력은 북한당국을 불쾌하게 하였다. 북한 외교관은 모든 미국 의원들은 말을 잘 안 듣고 요구가 많다고 불평하였다.

당시 북한을 방문하는 미 의원들은 모두 자국의 공군기로 북한에 입국하였다.

아마도 북한은 홀 의원과 미 공군기가 인도주의 임무를 가장하고 자신들을 정찰하려는 것은 아닌가 하고 의심하였다. 홀 의원은 북한이 허락하는 범위 내에서 보고서의 정확성을 높이기 위해 보도기자, 의학전문가, 그리고 통역관을 동반하였다. 홀 의원은 미국으로 돌아와서 주요 일간지에 자신의 의견과 목격담을 발표하였고 방송에 출현하여 북한의 실상을 알렸다. 그러나 NGO 사회는 홀 의원의 이러한 노력이 미행정부의 정책을 변화시키기에 충분한가에 대해서는 의문을 가졌다.

무스그로브회의가 개최되고 한 달 뒤인 1997년 1월의 사건은, 남은 기간 내내 연합 형성 과정에 중대한 영향을 미쳤다. 4자회담에 북한을 참여하도록 하기 위해 국무부는 인터액션 대표와 미 NGO기구 연합대표를 만나기로 하였다. 이번 회의에도 무스그로브회의에 참석했던 NGO단체들이 원칙적으로 참석하였고, 국무부 관리들, 국가안보회의, USAID도 참석하였다. 회의가 진행되는 동안 북한과의 협상을 주도한 미 외교관 카트만은 북한 식량위기에 대한 미국의 정책은 당근과 채찍을 구사하는 접근방법, 아니면 카트만의 표현대로 '강압적인 사랑'에 기초하고 있음을 우리에게 전달하였다. 만약 북한이 4자회담에 협조적이라면 미국은 식량지원을 도와줄 것임을 분명히 시사하였다. 그러나 이와 반대로 북한이 비협조적이라면, 미국 또한 원조를 하지 않을 것임을 분명히하였다.[12] 국무부는 8개월 동안 북한을 협상에 끌어 들이기 위해 조용히 식량지원를 당근으로 사용하여왔다. 이번회의는 행정부 고위관료가 대북 식량지원과 관련하여 NGO 지도자들에게 숨김없이 밝혔던 두번째 경우이다.

카트만의 대북외교에 대한 설명은 북한 식량지원에 대한 미국의 참여가 왜 그렇게 소극적이고 최소한도의 수준에서 진행되었는지를 설명하는 데 충분하였다. 전통적으로 미국정부는 기아가 발생하였을 때 기아구제시 필요한 식량의 1/3, 때로는 3/4 정도까지 공급하여왔다. 북한에 대한 미국의 식량지원은 북한이 필요로 하는 식량부족분과 기아진행상황, 그리고 워싱턴의 전통적인 기아구제 관례를 고려해 볼 때 명목적인 지원수준에 머무르고 있었다. 카트만은 NGO 단체 지도자들과의 회의에서 미 행정부는 북한에 2만톤에도 못 미치는 식량을 지원했다고 하였다. 1996년 2월에 6,400톤, 그리고 1996년 6월에 1만 3천톤을 지원하였다. 1997

년 2월 워싱턴은 추가로 2만 7천톤을 약속하였다. 그리고 계속해서 1997년 4월에 5만톤, 1997년 7월에 10만톤을 지원하기로 공약하였다. 그러나 북한 기아 심각성에 상응해서 미국의 원조식량은 1998년에 이르러서야 비로소 북한에 도착하기 시작하였다. 1998년 당시 미국은 북한에 50만톤을 지원하기로 이미 공약한 상태였다. 한편, 기아로 인한 사망률은 1998년 초반 6개월에 이미 실질적인 감소가 나타나기 시작하였다. 미국의 대량 식량원조가 도착하기도 전에 이미 기아는 끝나가고 있었다.

카트만의 미 행정부 정책에 대한 솔직한 설명은 그 회의에 참석했던 NGO 대표들을 섬뜩하게 하였다. 재난구호를 담당하는 인터액션위원회 의장으로서 나는 그 회의에서 레이건독트린을 언급한 카트만을 기억한다. 나는 북한에서 발생한 기아가 1985년 이후 발생된 대기아 참사로서, 세계의 기아사에 끔찍한 선례를 남기게 될지도 모르는 북한기아의 폭력성에 대해 언급하였다. 그리고 북한에 식량지원을 거부하는 것은 전체주의 체제를 압박하기 위한 수단으로서 불쌍한 주민들을 볼모로 하는 것이며, 그들을 굶어죽게 내버려두는 사실에 대해서도 강력하게 비난하였다. 이같은 정책은 윤리적으로 도저히 납득될 수 없는 것이다. 카트만은 나의 격앙된 반응에 깜짝 놀라 당황하였다. 토론은 좀 더 신중하고 차분하게 진행되었다. 그러나 그 이후 계속된 언론과의 회의에서―워싱턴 타임지 대표, 크리스찬 사이언스 모니터 대표를 포함해서 대부분의 아시아 언론들이 참석했던 회의에서―나는 행정부의 정책을 계속 공격하였다.

카트만에 대한 나의 정면대결은 미국의 정책을 변화시키려는 것은 아니었다. 오히려 나는 신문의 논평을 통해 좀 더 상세하게 같은 주장을 계속해나가기로 결정하였다. 〈워싱턴 포스트〉의 편집자에게 나의 생각을 전하자 그는 북한에 기아가 발생한 점에 대해 의아해하였다. 그는 북한에 기아가 발생한 사실을 내가 어떻게 파악하고 있는지 물어왔다. 북한과 관련된 언론보도들이 전무한 상태에서 편집자는 미 행정부 정책을 실제로 수행하는 데 영향을 줄 어떤 증거들을 혹시나 내가 갖고 있는 것은 아닌지 궁금해하였다. 북한 기아에 대해 내가 갖고 있는 경험과 견해, 북한의 기아에 대해 NGO가 수집해 놓은 증거와 자료, 그리고 미 행정부 정책과 관련된 카트만의 설명에 대해 폭넓은 의견을 교환한 후 편집자는 기사를 게재하기로 동의하였다(부록 참고). 기사가 발표되자 외교정책을 수행하는 담당자에 한정된 것이기는 하지만 인도주의 지원을 제공해야 하는 조건에 대해 다시 논쟁이 일어났다. 한 외교관에 의하면 국무장관은 그 기사를 읽고 매우 화를 냈다고 한다.

　1997년 초반 내내 국무부 대변인은 매일 진행되는 언론브리핑에서 기자들에게, 미국은 지난 1년 반동안 정기적으로 WFP 요청에 따라 기아를 구호하는 문제에 있어 실질적으로 관대하게 대처해왔다고 말하였다. 그러나 브리핑에서 대변인의 답변은 잘못된 것이었다. WFP의 지원요청은 실제로 기아가 발생한 지역에서 필요로 하는 양보다 오히려 식량을 원조해줄 기증국가들이 확실히 지원해줄 수 있는 양만을 요청하기 때문이다. 미국의 대북식량지원을 인색하다고 말하는 것은 오히려 관대한 표현이다. 언론보도자연합회의 게타George Getta는 행정부가 외교협상에서 식량지원을 외교수단으로 사용한 것은 아닌지 번즈에게 물었다. 이 질문에 번즈는 강한 부정을 하였다:

　　질문: "식량지원문제와 다른 사안들이 혹시 연관되어 있는 것은 아닌가?"
　　번즈: "아니다, 우리들은 절대로 연관짓지 않고 있다…… 미·북관계에서 우리들은 식량 요청과 다른 사안을 연계하지 않고 있다."[13]

　번즈의 부정은 교묘한 발뺌이 아니었다. 그러나 사실도 아니었다. 국무부는 4자회담에 북한을 참여시키기 위해 각각의 회기가 시작되기 전에 원조식량 선적이 항상 이루어지도록 계획을 세워두었다.

　자신의 실패한 경제정책에 대해 공적인 비판을 받는 것을 북한이 탐탁하게 생각하지 않는다는 사실이 NGO 사회에 분명하게 전달되었다. 혹시나 북한이 NGO의 현장답사를 통한 구호활동에 더 많은 제재로 응수해 올까봐 우리들은 걱정하였다. 북한의 한 고위관리는 기아에 대한 미국의 공적인 논평에 대해 월드비전 대표들에게 심하게 불평하였다. 한편, 만약 NGO가 북한의 기아를 서구사회에 알리기 위해 심도있는 캠페인을 벌이지 않았다면 북한은 서구사회로부터 어떠한 식량지원도 받지 못했을 것이라고 월드비전 관리가 말하자, 북한관리들도 그러한 사실을 잘 알고 있으며 감사해한다고 하였다. 그러나 자신들은 더 많은 캠페인으로 파생되는 북한에 대한 국제사회의 논평을 원하지 않는다고 북한관리는 덧붙였다. 이같은 긴장상태는 공공정책에 대한 효율적인 지지를 얻어내고 현장구호활동을 수행하는 과정에서 발생할 수 있는 전형적인 충돌의 한 예이다. NGO 단체들은 분규없이 지지와 구호활동을 동시에 수행할 수 없다. 행정당국의 요구를 들어주면서 NGO를 운용하게 되면, 북한당국의 보복을 피하기 위해 서구사회에 기아 실상을 알리지 말아야 되는 것이다. 나는 NGO 활동을 수행하기 위해서는 자료가 요구된다고 북한관리에게 반박하였다. 만약 충분한 자료가 제공되지 않으면 식량을 제공해 줄 기증국가의 무관심과 무기력을 극복할 수 없다고 언급하였다. 개인 중심의 사적인 기금조성만으로는 북한 기아를 종식시키기 위해 요구되는 식량을 구입하기에 충분하지 않다고 덧붙였다.

결과적으로 NGO가 수행하는 운동은 개인기금을 조성하려는 것이 아니라 기증국가들의 정책을 바꾸어보려는 데 궁극적인 목적이 있다. 이러한 취지로 기아종식위원회the Stop the Famine Committee가 1997년 3월에 창설되었다. 이 위원회는 무스그로브회의에 참석했던 최초의 NGO 연합회뿐 아니라 미 가톨릭주교회, 카터센터, 전국교회연합회, 42개의 복음교회가 포함된 복음교회연합회가 동참하였다. 이 위원회는 두 가지 기본 목표를 선정하였다. 기아 실상에 대한 일반인의 인식과 이해를 넓혀갈 것, 그리고 북한에 대한 미 정부의 식량지원정책의 변화로 요약된다.

1997년 4월 월드비전은 기아에 관한 미 국민의 일반적인 의견을 전국적으로 조사하였다. 앞으로 전개할 전략을 입안하는 데 활용하기 위해서 설문조사를 시행하였다.[14] 언론보도가 불충분하여 일반대중이 기아에 대해 잘 알고 있지 않음에도 불구하고 일반인들이 북한 기아에 대하여 얼마나 알고 있는지를 질문하였다. 설문자의 20%가 알고 있다는 답변을 하였다. 그리고 지금까지 북한을 공산주의국가로 인식하고 있는 미 국민들에게 북한에게 식량지원을 제공해야 하는지에 대해서도 질문하였다. 설문에 응한 64.6% 중 23.5%가 북한의 식량지원을 찬성하였다. 그리고 미국의 동맹국이자 북한을 원칙적으로 인정하지 않는 남한정부가 원조를 반대하고 있음에도 불구하고 미국정부가 계속적인 식량지원을 해야 하는지에 대해서도 물었다. 설문자의 대다수가 계속적으로 북한 기아 구호활동을 지원해야 한다고 대답하였다. 48.5%의 응답자 중 34.3%가 찬성을 표시하였다. 우리는 미국의 일반대중은 북한에 분명히 기아가 발생했다면, 기아재난구조가 외교협상의 수단으로 이용되는 것을 원치 않는다는 사실을 조사를 통해 밝혀냈다. 그리고 미 국민은 미국정부가 관대하게 이에 대응해나가기를 원하고 있다는 사실도 조사를 통해서 알아냈다. 결코 간단하다고 할 수 없는 임무지만, NGO는 일반대중에게 기아에 대한 홍보를 늘려 나갈 필요성을 깨닫게 되었다.

그해 초반 6개월 동안, 월드비전 홍보직원인 브라운Kathleen Brown과 앤더슨Sara Anderson은 미 주요 언론방송국이 북한 기아에 대해 보도해 줄 것을 권고하였으나 그들의 노력은 불행히도 실패하였다. 그해 4월 기아종식위원회는 월드비전과 함께 전례없는 방송 홍보운동을 전개해나가기 시작하였다. 워싱턴 D.C. 지역에서는 뉴스 프로그램이 진행되는 동안 세 개의 광고가 방영되어, 북한 기아에 대한 식량지원을 외교협상의 수단으로 이용하려는 정책을 비난하였다. 방송을 통한 광고는 지면과 전화를 통해서 위원회를 일반에게 알리는 작업만큼이나 효과적으로 위원회의 활동을 일반에게 알리는 계기가 되었다. 이러한 홍보는 오직 한 가지 사안에 초점이 맞추어져 있었다. 기아로부터 북한을 구출하기 위한 미국의 식량지원은 어떤 전략적인 의도도 배제되어야 한다는 것이었다. 기아종식위원회는 내가 〈워싱턴 포스트〉에 기고했던 사설을 강조했다. 만약 북한의 기아를 그냥 방치해 둔다면 예상치 않은 정치적 사태가 발생할 수도 있다는 내용이 담겨 있다. 이는 결과적으로 한반도의 안보를 위협하여 남한에 주둔하고 있는 3만 7,000명의 미군의 안전을 위태롭게 할 수도 있다는 내용이었다. 한편, 위원회는 지원된 식량이 북한군으로 전용되지 않고 긴급식량을 필요로 하는 북한주민들에게 돌아갈 수 있는 방법을 강구해야 한다고 지적하였다. 이를 위해 원조된 식량의 배급과정을 모니터하는 일이 필수적으로 따라 주어야 한다는 결론을 내리게 되었다.

1997년 6월, 드디어 방송을 통해 북한의 기아를 조심스럽게 홍보한 결과가 나타나기 시작하였다. 북한기아에 관한 기사가 마침내 주요 일간지의 일면과 라디오, 텔레비젼, 좌담과 잡지 등을 통해 보도되기 시작하였다. 크로제트Barbara Croesette가 쓴 〈뉴욕 타임〉 기사는 다른 언론방송국들이 북한기아 발생에 대한 신빙성을 갖는 데 결정적인 역할을 하였다.[15] 북한 기아에 대한 언론의 보도가 증가하자 북한 구호활동에 대한 워싱턴의 반대도 역시 증가하였다. 대북 식량지원을 반대하는 몇몇 하원의원 대표들은 클린턴행정부에게, 만약 네 가지 조건이 갖추어지지 않는다면—엄밀하게 해석하면 그 중 세 가지는 거의 조건을 만족시킬 수 없는 것이지만—북한에 어떠한 실질적인 식량지원도 반대한다는 경고 서한을 보냈다. 무엇보다 미 행정부는 지원된 식량이 북한군으로 전용되지 않음을 증명해야만 하였다. 그 서한은 의회 외교분과위원회 의장인 길만Benjamin Gilman(공화, 뉴욕), 해밀톤Lee Hamilton(민주, 인디애나), 의회 농업담당위원회의장인 보레터 Doug Beureter(공화, 캔사스), 그리고 상원의원 로버츠Pat Roberts(민주, 캔사스)가 서명하였다. 이 네 사람은 원래 외국에 대한 식량지원을 반대해온 의원들이 아니다. 온건한 보수주의자인 보레터는 십년 이상 외국에 대한 식량지원과 개발도상국의 NGO 활동을 가장 열렬히 지지해온 인물이다. 네 의원의 경고는 북한의 식량지원을 망설이고 있는 정부의 정책을 바꿔보려는 NGO의 노력을 더욱 어렵게 만들었다. 콕스Christopher Cox(공화, 캘리포니아) 의원이 주도하는 의회 내 공화당위원회에 의해 작성된 보고서는, 북한에 보내지는 모든 식량이 북한군에 전용되어 북한체제가 지속적으로 유지되도록 할 뿐이라고 주장하였다. 그러나 북한을 다녀온 정보위원회로부터 북한군이 식량을 전용하고 있다는 보고를 전해받은 민주당과 공화당의원 대표들은 자신의 주장을 뒷받침해주는 확실한 증거는 갖고 있지 않았다.

1997년 7월 14일 NGO 연합회로부터 계속적인 공격을 받은 후, 클린턴행정부는 주로 옥수수로 구성된 식량 10만톤이 추가로 북한에 제공된다고 발표하였고, 이 분량은 예전에 공약했던 양의 두 배에 달하는 것이라고 하였다. 왜 클린턴행정부가 추가의 식량지원을 북한에 제공하기로 결정했는지에 대한 이유는 아직까지 분명하게 밝혀진 바가 없다. 클린턴행정부가 이같은 결정을 내리게 된 이유 중 하나는 NGO연합회의 활동과 북한 기아를 종식시키려는 홀 의원의 성과라 할 수 있다. 그러나 백악관은 지난 6월에 있었던 WFP 요청에 따른 미 행정부의 결정이라고 북한의 식량지원 배경을 설명하였다. 그러나 미국이 추가로 북한에 식량지원을 약속하게 된 더 중요한 배경은 아마도 4자회담에서 북한이 추가의 식량지원이 약속되어야만 회담에 임할 수 있다고 주장했기 때문일 것이다. 북한측 요구가 먼저 충족되어야만 북한이 움직였던 예전의 사례들을 고려해볼 때, 미국정부의 추가 식량지원 결정에 있어서도 이러한 사례가 고려되었음이 분명하다.[16] 아마도 NGO 활동은 클린턴행정부에게 워싱턴 강경파의 반대를 막아주는 방어막 역할을 제공하는 결과가 되었다. 추가식량지원 결정이 어떤 배경에서 이루어진 것이든간에, 결과적으로 북한에 더 많은 식량이 지원되었다.

그러나 NGO의 승리 축하는 그리 오래 가지 않았다. 클린턴행정부의 대북식량지원에 상당한 제재를 가하기 위해 식량지원을 반대하는 사람들이 정렬하기 시작하였다. 레이건행정부 시절 국가안보회의 회원이었던 콕스 의원은 북한체제에 대해 미 의회가 갖고 있는 의혹을 이용하였다. 그는 NGO가 지원하는 사적인 식량지원에 대해서는 제재하지 않고, 단지 미 행정부의 모든 대북식량지원을 중지하는 외교예산을 수정하자는 제안을 제기하였다. 7월 중순 콕스 의원은 의회동료에게 보낸 편지에서, "이번 클린턴행정부의 대북식량지원은 굶주린 일반주민에게 직접 전달되는 것이 아니고, 백만의 북한군—김정일의 권력을 지탱해주는 주민억압기관—에게 지급되는 것이라고 하였다."[17] 이같은 논조는 콕스가 의장으로 있었던 의회공화당위원회가 제출한 연구보고서와 유사하였다. 그러나 콕스와 위원회는 원조식량이 북한군으로 전용되고 있다는 사실을 입증할 어떠한 증거도 제시하지 못했다.

한편, 이에 대해 기아종식위원회는 두 가지 행동을 동시에 취하였다. 콕스의 수정안을 공격하는 내용이 담긴 편지를 의회에 보내고, 기아발생시 원조되는 식량은 지원받는 국가가 주민들에게 학정을 펴는 비난받는 체제라 할지라도 도덕적으로 정당한 행동이라고 반박하였다. 편지는 굶주린 아이들은 정치를 모른다는 레이건독트린을 인용하였고, 대북식량지원은 주한미군을 위태롭게 할 수도 있는 예상치 못한 사태를 미연에 방지할 수 있다는 사실을 덧붙였다. 북한의 식량지원을 거부하는 행동은 "건조하게 메마른 숲에 불을 지르는 행위"와 같은 것이라고 편지에 담았다. 그리고 NGO 단체는 식량이 북한군으로 전용되지 않고 예정된 북한주민들에게 전달되도록 확실한 조치를 강구할 것이라는 확신을 의회의원들에게 전달하였다. 기아종식위원회 16명 회원이 그 편지에 서명하였다. 그들은 대북식량지원에 확신을 갖고 있는 소중한 지지자들이다. 일반적인 연합회가 그러하듯이, 그 서한은 NGO 간에 논쟁을 야기하였다. 연합회의 몇몇 회원은 편지 내용이 너무 자극적이라 의회의원들을 불쾌하게 만들 것을 걱정하여 서명을 거절하였다. 그리고 또 다른 회원들은 북한의 위기를 특징짓는 '기아' 라는 단어가 사용되는 것을 반대하였다

7월 16일, 북한 군인은 남측의 경계초소를 사격해왔다. 이 사건으로 몇 명의 남한 군인이 부상을 입었다. 총격사건 발생으로 식량지원에 대한 미 의회 내의 반대는 더욱 거세졌다. 불행히도 북한당국의 행동은 북한주민을 돕고자 노력하는 사람들을 힘들게 하고, 그들에게 상처를 입힐 뿐이었다. 북한 사람들 편에서 NGO가 지원운동을 전개할 때마다, 북한체제는 터무니없는 정치적 군사적 도발을 시도해옴으로써 NGO의 지원 노력에 손상을 입혔다. 콕스 의원의 수정안을 중지시키려는 NGO의 노력도 자멸적인 행동을 자초하는 북한체제에 의해 상처를 받았다. 실제로 NGO 기구들 내에서도 북한군은 식량지원 문제에 관한한 미 국무부와 국가안보회의 편에 서 있다는 블랙유머가 떠돌기도 하였다.

재미 한인사회의 역할

미국인이 대북식량지원에 관해서 NGO 활동을 지원한다 하더라도, 콕스 의원의 수정안을 중지시키기 위해 의회 내 자신의 대표자들에게 서한을 보내기 위해서는 충분한 동기가 필요하다. 기아로 황폐화되어가는 북한주민들과 가장 밀접한 관계에 있으면서도, 동기를 유발할 수 있는 의회선거인 집단 중 미국 내 유일한 집단은 반공성향을 가지고 있는 재미한인사회일 것이다. 남한의 주미대사관과 미 의회

의 예상대로 재미한인사회도 대북식량지원을 반대하는 입장이었다. 그러나 재미한인사회의 반대는 곧 수그러들었다.

1996년 가을 나는 김Jay Kim(공화, 캘리포니아) 하원의원을 방문하였다. 뉴욕의 UN 주재 WFP의장인 쿠트Doug Coutts와 월드비전의 인도주의 구호재난 담당 부회장인 커Russ Kerr와 함께 식량지원에 대한 김 의원의 지지를 요청하기 위한 방문이었다. 우리는 방문에 앞서, 이번 방문에 좋은 성과를 기대하지 않았다. 대북식량지원에 대한 의회기록을 살펴본 결과, 김 의원은 UN직원이 공산주의자의 봉이 되려고 한다 하면서 귀에 거슬릴 정도로 소리높여 대북식량지원을 반대하는 김의 공격자료를 우리는 방문에 앞서 읽었기 때문이다. 대화 도중 김 의원은 식량지원을 강하게 반대하였다. 자신은 식량이 북한군으로 전용되리라고 확신하고 있다고 힘주어 말하였다. 길고 어려운 토론이 거의 끝날 무렵, 김 의원은 우리 의견에 귀 기울이기 시작하였다. 베트남 참전군인으로 훈장을 받은 월드비전의 회장인 시플Bob Seiple과 나 자신도 북한의 의도를 의심하고 있다고 김 의원에게 분명히 말하였다. 그러나 나는 정부정책에 반대하기 때문에 선거인들이 자신을 다시 뽑아주지 않을 것이라는 이유 하나만으로, 김 의원도 불쌍한 북한주민을 굶게 내버려 두어야 하는지에 대해 물었다. 우리가 나눈 대화의 결론은 만약 북한이 김 의원에게 북한 내 몇 개 지역을 방문할 수 있게 해준다면, 미 행정부가 6만톤의 식량지원을 약속하는 일을 적극 지원하겠다고 하였다. 김 의원은 지원된 식량이 제대로 배급되는지를 직접 확인하고 싶었고, 북한 기아실상을 스스로 확인하고자 하였다. 평양은 절대로 김 의원과 같은 생각을 갖고 있는 재미한국인의 북한 방문을 허가하지 않는다는 사실을 잘 알고 있었지만, 쿠트는 김 의원의 요청을 UN주재 북한외교부에게 전달하는 데 동의하였다.

김 의원의 태도가 유별난 것은 아니다. 이는 북한에 식량을 지원하는 문제를 두고 재미한인사회가 갖고 있는 두 가지 상반된 감정을 반영하는 것이다. 일반적으로 재미한국인들은 한국전쟁을 일으킨 공산주의 체제를 증오한다. 전쟁으로 300만의 한국인이 사망하였으며 남한에 대한 북한의 위협이 계속되고 있기 때문이다. 재미한국인들이 남한의 신문을 통해 끔찍스러운 북한주민의 기아고통과 관련된 기사를 접할 때마다, 그들이 느끼는 분노와 증오는 공산주의체제에 대한 두려움으로 오히려 극복되었다. 재미한국인은 가능한 한 공산주의 체제인 북한이 붕괴되기를 원한다. 북한체제가 붕괴되면 그들은 오랫동안 만나지 못한 친척들을 만날 수 있는 기회가 온다고 믿고 있다. 북한체제가 붕괴되기를 기다린다면 그들은 기아로 자신의 가족들을 죽게 내버려 두어야 할 실정이다. 정확한 수치를 추정할 수 없지만 재미한국인사회의 50%가 아직도 북한에 친척들을 두고 있다고 한다.

1997년 여름, 북한의 기아 구호활동에 대한 월드비전 활동을 지원하기 위한 집회개최에 관심을 갖고 있는 재미한인 목사를 뉴욕에서 만났다. 비록 그 목사도 원조식량의 잠재적인 북한군 전용에 깊은 우려를 갖고 있어도, 대북식량지원에 깊은 관심을 갖고 있었다. 목사 자신도 한국전이 발발하자 북한을 탈출하였다고 하였다. 그 후 그는 남한 국군에 입대하고 대대의 지휘관까지 승진한 경력을 갖고 있었다. 목사는 나에게 자신의 교회에 몸담고 있는 집사를 소개하였다. 집사는 이 교회 살림을 맡고 있는 사람으로, 그도 전쟁 중에 목사와 같은 대대에서 목사의 특별보좌관으로 근무했던 사람이었다. 당연한 일이지만 목사와 집사는 둘 다 북한체제에 대해 증오심을 갖고 있었다. 대화가 진행되는 동안 나는 중국으로 탈출한 난민 면담자료에 기초한 월드비전의 사망률 보고서를 그들에게 보여주었다. 그리고 나는 기아의 영향이 농촌보다 심각하였던 도시에서는 전체인구 중 10%가 1997년 초에 이미 사망하였다고 덧붙였다. 목사는 손으로 얼굴을 가리면서 격한 슬픔으로 고개를 떨구었다. 목사는 떨리는 목소리로 만약 자신의 친척들이 굶주림으로 죽지 않고 살아 있다면, 그 도시가 친척들이 아직 살고 있는 자신의 고향이라고 하였다. 북한체제에 대한 격한 증오로 잠시 흔들린 목사는 자신의 가족들이 그 힘든 고통을 견뎌내고 있다는 생각이 들자 즉시 마음을 진정하였다.

콕스 의원의 수정안을 저지시키기 위한 우리의 노력은 특히 캘리포니아지역 재미한인사회의 여론에 초점을 맞추었다. 우리는 시애틀에 거주하는 한국 출신의 장로교회 목사에게 남부 캘리포니아지방에 위치한 모든 한인교회에게 콕스 의원의 수정안을 반대하는 한인사회의 의사를 전달할 것을 요청하였다. 캠페인을 전개하기로 결정하자 300명 이상의 한인목사들은 콕스 의원에게 전화를 걸고 동시에 수정안 반대집회를 개최하기로 약속하였다. 수천통에 달하는 교회 회보들이 전국의 신도들에게 배달되었다. 새로운 인도주의 구호기관인 재미한인나눔운동본부 Korean American Sharing Movement(KASM)는 북한주민을 위한 기금조성을 위해 만들어졌다. KASM 통역관의 도움으로 나는 로스엘젤레스의 한국방송 청취자들에게 자신들이 뽑아준 입법자들에게 콕스 수정안 철폐요구를 촉구하도록 강조하였다. 며칠 뒤 콕스가 그의 수정안을 철회하고 홀 의원이 제안한 관대한 제안을 받아들이기로 결정했을 때, 한인교회의 수정안 철폐운동이 성공했음은 아주 분명해졌다. 그리고 재미한인사회의 주도로 전개된 이번의 캠페인은 대북식량지원에 대한 재미한인들의 여론이 체계적으로 조직되고 결집되면 얼마나 강력한 힘을 발휘할 수 있는가를 보여주는 계기가 되었다.

의회의 역할

1998년 여름, 연속적으로 발생한 두 가지 사건은 대북식량지원문제를 미국의 정책결정 사항 뒤로 미루어 놓는 결과를 초래하였다. 아시아의 경제침체와 미 곡물가격의 하락과 둔화된 미 농업경제, 그리고 11월로 다가온 대통령 선거로 클린턴 대통령은—의회에서 공화당원의 무언의 압력을 받고 있는 대통령—곡물가격을 부양하기 위해 수백만톤의 곡물을 정부가 매입할 것을 발표하였다. 대통령은 매입한 곡물은 세계의 긴급재난구호를 위해 굶주린 사람들에게 제공될 것이라고 하였다. 수단, 코소보, 인도네시아, 그리고 북한이 이에 포함된다고 발표하였다. 그러나 대통령의 발표가 있고 몇 주가 지나서 미 정부는 곡물지원 명단에서 북한을 조용히 빼버렸다. 이 소식을 접하고 NGO 대표들이 USAID 긴급재난 담당 부행정관인 로저Len Rogers를 방문했고, 곡물지원 명단에서 빠진 북한의 모호한 자격에 대해 로저가 자세한 설명을 회피하고 있음을 대표단은 알 수 있었다.

추가 식량지원은 고사하고 현재 진행중인 식량지원계획을 중지할 수도 있는, 밝혀지지 않은 어떤 행위가 북한에서 감지되고 있다는 새롭고 놀라운 정보를 미 정보국이 발표했다는 소문이 의회 내에 돌고 있었다. 한편, 미 정보국 전문가에 의하면 핵무기를 생산할 수 있는 시설이라고 믿어지는 대량 갱도작업이 공중촬영에 의해 포착되었다고 하였다. 북한의 핵무기시설과 관련해서 미국이 어떻게 대응할 것인가에 대한 격렬한 논쟁이 잇따라 제기되었다. 클린턴내각의 유일한 공화당원인 국방부장관 코헨William Cohen은 감지된 시설의 건설은 KEDO협약에 위반되는 사안은 아니라고 발표하였다. 의회 의원들은 이에 더욱 반발하였다. 의원들은 북한이 KEDO협정을 파기한 것이라고 주장하였다.

1998년 8월 31일에 발사된 대포동미사일이 미국에 가져온 충격은 미국의 대북외교정책에 경종을 울리는 사건이었다. 북한의 미사일이 직접적으로 미국 영토를 위협할 수도 있기 때문이다. 대포동미사일 발사는 김정일 지도력의 강건함과 자신의 무소불위의 권력을 군부와 굶주린 북한주민에게 과시하면서, 해이해진 북한체제 내 단속강화를 위한 김정일의 욕망을 표현한 사건이었다. 미사일 발사로 미 행정부의 추가 식량지원에 대한 유인동기가 감소되었으며, 또 다시 엄청난 반대에 부딪치게 되었다. 의회 내 공화당원들은 북한이 만약 추가의 미사일 발사 실험을 수행한다면, 그들은 즉각적으로 북한에 가혹한 일련의 제재를 가할 것이라고 경고하였다. 미국 내 강경기조로 북한당국은 잠시 뒤로 주춤하였다. 예정된 두번째 미사일 발사는 일어나지 않았다.

1997년 7월 클린턴 대통령에게 대북식량지원을 반대하는 서한에 서명한 사람 중 한 사람인 길만 의원은 북한의 기아가 종식되었는지, 그리고 아직도 기아가 심각하다면 대북식량지원이 북한주민의 고통을 경감해 줄 수 있는지에 대한 조사를 하도록 양당 의회 직원으로 구성된 팀을 북한에 파견하자고 제안하였다. 그러나 만약 북한에 보낸 조사단이 이 질문을 충족시키는 답변을 들고 오지 않는다면 대북식량지원 계획은 당장 중지될 것이라고 하였다. 이 제안은 의회 내 보수 의견이 다시 고개를 들기 시작했으며, 이는 지난 여름 콕스 의원의 수정안에 대한 논쟁이 진행되는 기간에도 간간이 제기된 사안이었다. 그러나 북한은 더 많은 식량을 북한에 지원하도록 권고하는 NGO의 노력에 또 다시 손상을 입혔다.

조사단 대표는 길만의 식량지원문제 담당보좌관인 커크Mark Kirk(커크는 2000년 11월 선거에서 하원의원으로 선출되었다)였다. 북한에 파견된 대표단은 예전에 구호기관이 한 번도 방문한 적이 없는 외딴 지역의 장애인 센터, 학교, 그리고 탁아소를 방문하기를 요청하였다. 그때까지 북한에서 구호활동을 전개하고 있던 기관들은 북한 전역의 학교와 탁아소의 상황이 많이 호전되어가고 있음을 보고하였다. 한편, 7세 이하 모든 북한어린이들에게 식량을 제공하는 WFP 계획도 차근차근하게 수행되어가고 있었다. 그러나 이것은 기관의 방문이 허락된 지역에 한해서만 상황이 호전되어가고 있었을 뿐이었다. 커크와 대표단 일행은 자강도지역을 방문하였다. 자강도는 북한의 군사, 산업도시로 지금까지 어떤 구호기관에게도 통제가 엄격히 제한된 지역이었다. 법륜의 조사에 의하면 자강도는 기아로 가장 극심한 고통을 받은 지역이라고 한다. 자강도는 교통과 운송체제가 발달되지 않은, 외부지역과의 접근이 용이하지 않은 외딴 지역이었다. 그래서 WFP 식량제공 프로그램 혜택도 받기 어려운 지역이었다. 커크는 자강도의 비참한 상황을 목격하고 영양부족 상태의 처참한 북한어린이 모습을 촬영하였다. 커크가 북경에서 언론과의 회의를 주재할 때, 화면을 통해 나온 북한어린이 모습을 나는 지금까지 기억한다. 나는 이 사진자료를 1997년 여름 캐나다 언론인 맥킨지Hilary Mackenzie가 찍은 사진자료로 생각했으나, 사실은 1998년 8월 커크가 찍은 사진자료이었던 것이다. 방송용으로 필요한 자료를 제공하기 위해 북한당국이 일부러 상태가 좋지 않은 어린이들만 촬영하게 한 것인지, 아니면 안보상의 이유로 자강도지역 접근을 제한했기 때문에 이 지역 어린이들만 구호를 받지 못해 비참한 상황에 빠졌는지는 잘 모르겠다. 다른 지역에 비해 자강도 상황은 매우 나빴다. 그러나 고립된 일부 지역을 제외하고 북한의 나머지 지역에 주거하는 어린이들의 일반적인 영양상태는 많이 호전되어가고 있었다.

길만 의원이 의회직원 대표단의 북한 방문을 신청하기 훨씬 전인 1998년 봄에 개최된 회의에서, 법륜과 나는 커크에게 중국 접경지역을 방문해보도록 권고하였다. 그리고 북한난민들의 증언을 경청해보라고 권유하였다. 북한 상황에 의혹을 품고 있는 커크는 접경지역 방문을 위해 즉시 중국정부에 국경지역 방문허가를 요청하였다. 그러나 NGO 단체의 북-중 접경지역에서의 활동은 불법이며 적절하지 않다는 답변을 북경에서 전해왔다. 커크의 요청은 거부되었다. 그러나 커크는 방문을 다시 시도하였고, 이번 그의 대표단의 임무는 만주지역에서의 미국사업 발전 전망에 대한 사전조사 차원이라고 중국에 통보하였다. 결국 중국 외교부는 이같은 세속적인 요청은 승인해주었다.

접경지역을 따라 사업회의가 진행되는 동안 의회대표단은 회의라는 구실을 대고 클랜시Tom Clancy 소설을 연상케 하는 전략을 꾸몄다. 같은 호텔 내의 다른 방에서 식량난민과 면담한 비디오를 보았다. 분명, 의회대표단 내에서 무슨 일이 일어나고 있는지를 중국은 정확히 알고 있었으나, 미국 관리의 체면을 손상시키지 않았다. 미국 관리들은 북경으로 돌아와서 언론회의를 개최하였다. 그 회의에서 북한에서 탈북한 주민들과 접촉하였던 사실을 공개 발표하였다. 북한주민들의 증언을 통해 지난 3년 동안 매해마다 기아로 30만명에서 80만명에 이르는 북한주민들이 사망하였음을 확인하였다. 커크는 이러한 정보는 미 정보국으로부터 전해 들었으며, 이 정보의 사실 여부를 확인하기 위해 사업회의를 구실삼았다고 하였다. 심각한 식량위기가 보여주는 대참사의 장면에 지식인사회의 보수적 성향은 일시에 사라졌다. 북한에는 단순한 식량위기가 아닌 대기아가 맹위를 떨치고 있었다. 공중파를 통해 미국 고위관리가 북한에서 발생된 높은 사망률을 공식적으로 확인하는 첫 번째 사건이었다. 워싱턴으로 돌아오는 길에 커크는 난민과의 면담을 촬영한 비디오테이프를 ABC뉴스에 제공하였으나, 방송국은 테이프를 방영하지 않기로 결정하였다. 길만 의원은 북한 외교부 대표인 김계관에게 사망률과 관련하여 항의하였다. 그러나 당의 신임을 받고 있는 김계관은 사망률을 단호하게 부인하였다.

미국정부의 기아대응에 관한 고찰

의회, 백악관, 국무부, 그리고 CIA를 포함한 워싱턴의 실질적인 반대와 북한의 파괴적이고 도발적인 행동에도 불구하고 대북식량지원 계획은 진지하게 진행되어 가고 있었다. 신중하게 시작된 대북식량지원은 매년 증가되었으며, 기아가 극성을 부리던 1997년 여름 이미 최고조에 이르고 있었고, 1998년 봄 식량지원은 끝이 났다. 미국의 대북식량지원은 2년이나 늦게, 가장 위급한 시기를 놓치고 북한에 제공되었으며, 너무 늦게 지원된 탓에 재난을 멈추게 할 수는 없었다.

미국이 대북식량지원을 시작하게 된 이유야 무엇이었든간에, 미국정부는 궁극적으로 옳은 일을 하였다. 1998년에 미국은 폐쇄사회인 북한의 굶주린 주민들에게 많은 양의 식량을 지원하였다. 비록 미국의 식량지원 동기가 4자회담에 북한을 참석시키기 위한 의도로 시작되었고, 북한의 기아를 종식시키겠다는 의도와는 다소 거리가 있지만 말이다. 미국의 식량지원에 대한 백악관과 국무부의 의도는 북한을 남북간회담에 직접 끌어들이고, 워싱턴의 쓰디 쓴 제안을 받아들이게 하기 위한, 북한에게 던진 달콤한 미끼였다. 본질적으로 대북식량지원은 인도주의 차원이 아닌 외교수단의 방편으로 이용되었다. 국무부의 원조식량 분배에 대한 관심도 평양의 4자회담 참석 여부에 대한 외교적 반응에 종속되는 것이었다. 국무부가 WFP와 NGO로 하여금 원조식량의 분배에 참여하여 이를 감독하도록 강조한 이유는, 대북식량지원에 비판적인 의회 내 의원들의 불만을 잠재우고 그들을 만족시키기 위해서이지, 원조를 가장 필요로 하고 있는 북한주민들에게 식량이 지원되어야 한다는 의사와는 거의 무관하다고 하겠다.[18] 국무부는 식량분배에 관한 책임과 투명성과 관련하여, 북한으로 하여금 남한과 협상하도록 재촉하면서 이 문제를 가지고 북한당국을 강하게 밀어붙이기에는 다소 어려움을 가지고 있었을 것이다. 한편, 북한도 미국의 식량지원이 북한의 기아를 종식시키기 위한 지원이 아니라 4자회담으로 북한을 끌어들이기 위한 유인제라는 것을 알고 있었다. 그래서 북한도 미국이 원하는 대로 원조식량을 이용하고자 하였다. 원조식량의 분배와 관련하여 가장 곤란한 문제는 미 의회가 북한에 대하여 초강도의 투명성과 책임을 요구한다는 것이다. 미국의 책임요구는 인도주의 차원에서 유발된 열의라기보다 원조식량이 혹시라도 북한군으로 전용되고 있지나 않은지를 확인하고자 하는 분배의 투명성에 기인된 문제였다.

인도주의 구호기관은 기증국가와 수혜국가의 외교적 이해득실과 인도주의 구호활동 수행은 따로 분리되어야 한다고 주장해오고 있다. 그러나 레이건독트린에도 불구하고 정상적인 국가라면 외교활동과 인도주의활동을 분리하여 생각하기란 쉽지 않다. 외교관, 군 관리, 그리고 정치지도자들은 본능적으로 자신들이 봉사하는 국가의 이익을 지키고 방어하기 위하여 권력이라는 수단을 이용할 것이다. 한편, 불행하게도 구호기관의 자국정부가 외교적 이해득실과 인도주의 이상 사이에서 분명한 차이를 인식하고 고민할 때마다 북한정부는 매번 터무니없는 행동을 저질러왔다. 북한의 행동은 원조국가들로 하여금 대북식량 지원을 전략적 이해관계와 관련하여 생각하도록 만들었다. 기아를 종식시키고자 하는 인도주의적 의무와 이러한 전략적 이해관계의 충돌은 냉전이래 내가 목격해온 모든 구호활동에서 가장 최악의 불능상태를 야기시킨 주요 원인이다. 비록 식량지원이 1997년 여름에 약속되고 북한에 도착되었다고는 하나, 식량지원은 구호의 손길이 절실히 필요한 시기를 2년이나 넘긴 너무 늦은 시기에 북한에 도착하였다. 그리고 구호를 절실히 필요로 하는 지역이 아닌 다른 지역에 먼저 지원이 이루어졌다. 한편, 북한당국도 권력을 쥐고 있는 집단이 식량을 전용하는 것을 엄격하게 단속하지 못했다.

8. 국제구호활동

1990년 흉작이 기록된 이후, 정부 고위관리는 김정일에게 식량수급과 관련된 사안을 보고하기 위해 면담을 요청하였다. 당 지도층은 몇년 동안 계속된 흉작과 1989년부터 시작된 소련의 급격한 보조금 감소로 1990~1991년에 아주 많은 양의 식량부족현상이 일어났다고 김정일에게 보고하였다. 공식적으로 보고된 식량부족 통계와는 다르지만, 식량부족 상황은 북한주민의 식량배급체계에 지대한 영향을 초래할 것이라고 김정일에게 보고하였다. 당 지도층은 WFP에게 식량지원을 요청할 수 있도록 김정일의 허락을 요구하였다. 비록 식량부족을 공개적으로 인정하고 이루어진 요청은 아니었지만, 북한의 식량지원 요청은 발전계획을 지원한다는 명목하에 이루어진 식량원조 요청이었다. 김정일은 지도층의 요청을 승낙하였으나, 식량부족문제로 아버지 김일성을 성가시게 하지 말 것을 지시하였다.[1]

당시 김일성은 점점 시력을 잃어가면서 국가의 공식문건들을 스스로 읽을 수 없는 처지가 되었다. 김정일은 연로한 김일성을 자극하지 않는 문건들만을 골라 김일성에게 읽어주고 통보하였다. 김일성의 건강이 점점 악화되어가면서, 김정일은 실질적으로 북한을 통수하는 직무를 이미 수행하고 있었다. 1994년 4월 〈워싱턴타임〉은 김일성과의 면담을 통해, 김일성 자신이 이미 북한을 통치하고 있는 아들 김정일에게 거의 의존하고 있음을 전해주었다. "나의 시력에 문제가 있어서 문건을 읽는 시간을 절약하기 위해, 김정일이 나에게 보고할 모든 보고서들을 정리해서 나에게 전달하고 있다. 나는 이러한 아들이 매우 자랑스럽다. 그리고 김정일은 나의 건강에 대해서도 많은 신경을 써주고 있다."[2] 김정일은 북한주민과 당 지도층으로부터 존경받는 인물은 아니지만, 아버지 김일성의 지지를 받으면서 국가통치 권력을 손에 쥐고 있었으며, 그의 명령은 의심의 여지없이 수행되고 있었다.

만약 어떤 나라가 흉작으로 인해 식량원조를 UN에 요청한다면 이는 특별한 일이 아니다. 그러나 북한이 UN에 식량지원을 요청한다면 그 경우는 다르다. 1950년 남한을 흡수통일하려는 북한에 대항해서 맞서 싸운 미국이 주도하는 국제기구가 UN이기 때문이다. 북한은 UN을 향해 미국권력을 대변하는 국제장치로서, 국제기구의 형식으로 위장된 미국기관으로 평가해오고 있었다. 비록 1991년에 북한도 UN에 가입했지만 북한은 남한이 회원국이 되었기 때문에 동시 가입했을 뿐이었다. 북한 관료들은 UN의 취지와 UN이 수행하는 국제문제에 깊은 회의를 갖고 있다. 북한에 대해 민주정부들이 갖고 있는 불신과 두려움은 50년 동안 평양의 외교정책에 많은 영향을 주었다. 북한에 부정적인 시각을 갖고 있는 서구사회에 북한이 식량원조를 요청해왔다는 사실은 북한이 기존의 입장을 바꿔야 하는 긴박한 상황이 북한 내에 전개되고 있음을 의미하는 것이었다.

1991년 초 북한의 식량원조 요청에 따라, WFP는 4명의 기술관리와 FAO에서 파견된 3명의 보조관으로 구성된 팀을 북한에 즉각적으로 파견하였다. 이들의 임무는 북한에서 필요로 하는 식량에 대한 평가조사이다. WFP에서 발간한 문서에 따르면, 조사단은 북한의 부족식량을 평가한 결과 특별하게 식량이 부족하다는 사실을 북한에서 발견하지 못했다고 한다. 사실, 평가단은 식량이 부족하지도 않은 북한이 도대체 왜 식량원조를 요청해왔는지에 대해 의문을 가졌다. 굶는 사람도 없고 주민들이 영양결핍상태도 아닌데 북한당국은 1,000만톤이라는 엄청난 양을 요구하였다.[3] 그 보고서는 "여러 가지 이유가 있겠지만……우리들은 식량원조 시행을 만족시킬 수 있는 필요충분조건을 찾아낼 수 없었다. 우리가 식량원조를 하지 않으려는 것이 아니라, 식량원조를 해 줄 수 있는 객관적인 증거들이 입증되지 않았다."[4] 고 결론을 내렸다.

그리고 WFP 평가단은 자신들의 일을 수행하기 위해 필요한 정보에 접근할 수 없었다고 불평하였다. 김일성이 비록 늙고 병들었다고는 하나 그는 아직까지도 북한 관리들을 관리하고 간섭할 수 있을 뿐 아니라, 김일성은 UN평가단이 북한을 방문하고 있다는 사실도 알게 되었다. 식량평가단이 북한을 방문하고 있다는 사실을 알게 된 김일성은 몹시 분노하여, 왜 식량원조를 요청했어야 했는지에 대해서 지도층의 답변을 듣고자 하였다. 지금까지 김일성은 북한이 식량원조를 요청할 만큼 식량사정이 악화되었다는 사실을 보고받은 적이 없었기 때문에, 식량부족 사실에 대해 잘 알지 못했다. 김일성은 김정일이 요구한 UN평가단의 요청 승인을 철회하였기 때문에, UN평가단은 자신들이 필요로 하는 정보를 얻지 못했던 것이다.[5] 김일성이 당 지도부에게 내린 메시지는 분명하였다. 북한에서 식량부족은 있을 수 없고 실제로 북한에 존재하지도 않기 때문에 식량원조를 받는다는 것은 승인할 사안이 아니다.

그 당시 WFP는 기아 초기단계에 있는 북한에서 WFP의 역할이 관심의 초점이 되고 있다는 사실을 거의 깨닫지 못했다. 오히려 WFP는 1995년 8월 북한이 홍수로 심한 피해를 입었을 때 자신의 역할을 더욱 잘 드러내었다. 그러나 본질적으로 모호하고 비밀스런 북한 체제의 특성은 외부 방문객들과 거리를 두고 있었으며, 이들이 정보를 가까이하지 못하도록 통제하였다.

1930년대 김일성의 만주 항일유격대의 동료 아들이자 총리를 지낸 강성산은 1992년 초 자신이 행정관으로 있었던 국경지역 주민들의 고통과 그들이 겪는 빈곤에 대해 김일성에게 보고하였다. 강성산의 보고는 김일성이 아들 김정일에게 그동안 받아오던 빛나는 경제보고서들과는 아주 다른 내용이 담겨 있었다. 김일성은 경제분야의 심각한 침체를 인식한 후 전반적인 국정을 다시 스스로 챙기기로 마음먹었다. 강 총리와의 면담이 경제악화에 관한 마지막 보고가 아니고 그 이후 2년 동안 김일성은 계속적으로 경제보고를 받게 된다.[6] 북한이 공식적으로 인정하지 않고 실재하지 않는다는 식량위기는 1991년부터 1994년 사이에 더욱 심각해졌다. 김정일은 동북지역에 지급되어오던 식량배급을 중단하도록 명령하였다. 5절에서 상세하게 설명하였지만 1995년에 이미 특권층을 제외한 모든 북한주민의 식량공급원으로서 식량배급체계는 완전 붕괴되어가고 있었다.

김일성은 자기 아들 김정일이 내린 명령을 알지 못하고 있었다. 1994년에 김일성은 동북지역의 기아로 인한 주민의 사망보고를 받고 큰 충격을 받았다고 한다. 사망 사실을 직접 눈으로 확인하기 위해 김일성은 함경북도를 방문하였다. 김일성은 주민들이 들판에서 야생식량을 찾아 헤매는 것을 목격하고, 그들에게 무엇을 하고 있는지를 물었다. "지금 우리는 먹을 것이 없어 굶주리고 있기 때문에 야생식량을 찾아 들판을 헤맨다."고 하였다. 평양으로 돌아온 김일성은 지도부를 불러 주민들이 굶고 있는 사실에 대해 얼마나 알고 있는지를 물어보았다.[7] 그 당시 서울에서 돌았던 정보에 의하면—출처가 확실하지 않은 정보—아버지와 아들 사이에 격한 논쟁이 야기되었는데, 김일성은 김정일에게 경제분야의 관리부족과 즉각적이고 정확한 정보를 자신에게 전달하지 않은 과실을 엄중 문책하였다고 한다. 비록 김일성과 김정일 사이에 예상되었던 대립이었지만, 이로 인해 그해 7월 김일성 사망 이후 김정일이 아버지 김일성의 권력을 세습하는 것이 방해받지는 않았다.

1994년 말 북한 지도부는 북한이 심각한 경제난과 식량난에 봉착해 있음을 인식하였다. 여름에 태풍으로 심하게 피해를 입고 난 후, 그 해 가을 수확된 곡물생산량은 예전의 그 어느 해보다 상황이 나빴다. 계속된 식량부족 사태가 누적되어 그해 겨울부터 1995년 봄에 이르는 시기의 식량사정은 최고로 악화되었다. 1995년 초 북한은 일본으로부터 100만톤의 쌀을 보조금가격으로 매입하기 위해 예비외교교섭을 갖기 시작하였다. 일본정부는 남한정부의 동의와 지원하에서만, 일정하지 않은 양이지만 북한에 식량을 제공하겠다고 통보하였다. 북경에서 남한과 북한정부가 비밀협상을 갖고 난 후, 남한이 북한에 15만톤의 쌀을 제공하겠다는 협정이 체결되었다. 이 협정이 체결되고 난 후, 일본은 즉각적으로 1995년 6월, 북한에 30만 톤의 쌀을 제공하기로 북한과 협정을 맺었다. 지원되는 쌀의 반은 일본의 적십자사를 통해서 기증되는 것이고, 나머지 반은 10년의 유예기간이 지난 후 30년 상환으로 지급되는 것이었다.[8]

1995년 8월 북한을 휩쓴 심각한 홍수는 많은 지역의 농지들을 황폐화시켰다. 단지 일본과 남한정부가 제공한 식량으로 북한은 1996년 봄과 여름에 부분적이나

마 북한주민을 부양할 수 있었다. 다시 식량부족이라는 상황에 직면한 북한은 UN에 다시 한번 도움을 요청하는 것 외에는 다른 선택의 여지가 없었다. 그러나 이번의 상황은 북한의 이념에 반하지 않으면서 작금의 식량부족 상황이 자연재해로 기인된 것이라고 설명할 수 있었기 때문에, 북한은 식량부족이라는 유감스러운 상황을 받아들일 수 있었다. 논리적으로 인간의 힘으로는 통제할 수 없는 자연재해로 인한 식량부족사태이기 때문이었다. 사실, 1995년 8월의 홍수는 이미 붕괴된 북한경제의 쇠퇴를 더욱 가속화하였다. 비록 통계학적으로 북한당국에서 제공한 자료만큼 비관적인 것은 아니지만, FAO/WFP의 북한 농작물평가는 인도주의 차원에서 경종을 울리기에 충분한 통계수치였다. 그러나 WFP요청에 대한 각국의 반응은 대단히 실망적이었다. 서구 지원국들은 지구상에서 가장 악명높은 불량국가의 식량지원에 열의를 보이지 않았다. 단지 명목상의 지원만을 생각하고 있었다.

북한의 상황은 기아, 식량위기,
아니면 만성적인 식량부족사태인가?

북한당국에 의해 의도된 프로그램과 계획된 접근만이 허용되었던 모든 중립국 구호요원과 외국대표단들, 그리고 기술고문단을 괴롭힌 중심의제는 다음과 같다. 작금의 북한상황이 기아상황이라면, 기아가 실제로 북한에 심각한 타격을 주는지, 아니면 그렇지 않은지에 대한 확실한 답을 구할 수 없었다. 북한에 식량위기가 실제로 발생했다면 도처에 산재한 북한의 "만성적인 구조결함"에서 기인된 식량부족사태는 아닌지 분명하지 않았다. 비록 1996년 여름 미국정부는 기아로 인한 북한주민의 사망과 관련해서 북한에 기아가 진행중이라고 개별적인 결정을 내린 일도 있기는 하다. 그러나 NGO들은 정보접근의 어려움을 겪고 있어서 이같은 본질적인 질문에 확실한 답변을 구할 수 없었다. 그러므로 북한 내 NGO 구호활동은 처음부터 어려움을 겪었다. 단순한 대답마저 찾아내지 못하는 NGO의 거듭되는 좌절은 NGO 스스로 어떠한 결정도 내릴 수 없게 하였다. 한편, 식량지원국들도 얼마나 많은 식량을 북한에 지원해야 하는지, 그리고 어디에 초점을 맞추어 그러한 결정을 내려야 하는지 무척 당혹스러웠다. UN도 얼마나 많은 직원들을 북한에 지원해야 하는지조차 판단할 수 없었다. NGO 단체들은 자신들을 지원하는 개인 기증자들에게 무엇을 지원하고 왜 지원해야 하는지를 설명할 수도 없었다. 북한의 실패한 경제정책을 대신해서 서구의 구호사업을 북한에 끌어들이기 위해, 냉소적인 북한당국이 조작해낸 북한주민의 영양결핍문제와 이와 관련된 허구사태를 해결해줘야 할지 말아야 할지를 결정하는 일은 소수 책임자만이 고민해야 할 문제는 아니었다.

각 구호기관들의 자체평가가 실패했을 때, 최상의 방책은 북한상황에 대한 각자의 평가에 대해 서로 논의하여 결론을 추출해내는 일일 것이다. 1997년 봄과 여름, NGO 단체들은 무엇을 어디서부터 시작해야 하는지에 대해서 논의하였다. 외관상으로 북한의 상황을 기아라고 정의내릴 수 있는지에 대한 끝없는 격론이었다. 이와 같은 논쟁이 이보다 일찍 미국 정부 내에서 1년 내내 일어났었다.

1997년 봄 NGO의 하나인 월드비전에 근무하고 있을 때, 나는 농담 반 진담 반으로 만약 북한상황을 기아라고 정의내리는 문제에 많은 혼동이 예상된다면, 경제학자 센Amartya Sen에게 기아에 대한 정의를 요청하자고 제안하였다. 북한에서 구호활동을 펼치는 유명한 NGO의 하나인 국제자비단의 린드버그Nancy Lindborg는 나의 제안을 심각하게 받아들이고, 센에게 편지를 보냈다. 센의 대답은 명료단순했으며, 그리고 현명하고 솔직한 답변이었다.

> 기아로 인한 사망률의 급작스런 증가를 초래한 요인을 파악하고자 할 때, 대부분의 사람들이 일반적인 상식을 멀리하는 이유가 무엇인지 나는 모르겠다. 사망률의 증가는 굶주림이 직접적인 사인이 되는 경우를 포함할 뿐 아니라, 심각한 배고픔으로 발생되는 전염병, 주변 위생상황의 악화, 그리고 굶주림과 관련해서 발생하는 사람들의 단기적인 이동증가로 발생되는 사회체제의 균열까지도 포함된다.[9]

센은 우리들에게 기아정의를 내리는 데 서로 논쟁함으로써 시간을 낭비하지 말고, 그 대신 기아가 발생한 진정한 원인이 무엇이고 기아를 종식시키기 위해 무엇을 해야 하는지에 대해 중점을 두라고 강조하였다. 센의 충고는 미국행정부 내의 논쟁에도 적용될 수 있을 것이다. 그러나 북한의 경우에 있어, 얼마나 많은 사람들이 현재 죽어가고 있는지를 알아내는 일은 다른 나라의 경우만큼 간단한 일은 아니다.

한편, 위기가 진행되어감에 따라 북한당국이 발표하는 공식적인 표현에 사용되는 단어들도 변해갔다. 비록 미 행정부가 1997년 3월에 UN에게 통보했던 정보와 반대되는 것이기는 하지만, 1996년 WFP 관리는 북한의 식량배급체계가 주민들 모두에게 무엇인가를 지급하고 있기 때문에 기아가 심각한 상황은 아니라고 설명하였다.[10] 비록 주민들의 영양부족 사태가 전국으로 확대되기는 하였지만, 아사상태는 아니라는 것이다. 그러나 1997년 봄, 구호관리들은 이와 같은 표현을 취소하고 사태를 정확하게 전달할 수 있는 새로운 표현을 찾아내었다. "천천히 진행중인 기아"가 북한 전역에서 감지되고 있다는 것이다.[11] 마이어트Tun Myat는 북한의 동북지역을 처음 방문하고 돌아와서, 이같이 비관적이고 세인의 관심을 불러일으키기에 충분한 표현을 만들어냈다. 그는 WFP 고위 지도자들에게 북한에서 실제로 일어나고 있는 상황에 대해 반대측 입장의 사람들에게 논리 정연한 타협안을 제출하도록 권고하였다. 그 타협안에 모든 사람들이 어느 정도 만족하였다. 기아상황이 북한 전역을 휩쓸고 있다고 주장하는 미국 내 NGO들은 '기아'라는 심각한 의미를 지닌 단어를 사용하였다. 그러나 북한의 기아상황이 불러올 반응에 대해 회의적인 시각을 갖고 있는 유럽과 유럽 내 NGO들은 북한 상황에 더디게 반응함으로써 일종의 안도감을 갖고 있는 듯하였다. 기아라는 단어를 사용하는 것은 미 행정부와 같은 식량지원국에게 있어서는 비위에 거슬리는 체제에 식량원조를 지원하는 문제와 관련해서, 입법기관과 비판적인 방송언론에 대항할 수 있는 항변이요 답변이 될 수 있기 때문이다. 더욱이 미 행정부의 적절한 원조공약은 기아가 천천히 진행되고 있다고 판단되어질 때 더욱 관대하게 생각되어질 수도 있다. 무엇보다 중요한 것은 적절한 단어의 사용은 북한당국의 분노를 감소시킬 수 있으며, 북한 스스로 내부문제를 공식적으로 은폐하게 함으로써 굴욕을 느끼게 할 수도 있다는 것이다. 한편, 기아라는 단어는 직접적으로 확인할 수 없는 사실에 대해 논쟁하고 있는 영양학자들에게 타협의 여지를 제공하였다.[12] 분명한 사실은 북한 주민들이 지금 위험에 처해 있으며, 주민의 영양상태가 급격히 악화되어가고 있다는 사실이다. 그러나 북한에 근무하고 있는 중립국 구호요원들은 소말리아, 에티오피아에서 목격한 것과 같은 기아를 입증할 확실한 증거들을 북한에서는 목격할 수 없다고 전하고 있다.

1997년 1년 내내 NGO의 고위관리, UN직원, 의회대표단, 그리고 외교관들은 북한을 방문하였다. 폐쇄적인 북한사회는 열성적이지는 않지만 공손히 서구의 방문단들을 맞이하였다. 비록 기아에 대해서 전체주의 국가와 북한에 대해 실제로 아는 것이 없다 하더라도, 북한을 방문한 사람들 모두는 각자 자신들이 목격한 사건과 사실에 대한 평가를 내렸다. 북한의 상황을 기아라는 대참사로 보고하는 언론과 기아가 천천히 진행 중이라고 발표한 WFP의 보고는 서구인들을 더욱 혼란스럽게 만들었다.

WFP의 이사 버티니Catherine Bertini는 부시행정부에서 농업담당 부차관보를 역임하였다. 북한위기는 그녀가 WFP에 재직하는 7년 동안 경험했던 다른 어느 위기보다도 그녀의 정치적 역량을 시험하는 계기가 되었다. 1997년 3월 북한을 방문하기에 앞서, 버티니는 북한을 단지 그녀가 조정해야 할 또 다른 하나의 응급상황으로만 간주하였다. 그러나 북한을 방문하고 나서 버티니는 큰 충격을 받았다. 버티니는 북한의 기아를 멈추게 하고 이를 위해 국제원조와 관련된 일련의 결정을 내리게 된다. WFP 고위관리에 의하면, 버티니의 생각을 결정적으로 바꾸게 한 계기는, 그녀가 북한의 어린이 수용시설을 방문하고 수백명에 달하는 어린이들의 처참한 상황을 직접 눈으로 목격한 뒤라고 한다.

버티니가 북한을 방문하기 바로 전 해에, 미 국무성의 한국 담당부서는 버티니에게 절박한 재난에 대한 북한의 그럴듯한 주장과 설명에 조종당하지 않도록 주의를 주었다. 한편, 미 의회 내 지도자들도 그녀에게 북한에 대한 어떠한 식량원조도 결국에는 군사적 차원에서 다루어져야 한다는 것을 경고하였다. 그 해 버티니는 기아에 관한 정보를 수집하기 위해 미국정부의 브리핑을 반복해서 요청하였다. 그러나 브리핑을 어디에서 할 것인가에 대한 논쟁을 반복한 후 미국정부는 북한을 방문하기 바로 전 북경 주재 미 대사관에서 그녀에게 브리핑을 하였다. 그러나 그 보고서에는 어떠한 견해나 정보도 제시되어 있지 않았다. 분명한 사실은, 미국 관리들이 이전에 북한을 방문한 미 국무부 분석가 퀴노의 북한 내부사정에 관한 분석자료, 망명자와 난민의 면담, 그리고 남한과 일본정부 정보국들이 수집한 대참사에 대한 증거 자료들을 버티니에게 제공하지 않기로 결정하였다는 것이다.

북한 방문에서 돌아온 후 버티니는 그녀가 수집한 정보에 기초해서 세 가지 중대한 결론을 내리게 된다. 첫째, 식량기증국으로부터 더 많은 식량원조를 새롭게 요청한다. 둘째, 평양당국으로 하여금 WFP가 선정한 경험이 풍부한 언론인들의 북한 방문을 허락해주도록 요청한다. 언론인들은 북한 경호원들로부터 자유로워야 하며 정치적인 구속도 받지 않아야 한다. 이러한 조건에서 언론인들은 북한의 기아참상을 촬영하도록 허락받는다. 셋째, 버티니가 신뢰하는 물자관리 전문가인 마이어트에게 북한의 동북지역을 답사할 수 있도록 북한당국에 요구한다. 동북지역은 중립국 구호요원의 출입이 제한되었던 곳으로 현장답사를 하기 위함이다. 자신의 구호요청에 둔감한 반응을 보인 국제사회에 감정이 상한 북한당국은 마지못해 버티니의 제안에 동의하였다. 그러나 그 이후 북한은 자신의 이와 같은 결정을 후회하였다.

식량배급체계
-사회주의 평등 실현인가, 아니면 종이호랑이에 불과한 것인가?-

1996년 봄 기아 공포가 북한 전역을 휩쓸기 바로 전, 미 국제개발국의 외국재난구호 담당국은 라우츠를 북한에 보내 재난구호에 필요한 평가를 해오도록 지시하였다. 농업, 기아 전문가인 미시경제학자 라우츠는 예전에도 수단에서 미 국제개발국과 함께 가뭄 피해를 입은 수단의 구호활동을 감독하기 위하여 참가한 경험이 있다. 라우츠가 북한을 방문하고 있는 같은 기간에, 북한담당 WFP 감독관인 페이지 Trevor Page는 영국의 주요자선단체인 아동구조운동Save the Children UK이 WFP와 유사한 행동을 수행할 수 있게 강요하였다. 영국의 NGO 기관은 유능한 식량구호전문가인 나탄나일Lola Nathanail로 하여금 이 목적을 위해 임시로 WFP에 소속되도록 하였다. 이 두 여성학자가 작성하여 제출한 보고서에는 기아라는 상황해석에 대한 근본적인 차이점을 보여주고 있다. 즉, 기아라는 재난과 관련하여 인도주의적이며 민주주의 사회에서 야기될 수 있는 해석상의 몇 가지 논의들을 구체적으로 표현하고 있다. 이 논쟁은 식량지원국들이 자국의 구호활동 결정을 내리는 데 주요한 영향을 미치고 있었다. 좀 더 정확하게 말하면, 정책결정자들은 정치적인 사안을 고려해서 이미 결정내린 정책을 정당화하기 위해 NGO사회에서 제출한 보고서를 이용하였다.

각자의 분야에서 전문가인 두 여성은 같은 기간에 북한을 동시에 방문하였으나, 이 두 여성학자가 직접 목격하고 경험한 관측과 결론은 현격한 대조를 보이고 있었다. 라우츠 보고서는 위기대처능력마저 상실한 북한가정과 기아 초기단계에 들어선 북한에 대해서 언급하고 있다. 라우츠는 차별적인 식량배급이 행해지고 있다고 잠정적인 결정을 내리고, 식량배급체계를 원조식량의 분배에 이용하는 것에 대하여 반론을 제기하였다. 북한의 식량배급체계는 이미 정치화된 제도이기 때문에, 더 이상 원조식량 분배에 이 제도를 이용할 수 없으며 믿을 수 없는 제도라고 덧붙였다. 1997년 여름 터프트대학의 페인스타인 국제구호센터Feinstein International Famine Center가 발간한 보고서에서 라우츠는 이러한 주장을 전개하였다. 전체주의 체제는 정치적 목적을 달성하기 위하여 주민의 식량배급을 통제하고 있으며, 특히 기아라는 특수상황하에서 체제의 운명이 위협 받고 있을 때, 필연적으로 공정한 식량의 재분배는 일어나지 않는다고 강조하였다.[13] 이와는 대조적으로 나탄나일은 북한주민이 약간의 식량부족으로 고생을 하고 있는 것은 사실이나 아직까지 심각한 영양결핍상태는 아니라고 결론지었다. 그러나 모자라는 부족분에 대해서는 보충해주어야 할 필요성이 있다고 전망하였다. 또한 나탄나일은 "북한에서 최근에 발생한 식량부족사태의 구조적인 특성과 사용 가능한 자원에 대한 북한당국의 통제를 고려해 볼 때, 북한주민이라는 가장 취약한 부분만을 표적으로 삼는 것은 옳지 않다."고 말하였다. 나탄나일은 WFP로 하여금 "북한의 식량배급체계의 배급망 중 하나인, 탁아소와 유치원과 같은 기관을 통한" 식량지원을 제안하였다. 1997년이 끝날 무렵, WFP는 자신들 계획의 핵심적인 정책사항으로 나탄나일의 권고를 받아들이기로 결정하였다.[14]

라우츠는 북한 중앙당국이 차별적인 식량배급을 시행하고 있음을 지적하였다. 홍수로 침해를 입은 지역의 농부에 대해서 라우츠는 "홍수 침해를 입은 지역의 농부들은 1년 배급량의 1/2에 달하는 식량(1인당 90~100kg)을 배급받고 있다는 북한당국의 보고와는 반대로, 농산물을 수확하지 못한 집단농장에 소속되어 있는 많은 농부들이 거의 배급을 받지 못하고 있다."고 보고하였다. 라우츠 분석에 따르면, "홍수로 침해를 입은 도시지역(농업 인구와 비농업인구 모두)의 주민은 멀리 떨어진 농촌지역과 비교해 볼 때, 제한된 것이기는 하나 불규칙적으로 비상상태에 준하는 식량을 우선적으로 배급받고 있었다."는 것을 알 수 있다. 도시지역은 1995년 가을에 발생한 홍수로 심하게 피해를 입은 농촌지역에 비해서는 북한체제에게 전략상으로 중요한 지역이기 때문이다. 그 이후 OFDA의 보고서에서 라우츠는 특권계층에 속하는 인구집단은 원조식량을 지급받는데 우월한 위치에 있고, 비특권계층은 배급에서 제외되어 있다고 보고하였다. 북한 당국은 도시 특권층에 지급되어질 식량을 서구 지원국들로부터 더 얻어내기 위해 홍수를 이용하고 있음이 분명하다고 언급하였다.[15]

북한은 확실한 파산상태이고 외국으로부터 곡식을 수입할 능력이 없다고 나탄나일은 결론짓고 있다. 그러나 라우츠는 이 논리를 반박하였다. 북한은 식량을 구입할 수 있는 외화를 보유하고 있으나 식량구입 대신 무기를 구입한다고 반론하였다. 미 정보분석가들이 북한 상황에 대해 확신을 갖고 있지 않을 때, 이 두 여성학자들은 각기 자신의 보고서에 확신을 갖고 있었다. 그러나 확신을 갖고 있다 할지라도, 양쪽 모두 자신의 작업에 정치적 제약을 받고 있었다. 나탄나일의 보고서는 북한체제의 입장과 견해를 반영하고, 북한이 직면한 위기에 대해서도 북한체제와 같은 입장으로 설명하고 있다. 나탄나일은 중국 접경지역을 방문한 적도 없으며(반면, 라우츠는 접경지역을 방문하였다), 난민의 증언도 들어본 적이 없다. 나탄나일은 북한관리의 설명과 때때로 다른 해석을 하지만, 거의 대부분 나탄나일은 자신이 북한당국으로부터 들었던 사항에 대하여 비판없이 전달하고 있다. 일찍부터 WFP와

FAO의 농작물작황에 대한 보고서는 북한 농업체제에 대한 정밀한 관측과 평가를 통해서 작성되어왔다. 그러나 북한당국은 WFP와 FAO의 평가에 관대한 반응을 보이지 않고 있다. 북한관리는 WFP와 NGO에게 북한 정부 내에서 서구의 식량원조프로그램에 대해 이미 논쟁이 시작되었으며, 군부와 안전보위부는 서구의 식량원조계획을 걷어치우고 인도주의 구호기관들을 북한에서 추방하라고 압력을 가해오고 있다고 하였다. 그러므로 자신들의 체제에 대해 공개적으로 많은 비판을 한다거나, 주민 접근을 포함해서 너무 많은 간섭을 하고, 외부세계에 북한의 기아에 대해 난처한 보고를 하는 것은 식량원조 프로그램과 관련된 논쟁에서 결국 군부와 안전보위부의 의견이 관철되게 하는 것이라고 북한관리는 경고하였다. WFP와 NGO는 이를 심각한 협박으로 받아들여야 할지 아니면 북한 내의 인도주의 구호활동을 제한하기 위해서 북한이 제안하는 협상차원인지를 결코 분간할 수 없었다.[16]

라우츠의 보고서는 나탄나일의 보고서에 비해 더욱 비판적이다. "북한은 아직도 정치적이고 경제적인 수단을 통해서 재난을 피할 능력을 갖고 있다."는 관측을 제시하고, 북한 당국은 시간의 진행에 따른 면밀한 조사를 거부하고 있다고 비판하였다. "식량위기에 대처할 수 있는 북한의 능력이 과소평가되어서는 절대 안 된다. 결과적으로 북한 전역에 걸쳐 일어난 식량부족사태의 해결은 전적으로 북한의 책임에 달려 있다."[17] 고 분석하였다. 이같은 라우츠의 분석은 논조와 실질적인 내용에 있어서 여타의 보고서들과 현격한 대조를 이루고 있다. 고위 행정관리는, "국무성은 라우츠의 보고서에 잔뜩 혼란스러워하고 있으며, 보고서가 발표되기 전에 수정되어야 한다고 언급했다. 그리고 국무성과 국가안전위원회는 미 국제개발국을 어떤 응급상황 때보다 더 엄격하게 구속해야 한다."고 나에게 말하였다.[18]

식량배급체계가 갖고 있는 평등주의적 특성을 나탄나일만이 칭송하는 것은 아니다. 캐나다곡물은행Canadian Foodgrains Bank의 회원들과 기독교 NGO 협회와 캐나다 교회들은 1996년 8월 27일부터 9월 3일까지 북한을 방문하고 난 뒤 다음과 같은 보고서를 작성하였다.

예견했던 대로 북한주민들은 심하게 고통을 받고 있었다. 그러나 반면
에 식량배급체계를 통해서 거의 모든 북한주민들에게 부족한 식량이나마
골고루 나누어지고 있었으며, 이용 가능한 식량을 분별있게 배급하고 있
었다. 어린이들에게 우선적으로 배급되었으며 부모들은 자신이 먹을 식량
을 줄임으로써 어린이들을 우선적으로 보호하였다. 그래서 청년들과 어른
들은 눈에 띄게 여위어 있었다. 그러므로 북한의 전반적인 식량부족사태
가 1983-84년의 에티오피아보다 더 심각하고, 식량부족상황이 일반주민
들 거의 대부분에게 확산되어 있다 하더라도, 전국적인 기아사망률은 아
직 감지되고 있지 않다.[19]

WFP는 아마도 미 정보국의 보고서를 반박하였던 전례가 있기 때문에, 식량배
급과 관련된 북한의 차별정책에 대한 정보를 묵살하였던 것처럼 보인다. 그러나
동시에 미 행정부 자체 내 자료에서 밝혀진 것과 같이, 미 행정부도 지역적인 차별
정책에 대해 알고 있듯이 WFP도 동북지역에 대한 차별적 식량배급정책에 대해
우려하고 있었다. 라우츠는 중국접경지역인 동북지역의 홍수 침해상황을 평가하
기 위해 그 지역의 방문 허락을 받은 사람은 지금까지 한 사람도 없다고 보고하였
다.[20] 1995년 8월부터 1997년 5월까지 북한을 방문한 3명의 WFP 감독관은 자신
의 직원이 동북지역과 자강도를 방문할 수 있도록 북한당국이 허가해 줄 것을 요
청하였으나 매번 거절당하였다.[21] NGO 요청에도 북한당국은 거절하였다. 나는
지금도 1997년 여름 UN본부에서 열린 회의에서 WFP가 나누어 준 자신들의 구
호활동지역을 표시한 WFP 지도를 갖고 있다. 그 지도에는 3개의 동북지역이 제
외되어 있다. 구호활동을 벌이고 있는 직원들과 분석가들은 북한당국이 다른 지역
에서처럼 쉽게 위장할 수 없는, 북한이 감추고자 하는 무언가가 분명 그 지역에 있
을 것이라고 궁금해하기 시작하였다. 버티니 자신은 북한체제가 왜 그렇게 강력하
게 동북지역의 방문을 금지하고 있는지를 무척 의아해하였다. 버티니는 그 지역에
서 무언가가 심각하게 잘못 돌아가고 있다는 추측을 하게 되었다.[22] 북한은 동북
지역에 대한 어떠한 평가도 배제하고 있으며 우선적으로 필요한 식량보급도 차단
함으로써, 동북지역을 제외한 다른 지역으로 식량이 우선적으로 배급되는 데 따른

서구의 압력을 피하고자 하는 것은 아닌지 우리들은 의아해하였다. 1997년 초부터 내가 염려한 것은 북한 중앙당국이 인도주의 구호기관의 규범을 자신들의 이익을 위하여 이용할 수도 있다는 것이었다. UN과 NGO는 자신들의 접근을 허락하지 않는 지역에 대한 원조식량의 지급을 거절하였다. 사실, 그 당시 서구의 구호기관들은 북한 중앙당국이 차별정책을 시행하고 있다는 사실을 모르고 있었을 뿐 아니라, 그러한 차별정책을 달가워하지도 않았다.

버티니는 북한을 방문하고 나서 마이어트를 북한에 보내기로 결정하였다. 이는 북한 기아에 대한 버티니의 대응전략을 근본적으로 바꾸어 놓는 계기가 되었다. 영국에서 교육을 받은 버마 출신의 마이어트는 서구와 아시아 문화를 동시에 이해하고 있는 사람으로 빈틈없는 협상가였다. 마이어트의 도착과 동시에 북한당국은 버티니의 요청에 따른 사전동의를 무시하였다. 그리고 마이어트가 왜 3개의 동북지역을 방문할 수 없는지에 대해 예전과 같은 변명을 늘어놓았다. 그 지역까지 도달하는 데 교통과 운송의 어려움이 있으며, 날씨도 나쁠 뿐 아니라 볼 만한 것도 없으며, 일반 사람이 접근하기 어려운 지역임을 특히 강조하였다. 마이어트는 만약 자신이 동북의 3지역을 답사할 수 없다면, WFP는 북한이 요청한 추가식량 지원을 하지 않을 것이라고 북한관리에게 통보하였다. 마이어트의 확고부동함은 북한당국의 계획을 바꾸었다. 그러자 그는 곧 기차를 이용해서 함경북도의 청진항으로 향했다. 마이어트의 답사는—기아가 시작 된 이후 서구 구호활동 직원에게 처음으로 허락된—북한의 서쪽지역에 공급할 식량을 더 많이 비축하기 위해 동북지역을 북한당국이 제외시켰다는 확실한 증거를 찾아내는 첫 계기가 되었다.

동북지역에 도착한 마이어트는 북한관리가 미리 정해 놓은 곳이 아닌 자신이 직접 선택한 몇몇 가정을 사전에 알리지 않고 방문할 것을 요청하였다. 북한관리가 구호활동 직원들의 요청에 끈질기게 저항하였던 다른 지역에서와는 달리, 함경북도의 관리들은 마이어트가 가고자 원하는 곳으로 그를 즉시 안내하였다. 실제로, 마이어트가 만난 이곳 지방관리와 도시관리들은 다른 지역에서 만난 관리들보다 더 개방적이고 친절하였으며 덜 이념적일 뿐 아니라 무척 협조적이었다. 마이어트가 방문한 북한가정의 식사는 전적으로 대체식량으로 구성되어 있었다. 해초로 만든 국수, 옥수수 속대와 벼 뿌리를 섞어 만든 가루, 그리고 야생식물의 잎사귀들이 주류를 이루었다. 지방관리는 마이어트에게 중앙당국이 1996년 9월 자신들에게 다음 추수 때까지, 즉 1997년 9월까지 식량배급이 중단되기 때문에 이번이 마지막 식량배급이 될 것이라는 지침이 내려왔다고 하였다.[23]

그리고 북한 내에서의 주민의 대량이동에 대한 증거를 처음으로 제시한 사람도 마이어트였다. 마이어트는 이 사실을 언론과의 회의에서 밝혔다. 한편, 마이어트가 타고간 동북행 기차는 29시간이나 걸려 동북지역에 도착할 수 있었다. 그에게 당 간부 전용객실이 주어졌기 때문에, 그는 일반 주민들과 대화를 나눌 수 없었다. 그는 다른 객차 안의 상황을 전혀 알 수 없었다. 그러나 기차가 산 주위를 돌아갈 때 그는 기차 말미의 다른 객차 안을 들여다볼 수 있었다. 그 안에는 식량으로 보이는 짐보따리를 들고 있는 사람들로 꽉 차 있었다. 기차 외부천장 위에도 사람들이 불안정한 자세로 꼭 끼여 앉아 있었다. 또한 객차 사이의 공간에도 사람들로 꽉 차 있었다. 대부분 사람들의 옷차림새는 단정치 못하고 더러워 보였다. 마이어트는 기차가 멈출 때마다 사람들이 기차에서 내리고, 기차가 바로 떠나기 전에 다시 기차에 오르는 모습을 발견하였다. 이는 아마도 기차 안전원의 감시를 피하기 위해서일 것이라고 마이어트는 생각하였다. 기차는 너무 천천히 움직이고 있어, 기차가 멈추지 않는다 하더라도 사람들이 쉽게 기차에서 뛰어내릴 수 있었다. 마이어트가 제출한 동북지역 답사평가는 기아의 퍼즐을 맞추어가는 또 다른 실마리를 제공하였다.—답사평가서는 식량 부족을 겪는 북한주민의 고통을 사실적으로 전달하고 있으며, NGO들이 북–중 접경지역에서 접수했던 난민들의 증언을 재확인하는 계기가 되었다.

마이어트는 1997년 11월과 12월에 원조식량의 선적을 감독하기 위하여 WFP 운송담당 직원을 청진항에 파견하였다. 청진항에 도착한 그리스계 선장은 수천의 작은 배들이 동해안 해안선을 따라 고기를 잡고 있는 광경을 목격하고 무척 놀랐다고 하였다.[24] 이전에 우리들 중 일부는 왜 고기잡이가 위기대처방안으로 주민들 사이에서 널리 통용되고 있지 않은가에 대해 의문을 가진 적이 있었다. 그러나 분명히 대량의 규모로 북한주민들은 고기잡이를 하고 있었다. 북한에서는 전 지역

주민에게 제공할 생선을 공급하기 위해 한 지역에 배가 하나씩 배당된다는 사실을 라우츠보고서를 통해 알 수 있다. 고기잡이가 위기대처방안으로 갖는 한계는, 해안선을 중심으로 근해에서 이루어지는 고기잡이가 몇 년간 계속되는 동안 어족의 씨가 말라 더 이상 어류 수확이 이루어지지 않는다는 점이다. 그리고 원유부족으로 배를 더 이상 멀리 운행하지 못하고 사람의 힘으로 움직여야 하는 문제도 있다.

마이어트의 답사를 시작으로 동북지역에 구호활동이 시작되었다. 원조식량이 동북지역으로 유입되기 시작하였고, 중립국 구호요원들이 동북지역의 기아 평가에 착수하기 위하여 꾸준히 투입되고 구호활동을 전개하였다. 그러나 동북지역에 대한 농업개선 프로그램과 노동력지원식량 프로그램Food-For-Work Program을 시행하기 위한 미국 NGO 활동은 평양당국의 강한 저항을 받게 되었다. 그러나 지금까지 거의 대부분의 구호활동이 동북지역보다 정치적으로 더 민감한 서쪽지역에서 우선적으로 시행되었던 것에 반하여, 몇 가지 자원을 동북지역에 우선적으로 보낸다는 내용의 타협안이 양자에 이루어졌다. 동북지역에 대한 문호개방은 라우츠의 독창적인 통찰력을 재확인시켜주는 계기가 되었다. 식량배급체계는 그 제도가 추구하는 본질적인 목적대로 관대하고 평등주의에 입각한 제도는 아니다. 식량배급체계를 통해 가난하고 출신배경에 의심이 가는 산악지역 주민들을 차별적으로 취급하였고, 정치권력의 중심지인 수도 평양의 생존을 지속해나가기 위해 북한당국이 악용한 제도이다. 그래서 대부분의 식량은 서쪽지역에 우선적으로 지급되었다. 식량배급체계는 이를 관리하는 사람들의 일시적 기분에 따라 이용되었으며, 그 결과 자신을 보호할 힘이 없는 수백, 수천의 인명을 앗아갔다.

1998년과 1999년 〈워싱턴 포스트〉의 폼프레John Pomfret와 국경없는의사회 대표들은 북-중 접경지역에서 많은 난민들을 면담하였다. 난민의 증언으로 라우츠가 터프트대학에 제출한 보고서에 대한 의혹들은 완전히 해소되었다. 1997년 6월에 개최된 의회청문회에서 나는 이들 난민의 증언을 제시하였으며, 이들 증언으로 북한의 실상이 더욱 확실하여졌다. 식량배급체계를 통해 또 다른 일련의 차별정책이 강행되었다. 1996년 말, 북한당국은 당 간부, 주요산업에 근무하는 노동자, 군 간부와 안전요원, 그리고 평양시에 거주하는 주민에게만 식량을 지급하기

로 결정하였다.[25]

　WFP는 이같은 북한당국의 차별정책에 대응하여 두번째 결정을 내리게 되었다. 차별적인 식량배급이 결과적으로 가져올 문제에 대하여 북한당국에 통보하였다. 미국정부가 제공한 식량으로 지원되는 미국 NGO의 노동력지원식량 프로그램을 제외하고, 식량배급체계가 더 이상 일용품을 배급하는 주된 수단으로서의 역할을 포기하도록 하는 것이었다. 그 대신 WFP는 북한의 공립학교를 통해서 7세 이하의 모든 어린이들에게 식량을 배급하기로 결정하였다. 비록 이러한 제안이 식량배급체계를 개선한 것이었으나 시행상의 취약성으로 많은 애를 먹었다. 도시 거리를 방황하는 어린이들, 북한 내 유민들과 학교를 다니지 못하는 가난한 가정의 어린이들은 WFP의 새로운 계획의 혜택을 받지 못하고 여전히 구호의 손길밖에 내던져 있는 집단이었다. 한편, 부패한 당 간부들과 군 관리들이 식량을 전용해서 농민시장에 내다 파는 일이 더욱 빈번해졌다. 비록 불법적이지만 전용된 식량은 버젓이 농민시장에 나왔으며, 수입이 좋고 부유한 사람들은 이를 구입하여 기아기간 내내 생존해나갈 수 있었다. 그러나 공립학교를 통해서 북한어린이들에게 식량을 공급하겠다는 WFP의 결정은 학교 다닐 나이가 안 된 어린이, 농민시장에서 식량을 구입할 형편이 되지 않는 수백만의 북한주민들에게는 전혀 도움을 줄 수 없었다.

농작물 작황평가와 관련된 정치적인 문제

　식량을 기증하려는 서구국가들은 위급상황인 북한에 식량지원량을 공약하기에 앞서, 최우선적인 정보를 얻기 위해 UN 통계를 활용하는 것이 일반적이다. UN 통계는 추수상황에 대하여 WFP와 FAO가 매년 작성한 현지 답사평가 자료를 기초로 작성된다. 북한의 농산물 작황은 식량지원을 계획하고 있는 대부분 국가의 국가안보 이해관계에 영향을 미치고 있기 때문에 더욱 정확한 자료들이 요구되었다. 옥수수와 쌀의 생산량에 대한 비밀스러운 통계는 외교와 군사분야의 주요한 사안이며, 수확량과 관련하여 추정치가 증폭되면 정확한 수확량을 예측하는 데 혼란을 야기하게 된다.

정치적인 사안과 인도주의적인 사안이 충돌하는 과정에서 경쟁자들은 기아의 실재를 인정하고 또는 부정하면서 수확량의 추정치를 부끄럼없이 조작하였다. WFP와 FAO, 그리고 남한의 민간독립연구소와 한국농촌경제연구원, 중국의 농업학자들이 북한의 작황과 관련하여 가장 비관적인 예측을 하였다. 비공식적인 중국의 평가는 북한 최고위 망명자 황장엽의 견해와 유사하다. 황장엽은 1996년의 수확량을 210만톤으로 보고하였다.[26] 한편 WFP는 284만톤으로 보고하고 있는데, 이 중 옥수수 수확량의 50%는 1996년 여름에 옥수수가 완전히 익기도 전에 이미 소비되었다. 1996~97년의 전체 수확량에 이 부분은 빠져 있다.[27] WFP와 FAO도 비관적인 평가를 내리고 있는데, 많은 양의 식량원조를 추진하려는 자신들의 계획의 기초로 이 평가를 활용하였다. 이와는 반대로, 미국의 농무성(USDA)은 310만톤이라는 낙관적인 전망을 내놓았다.[28] 식량원조를 반대하는 입장에서는 북한 기아에 대한 보고들이 과장되어 있다고 주장하면서, 미국 농무성과 남한정부가 발표한 통계자료를 제시하였다. 그러나 국무성 정보분석실의 퀴노는 농무성의 통계치에 반론을 제기하면서 1997년 봄 자신이 수집한 자료에 기초한 논문을 발표하였다.[29]

농무성의 평가는 전문가들이 "자료를 얻기 위해 동원되는 모든 방법들"이라고 일컫는, 즉 인공위성으로부터 감지된 자료와 난민의 증언, 중국정부의 통계자료, 그리고 자신들의 직원이 직접 현장답사를 통해 수집한 자료들을 모두 묶어 분석해 놓은 자료에 기초하고 있다. 이러한 자료에는, 1998년까지도 UN 기관의 접근이 허락되지 않은 북한의 농경지를 인공위성으로 촬영한 사진자료들도 포함된다. 1996년 봄 퀴노는 농무성이 공중촬영한 사진자료에 근거해서 옥수수 생산량을 추정한 사실을 비판하였다. 이미 경작이 끝난 지역을 생산지역으로 혼동하고 있다는 것이 그의 지적이었다. 북한 방문을 마치고, 그는 멀리서 보면 식별이 되지 않지만 실제로는 곡식 알맹이가 전혀 들어 있지 않은, 북한에서 수집한 옥수수 속대와 볏짚단을 워싱턴으로 직접 가져왔다. 정확한 농작물 수확량을 판단하기에 충분하지 못한 공중 사진촬영은 미 정보국 전문가들로 하여금 북한의 수확량을 실제보다 더 많이 부풀려 말하게 하고, 논쟁에서 자신들의 의견을 유리하게 이끌어나가는 데 이용하게 하였다.[30] 반면, FAO/WFP의 보고서는 숙달된 직원들에 의한 광범위한 현장답사에 근거한 통계자료에 기초하고 있다.

홍수가 발생한 1995년에 공식적으로 발표된 북한의 수확량은 북한이 더 많은 식량원조를 얻어내기 위한 근거로 이를 이용하려 했기 때문에, 최근 10년간 어느 다른 해보다도 가장 비관적인 수치를 발표하였다. 이것이 전적으로 북한의 비관적인 전망을 설명하는 것이 아닐 수도 있다. 식량생산 감소와 관련된 정확한 보고는 즉각적인 식량 도움이 북한에 필요하다는 사실을 반영한다. 북한관리들은 1995-97년의 자연재해를 심하게 부풀렸다. 중앙통제식 농업체제하에서 농부들은 자신의 상관을 만족시키기 위하여 농산물의 초과달성을 과장하여 보고하는 경향이 있다. 관리들은 중앙에서 지정해 준 목표치를 달성해야 하는 압력에 시달리고 있기 때문이다. 김일성조차 집단농장에서 보고되는 농산물의 통계가 심각하게 과장되어 있음을 알고 있다. 그러므로, 농작물 수확량과 관련된 북한당국의 보고는 객관적이고 정확하다고 말할 수 없다. 황장엽은 1998년에 발표한 그의 책에서 수확량에 대한 평가는 일반적으로 왜곡되어 있다고 밝히고 있다.[31]

추수 후 발생되는 손실분에 대한 측정

수확량을 측정할 때 분석가들은 추수 후 손실분—부적절한 수확 시기와 운송, 저장, 그리고 배급 과정을 통해 손실되는 농산물의 총량을 통틀어 지칭한다— 에 대해서도 계산에 넣어야 한다. 북한 농작물 수확량에 대한 UN의 평가는 추수 후 손실분에 대해 과소평가하고 있다. 남한의 한 민간독립연구소를 제외하고, 거의 대부분의 수확량 평가는 이러한 손실분을 고려하지 않고 있다. 북한 농업체계는 소련의 모델을 기본으로 하여 계획되고 시행되어왔다. 소련식 농업체계도 1930년대 초 강제적인 농업집단화가 시행된 이후, 추수가 끝난 후 분실되는 끔찍한 양의 농산물 손실을 경험하였다.[32] 1980년대 말, 소련에서 측정된 추수 후에 발생된 손실량은 전체 생산량의 20-30%에 달하고 있다. 한편 채소와 감자의 손실분은 40-50%까지 이르기도 한다.[33] 아리스토텔레스는 모든 사람에 의하여 소유되는 것은 어느 누구에 의해서도 관리되지 않을 뿐 아니라, 그같은 사실은 당연하게 받아들여지는 것이라고 했다.[34] 기아가 진행되자 북한당국은 농부에게 지급되는 배급량을 감소시켰다. 그러자 수확량을 늘려보려던 농부들의 열의도 시들해져버렸다. 추수 후에 발생되는 손실은 사회주의 농업체계의 문제일 뿐 아니라 사적인 시장체제에서도 발생되는 문제이다. 아시아지역의 벼 수확 손실분에 대한 FAO 연구에 의하면 10~40%에 이르는 손실률을 나타내고 있다.[35] 아프리카의 손실률은 25%에 달한다. 농무성 연구조사에 의하면, 수확에서 소비까지 이르는 과정에서 미국체제에서도 곡물의 손실률은 15.1%에 이른다고 발표하고 있다.[36] FAO와 WFP에 의해 작성된 1년치 수확량 평가에 의하면, 북한의 손실률은 1995년에는 전무하고, 1996년에는 6%, 1997년에는 12%, 1998년에는 15%에 이른다고 한다.[37] 1997년과 1998년의 평가에서 UN 관리는 북한의 추수 후에 발생되는 손실의 문제는 주로 심각한 운송문제에서 발생되는 것이라고 보고하였다. 벼는 "추수가 끝난 후 다른 작물보다 오랫동안 들판과 길옆에 그대로 방치된 채 남겨진다. 한편 사람들은 벼를 등에 짊어지고 운반한다. 옥수수도 추수 후 관리부족과 기계 작업이 제대로 이루어지지 않아 벼와 마찬가지로 손실이 크다."[38]

몇몇 북한 공식자료도 추수 후 발생되는 손실에 대해서 간접적으로 표현하고 있다. 1997년 조총련계 신문과의 면담에서 북한 농업위원회 부의장인 최현수는 "우리들은 '곡식을 탈곡할 때 한 알의 낟알도 낭비하지 말자'라는 표어를 내걸고 운동을 벌이고 있다……. 우리는 옥수수를 수확한 바로 그날, 옥수수를 바로 탈곡장소로 운반하는 것을 우리의 철칙으로 삼고 있다. 만약 옥수수 낟알을 들판에 흘리고, 흘린 옥수수 낟알이 상한다면 결과적으로 생산량이 감소되기 때문이다."라고 하였다.[39] FAO의 수확량평가단 중 한 직원은 나에게 벼는 종종 추수가 끝난 후에도 논바닥에 그냥 방치된다고 하였다. 이러한 일은 간혹 발생되는 일로서, 3일이 지나면 벼는 썩기 시작한다고 하였다.[40]

이같은 손실률은 기아가 발생하기 전에도 관측되었던 북한 농업체제의 만성적인 문제이다. 김일성은 1967년과 1970년에 자신의 연설을 통해 추수 후 발생되는 손실에 대해 불평을 토로하였다. "많은 양의 과일과, 채소, 그리고 생선들이 저장

시설의 부족으로 단순히 방치되고 있다."[41] UN 발표에 의하면, 손실률을 더욱 악화시킨 운송과 저장의 문제가 심각해지기 전에 이미 손실의 문제는 북한당국의 고민거리였다.[42] 구호활동을 벌이고 있는 인도주의 구호요원들이 전하는 일화를 통해, 수확된 곡물의 저장과 취급에 있어 북한이 얼마나 많은 어려움을 겪고 있는지를 확인할 수 있다. 한국농촌경제연구원(KREI)의 김영훈은 국제관계위원회의 커크에게 다음과 같이 말하였다. "아마도 북한체제는 시대에 뒤떨어진 저장과 운송체계 때문에 많은 양의 곡식이 손실되고 있을 것이다." 한국농촌경제연구원은 북한의 수확량을 280만톤으로 추정하고 있다.[43]

북한과 관련한 많은 글을 써온 러시아학자 트리구벤코Marina Ye Trigubenko는 북한 농작물의 손실률이 "30%보다 더 적지는 않을 것이다"라고 발표하였다.[44] 만약 손실률에 관한 트리구벤코의 평가가 정확하다면, 국제구호기관들은 엄청난 양의 식량 부족분에 대해서 잘못 계산하고 있는 것이다. 만약 트리구벤코의 평가를 인정해서 그것을 1995~98년의 북한 농작물 생산량에 대한 UN 평가에 적용시킨다면, 북한 농작물 통계에 미치는 결과는 끔찍한 것이 된다. 트리구벤코의 평가를 적용시키면 기아가 극성을 떨치던 기간의 전체 곡물수확량은—1996년 여름부터 1997년 여름까지—쌀과 옥수수를 포함한 전체 수확량이 280만톤에서 181만톤으로 줄어들게 되기 때문이다.

북한 농작물 생산량 평가에 대한 각국의 정치적 견해는 호의적이거나 유쾌할 때도 있고, 냉소적이거나 따분할 때도 있다. 만약 북한의 식량위기를 보는 다양한 제삼자들이 자신들을 방어하기 위한 기본원칙으로 북한의 농작물평가를 이용하지 않거나, 또는 국제사회가 북한의 식량위기에 대해 공동 대응할 필요가 없다면, 농작물 수확량과 정치적 견해는 전혀 무관할 것이다. 1996~97년에 모든 경로를 통해서 북한에 수입된 곡물의 총량은 117만톤이다. 만약 황장엽이 추정한 대로 그 해 쌀과 옥수수를 합한 총 생산량이 210만톤이라면, 여기에 117만톤을 합한 327만톤의 식량이 북한주민이 그 해에 소비할 수 있는 총량이 된다. 북한의 사용가능한 식량 총량과 기아를 대비해서 준비되어야 할 식량사이에 막대한 차이가 발생한다. 그리고 미 농무성이 추정한 310만톤이 그 해 북한의 수확량이라면, 이용 가능한 전체 곡식 총량은 427만톤이 된다. 427만톤은 동물사료를 포함해서 북한이 필요로 하는 470만톤보다 적은 양이지만, 이 곡물의 양이라면 적어도 식량위기에 대처할 수 있는 충분한 양이기도 하다. 농무성의 통계치는 추수 후에 발생하는 막대한 손실분에 대해서는 전혀 고려하지 않았다.

수확량 평가에 대한 엇갈린 논쟁들은 기아이론에 특별히 도움이 되지 않는다. 센은 많은 수확량이 발생했음에도 불구하고 동시에 급료가 급격하게 떨어질 때 실제로 기아가 발생한다고 설명한다. 이용 가능한 식량은 충분하나, 빈곤한 계층은 자신의 생존을 위하여 식량을 구입할 여유가 없어서 결국 굶어 죽게 된다는 것이다.

식량지원이 기아를 종식시켰는가?

커니는 1994년 구호활동을 벌이던 체첸에서 갑작스럽게 사망하기 전까지, 거의 20년 동안 인도주의 구호활동에 불같은 삶을 살다 간 영웅적인 인물이다. 사후에 출간된 그의 마지막 저서에서, 커니는 기아와 맞서 싸우는 다양한 접근법을 소개하고 있다.[45] 커니를 알고 지내던 몇 년 동안, 식량지원이 때때로 기아를 종식시키는 데 적절하게 사용되기도 하지만, 식량지원은 기아에 적극적으로 대처하는 수단 중 최소의 방법이라고 커니는 피력하고 있다. 커니의 이같은 견해는 그의 구호활동에도 그대로 반영되고 있다. 커니는 원조식량이 이를 필요로 하는 사람들에게 제대로 전달되고 있는지에 대한 파악이 어렵고 확신할 수 없다는 것이었다. 그리고 정치적 외교적인 여러 가지 이유로 원조식량은 기아가 가장 극성을 떨친 후에야 도착한다는 것을 커니는 알고 있었다. 필요한 식량이 늦게 도착하기 때문에 굶주림으로 죽어가는 사람들을 도와줄 수 없다는 것이다. 경제적인 측면에서 보더라도 식량지원은 다른 대안들보다 덜 효율적이라고 그는 지적하고 있다. 북한의 기아도 커니의 주장에서 벗어나지 않는다.

식량지원국, 언론매체, 그리고 일반인들은 식량원조 공약이 이루어지면 공약된 식량이 곧 전달되는 것으로 잘못 알고 있다. 그러나 원조식량을 공약한 시점과 약속된 식량이 전달되는 사이에 발생되는 시간의 격차는 기아구호활동 이래 해결되지 않는 가장 골치아픈 문제거리이다. 비록 미 행정부는 약속 날짜에 식량을 전달하기는 하였으나, 몇몇 정부들은 약속된 날짜를 지키지 못했다. 또 다른 정부들은 자신들이 현재 갖고 있는 능력보다 더 관대하게 보이려고 일부러 그들의 공약을 두 배로 부풀려놓기도 하였다. 1992년 남아프리카가 극심한 가뭄으로 위기에 처했을 때 이와 똑같은 상황이 벌어졌다. 종종 서류작업과 시행상의 차질로 원조 식량의 전달이 지연되기도 해서, 식량을 지원하기로 공약한 날짜 이후 보통 6~8개월이 지나서야 수혜국에 전달된다. EU 각 회원국들은 식량을 선적해야 하는 문제가 있기 때문에, EU가 대체로 선적시기를 제대로 맞추지 못하고 있다. 북한에 대한 미국의 식량원조는 미 국제개발국(USAID) 내의 '평화를 위한 식량' 예산에서 지원된다. 한편 북한에 지원될 식량은 미 농무성(USDA)이 미 중서부의 곡물시장에서 구입한 곡물을 선적한 것이다. 이 과정이 보통 2~3개월 소요된다. 그래서 백악관이 1997년 봄과 여름에 대북식량을 추가 지원하려고 했을 때에도 긴박한 도움을 필요로 하는 굶주린 북한주민들에게 즉각적으로 전달되지 않았다. 다음 날이나 다음 주에 지원된 식량이 북한주민에게 미칠 영향을 고려해볼 때, 원조식량이 북한 항구에 도착하는 날짜는 약속된 날짜보다 좀 더 주의를 기울일 필요가 있다는 데에 이 연구의 목적이 있다. 식량이 북한 항구에 도착했다 하더라도, 북한의 취약한 운송체계로 인하여 각 도시와 지방에 식량이 도달하는 데 몇 주가 더 소요되기 때문이다.

기아는 보통 농작물 생산주기를 따라서 정도 차이가 발생하는데, 추수가 끝나고 시간이 흘러갈수록 점점 더 심각해진다. 만성적인 식량부족에서 헤어나지 못하는 농민들은 다음 해 추수 전까지의 기간을 '춘궁기'라고 일컫는다. 지난 번 추수를 통해 거둬들인 곡식이 더 이상 남아 있지 않기 때문에 농부들은 그때까지 살아남기 위하여 먹을 것을 찾아 헤맨다. 북한에서 기아가 시작되던 해, 춘궁기는 3월과 4월에 시작되어 9월 말과 10월 초까지 계속되었다. NGO들은 봄 작물의 경작을 권고할 뿐 다른 대안이 없었다. 여름기간 동안 수확되는 감자와 약간의 채소들은 그것을 경작할 수 있는 일부 농가에 약간의 도움을 줄 수 있을 뿐이다. 그러나 물물교환할 수 있는 여유도 없고 농민시장에서 채소나 감자도 구입할 수 없는 도시지역과 광산지역의 가정에는 큰 도움이 되지 않는다.

지역생산물 부족분을 메우기 위하여 공급되는 외국의 식량은 3개의 출처를 통해 제공된다. WFP는 식량을 기증한 국가로부터 식량을 지원받아 배급한다. 중국은 무역과 물물교환, 그리고 식량원조를 통해 북한에 식량을 공급한다. 식량지원국들, 국제적십자사, 그리고 NGO 기구들은 쌍무적으로 이루어진 식량원조를 직접 북한에 제공한다. 모든 외국 식량의 선적은, 인도주의 차원에서 제공되었거나 상업적인 거래로 이루어졌던간에, [표 1]이 보여주듯이 식량위기의 심각성이 증가되면서 꾸준한 증가추세를 보이고 있다.

[표 1] 북한 국내 곡물생산량과 원조와 수입을 통해 들어온 곡물 총량

(단위: 톤), 1995-98년 수확기

원조와 수입을 통해 들어온 곡물 총량	
1995 – 96	903,374
1996 – 97	1,171,665
1997 – 98	1,321,528[1]
북한 국내 곡물생산량(FAO/WFP 추정)	
1995 – 96	4.10(백만)
1996 – 97	2.84(백만)[2]
1997 – 98	2.66(백만)
1998 – 99	3.48(백만)[3]
북한 국내 곡물생산량(30%의 손실률을 감안한 양)	
1995 – 96	2.87(백만)
1996 – 97	2.16(백만)
1997 – 98	2.19(백만)
1998 – 99	2.96(백만)

① 매년 작성되는 FAO/WFP의 농작물 평가서에서 인용.

② 익기도 전에 조기수확된 50%의 옥수수 생산량은 이 표에서 제외된다. 그리고 식량 부족에 대한 미래 불안감으로 이미 개인이 소비하거나 매점된 부분도 제외된다.

제외된 곡물의 양은 1996-97년의 소비에는 적용되지 않는다.

③ FAO/WFP, *Crop and Food Supply Assessment Mission DPRK: Special Report* (World Food Program, November 1998).

수집된 식량통계를 통해, 거시경제학적 측면에서 북한당국의 정책 결함이 기아를 발생시킨 원인이라고 결론지을 수도 있다. 식량통계는 비교적 강제적인 것이지 절대적인 것은 아니다. 1995~98년의 작황은 최근 10년 동안 근래에 보기 드문, 식량 생산량과 수입량에 있어서 가장 최악의 해였다. 만약 북한이 공정하게 전체 주민들에게 같은 분량의 식량을 배급하고 연령에 따른 차등지급을 원칙으로 하면서 가축용 사료로 곡물을 사용하지 않았다면, 380만톤으로 북한은 생존할 수 있었을 것이다.[46] 공급량은 북한이 필요로 하는 최소 공급량보다, 1995~96년에는 10만톤, 1996~97년에는 50만톤, 그리고 1997~98년에는 30만톤 정도 모자랐다. 만약 농작물이 적게 수확된 해라 하더라도, 당국이 전 주민에게 공평하게 식량을 배급하였다면 주민들은 기아위기를 피할 수 있는 자신의 위기대응방안을 십분 활용할 수 있었을 것이다. 그러나 최소의 식량으로 북한당국이 평등하게 전 계층에 걸쳐 식량을 분배했다면, 빈약한 국가의 기초가 흔들렸을 것이다. 이것은 당 간부와 안전보위부, 그리고 군부에게 일반주민들이 굶어 죽어가듯이 자신들도 언젠가는 굶어 죽을지 모른다는 공포를 불러일으킬 수도 있기 때문이다. 김일성부자 왕조가 지탱할 수 있는 힘이 이들 세 집단으로부터 나오기 때문에 이들이 느끼는 공황사태는 국가의 기반을 흔들어놓을 수도 있다.

정치적인 이유에서 중앙당국은 1995년과 1996년에 끔찍한 식량배급 결정을 내리게 된다. 5절에서 이미 설명했듯이 이 결정에 대한 첫번째 시행으로, 모든 원조식량의 선박들은 더 이상 동쪽 해안에 인접한 항구로 들어갈 수 없게 되었다. 비록 이 사건과 관련된 증거들이 추정된 것들이기는 하지만, 1996년 처참한 수준의 최악의 농산물을 수확한 후 동북지역 외에 다른 지역에 대해서도 중앙당국은 잠정적으로 식량배급을 중단하였다. 1997년 6월 북-중 접경지역을 돌면서, 미 평화연구소의(USIP)의 스나이더Scott Snyder는 1996년 추수가 끝난 직후 3개월간에 가파르게 오른 식량가격과 사망률에 관한 정보들을 사람들의 입을 통해 수집하였다. 추수가 바로 끝난 직후에 사망률과 식량가격이 감소해야 함에도 불구하고 치솟고 있었다.[47] KBSM이 집계한 난민의 통계도 이와 유사한 사실들을 입증하고 있으며, 추수가 끝난 직후인 1996년 가을에 높은 사망률을 기록하고 있음을 알 수 있다. 논리적으로 춘궁기에 비해서 추수가 끝난 직후에는 식량배급체계를 통해서 지급되는 식량도 더 여유가 있을 것이고 많은 물량이 투입된 관계로 농민시장에서 거래되는 식량가격도 낮게 형성되는 것이 당연하기 때문이다.

이 현상은 식량을 지원하기로 약속한 각국의 정부들이 그 해에 내린 식량지원 결정과 관련해서 설명될 수 있다. 2월에 남한과 일본의 외무차관은 북한에 식량을 원조하는 문제와 관련한 정치적 사안들을 논의하기 위해 호놀룰루에서 미 국무성 차관을 만났다. 이 회의에서 미국과 일본은 추가식량지원 약속을 늦은 봄까지 미루어달라는 남한정부의 요구를 받아들였다.[48] 남한정부는 식량위기로 북한이 붕괴될 수도 있다고 믿고 있었기 때문이다. 북한의 기아사태는 남한 주도하에 한반도 통일이 이루어질 수도 있는 절호의 기회라고 생각하였다.

남한정부의 추가 식량지원 동결에 대한 발표는 더 이상 비밀이 아니다. 일본과 남한의 언론은 추가 식량지원 동결 사실을 숨겼으나, 북한정부도 이를 알게 되었다. 북한은 1996~97년의 겨울부터 가을까지 북한에 식량을 지원하겠다는 외국정부의 확실한 원조공약을 받아낼 수 없었다. 그 해 북한 당국은 유일한 식량공급원이 될 수도 있는, 그 해 생산된 수확물을 아껴 두기 위해 전국에 걸쳐 식량배급을 중단한 것이다. 그 해에 유일하게 이루어진 배급은 특권층과 평양에 거주하는 주민들에 한해서만 이루어졌다. 이러한 결정은 더욱 안 좋은 시기에 이루어졌다. 추수가 끝났기 때문에 대부분의 일반주민들이 좀 더 나은 양의 식량배급을 기대하고 있을 때 이러한 결정이 내려진 것이다. 많은 가정에서는 추수가 끝난 후의 새로운 배급을 기대하고 집안에 저장해두었던 모든 곡식들을 이미 거의 소비한 상태였다. 그래서 각 가정에는 전혀 아무것도 남아 있지 않았다. 이같은 상황이 1996년 가을의 끔찍한 사망률을 기록하게 되는 주요원인이다.

북한당국의 식량배급 중단으로 가장 고통받는 계층이 신중하게 선정되어 식량지원활동이 이루어졌다면 수백만명은 아니더라도 수십만명의 인명은 구할 수 있었을 것이다. 식량지원을 통한 기아구호활동은 잘 짜여진 구호프로그램이다. 그러나 누구는 식량지원 혜택을 받고, 누구는 이 혜택을 받지 못한 채 소외당하고, 그리고 혜택을 받지 못한 누군가가 죽는다는 것은 식량지원활동이 안고 있는 가장 큰 어려움이다. 기아구호활동을 전개하기에 앞서 이루어지는 전통적인 기아 진단 방법은 즉각적인 통계를 제공받아 진단이 이루어지는 것이 일반적이다. 그러나 북한체제는 기아진단에 필요한 어떠한 통계도 허락하지 않았다. 식량지원 프로그램은 기아가 한참 극성을 부릴 때 기아로부터 많은 북한주민들을 구해내지 못했다. 대부분의 원조식량을 실은 선박들은 기아로 인한 사망이 진정되기 시작할 때까지도 북한에 도착하지 않았다. 인도주의 구호기관들은 가장 취약한 계층을 대상으로 식량지원프로그램을 전개하지 못했으며, 구호기관들은 지원받아야 할 계층에 대한 파악도 제대로 하지 못한 상태였다. 1997년 여름에 이루어진 3국의 원조식량은 그나마 살아 남은 생존자들의 고통을 다소 경감시켜주었을 뿐이었다.

인도주의 행동규약

인도주의 구호기관은 기아구호활동에 있어서 원조식량이 정치적으로 악용되는 도전을 받게 된다. 보스니아와 소말리아 그리고 수단에서의 유쾌하지 못한 경험들은 1993년에 행동규약이라 불리는 일련의 규약을 기초하게 되는 계기를 제공하였다.[49] 정치적 악용을 방지하고 적어도 제한한다는 취지에서 제시된 행동규약은 구호기관들에게 널리 받아들여지고 있다.[50] 1997년 여름 구호기관들은 북한당국이 행동규약을 무시하는 일이 없도록 집단적으로 단합하였다. 10개에 해당하는 규약 중 오직 2개만이 북한당국에 의해 준수되었다. 반면, 나머지 조항에 해당하는 구호활동은 여러 측면에서 침해당하고 있었으며, 몇몇 조항은 완전히 무시당하기도 하였다. 북한당국의 침해는 규약이 만들어진 이후 전개되던 어떤 위기상황에서보다 가장 체계적으로, 광범위하게, 그리고 터무니없을 정도로 침해당하는 사례였다.

간단하게 행동규약의 주요 부분을 요약하면,

1. 인도주의 임무가 우선한다.
2. 구호원조는 인종, 종교, 국적에 관계없이 필요에 근거해 측정되어 대상작업이 이루어지며, 원조가 전달된다.
3. 원조는 지원국가나 수혜를 받는 국가의 외교정책과는 상관없이 독자적으로 이루어진다.
4. 해당국가의 문화와 관습은 존중되어진다.
5. 구호활동에 대한 전개는 해당국가 기관과의 협조로 공동으로 계획하고 조정하는 것들이 포함된다.
6. 원조 수혜자는 구호계획의 입안과 운용에 같이 참여할 수 있다.
7. 구호원조는 앞으로 닥칠 기아에 가장 취약한 계층을 감소시키고, 기본적인 필요를 충족시키는 것에 초점을 맞추어 계획되어진다.
8. 원조는 정치적이거나 종교적인 견해를 조장하지 않는다.
9. 구호기관은 지원국가나 수혜국가에 똑같이 자신들의 업무에 대해 설명할 의무가 있다.
10. 언론에 전달되는 기관의 정보는 재난의 희생자를 존엄한 인간으로 취급하고 동정의 대상으로 취급해서는 안 된다.

인도주의 구호활동에 참여하는 학생이라 할지라도, 위에 열거된 규약들이 완전히 이행되리라고는 생각하지 않을 것이다. 현실세상은 너무 복잡하고 이해득실을 따지는 일이 일반화되어 있으며, 그리고 때때로 규약에 반대하는 해당국가의 저항이 몹시 맹렬할 수도 있기 때문이다. 그러나 몇몇 활동은 완벽하게 규약대로 이루어지기도 하고 이러한 노력들은 구호활동의 질을 향상시킨다. 거의 모든 원칙은 희생자들을 방해하지 않고 그들에게 접근하면서, 구호활동에 대한 신뢰감과 이에 대한 완전한 투명성을 요구한다. 그러나 그 어느 조항도 북한에서는 통용되지 않았다. 구호원조를 받을 자격자에 대한 명단도 북한 정부관리에 의해 완전히 관리되었다. 누가 이 명단에 들어 있는지에 대해서 그 누구도 알 수 없었다. 더욱이 NGO기관들은 자신의 대표단에 한국어를 말하고 읽을 줄 아는 사람을 포함시키지 못했다. 그래서 수혜자들은 당 간부와 군 가정이 대부분이었을 것으로 추측된다.

식량배급을 감독해야 하는 규약을 준수하기 위해서, 구호요원들은 자유롭게 식량창고와 배급센터에 예정되지 않은 방문을 할 수 있게 되어 있다. 즉, 구호요원들은 북한당국의 간섭없이 수혜자 가정을 자발적으로 방문하여 배급명단에 따라 공정하고 정확하게 배급이 이루어졌는지를 북한의 정부관리나 통역관이 지켜보지 않은 가운데 점검을 해야 한다. 다른 말로 표현하면, 구호요원들은 원조식량이 항구에 도착해서부터 일반가정이 소비하는 과정까지를 포함해서 구호식량의 분배가 정확히 이루어지는지를 감독할 수 있어야 한다.[51] 이와 같은 규약의 시행을 북한에서도 지켜가기 위해, 식량모니터요원들은 수도 평양이 아닌 식량분배가 이루어져야 하는 지역에 거주해야 하는 것이다. 그러나 이러한 지역 대부분은 출입이 제한되어 있었다. 어떤 수혜자도 구호원조프로그램을 입안하는 데 포함되지 않았을 뿐 아니라, 더 큰 문제는 NGO 및 UN기관 모두 북한관리가 원조식량을 분배하는 것을 단지 바라볼 뿐이었다. 즉, 기관들이 아무리 노력을 해도 북한은 규약에 따라 모든 진행과정이 이루어져야 한다는 구호기관의 요청을 거부하였다.

한편, 원칙 그 자체가 서로간에 불일치하는 경우도 있다. 북한의 고유한 문화와 전통을 존중한다는 것은 50년 동안 외부세계와 격리된 북한의 외부세계에 대한 대응과 그들의 감정을 이해해주고, 또한 북한사회 모든 분야를 통제하고 있는 전체주의적 강박관념도 이해해야 할 것이다. 즉, 이러한 존중은 모든 인도주의 원칙이 해당국의 정치적 규범에 종속된다는 것을 의미하는 것일 수도 있다. 전체주의 사회인 북한의 국가이념은 인도주의 원칙에 전적으로 상반된다. 국가수립 이후 수십년 동안 계속된 북한의 기본정책은 계급의 적,[52] 즉 북한의 동북지역을 차별하는 것과 관련해서 정치적, 군사적으로 중요하지 않는 계층과 지역을 차별하는 것이다. 그래서 구호기관들이 나머지 9가지 원칙에 충실하고자 원한다면, 동시에 그들은 해당국의 문화를 존중하지 않는 결과가 되는 것이다.

그러나 북한에서 구호활동을 전개하는 인도주의 구호기관들은 규약이 제정된 이후 4년 동안 세계 구호활동을 통해서 이러한 많은 원칙들이 지켜져왔다고 항변하였다. 평양의 북한관리가 참석한 자리에서, 구호기관들은 북한 구호시행에 따른 문제점을 전달하기 위해 특별하게 작성된 목록을 제출하였다. 그러나 참석자들이 그 원칙 속에 담겨 있는 의미가 무엇인지에 대해 상식적으로 이해하지 못한다면, 그 원칙들은 쓸모없는 것이 된다. 기아로 인한 사망률이 발생하고, 사망률이 증가하다 다시 감소되는 일이 반복되면서 북한이 이같은 수정안에 동의해올지에 대해 구호기간끼리 논쟁이 일어났다. 그러나 기아로 초래된 최악의 상황이 일단 지나가자, 북한이 동의하느냐 안 하느냐에 대한 사안의 중요성도 감소되었다.

그러나 행동규약에 대한 북한의 터무니없는 침해를 비판하는 식량지원국들은 인도주의 구호기관들을 비난하기보다, 이러한 상황이 구호활동이 시작되던 초기부터 위급한 시기 단계단계마다 왜 계속되었는지에 대해 자문하면서 자신을 돌아볼 필요가 있다. 간단히 말해서 구호활동이 시작될 때 인도주의 구호기관들은 이러한 원칙들을 강요하는 정치적 영향력을 갖고 있지 않았다. 식량지원국의 지원과 외교적 개입은 거의 단일화되어 있지 않으며, 오히려 지원국들 간에 자국의 외교와 안보에 관한 안건들이 기아구호활동을 구속하였다. UN은 응급상황시 이러한 원칙과 그 밖의 다른 원칙들이 준수되도록 정치적, 군사적인 권위를 행사한 적은 결코 없다. 다양한 식량지원국들이 UN을 한결같이 지원하기로 결정했을 때만 이러한 원칙들은 존중된다. 그래서 북한, 일본, 남한, 미국, 그리고 EU 국가를 포함한 각국의 외교정책은 기아구호활동이 시작되는 시기부터 끝날 때까지 구호활동 전반에 걸쳐 비중있게 작용하였다.

1998년 10월 국경없는의사회는 북한당국을 깜짝 놀라게 하였다. 다른 인도주의 구호기관들도 북한에서 더 이상의 구호활동을 하지 않고 철수하겠다는 사실을 통보해왔다. 국경없는의사회는 도움을 가장 필요로 하는 계층의 접근이 불가능하고, 구호품 분배에 따른 소재 책임을 확신할 수 없어 철수를 결정한다고 알려왔다. 그리고 국경없는의사회는 중국에서 기아 난민들의 증언이 담긴 12쪽의 보고서를 발표하였다.[53] 앞에서 이미 설명한 면담내용들은 도움을 받아야 될 사람들로부터 구호활동의 과장되지 않은 견해들이 제공되고 있다. NGO들은 북한체제가 인도주의의 가장 기본적인 원칙을 침해하고, 원조식량 분배를 자신들의 정치적 목적을 달성하는 수단으로 이용해왔다는 것을 지적하였다. 도움을 절실히 필요로 하는 사람들에게 봉사하는 것이 NGO의 기본원칙이다. NGO들은 자신들의 구호활동이 북한당국에 기만당해서 끝을 낼 수도 있다는 것에 대한 주민의 우려를 진정시키기 위하여, 다른 구호기관들은 구호물품을 자신들이 직접 관리하고자 급히 움직이기 시작하였다. 월드비전과 KBSM의 조사에 의하면, 북-중 접경지역을 방문한 적이 없는 구호요원들은 국경 없는 의사회의 난민면담을 비웃거나 비판하였다. 사실, 북한 내에서 활동하기로 내정되어 있는 국경없는의사회 임원들 사이에서도 신랄한 논쟁이 일어났다. 난민들의 주장을 논박하는 그룹과 중국에서 난민을 면담하고 그들의 말을 믿는 그룹 간에 상당한 견해 차이를 보이고 있었다. 이 논쟁에서 후자 그룹이 승리를 거두었다. 북한이 NGO를 악용하는 가장 우려했던 일이 일어났다고 미 의회의원들도 소리를 높였다. 그러나 난민들이 증언하는 단순하고 간단한 북한사회의 부패 일면들은, 군사적인 목적으로 식량을 전용하는 차원과는 아주 다른 것이다. 사실상 난민면담은 기아가 발생하기 전 북한에서는 비교적 부패 사실이 없다는 것에 일반적으로 동의하는 서구 관찰자들에게 북한체제의 붕괴 일면을 보여주는 계기가 되었다.

지지운동 전개과정에서 북한당국의 충돌과 작용

WFP 이사인 버티니는 국제원조체제의 이러한 취약점을 누구보다도 잘 이해하고 있는 사람 중 한 사람이다. 인도주의 구호기관의 고위관리들은 이 같은 결점을 보완하기 위하여 많은 시간을 할애하고 있다. 1997년 3월 버티니는 북한에서

로마로 돌아온 후, 식량원조 공약을 늘리는 유일한 방법은 기아를 공개적으로 발표하여 식량지원국들에게 식량원조를 강제하는 것이라고 생각하였다. 서구사회는 1985년 에티오피아 기아와 같은 사태가 다시 반복되는 것을 원하지 않기 때문이다. 기아를 공개한다는 내용에는 가장 피해가 심한 지역의 사진을 국제언론에 공개한다는 것이 포함된다. 버티니는 1997년 여름, 사진기자의 북한 방문을 허락하고 기아의 실상을 담아갈 수 있도록 허락해 줄 것을 북한 당국에 요청하였다. 버티니의 이같은 요청을 북한당국은 승인하였다. 이를 통해 북한당국도 절망적으로 원조식량을 늘리기 위해 무척 노력하고 있다는 사실을 알 수 있다.

WFP는 캐나다 〈맥클린Maclean〉 잡지의 워싱턴 통신원인 맥킨지Hilary Mackenze를 고용하였다. 스코틀랜드 태생이면서 캐나다 시민권을 가지고 미국에서 살고 있는 맥킨지는 영향력 있는 작가이자 경험이 풍부한 사진작가이다. 그는 도발적이면서 일반인의 경각심을 불러일으킬 수 있는 기아참상을 촬영하였다. 그는 1997년 6월 7일부터 8월 17일까지 기아로 인해 파멸된 인간의 모습을 목격하고 촬영하였다. 그는 양강도지역을 제외한 북한의 모든 지역을 답사하였는데, 그곳은 북한체제에 반대하고 문제를 일으켜 추방된 사람들이 수용되어 있는 강제수용소가 있는 곳이다. 그는 예정에 없이 일반가정을 방문하여 주민들을 만나보기도 하고, 중앙으로부터 불평등하게 취급받고 있는 동북지역의 지방관리들도 면담하였다. 맥킨지는 평양당국이 그에게 배정한 3명의 경호원으로부터 오랜 시간 동안 떨어져 있기도 하였으나, 경호원들은 버티니의 주민 접근을 규제하고 그들과 나누는 대화도 감시하였으며 사진촬영과 보고도 제한하였다. 그러나 놀랍게도 지방의 안내원들과 관리들은 중앙에서 파견된 사람들과는 다른 태도를 보였다. 지방관리들은 동북지역의 상황이 얼마나 비참한지에 대해 그가 얼마나 알고 있는지를 물어왔다. 지방관리들은 죽어가는 사람들로 꽉 차 있는 병원으로, 영양결핍상태의 어린이들이 모여 있는 어린이집으로, 배고픔으로 붕괴된 일반가정으로 그를 데리고 다녔다. 맥킨지는 길 옆에 그대로 방치되어 있는 시체 사이들을 지나치기도 하였다. 그는 기아의 참상을 과감하고 정확하게 찍어나갔다. 맥킨지는 식량감독관들에게조차 공개되지 않은 광경들도 목격하였는데, 맥킨지의 접근을 대가로 WFP가

북한당국에 지불한 액수는 엄청난 것이었다.[54]

맥킨지의 입국을 승인한 북한당국은 8월 중순 더 이상 맥킨지의 행동을 참을 수 없었다. 북한당국은 그를 먼저 평양으로 추방하고, 가장 빠른 기차를 태워 그를 강제로 중국으로 추방하였다. 그가 북한에서 촬영해온 사진자료들은 자신의 국민을 제대로 먹이지 못한 북한정부의 끝없는 실책을 전 세계에 폭로하는 것이었다. 맥킨지의 사진 공개는 북한체제를 무척 당혹스럽게 만들었다. 나중에 북한 외교관이 전하는 바에 따르면, 북한당국은 맥킨지를 스파이라고 확신하고 그를 기소하려 했다고 한다. WFP는 맥킨지사건으로 거의 북한에서 추방될 처지에 놓이게 되었다. 아무리 좋은 의도의, 절망적으로 도움이 필요한 사람들을 위한 식량지원운동이라 할지라도 이같은 도발적인 지원운동은 북한에서는 제대로 역할을 다하지 못하였다. 그러나 일부 지원운동이 제 역할을 다하지 못하고 중도에 좌절되었다 하더라도 인도주의 구호활동을 시행하려는 노력은 계속되었다.

구호활동과 발전계획

인도주의 구호활동은 기관간의 음모와 분쟁으로 항상 늘 얼룩져 있다. 북한의 경우도 예외는 아니다. 언론공개와 부족한 지원내용을 두고, 또는 UN 기관에 분쟁해결을 위임하면서 오랫동안 지속되어온 라이벌 NGO간의 제도와 성격을 놓고 간혹 음모가 발생한다. 이러한 불일치는 최소화되지 않으며, 어떤 사안에 대해서는 기아 현장에서 그 원인을 해결하기 위해 무엇이 필요한지를 놓고 깊은 불일치를 나타내기도 한다.

기아구호활동은 시행과정에서 세 가지 실패를 경험했기 때문에, 재난구호 연구자들에 의해 1980년대 실질적인 수정을 거치게 된다. 구호활동과 관련된 지원계획은 그 사회가 다시 자립할 수 있도록 준비시키지는 않는다. 구호활동은 재난으로부터 특별히 취약한 사회가 앞으로 다시 겪을 수도 있는 재난에서 사회를 지켜주고 보호해줄 수는 있지만, 그 사회가 발전해나갈 수 있도록 지원하지는 않는다.[55] 이같은 사실을 인식한 학자들은 "구호활동에서 발전의 연속"이라는 개념을 만들어내었다. 이 연속이론은 구호분야와 발전을 연결하는 이론으로, 구호기관과 식량지원국들은 실질적인 구호활동을 전개함에 있어 이 개념을 도입하는 데 많은 어려움을 겪었다. 몇몇 기관들은 북한의 구호활동에서 발전으로의 연속을 제도화 하는 체제를 구성하는 데 실패하였다고 반박하였다. 그러나 이는 북한과 같은 폐 쇄주의 국가를 위한 발전기금을 마련하는 데 대부분의 지원국들이 적극적으로 참 여하지 않기 때문에 불가능한 일이다.

원칙을 만들어가는 과정에서, 유엔개발계획(UNDP)이 시행되고 있는 지역주민 들은 그 지역에서 구호활동을 전개하고 있는 모든 UN 기관의 인도주의 활동을 서 로 조정해주는 특별한 책임감을 갖고 있어야 한다. 그러나 이러한 원칙들이 거의 지켜지지 않고 있는 것이 일반적이다. 기본적으로 UNDP가 이같은 임무를 수행해 가는 과정에서 너무 열악하다는 것이다. UNDP는 응급상황에 효율적으로 거의 대 처하지 못할 뿐 아니라, 잃어버린 관료주의적 세력권을 다시 쟁취하려는 시도를 멈 추지 않았다. 북한의 경우에도, UNDP는 일반적인 인도주의 조정관과 관련하여 WFP 북한지역 책임자의 임명을 방해하였다. 두 기관 사이에 격한 편지들이 교환 되고, 결국 UN은 1997년 12월까지 북한에 인도주의 구호활동의 조정관을 두지 않 기로 결정하였다. 그러나 미국 내 NGO들은 인도주의 조정관과 관련하여 WFP 선 택을 모두 다 찬성하였다. 기아상황은 발전계획보다도 식량원조를 즉각적으로 필 요로하는 절박한 상황이다. 그러나 UNDP는 식량원조를 해야 하는 응급상황이 과 장되어 있다고 반박하였다. 개별회의에서 UNDP와 UNICEF는 농업생산량의 감 소문제보다 주민들의 보건문제를 다루는 일과 같은 좀 더 중요한 발전계획들을 시 행하는 데 필요한 기금들이 불필요하게 낭비되고 있다고 지적하고, 북한의 반응을 예의 주시하였다. UNICEF 의장인 영양학자 오마왈리Omawali Omawali는 '식 량위기food crisis' 라는 표현은 너무 극단적인 표현이라고 지적하였다. 그는 일반 인의 경각심을 덜 불러일으키는 '식량부족food shortage' 이라는 표현이 사용될 것 을 주장하였으며, 기아 대신 북한의 공중보건체제의 붕괴가 더 근본적인 문제임을 지적하였다. 그에 의하면, 북한의 위기는 더러운 식수상태와 열악한 공중 위생시설 때문에 자초되었다고 하였다. 오마왈리는 1998년의 북한주민 영양실태 조사에 관

한 충격을 어린이들의 식량섭취 부족보다 이 두 가지 요인에서 찾고 있다.[56]

수세기 동안 전염병은 기아에 수반하여 일어난다고 알려져왔다. 두 가지 주요한 요인으로서, 신체의 면역 체계가 급격히 떨어지고 영양결핍상태에 놓이게 되면 신체는 전염성 질환에 쉽게 노출되어 감염된다. 첫째, 영양결핍은 단백질을 형성해서 질병에 대항하는 항체형성의 주요한 기본물질인 아미노산을 감소시킨다. 둘째, 영양결핍은 간을 손상시켜 몸에 해로운 물질을 더 이상 걸러낼 수 없게 한다. 심각한 영양결핍으로 인하여 발생되는 간과 신장의 손상은 마침내 굶주림으로 인한 사망을 초래한다.

기아가 막바지에 이르면서 사람들이 식량을 찾아 이동함에 따라 공중위생과 식수의 상태가 더욱 악화되어 질병은 더 빠르게 확산되어나간다.[57] 기아상황이라고 판단되면 대부분의 NGO 기관들이 5세 이하의 어린이들에게 주요 전염병에 대한 예방접종을 시행하는 것도 이와 같은 이유에서이다. 전염병 예방접종의 목적은 가장 전염병에 취약한 인구집단의 사망률을 감소시키려는 데 있다. 기아상황이 발생한 지역에서 이와 같은 일은 UNICEF가 취급한다. 열악한 공중위생시설, 불충분한 식수 공급, 그리고 전염병에 대한 어린이 예방접종 등이 포함된다. 그러나 불행하게도 UNICEF는 북한에 기아가 발생한 사실을 처음에 부인하였다. 그리고 북한에서 현재 발생한 사망률은 굶주림에 기인한 것이라기보다 공중보건체계의 실패에서 기인되는 것이라고 UNICEF는 인식하고 있었다.

북한의 응급상황은 원조기금 조성을 놓고 UN 기관간에 격렬한 경쟁을 불러일으켰다. 다른 지역과 달리 북한에서 기아가 발생했다는 사실이 외부에 알려지자, 거의 모든 공약들이 한 기관, 즉 WFP로 집중되었다. 북한은 계속적인 반복을 통해 자신들은 다른 무엇보다 식량이 가장 필요하다고 전해왔고, 나중에야 북한은 의약품을 요청하기도 하였다. 라우츠 보고에 따르면, "최근 북한은 가장 시급한 식량원조만을 우리들에게 요구하고 있다. 식량이 아닌 다른 원조는 반갑지 않은 지원으로 간주하고 있으며, 오히려 비상식량을 구입하는 데 그 자원을 이용하고 있다."[58] 더욱이 식량지원국들은 직접적으로 기아구제활동에 사용되지 않는 기금, 즉 UNICEF의 의료활동을 지원하는 기금을 조성하는 데는 주저하였다. 북

한과 같은 불량국가에 대한 원조제공에 정치적, 외교적, 군사적인 이유들이 걸림
돌로 작용하고 있었다.

　UNDP는 UNICEF보다 더 많은 어려움을 겪었다. 장기적인 농업발전을 위해
지원하는 일이 어린이들에게 의료지원을 하는 일보다 북한에 회의적인 시각을 갖
고 있는 식량지원국들을 설득하는 일이 쉽지 않기 때문이다. UNDP의 라마르
Christian Lamare는 북한주민을 위기에서 구해내기 위한 활동을 지원하는 과정
에서 끔찍한 사실을 발견하였다. 북한 주장대로 북한이 처한 농업체계의 문제는
농업생산에 필요한 투입의 문제가 가장 크다는―종자, 비료, 잡초제거제, 해충제
의 부족― 사실을 발견하였다. 만약 식량지원국들이 북한에게 필요한 이러한 투입
을 지원하게 된다면, 기아사태가 빨리 극복될 수 있다고 북한은 주장하였다. 그러
나 얼마나 지속적으로 투입되어야 하는가에 대해서는 대답을 회피하였다. 만약 식
량지원국들이 투입을 중간에 멈춘다면 북한에 기아가 다시 발생할 수도 있다. EU
의 식량지원국들은 북한의 위기해결책(처음에는 EU도 기아의 실재를 부정하였다)
으로, 일시적인 투입이 아닌 총체적으로 왜곡되어 있는 북한의 경제체제 개혁을
우선적으로 들고 나왔다. EU는 북한의 주체사상에 의해 지도되는 농업체계가 근
본적으로 실패하였고, 북한의 실패는 단순히 보조금으로 해결될 문제가 아니라 근
본적인 개혁으로 해결되어야 할 문제라고 주장하였다. 북한에서 경제개혁이 시행
될 때까지 EU는 북한의 농업발전을 위해 어떠한 원조도 고려하지 않겠다고 말하
였다. 한편, 개혁을 조건으로 EU는 1998년 초에 추가식량지원을 결정하였다.

　그러나 앞서도 논의되었듯이 평양은 개혁을 고려해본 적이 없기 때문에, 북한
관리들은 개혁이라는 단어의 언급조차 꺼렸다. 마찬가지로 인도주의 구호기관들도
그들의 보고서와 계획서에 개혁이라는 단어의 사용을 피하고 있었다. 라마르는 개
혁에 대한 좋지 않은 인식을 갖고 있는 북한의 거부감을 불식시키고, 식량지원국들
에게 평양당국도 기꺼이 환영하고 있다는 사실을 확인시켜 주기 위해 '현대화' 라는
단어로 개혁을 표현하였다. 사상적으로 수용될 수 있는 변화를 표현하는 단어, 즉
사상적인 거부감을 느끼지 않고 받아들일 수 있는 단어가 바로 '현대화' 였다. 라마
르와 그의 임원들은 김일성저작집에서 농민시장을 사상적으로 변호한 사례를 성공

적으로 찾아낼 수 있었다. 위대한 지도자 김일성의 경이로운 저작집이라는 생각이 들자, 농민시장에 대한 사례 발견은 대단한 일이었다. 우리가 찾아낸 인용구에는 농업과 식량전달체계를 설명하는 데 시장개념이 소개되어 있었다. 북한은 농민시장이 활발하게 확대되어가는 상황에 대한 내부 정당화로 이미 국외에서 시작된 경제개혁의 교훈을 빌려올 수 있음에도 불구하고 개혁의 의사가 없었다.

EU의 지원으로 UNDP는 1998년 5월과 11월에 북한농업을 주제로 한, 두 차례의 회의를 개최하였다. 이 회의에서 UN 기관과 NGO 기구들, 그리고 지원국들은 엄청난 비용으로 북한 농업의 작은 변화를 모색하는 논의를 시작하였다. 비용은 총 3억달러.[59] 이 회의에서 제시된 농업체계 변화를 위한 일련의 계획에 북한은 동의하였다. 지역시장을 확대시키기 위한 소액농업융자, 각 가정의 생산성을 높이고 개인소유의 가축수를 늘리는 일, 토양의 침식을 막고 경작지를 확대하는 일, 이모작의 적극 권장, 두 개 비료공장의 현대화 등이 포함된다. 지금까지 북한이 견지하고 있는 개혁에 대한 저항을 고려해볼 때, 이러한 계획시도에 대한 북한의 동의는 서구국가들이 기대했던 것보다 큰 것이었다. 그러나 진정으로 북한이 변화를 이행할 의사가 있는지, 아니면 서구국가로부터 원조를 얻어내기 위하여 변화를 인정한 것인지에 대한 의문은 남는다. 한편, 북한이 갖고 있는 개혁의지에 대한 불신으로, 대부분의 지원국들은 UNDP의 요청에 따른 기금조성에 열의를 보이지 않았다.[60] 오직 한 국가만이 1999년 2월까지 100만달러의 기금을 공약하였다. 그래서 UNDP는 이 기금에 100만달러를 더 보태어 내부기금을 조성하였다. 같은 사례이지만 국제농업개발기금(IFAD)도 일찍이 농업발전 차관으로 1년에 3,000만달러를 계획하였다. 미국은 IFAD 의장단의 이같은 안건에 대한 투표결정에 지지도 반대도 하지 않았다. 그러나 IFAD의 국제임원들은 그 안건에 대한 찬성을 결정할 수 있는 독립적인 수단을 갖고 있지 않았으며, 국제원조사회 분위기도 계획의 실행을 회의적으로 보고 있었다.

미국의 대외경제정책연구소Institute for International Economics의 연구원인 놀란드Marcus Noland는 북한의 농업생산체계를 개선하기 위해 국제적인 기금을 조성한다는 것은 경제적으로 이해가 되지 않는 일이라고 반박하였다. 경제적인 측면에서 농업분야는 북한을 자극할 수 있는 매력있는 분야가 결코 아니기 때문이다.[61] 부족한 경작지, 농사에 적합하지 않은 기후조건, 그리고 짧은 식물의 성장기간을 포함한 북한의 농업환경을 고려해볼 때, 산업분야에 투자를 하는 것이 좀더 논리적으로 맞는 선택이 될 것이라고 설명하였다. 또한 북한당국이 경제개혁 시행을 주저하고 있기 때문에 오랜 시간이 걸려서나 해결될 문제라고 덧붙였다. 무엇보다 북한주민의 먹는 문제가 우선적으로 빠른 시간 안에 해결되어야 할 과제이다. 그러므로 UNDP와 IFAD의 농업발전계획은 북한이 직면하고 있는 대량 식량부족사태를 해결할 수 있는 장기적인 해결책 중 하나로서 고려되어질 필요가 있을 뿐이다.

기아구호체계의 취약성

국제 인도주의 구호체계가 갖고 있는 내생적 취약점은 북한에 기아가 발생했을 때 아주 분명해졌다. WFP는 대규모의 식량원조계획을 이행할 수 있는 자체 식량이나 기금을 갖고 있지 않다는 점이다. WFP는 UN이 요청해오면 그 요청을 시행하기 위한 충분한 양의 잉여식량을 서구 지원국들에게 전적으로 의존하고 있다. WFP 외에 이러한 인도주의 요청을 수행하는 기관으로 국제적십자사와 다양한 NGO들을 꼽을 수 있다. 이 두 기관은 일반 개인기증자들을 통한 지원과 성금으로 그들의 구호활동을 전개해나간다.

구호기관들은 몇 가지 제약성을 갖고 있다. 북한 기아 문제에 부딪쳐서 구호기관의 제약성이 더욱 취약하다는 사실이 입증되었다. 개인 기증자들을 찾는 문제에 있어 적십자사와 NGO 양측은 위기사실을 일반에게 알리는 일에서부터 그들의 활동을 시작한다. 그래서 도움을 필요로 하는 사람들을 위한 일반인의 동정심과 호의를 불러일으킨다. 그러나 이러한 잠재적인 개인 기부자들이 위기사실을 모르고 있거나, 더욱 곤란한 문제는 도움을 필요로 하는 국가에 대해 개인 기증자들이 부정적인 견해를 갖고 있다면 기증자의 반응은 미온적일 것이다. 그러므로 지속적인 언론보도를 통해 시종일관된 이야기를 전달하고 개인의 감정에 호소해야 한다. 그렇게 하지 않으면 일반인은 전혀 반응을 보이지 않을 것이기 때문이다.

한편, 저녁 뉴스시간에 방영된 굶주린 북한어린이의 모습을 담은 사진들이 기부자들을 행동으로 옮길 수 있도록 동기는 부여했는지 모르지만, 사진에 담긴 모습이 이미 그곳에 존재한다는 사실은 인도주의 대응이 실패했다는 사실을 의미하는 것이다. 기아는 몇 단계를 거쳐 진행된다. 초기 단계에서 이루어지는 성공적인 인도주의 구호활동은 앞으로 닥칠 미래의 위급한 단계를 예방하는 데 초점이 맞추어져 있다. 영상학적으로 일반인의 관심을 끌어모았던 북한어린이의 심각한 영양결핍상태는 기아의 마지막 단계, 이미 돌이킬 수 없는 단계에서 발생되는 상황이었다. 기아라는 상황에서 특별한 의료혜택을 받을 수 없고, 참혹한 상황에 처한 북한 어린이들은 이미 구제될 수 없는 단계에 들어서 있는 것이었다. 북한어린이들에게 남겨져 있는 생명줄은 고작 며칠간 지속될 뿐이지 몇 달까지도 지속될 수 없는 허약한 것이었다. 기아의 마지막 단계에서 인간의 신체에 가해지는 손상은 너무 심각해서, 만약 먹을 음식이 옆에 있다 하더라도 이미 기력이 쇠약해진 사람은 더 이상 음식을 섭취할 수 없는 상태가 된다. 더욱 중요한 사실은 식량지원을 공약한 시점에서부터 서구 지원국들이 제공하는 원조식량은 보통 2~3개월이 지나서야 굶주리는 북한주민의 식탁에 오르게 된다. 이미 심각한 영양결핍으로 고통을 받고 있는 주민들은 식량이 도착할 때까지 자신을 지탱할 수 없는 것이다. 사진에 담긴 모습과 같은 격렬한 고통에 북한주민이 처할 때까지 북한의 재난을 그냥 앉아서 방관했다는 사실은 이해될 수 없는 일이었으나, 끔찍한 광경을 담고 있는 사진이 공개되자 그동안 북한에 대한 지원을 거부하거나, 늑장을 부린 서구사회와 NGO는 태도를 바꾸기 시작하였다.

굶주린 북한주민들에게 더욱 불행한 일은 자신의 정부가 외국 언론보도에 반감을 갖고 있다는 사실이다. 1997년 봄 나를 포함한 세 명의 수석감독관은 급박히 돌아가는 북한위기를 논의하기 위해 UN 사절단으로서 북한을 방문하였다. 이 방문에는 비숍 대사와 인터액션의 인도주의 구호담당 의장이 동반하였다. 북한외교관은 식량과 의약품에 관해 의례적인 요청을 해왔다. 그리고 자신들의 요청에 우리가 언제 대답을 줄 것인가에 대해 정중하게 물어왔다. NGO들이 미 국민들에게 북한위기를 알리는 것이 우선이고, 그 다음 북한위기 심각성을 이해한 미 국민들이 정부로 하여금 WFP 요청에 응답하도록 압력을 가하게 되면, NGO들이 일반개인들에게 구원활동 지원을 할 수 있는 분위기가 조성된다고 나는 설명하였다. 이런 과정을 거친 후에야 북한이 필요로 하는 물품에 대한 NGO의 지원이 이루어지게 될 것이라고 덧붙였다. 일반인들을 계몽하기 위한 광범위한 언론보도가 요구된다고 언급하자 북한외교관들의 표정이 눈에 띄게 변화되는 것을 알 수 있었다. 북한당국은 일체의 언론보도도 절대 동의할 수 없다고 강경하게 말했다. 언론보도와 관련해서는 완전 잊고 있어야 한다고 거듭 주장하였다. 우리가 가장 필요로 하는 어떤 종류의 사진촬영도 절대 허용되지 않는다고 유별나게 고집하였다.

뉴욕시에 거주하는 북한외교관들도 서구 방송과 언론의 무절제함을 알고 있으며, 또한 신성한 주제의 언론보도조차 제약을 받을 수 있다는 사실을 충분히 이해하고 있다. 내가 평양에서 경험한 북한의 TV프로그램은 서구의 방송과는 극히 대조적이었다. 매일 밤 북한주민들은 한국전과 관련된 소련식 선전용 영화를 본다. 목가적인 전원을 배경으로 군인합창의 애국의 노래와 북한판 저녁뉴스를 제공받는다. 서구 언론보도에 대해 북한이 갖고 있는 우려는 분명 외교관에게도 전달되었음이 분명하다. 그러나 북한의 기아실상에 대한 언론보도 없이 심각한 고비를 넘길 수 없다는 것이 확실한데도 북한은 거부하였던 것이다.

그러나 지원국들이 WFP의 요청에 관대하게 식량원조를 약속하고, 정보국이 발표한 통계에 근거해서 북한에 일찍이 식량지원을 했더라면 이러한 언론공개는 굳이 필요하지 않을 수도 있다. 1980년대와 1990년대에 있었던 아프리카 내전과 그로 인해 기아가 발생했을 때도, 언론들은 이를 중점적으로 보도하지 않았다. 그러나 미국, 캐나다, 그리고 EU국가들은 일반에 공표되지 않은 관대한 행위로 아프리카의 수천만 인명을 구할 수 있었다. 지원국들이 모든 재난구호에 있어 필요한 구성요소로서 종종 언급하고 있는 'CNN 영향력'은 실질적으로 잘못 이해되고 있으며 다소 과장된 감도 없지 않다. 그러나 NGO들이 개인들로부터 기금을 조성해야 할 때, 군사적 개입으로 인한 많은 인명손실을 멈추게 할 필요가 있을 때, 그리고 지원국들이 전략지정학적인 이유로 원조를 거절할 때—북한의 경우에 해당하는 사항이지만—이와 같은 경우에 'CNN 영향력'은 필수불가결하다. 공중파 방송만이 불능상태의, 왜곡된 적대국의 원조문제에 관한 결정을 바꾸어 놓을 수 있다. 그러나 불행하게도 언론보도가 가장 필요하고 본질적인 기아 해결방안임에도 불구하고 금지되어 있었던 예외적인 국가 중 하나가 바로 북한이었다.[62]

선택적 원형으로서 1921년 소련의 구호활동

북한위기에 대응해왔던 불행한 과정들을 논하면서, 전체주의 정치체제하에서 구호활동을 전개하고 재건노력을 수행하는 것이 불가능하다고 속단하는 것은 잘 못된 일이다. 그러나 이같은 우를 우리는 종종 범한다. 1990년대 북한에서 발생한 기아와 아주 유사한 상황으로 1921~23년에 발생한 소련의 기아를 들 수 있다. 후 버Herbert Hoover의 전설적인 인도주의 구호활동은 북한의 운명도 미리 정해진 것이 아니라는 사실을 입증해준다.

후버는 제1차 세계대전이 끝난 후, 경제적 군사적으로 피폐되고 굶주린 벨기에 와 유럽 몇 나라를 구호하기 위하여 미국 인도주의 구호운동의 의장이 되었다. 최 근에 시행되고 있는 구호활동의 예산규모와 기증된 식량규모에 비하면 후버의 활 동은 상대적으로 아주 왜소하다고 생각할 수 있다. 전쟁이 한창 진행중인 와중에 도 후버는 유럽에 5,600만톤의 식량과 의복을 보내주었다.[63] 1920년대 초 기아가 러시아의 볼가지역까지 확대되었을 때, 후버는 쿨리지Calvin Coolidge내각의 상 무성장관으로 재직하고 있었다. 서구사회에서 가장 존경받는 인도주의자로서 후 버는 레닌과 새롭게 등장한 볼세비키 지도자들과 직접 대화를 나눌 수 있었다.

1990년대 북한의 구호활동과 1920년대 후버의 구호활동 사이에는 많은 유사 점들이 발견된다. 두 경우 모두 뿌리 깊은 이념적 적대관계와 대립되는 세계관이 협상과 모든 활동, 그리고 모든 사적관계에 영향을 미치고 있었기 때문이다. 소련 과 북한 모두 기아로 많은 국민들이 생존을 위협받고 있었으며, 그 기세는 국가의 기반을 송두리째 흔들 정도의 막강한 것이었다. 비록 각기 다른 역사적 발전단계 를 거쳐 왔다 할지라도, 두 체제는 아주 심각한 시련을 겪었다. 소련은 사회주의 기치 아래 새로운 세계 건설을 꿈꾸는 혁명적 초기 단계에서 공산주의운동이 이제 시작되려는 단계에 있었으며, 이에 반해 북한은 이념의 빈사상태인 단계에 있었다. 두 나라에 대한 구호활동은 각 시대의 가장 민감한 정치적 사안이었다. 우선, 볼세비키정부 내에서의 반대자들은 후버가 구호활동을 빌미로 공산주의를 기본부터 뿌리째 훼손하고 있다고 비난하였다. 이러한 비난은 *The Nation*과 같은 러시아혁명에 호의적인 미국의 좌파 일간지에서도 반복되었다. 후버는 통상과 외교문제 사안과는 별개로 중립적으로 구호활동을 전개하려고 노력하였다. 후버는 이러한 문제들이 표면상으로만 분리될 수 있다는 사실도 이미 알고 있었다. 인도주의 구호활동, 각국의 정치, 그리고 외교문제는 떼려야 뗄 수 없이 서로 얽혀 있기 때문이다. 북한 기아의 정치화문제는 이미 앞에서 설명하였다.

그러나 결정적으로 두 나라의 위기 차이점을 극명하게 드러내는 점이 발견된다. 후버는 소련의 기아를 종식시키려고 노력하였고, 장기적인 어떠한 발전계획도 약속하지 않은 채 기아가 끝나자 곧 소련을 떠났다. 열악한 기후조건과 레닌의 집단농업정책은 소련의 기아를 초래한 주요 원인이다. 그래서 레닌은 재난을 초래한 농업정책으로부터 한 발 물러서도록 강요당했다. 이후 소련의 농업생산량은 증가하여 위기는 끝이 났다. 북한의 경우는 좀 더 복잡하다. 북한은 농업분야에서 결코 자급자족할 수 없기 때문에, 자국의 광물과 산업제품을 수출하여야만 식량을 수입하여 기아를 멈추게 할 수 있다. 만약 구호기관에서 지원되는 식량과 각 정부에서 지원되는 원조가 끝이 나고, 후버가 소련에서 했던 것과 같이 NGO들이 북한을 떠난다면 기아는 맹렬한 기세로 북한을 다시 엄습해 올 수도 있다. 그 당시 공화당원들은 적대국인 소련을 다시 소생시켰다는 이유로 후버의 구호활동을 비난하였다. 의회 내 북한 구호활동 반대자들도 이와 같은 비난을 하였다. 그들은 미국이 북한과 외교사안 논의시 구호활동을 이용해야 한다고 한결같이 주장하였다. 순수하게 인도주의 차원에서 지원되는 식량원조가 국제사회의 비난을 받는 북한체제의 생존을 연장시켜줄 뿐 아니라, 지원된 식량이 북한군으로 전용된다는 것을 우려하였다. 독일군이 구호용으로 지원된 식량을 전용할 수도 있다고 우려했던 사람들이 후버의 벨기에 구호활동에 대해 같은 비난을 했었던 사례와 같다.[64]

소련과 북한의 경우에 있어 외교사안은 그 지역의 구호활동을 복잡하게 만들었으며, 기증자와 수혜자도 모두 그 사실을 인식하고 있었다. 북한의 경우 외교사안은 4자회담과 기본합의문을 그 내용으로 한다. 한편, 볼세비키 러시아의 경우 외교사안은 미국이 새롭게 탄생한 소련정부를 인정하는 사안과 양국간 통상관계를 형성하는 것이 이에 포함되었다. 또한 두 경우에 있어서 기아의 심각성이 쟁점이 되었다. 러시아에서는 얼마나 많은 인명 피해가 발생했는지가 쟁점이 되었다면, 북한에서는 기아로 인한 사망률이 발생했는지 안 했는지에 대한 여부가 쟁점이 되었다. 이와 비슷한 비교는 구호활동의 세부항목에서도 해볼 수 있다. 비록 후버가 소련정부에 세금을 지불할 것을 거부하였지만, 스탈린은 세원을 거두기 위해 구호활동에 세금을 강요하였다. 반면, 북한당국은 구호요원들이 북한에서 사용하는 모든 사항에 대해 다양한 사용료를 부과하였고 북한의 요구에 구호기관들은 세금을 지불하였다는 것이다. 여기서부터 소련과 북한의 유사점은 끝이 나고 차이점들이 발견된다.

소련의 구호활동 초기에서부터 후버는 명백하게 관리책임을 직접 손에 쥐고 있었고, 단지 소련당국으로부터 주변적인 간섭만을 받았을 뿐이다. 구호활동은 자신이 이사로 있는 미국구호관리American Relief Administration(ARA)를 통해 독립적으로 운용되어야 한다고 주장하였다. ARA는 미 행정부의 예산을 통해서 기금이 조성되었기 때문에 무리하게 기금 조성을 해야 하는 문제에는 관심을 갖지 않았다. 후버는 소련당국이 구호기관들을 각각 일대 일로 취급하는 것을 두려워하고 있었기 때문에—북한은 능숙하게 이같은 행동을 하고 있지만—다른 구호기관을 간섭하지 못하도록 하였다.

또한 후버는 구호활동이 시작되고 끝날 때까지 구호활동에 대한 완전한 독립권을 소련당국에 요구하였다. 그래서 ARA는 적임자가 누구이며, 어느 지역을 목표로 구호활동을 전개하고, 그리고 마을의 식량분배를 감독할 지역위원회를 선정하는 일에서 그 지역의 임원을 누구로 임명할지에 대한 모든 것들을 결정하였다. ARA는 원조식량의 분배에서 소비까지 전 과정을 완전히 감독할 수 있었다. 리가 Riga 협상에서 후버는 자신이 원하는 모든 사안에 대해 승인하기를 주저하는 볼세비키의 승인을 받아내는 데 성공하였다. 이러한 협약이 침해당했을 때 그는 모든 구호활동을 멈추고 본국으로 돌아가겠다고 위협하였다. 후버는 ARA가 모든 구호활동의 사안들에 대해 결정권을 갖도록 위임하였고, ARA 직원들이 도움이 필요하다고 요청할 때만 구호활동에 절박한 외교적 정치적 사안에 개입하였다. 트로츠키와 스탈린의 악의있는 반대에도 불구하고 볼세비키정부는 후버의 강력한 요구사항들을 승인해주었다. 미국과의 관계개선을 바라는 볼세비키정부—그로부터 70년이 지난 북한도 미국과의 관계개선을 원하는 거와 마찬가지로—의 강력한 의지가 주변의 반대를 물리칠 수 있었다. 후버는 협상과정이 진행되는 동안 그의 요구를 거절할 수 없을 정도로 많은 식량지원을 소련에 공약하였다.

후버는 자신의 도덕적 권위와 경영자적 권위, 막대한 물자와 자신의 능력에 대한 명성을 거대한 일을 착수하는 데 조속히 사용하였다. 그러나 무엇보다 중요한 것은 ARA가 일을 잘 수행해냈고, 러시아 전역에 프롤레타리아와 농부를 구원해준 인물로서 인식되었다는 점이다. ARA 전략으로 입장이 난처한 모스크바조차 이 사실을 인정하였다. 그리고 소련의 기아를 종식시켜 주었다는 사실에 감사하고 있었다. 북한과는 달리 소련당국은 미국의 구호활동에 대한 노력과 지원의 찬미자가 되었다. 그러나 상부의 지배에 익숙하지 않은 각 지역의 볼세비키관리들의 반대는 좀 더 심했다. 북한에서 중앙당국은 구호활동에 반대가 심한 반면 지방과 농촌 관리들은 구호활동을 용이하게 해주었다는 사실과는 상반된다.

결론적으로 북한의 구호활동은 후버와 같은 통일된 명령체계가 결여되어 있다는 점이다. 평양과 협의를 거치지 않고서는 어떠한 단일물자도 독자적으로 결정할 수 없다. 반 자율권을 가지고 있는 NGO들, 적십자사, 그리고 3개의 유엔기관들은 힘의 위치에서 북한 중앙당국과 협상을 할 수가 없다. 혼돈된 구호활동 내에서 WFP는 통일된 전략을 강제할 수 있는 위치에 있지도 않으며, 북한당국이 구호활동을 방해할 경우 그에 대응할 수도 없는 위치에 있었다. 중국, EU, 일본, 남한, 그리고 적십자사와 같은 기증자들은 각각 분리된 협정을 통해 북한과 쌍무적으로 식량을 제공하기로 함으로써 WFP를 교묘하게 회피하였다. WFP는 다른 UN기관의 공격으로부터 대처해나가야 하고, 구호노력이 궁극적인 목표라기보다 하나의

기분전환으로 생각하는 식량지원국들의 외교사안에도 대응해나가야 했다. 1996
년과 1999년에 미국은 실질적인 추가식량지원을 제공하였다. 추가식량지원이 제
공되었음에도 불구하고, 워싱턴은 후버사례와 같은 명백한 책임의 기준과 원조 수
혜대상자 기준을 주장하는 자신의 권리를 행사하지 못했다.

9. 북한 기아에 대한 사실적 증거들

언론매체와 NGO 기구들이 북한에서 기아가 발생했다는 일반적인 증거들을 수집하자, 북한체제에 가장 회의적인 구호요원들조차 북한에 문제가 생겼다는 것을 드디어 깨닫게 되었다. 1998년 말부터 1999년 초까지 북한의 식량위기를 특징짓는, 논쟁의 여지가 있는 '기아'라는 어휘의 사용을 거부하였던 사람들조차 북한에 대량사망률이 발생하였다는 사실을 받아들이기 시작하였다. 이제 우리의 의문은 '식량부족'으로 사망률이 발생했는지가 아니라, 얼마나 많은 사람들이 사망하였는가에 초점이 맞추어지기 시작하였다.

1998년 봄 법륜이 워싱턴을 방문했을 때, 법륜과 나는 재미한인사회로부터 북한기아 실상에 대해 말해줄 것을 요청받았다. 200만~300만의 북한주민들이 사망하였다는 증거들을 제시하자, 기아사망률에 대한 논의가 분분하였다. 우리측 발표가 끝나자 미 정보국에 근무하는 한 연구자는 우리가 제시한 사망률 추정치에 몹시 흥분하며 우리의 의견을 반박하였다. 그리고 그 연구자는 왜 끊임없이 기아로 인한 폐해를 수량으로 나타내려고 하는지에 대해 질문하였다.

수량은 몇 가지 중요한 의미가 있다. 역사기록을 위해서는 상대적인 폐해를 수량으로 표시하여 양을 측정해야 한다. 수량으로 표시함으로써, 분석가들은 기아에 대한 체제의 대응이 성공했는지 실패했는지에 대한 결정을 내리게 된다. 기아가 끝나기 전, 기아의 심각성에 대한 논의는 식량을 지원하는 국가의 일반국민과, 언론, 정부관료, 그리고 의회 결정에 영향을 줄 수 있기 때문이다. 기아에 대한 논의는 기아에 대한 그들의 반응정도를 가늠하는 척도가 된다. 그러므로 결과적으로 기아의 심각성을 일반인들에게 알린다는 것은 분석가들로 하여금 국제구호활동의 성공 여부를 판가름하게 하는 첫 단계가 되는 것이다.

수량은 다음과 같은 이유에서 또한 중요하다. 어떤 위기에서 잘못 과장된 사망률이 집계됨으로써 다른 재난이 발생했을 경우 이로 인해 인명을 구할 수 있는 자원이 손실됨으로써 터무니없는 희생자를 만들어낼 수 있다. 1990년대 초 미국, 캐나다, EU—가장 주축을 이루는 지원국가들—는 자국의 농업정책을 바꾸고, 이론적으로 가능한 농업자유시장을 창설하기 위해 자국의 농부들에게 지급되던 국가 보조금을 감축하였다. 이러한 정책 변화는 전체 원조식량의 부족을 초래하는 결과를 가져왔다.[1] 이것은 어떤 한 지역에서 발생한 위기를 구호하기 위하여 너무 많은 식량을 공약하는 것이, 다른 지역의 위기발생시 식량부족 사태를 일으킬 수도 있다는 것을 설명해준다. 즉, 기아에 대비해서 비축해 둔 지원국의 불충분한 원조식량이 점점 감소하고 빈번한 내전이 발생함에 따라, 식량지원국들은 일반적인 영양결핍을 나타내고는 있지만 기아상황은 아닌 경우에는 인도와 다른 발전도상국에서 시행되고 있는 장기적인 발전프로그램으로 식량지원을 전환하는 정책을 모색하였다. 그 결과 응급재난상황이 발생한 지역에 어느 정도 식량문제를 해결할 수 있도록 식량지원이 이루어질 수 있다. 이러한 이유 때문에 몇몇 NGO들은 북한 위기를 기아라고 선언하는 것을 주저하였다.

북한 기아로 얼마나 많은 사람들이 죽었는지는 만약 북한의 정권이 교체되지 않는다면 끝까지 밝혀지지 않을 것이다. 그러나 북-중 접경지역에서 수집된 사망률과 관련된 자료와 북한 정치체계를 연구하는 학자들의 북한사회 본질에 대한 논의를 종합해 볼 때, 북한에서 발생한 기아의 심각성에 대해 예측해보는 것은 가능할 것이다.

사망률에 대한 난민의 증언과 사실적 증거들

1997년 초 기아가 최고조에 달했을 때 사람들 입을 통해 기아에 대한 증거들이 속속 나타나기 시작하였다. 그러나 높은 기아사망률과 관련된 증거는 1998년에 발표된 포괄적이고 엄밀한 통계수치를 통해 이러한 추정을 가능하게 해주었다. 1997년 9월 KBSM에 의해 이루어진 난민과의 면담에서 대량 인명피해와 관련된 대재잉에 관한 일화들이 확인되었다. 한 난민에 의하면,

> 함흥시 인구의 30%가 기아로 사망하였다. 일형지역의 한 아파트에는…… 이 아파트에 살다 기아로 사망한 사람들의 시체가 2층에 놓여 있었다……. 이 아파트의 주민들은 1층에만 살고 있었다. 많은 집들이 빈 채로 남겨져 있었다. 빈 집들은 많은 사람이 사망하였다는 것을 의미한다……. 모든 세대에 걸쳐 사망자가 발생하였다. 한국전쟁 때 사망한 사람의 숫자보다 더 많은 수의 사람들이 죽었다. 굶주림은 전쟁보다 더 끔찍하다.[2]

이같은 난민의 증언이 얼마나 사실에 기초하고 있는지는 모르지만, 기아가 발생하기 전 이미 70만의 인구를 갖고 있는 함흥시 규모를 생각해 볼 때, 30%라는 수치를 확인할 방법은 없다. 그러나 다른 지역출신의 난민 증언과 비교해볼 때, 함흥시 출신의 난민들이 전하는 사망률과 관련된 끔찍한 증언들은 이 수치에 대한 신빙성을 어느 정도 입증해준다.

기아와 관련된 증언 중 좀 더 신뢰할 수 있는 증언은, 북한 노동당 서열 3위였던 황장엽이 전해주는 증언일 것이다. 그의 지위는 기아와 같은 국가기밀 사안에 쉽게 접근할 수 있는 지위에 있었기 때문에 그의 증언을 신뢰할 수 있다. 김일성대학 총장이었던 황장엽은 1997년 2월에 망명하였다. 비록 망명초기에는 특별한 정보를 제공하는 데 주저하기도 하였지만, 1997년 11월 12일에 남한에서 개최된 통일안보회의에서 황장엽은 군사와 산업이 복합적으로 형성되어 있는 자강도지역의 기아사망률에 관하여 다음과 같이 설명하였다.

북쪽지역에는 많은 군수공장들이 있다. 그 중 하나인 자강도는 9~10 개월 동안 식량 배급이 중단되었다. 간부회의에서 만난 산업담당 간부 보고에 따르면, 약 2,000명의 고위 기술자들이 굶어 죽었다고 한다. 간부는 만약 이러한 상황이 지속된다면 대중 폭동이 야기될 수도 있다고 말하였다.[3]

황장엽은 1997년이 끝날 무렵에 기아로 인한 사망자 수가 약 250만명에 이를 것이라고 하였다. 1997년 말엽 중국 접경지역을 방문하였을 때, 베커는 단정한 차림의, 자신의 부모가 고위당원이라고 말하는 혈색좋은 북한주민을 면담하였다. 그의 증언에 의하면, 당 간부 회의에서 밝혀진 전체 사망자 수가 100만명이라고 하였다.[4] 그러나 또 다른 난민은 200만명이 죽었다고 베커에게 증언하였다.

1998년에 출간된 황장엽의 책 〈북한: 진실과 거짓〉에서 황장엽은 북한의 중앙통계국 국장과 나눈 일화를 소개하고 있다.

1996년 11월, 나는 최근의 경제상황을 우려하여 농작물생산량 통계와 식량을 담당하는 한 고위관리에게 얼마나 많은 사람들이 현재 굶어 죽었는지를 물어보았다. 그는 대답하기를, "1995년에 5만의 당 간부를 포함한 약 50만의 사람들이 굶어 죽었고, 1996년에는 약 100만의 사람들이 사망하였다." 고 하였다. 계속해서 그는, " 만약 국제사회로부터 식량이 지원되지 않는다면 1997년에는 약 200만명의 사람들이 굶어 죽을 것이다."[5] 라고 덧붙였다

1996년이 끝날 무렵 김정일은 6개의 중앙노동당위원회를 소집하고, 그들에게 각 지역의 당 위원회와 접촉하여 그들 지역에서 기아로 인한 사망 관련 정보들을 수집하도록 지시하였다. 각 지역에서 수집된 자료에 기초해서 약 300만명의 북한주민이 사망하였음을 김정일에게 보고하였다. 이에 대한 김정일의 논평은 두 가지였다. 첫째, "부자는 더 부자가 되니", 아마도 이는 전용한 식량들을 팔아 이득을 챙기고 있는 당 간부들을 염두에 두고 시사하는 것일 것이다. 두번째, 김정일은 위

원회 회원들에게, "더 강하게 나가라. 어떠한 폭동도 절대 허용해서는 안 될 것이다. 나는 군사를 통제할 것이다. 이러한 시기일수록 더욱 강하게 마음을 다지라. 만약 주민이 폭동을 일으키게 된다면 이는 우리에게 타격을 주는 일이 될 것이고, 만약 주민이 폭동을 일으키지 않는다면 남한이 우리에게 타격을 가할 것이다."[6]

서구 분석가들은 종종 북한에서 망명한 사람들로부터 제공되는 정보에 많은 의혹을 가진다. 남한의 국가정보원(1961년 중앙정보부 신설, 1981년 국가안전기획부로 명칭 개정, 1998년 4월 국가정보원으로 명칭 변경)이 망명자들로 하여금 북한체제에 대한 서울의 시각을 반영하도록 교육시키고 있다고 믿고 있기 때문이다. 또는 망명자들 스스로 자신들이 망명해온 남한정부에 호감을 주기 위하여 거짓된 정보들을 흘릴 수도 있다고 서구 분석가들은 의심한다. 그래서 황장엽의 경우에도, 비록 그가 북한에서 상당한 고위 정부관료직을 지냈으며 연대순으로 진행된 사망률의 증가가 논리적이라는 점을 고려하고, 그리고 북한체제 안에서 직접 경험한 황장엽의 해석과 학자들이 제공한 평가 사이에 상당한 유사점이 있음에도 불구하고, 몇몇 서구 분석가들은 황장엽이 제공한 사망률에 관한 통계수치에 대해 의문을 가진다.[7] 그러나 황장엽은 자신의 책에서 남한정부를 비난하고 있으며, 오히려 그의 설명은 남한정부의 견해라기보다 자신의 견해와 평가를 나타내고 있는 것으로 해석된다. 대부분의 망명자들이 공식석상에서 북한에 대한 언급시 남한정부와 같은 관점에서 설명하고 있는 데 반하여, 황장엽은 다른 여느 망명자와는 다르다고 볼 수 있다. 주체사상의 창시자로 알려져 있는 황장엽은 몇십년 동안 상당한 북한권력 서열 위치에 있던 인물이었기 때문에 남한정부, 즉 국가정보원이나 다른 기관에서 쉽게 협박할 수 있는 인물이 아니다. 더욱이 황장엽의 책이 발간된 1997년 당시, 국가정보원은 북한의 기아로 인한 사망자수를 파악하려고 애를 쓰고 있었으나, 북한에 높은 사망률이 발생했다고 주장하는 사람들을 공식적으로 비난하고 있던 때였다.

1999년까지 국가정보원은 자신의 입장을 바꾸지 않았다. 그 해 2월 서울은, 최고인민회의 의원을 선출하는 1998년 7월 선거 전에 북한의 안전보위부가 주민조사를 실시하였다는 것을 발표하였다. 250만에서 300만 정도의 주민이 줄었다는 것이 조사를 통해 밝혀졌다.[8] 또한 북한전문가 에버스타트Nicholas Eberstadt는 두 번(1990년과 1998년)의 최고인민회의 의원으로 선출되었던 대표자들의 숫자를 비교해 보면, 약 300만명의 북한주민이 감소되어 있다는 사실을 알 수 있다고 하였다. 실제적으로 각각의 1인 대표자는 3만의 주민을 대표하고 8년 동안 인구증가가 300만명 정도 증가해야 함에도 불구하고, 대표자의 숫자가 8년 전이나 지금이나 같은 수준에 머물러 있다는 것이다.[9]

북한의 비공식적인 발표에도 높은 사망률의 실재를 인정하고 있음을 알 수 있다. 1999년 5월 북한 외교부 홍수복구위원회 직원인 전인찬은 미국, 호주, 그리고 EU의 구호단 대표들에게 1995년부터 1998년까지 북한에서 22만명이 사망하였고, 이는 "37%의 사망률 증가"를 보인 것이라고 발표하면서 인도주의 차원의 지원이 즉각적으로 시행되어야 함을 강조하였다.[10] 이때까지 북한의 어떤 관리도 기아가 발생한 동안 수십명 혹은 수백명의 북한 어린이들이 영양결핍으로 사망하였다는 사실을 제외하고, 기아로 인한 사망자와 관련하여 끔찍한 숫자를 밝힌 적은 없었다. 기아 초기에 있었던 일화를 소개하면, 북한의 한 관리가 250만의 북한주민이 기아로 사망하였다는 사실을 공개하였다. 그러자 평양은 그가 사망자수를 잘못 인용하였다고 지적하면서 정정발표를 하였다. 그러나 1999년 5월 사망자에 대한 전인찬의 발표가 있은 후, 그 발표에 따른 후속적인 공식 정정은 없었다. 전의 발표는 북한당국이 사망자 통계수치를 외부세계에 제공하려는 의도로 발표된 통계치였다.[11] 그러나 37%의 사망률 증가가 집계되었다는 사실에 대한 언론의 설명은 분명하지 않았다. 대부분 북한에서 공식적으로 발표되는 통계자료들이 그러하듯, 이번에 발표된 사망자 통계도 국제사회의 식량지원을 늘려보기 위해, 기아로 인한 사망자 발표를 사상적으로 허용한다는 고위 지도층의 의견과 결정을 반영하는 것이었다. 이같은 사망률 공개는 기아의 심각성을 판단할 수 있는 경험주의적 통계자료라기보다, 북한 중앙당국이 생존전략의 일환으로서 통계자료를 정치적 수단으로 이용하였다고 할 수 있다.

전의 사망자 발생에 대한 사실 인정은 제쳐두고라도, 사망률 통계는 추정된 다른 어떤 통계보다 더 정확하였다. 북한과 중국을 여러 번 드나들던 한 식량난민은

1995년 1월부터 1998년 6월까지 달마다 발생되는 사망률에 관한 통계를 KBSM 에게 제공하였다. 그는 자료를 자신이 근무하던 광산지역의 시청에서 입수하였다고 하였다.[12] 제공된 자료에 의하면, 1995년 1월부터 1998년 6월까지 기아로 인해 그 도시 인구 19%가 굶주림으로 사망하였다는 것을 알 수 있다. 식량난민은 사망자에 대한 통계수치가 과장되기보다 오히려 과소평가되어 있다고 말하였다. 그가 이같은 주장을 하는 이유는 1995년 여름, 굶주림이 원인이 된 콜레라의 발병으로 700명의 도시주민이 사망하였는데도, 단지 280명이 죽었다고 집계 발표하였기 때문이다. 그리고 북한 내에서 소재가 파악되지 않는 북한 내 유민의 사망과 중국에서 발생되는 식량난민에 대한 사망률도 정확히 집계되어 있지 않다. 그 도시 사망률은 1996년 5월부터 1997년 8월까지 최고 기록을 나타내었다. 그러다 1998년 1월부터 6월까지 사망률은 급격하게 감소하였다. 사망자의 감소는 이용 가능한 식량이 투입되고, 이를 이용할 사람의 숫자가 이미 현격하게 줄어들었기 때문이었다. 다른 어떤 통계보다도 1998년 6월 그 도시의 대표자 선거에 출석한 주민의 숫자는 기아의 참상을 여실히 나타내고 있었다. 1994년의 주민수를 기본으로 하였을 때 그 도시 주민의 54.8%만이 선거에 참여하였다. 이 투표율은 집계된 사망자 숫자 외에도, 그 도시 주민의 26.25%가 식량을 찾아 그 도시를 떠났거나 혹은 그들의 사망기록이 누락되어 있다는 것을 의미하는 것이었다. 만약 다른 도시지역도 이 광산지역의 사망률과 비슷한 사망률을 나타낸다고 가정할 때 전체 사망자 수는 황장엽이 제시한 사망자 수에 거의 근접한다.

　　다른 출처에서 제공된 통계―지역관리― 에 따르면 중앙의 도시지역에서뿐 아니라 지방에서도 높은 사망률을 나타내고 있음을 알 수 있다. 원조식량을 배급 시행하는 문제에 있어 WFP 직원은 원조식량이 선적되기 전에 이미 북한 중앙당국이 각 지역으로부터 집계하여 제공하는 인구통계치를 제공받는다고 한다. 그리고 그 다음에 각 지역관리가 제공하는 지역주민의 숫자와 중앙당국의 자료를 확인하는 작업에 들어가게 된다. 구호단체 직원에 의하면, 약 60%의 경우 북한 중앙당국에서 제공하는 통계치는 각 지역에서 제공된 수치보다 현저하게 높다고 하였다. 중앙당국이 제공한 수치가 낮은 적은 거의 없었다고 전하였다.[13] WFP에 보고된 통계를 확인하는 작업에서 NGO의 한 공중보건 전문가는 1998년 여름, 자신이 방문하였던 두 지역의 인구 통계자료를 입수하였다. 두 개 동북지역의 인구수는 중앙당국이 제공한 수치보다 12~13%가 낮은 수치였다.[14]

이같은 불일치를 통해 지역관리가 중앙에 보고하는 통계치와 NGO에 제공하는 통계치가 서로 모순되어 있다는 것을 알 수 있다. 각 지역의 행정관리들은 집계된 인구수를 보고하는 문제와 관련하여 중앙에 과장해서 보고해야 할 동기를 갖고 있다. 지방관리들은 굶주린 지역주민들을 위해 배급될 한정된 원조식량에서 그들 지역의 몫을 더 많이 챙겨야 하기 때문이다. 중앙당국은 식량원조국들이 북한의 전체 인구수에 비례한 식량을 원조하는 것이 아니라, 북한의 부족분에 기초해서 식량원조를 공약하기 때문에 각 지역으로부터 보고된 인구수를 집계하여 식량원조국에 통고한다. 굳이 과장해서 보고할 동기가 없는 것이다. 이같은 편차에 대해서는 세 가지 해석이 가능하다. 첫째는, 중앙당국에서 제공된 수치보다 더 낮은 각 지역의 인구수를 통해서 기아가 발생하자 촉발된 주민의 이동을 꼽을 수 있다. 그러나 주민의 이동으로 다른 지역의 인구수가 증가되어야 하는데, 어떤 지역에서도 인구증가는 발생하지 않았다. 둘째, 조사된 인구수에서 누락되어 있는 부분을 군복무중인 군인으로 간주하는 경우도 있는데, 북한 관리들은 UN의 인구기금 Population Fund에 보고할 때조차 군인통계는 인구조사에 포함시키지 않는다.[15] 세번째 가능한 해석으로 인구조사에서 나타난 불일치는 사망자수를 나타내는 것이라고 해석할 수 있다. 우연한 일이지만 북한 동북지역의 함경북도 사망률(이 절에서 나중에 논의되겠지만)에 대한 존스 홉킨스대학의 연구를 통해 그 지역 사망률이 12.9%를 나타내고 있다는 사실을 밝혀냈다―두 개 동북지역 인구수에서 나타낸 수치와 같다.

기아 희생자는 누구인가?

분석가들의 의견을 종합해보면 기아로 북한 전 지역이 황폐화되었다는 것은 확실해졌다. 공중파를 통한 언론보도를 통해 서구 일반인들에게도 기아로 인한 비참함은 전 지구적인 고통이라는 강한 인상을 전달하였다. 그러나 이러한 사실은 북한의 경우에는 해당하지 않는다. 북한체제의 본질을 알고, 북-중 접경지역에서 수집된 정보와 그외 자료를 분석해보면, 기아로 고통받고 희생당한 사람은 누구인가에 우리의 질문이 귀착된다.

북한의 공중보건상태는 기아가 발생하기 전에도 그리 양호한 상태는 아니었다. 내가 방문하였던 대부분의 병원 시설과 상태는 타이, 대만, 말레이시아와 같은 중진국 수준의 나라들보다 더 낙후된 수준이었다 — 북한은 1970년대 수준에 머무르고 있었다. 실질적으로 이미 서구사회에서 사라진 폐결핵이 1990년대 질병으로 북한에는 나타나고 있었다. 이같은 사실은 내가 접경지역에서 면담하였던, 몇 년 동안 여러 경로를 통하여 많은 난민들을 치료하였던 조선족 의사를 통해 알 수 있었다. "어린이들은 비타민D 결핍으로 고통받고 있으며, 뼈의 변형과 구루병 같은 뼈 질환 질병이 나타나고 있다."고 의사는 전하였다. "폐결핵, 간염, 그리고 이질 등의 질병은 열악한 주거환경, 부적절한 난방조건, 악화된 수질상태, 겨울의 추운 날씨, 그리고 지독한 영양결핍 상태에서 기인한다. 북한의 모든 주민들은 다 병자처럼 보인다."[16]

다른 무엇보다 기아로 인한 심각한 사망률은 북한의 겨울이 춥고 오랫동안 지속된다는 사실이다. 추운 기후에서 살고 있는 사람들은 따뜻한 기후에서 지내는 사람들보다 생존에 필요한 열량이 더 많이 요구된다. 더욱이 북한은 에너지와 연료의 부족으로, 도시의 아파트들이 충분히 난방되지 않을 뿐 아니라, 실제로 대부분의 북한 아파트들은 전혀 난방이 되지 않고 있다. 기온이 영하 30도 이하로 내려갈 때도 난방은 전혀 생각해볼 수 없으며, 추운 환경에서 특히 영양결핍 상태의 사람들은 오랜 기간 동안 버틸 수 없다. 비록 혹한이 더운 지방에서 발생하는 말라리아 같은 질병의 창궐을 가라앉힐 수 있을지는 몰라도, 추위로 인한 호흡기계통의 질병은 더욱 극성을 부린다. 한 난민의 증언에 따르면, "나는 북한에서 가장 불쌍한 계층이 어린이와 노인들이라고 생각한다. 겨울에 상황은 더욱 악화되기 때문에 주민들은 굶주림만이 아니라, 석탄과 땔감을 구할 수 없어 추운 날씨에 사망하게 된다."[17]

그리고 난민들은 콜레라의 발병에 대해서도 전하였다. 도시의 식수정화체계가 붕괴되어 식수의 질이 급격히 저하되고 수인성질병이 돌고 있다고 하였다. 사실, 서구사회에는 잘 알려져 있지 않는 주요 전염성 질병들이 기아가 시작되기 전에도 북한에서 보고되기는 하였다.[18] KBSM의 난민면담과 조사를 통해서 전염성 질병으로 인한 인명 손실이 기아 그 자체로 인한 손실보다 더 많다는 것이 확인되었다. 센은, "내가 지금까지 연구해온 대부분의 기아상황에서, 사망자의 90%는 단순한 굶주림이 직접 원인이 되어 사망하였다기보다 굶주림과 상호관련된 질병으로 사망하였다."[19]

공중보건문제는 일단 제쳐두고, 일부 전문가들은 평양당국이 북한주민의 일부 계층을 근절하기 위해 기아를 고의적으로 이용하였다는 관측을 제시하고 있다. 1998년에 국제인권위원회The Minnesota Lawyers' International Human Rights Committee와 인권감시Human Rights Watch/Asia는 북한인권을 주제로 한 포괄적인 연구서를 출간하였다. 이 연구서는 사소한 범법 행위시에도 북한주민을 임의 체포하는 북한당국의 전횡, 일반화되어 있는 고문, 그리고 북한체제를 통제 유지하기 위하여 아직도 북한에서 시행되는 즉결 사형집행에 대해서 설명하였다.[20] 억압적인 법집행이 모든 일반주민에게 평등하게 적용되는 것은 아니다. 사회계급의 상위에 속하는 계층은 만약 그들의 위반행위가 김정일과 체제에 불충한 것이 아니라면, 심각한 범법행위에 대해서도 종종 관대하게 처리된다.[21]

국가와 김일성부자에 대한 충성심은 오랫동안 북한에서 자신의 지위를 결정하여왔다. 1958년 김일성은 북한 전 주민을 3개의 계층으로 분류하였다. 북한체제에 충성하고 국가로부터 완전히 신임받는 핵심계층(전 주민의 25%), 동요계층(전 주민의 55% 이상), 그리고 적대계층(20%)으로 분류하였다. 한편, 주민의 1%에 해당하는, 당 고위간부와 김씨 일가를 포함한 20만명의 사람들이 북한의 지배계층이다. 일부 중간계층에게 특별하게 허가된 지역을 제외하고, 핵심계층만이 수도 평양에 살도록 당국의 허가를 받고 있다. 실질적으로 핵심계층만이 도시와 규모가 큰 읍 단위에 살고 있다. 그리고 지난 30년 동안 자신의 출신배경과 가족사에서 정치적으로 의심받고 있는 동요계층이나 그외 배경이 분명치 않은 계층은 낮은 단계의 간부직과 일부 전문직종을 갖도록 허가되어 있다. 그러나 체제에 민감한 직종에 대해서는 이들에게 절대 허락되지 않는다. 적대계층은 절대 외국인에게 노출되지 않으며, 일용품 배급과 공공부문의 혜택 제공에서도 차별을 받고 있다.[22] 그리고 적대계층은 중앙에서 멀리 떨어진 동북지역으로 추방당하였다.

워싱턴 소재의 헤리티지재단The Heritage Foundation은 1998년 3월 북한에서 망명한 두 명의 난민, 최주활과 고영환을 회의의 출석자로 초대하였다. 두 사람은 무엇보다 북한의 식량위기에 대해 발표하였고, 두 집단의 주민을 제외하고는 북한 전체가 식량위기에 처한 것은 아니라고 발표하였다. 두 집단에는 약 20만명의 정치범이 해당되고, 한국전 때 남한으로 월남한 사람들의 가족과 자본가 가족들에 해당하는 3~4%의 주민이 이에 포함된다고 설명하였다. 이 집단에 속하는 사람들은 산악지역으로 추방되고, 정부로부터 식량 배급을 전혀 받지 못한다고 그들은 말하였다. 이 두 사람은 각각 1995년과 1991년에 남한으로 망명하였는데, 그들이 제공한 정보는 다소 의심스러운 점도 없지 않다. 이들이 전달하는 내용은 이 주제에 관련된 다른 학자들의 견해와 많은 차이를 보이고 있기 때문이다. 면담한 약 1,000명의 식량난민들 대부분은, 최주활과 고영환이 말한 정치적으로 의심받는 사람들이 추방당한 동북지역의 산악지역이 아니라 주로 해안 평야지역 출신들이었다. 결과적으로, 위 두 망명자의 설명은 무엇보다도 북한에 대한 남한의 국가정보원 견해를 반영하고 있다고 생각할 수 있다. 두 망명자는 미국이 북한당국의 인권침해에 대해 좀 더 많은 관심을 집중해야 한다고 주장하였다. 즉 그들이 주장하는 북한의 인권침해 문제가 지금 북한에서 일어나고 있는 기아보다 더 큰 문제라는 것이었다. 비록 그들이 기아에 대해 중점적으로 많은 이야기들을 전달하지는 않았지만, 북한체제가 골칫거리 집단을 근절하기 위해 기아를 이용했다는 논리는—만약 그것이 사실이라면—바로 심각한 인권침해가 될 것이다.

만약 비중있는 증거들이 이 이론을 뒷받침할 수만 있다면 그것은 분명히 국제인권법과 관련된 문제가 될 것이다. 나는 이 책 전반에 걸쳐 '식량난민food refugees'이라는 용어를 사용하고 있다. 이는 국제법상에서 정의하는 난민과 자신의 가족을 위해 식량을 구하러 중국의 국경선을 넘어오고, 식량을 구하면 다시 북한으로 돌아가는 북한주민들을 구별하기 위해서이다. 후자는 국제규약에 의해 보호될 수 있는 진정한 난민이 아니다. 제네바협약에 의하면, 무엇보다 난민은 "여러가지 이유로 박해받을 충분한 이유가 있는 두려움을 느끼고…… 또는 특별한 사회집단이나 정치적 견해의 차이로 두려움을 갖고 있는"[23] 사람들로 정의된다. 국가의 인위적인 실책으로 야기된 굶주림은 일종의 박해로 해석될 수도 있다. 굶주림은 대량의 사형집행보다 더 잔인하고, 굶주림으로 사람이 사망하기까지 오랜 시간이 걸리기 때문에 더욱 잔인하다. 만약 북한 중앙당국이 기아를 실질적으로 정치수단으로 악용하여 정치사상적으로 의심가는 계층을 제거하려 했다면 박해받는 생존자들은 중국으로 탈출할 것이고 그들은 국제법상 진정한 난민이 된다. 중국으로 탈출한 그들은 당연히 법적인 보호를 받아 마땅할 것이다. 만약 특정 계층의 사람들이 북한당국에 의해—명백한 사형집행이라기보다 굶주림을 통해—근절의 대상으로 지목되었다면 대량학살에 관한 규약이 이에 적용되어질 것이다.

처벌 차원의 차별적인 식량배급과 관련한 전례를 우리는 중국과 소련에서 찾아볼 수 있다. 1958~62년 중국에서 기아가 발생했을 때, 과거에 지주출신이였던 마을 주민들은 식량배급을 전혀 받지 못하거나 농부보다 더 적은 양을 배급받았다.[24] 1930년대 초 우크라이나지방 기아에 관한 콩퀘스트의 연구는 스탈린의 목적이 농부의 부농kulak계층을 말살하기 위한 것이라는 사실을 설명하고 있다.[25] 이와 마찬가지로 미국 정보국에 의하면, 북한에서 식량배급체계가 붕괴되자 북한당국은 세 집단에만 식량공급을 지원하였다. 당과 군부, 그리고 그 가족들, 광업과 같은 전략적인 국가산업에 종사하는 노동자들에게만 식량배급을 계속하였다.[26]

차별적인 식량배급이 정치사상적인 계층분류에 기초하여 이루어졌다면, 영양결핍과 관련된 통계에 이러한 사실들이 반영된다. WFP, UNICEF, EU, 그리고 영국의 아동구조운동Save the Children UK은 기아가 최고조에 이르렀던 그 다음 해인 1998년 여름, 북한주민의 영양상태에 대한 실태조사에 착수했다. 기술적인 측면에서 이 조사는 몇 가지 문제점을 안고 있다. 이 조사의 특징은 북한 내에서 주거가 파악이 되지 않는 유민들과 난민들을 포함한 인구의 30%가 조사에서 빠져 있다는 점이다. 그리고 이번 조사팀은 전적으로 북한당국에서 파견된 통역관의 도움에 의존하고 있다는 것에 이 조사의 한계성을 드러낸다. 더욱이 이 조사는 기아가 최고 절정에 이르렀던 시기가 끝나가고 상황이 어느 정도 개선되기 시작할 때에 이루어졌다는 데에 문제가 있다. 이러한 문제점에도 불구하고 이 조사는 북한주민의 영양상태에 관한 현존하는 가장 훌륭한 평가가 될 것이다.[27] 이 조사에서 보고된 높은 영양결핍률을 통해 그 당시 북한이 얼마나 심각한 영양상의 어려움에 처하고 있었는지를 짐작할 수 있다. 북한어린이 75%가 영양결핍 증상을 나다내고 있으며 심각한 극단의 영양결핍상태를 보이는 어린이들도 있었다. 이 소사에서 밝혀진 영양결핍률이 시사하는 바는, 1958년 김일성이 발표한 연설에서 북한주민을 정치적 충성심을 근거로 하여 3개의 계층으로 분류하였는데, 이 계층에 따라 영양결핍률 수치도 같이하고 있다는 사실이다.[28] (표 2 참고)

[표 2] 주민분류와 영양상태 평가

| 주민분류 | | UN의 북한주민 영양평가 | |
(1958년 김일성연설에 기초한 주민분류)		(오차 ±5%)	
핵심계층	25%	영양결핍이 아닌 경우	32%
동요계층	55%	중간수준의 영양결핍	62%
적대계층	20%	심각한 영양결핍	16%

이 숫자들이 갖는 유사성에 대해 잠시 생각해볼 필요가 있다. 만약 정치배경에 따라서 북한 당국이 식량배급을 달리했었다면, 영양실태 통계는 정치배경에 따른 분류비율에 근접해야 하며 이 조사로 밝혀진 사실은 이를 입증하고 있다.

그러나 이 조사가 정치적 충성심에 따라 누구는 배급받을 수 있고 없는지를 결정짓는 데 특별하게 이용되었다고는 확실하게 단정지을 수 없다. 연관성있는 다른 요인이 정치적 충성도에 따른 계급분류와 같은 규모로 영양결핍을 구분짓는 범주를 결정하는 데 영향을 미칠 수 있다. 앞서 이미 말했듯이. 핵심계층은 북한의 정치체제 안에서 자신의 지위와 정치권력을 이용하여, 아마도 식량을 획득할 수 있는 기회를 다른 계층보다 더 많이 가지고 있을 것이다. 북한체제에서는 다른 어떤 요소보다 정치사상적으로 의심받는 경우 더 힘들게 지내야 한다는 것을 주민들의 증언을 통해 알 수 있다. 존스 홉킨스대학 연구팀은 이 문제에 대한 난민면담을 실시하였다. 면담한 대부분의 사람들은 북한당국이 의도적으로 차별적인 식량배급을 이용해서 적대계층을 근절하려고 했다는 사실에 대해서는 믿으려 하지 않았다. [29] KBSM 조사에 의하면 식량난민 가족의 27%에 해당하는 사망률은 식량난민 출신지인 전체 '반(지역단위)' 인구의 사망률에 해당하는 29%보다 약간 낮았다. 만약 중국으로 탈출한 북한 사람들이 자신들이 정치적으로 의심받는 가정 출신이기 때문에 고의적으로 굶주림을 당하고 있다면, 그들의 사망률은 전체 '반' 인구의 사망률보다 좀 더 높아야 할 것이다. 나는 길림에서, 자신의 아버지가 한국전 때 한국군으로 복무하고 전쟁 포로수용소에 감금된 배경을 갖고 있는 난민에게 이같은 사실때문에 차별적인 취급을 받았는지에 대해 질문하였다. 정치적 출신배경 때문에 당원으로 승진하려는 자신의 노력은 좌절당했지만, 자기 아버지 출신 때문에 식량배급에서 차별적으로 취급되지는 않았다고 했다. 또한 자기 주변에도 자기와 같은 배경의 이웃들이 있으나, 그들은 자신이 갖고 있는 것과 같은 정치적인 문제는 갖고 있지 않다고 덧붙였다. 한편, 스칼라피노Robert Scalapino는 자신의 저서에서 자신이 면담한 망명자들 대부분이 사회 경제적으로 신분상승할 수 없거나, 정치적으로 의심받는 가족의 출신배경 때문에 북한을 떠났다고 보고하고 있다. 그러나 이것은 이미 대상을 정해놓고 시행되어지는 근절과 같은 것은 아니다. 인구 중 가장 취약한 집단은 국가에서 근절하려고 이미 선발된 사람들이 아니라, 정치권력을 갖고 있지 않기 때문에 자신의 생존을 유지하고 보호해줄 자원으로의 접근이 불가능한 사람들의 집단인 것이다.

북한 기아 사망률에 관한 존스 홉킨스대학의 연구

존스 홉킨스대학의 공중보건연구소The Johns Hopkins University's School of Public Health는 중국으로 탈출한 440명 식량난민 면접에 기초해서 기아발생 이후 북한의 출생률과 사망률에 관한 분석을 시도하였다. [30] 존스 홉킨스대학의 연구는 난민을 통한 조사가 전체 북한주민 가운데 무작위로 선택된 표본조사를 반영하는 것이 아니라는 비판에 대한 새로운 접근을 시도하는 계기가 되었다. 존스 홉킨스대학 연구자들은 난민들에게, 북한 사람들에게는 영원히 기억되는 날인 김일성 사망 이후 자신들이 중국으로 탈북하기까지 가족 가운데 누가 사망하였는가를 질문하였다. 식량난민들이 자신의 고향을 떠나 다른 나라로 탈출하였다는 사실은, 난민들 스스로가 선택된 북한 전체주민을 대표하는 표본대상이라는 사실을 이미 말해주고 있는 것이다. 그러므로 난민을 통한 연구가 마구잡이식 표본을 대상으로 한 것은 아니라는 것이다. 그리고 연구자들은 난민의 친척 중 얼마나 많은 사람들이 죽었는지에 대해서도 질문하였다. 아마도 난민의 친척은 이동하지 않고 고향에 머무르고 있기 때문에, 일반적으로 대표되는 전체 주민에 대한 표본조사로서의 기능을 한다고 말할 수 있다. 북한 고향에 남아 있는 친척들도 가족의 죽음을 경험하기는 하였으나, 고향에 남아 있는 친척의 경험은 중국으로 탈출한 식량난민의 가족 사망률만큼 그렇게 높은 것은 아니라는 사실을 연구자들은 밝혀냈다.

1995년에서 1997년 사이, 매년 나타난 사망률은 기아 전 수준의 8배에 달하는 것으로 이 연구는 밝히고 있다. 즉, 1993년 조사에서 발표된 0.55% 사망률은 이 연구가 이루어진 3년 동안 매년 평균 4.3%의 사망률 증가를 보이고 있다. 12.9%의 사망률은 좀 더 높은 식량난민의 가족 사망률과 그들 친척들의 좀 더 낮은 사망률을 합해 놓은 것이다. 같은 기간, 식량배급체계가 자신의 유일한 식량공급원이라고 말하는 사람의 숫자는 61%에서 6%로 급격하게 감소하였다. 이 숫자는 KBSM과 베커, 그리고 나의 면담조사에서도 이미 확인된 바 있다. 조사가 이루어지는 동안 출생률도 50%나 감소되었는데, 인구 1,000명당 21.8명에서 11명으로 줄어든 셈이다.

KBSM의 조사연구와 마찬가지로 존스 홉킨스대학 연구에서 한 가지 아쉬운 점이 있다면, 북한 내 유민에 대한 사망률은 누락되어 있고, 집과 고향에서 발생된 사망자에 국한되어 있다는 점이다. 결과적으로 두 연구조사에서 밝혀진 기아로 인한 주민사망률은 실제보다 적게 집계되어 있다고 말할 수 있다.[31] 왈Alexander de Waal은 1980년대 수단의 다푸르Darfur주에서 발생한 기아 연구에서 일반적으로 기아를 피해 이동하는 사람의 사망률이 가파르게 오르는 점을 지적하고 있다. 고향을 떠난다는 것은 난민들에게 있어 식량난민이 기본적으로 갖고 있었던 기아에 대처할 수 있는 위기대응체계—가족, 친구, 이웃, 그리고 친숙한 주위 사람들—를 상실한다는 것을 의미한다. 위기대응체계를 상실한 그들은 질병에 감염될 환경에 노출되기 쉽다.[32] 또한 식량을 찾아 돌아다니는 일은 집에 가만히 있는 것보다 많은 열량을 요구한다. 이주자들이 인도주의 구호기관에서 지급되는 식량을 자신이 살고 있는 집과 고향 가까이에서 지원받을 수 있거나 자신의 생존을 지탱하기 위하여 노동을 하는 경우는 제외된다. 북한에서의 원조식량은 난민이나 유민들에게 제공되지 않았다. 그리고 대부분의 북한지역은 경제침체로 어려움을 겪고 있었기 때문에 유민들에게 일거리를 제공할 수도 없었다.

공중보건 연구자로서(사망률 예측에 대한 분석적 체계의 침해에 대해 우려하는) 존스 홉킨스대학 연구자들은 그들의 표본을 가지고 일반적인 북한주민 전체로까지 확대 추정하는 것을 몹시 망설였다. 그들이 면담한 식량난민의 80%는 함경북도 출신이었다. 그래서 연구자들은 기아로 발생되는 실질적인 사망률이 함경북도를 제외한 일반적인 지역에서도 발생할 수 있다는 사실에 대해서 숙고하였다.

> 함경북도의 인구는 1994년 공식적인 기록에 의하면 1.4%의 비율로 증가하였다. 1995년부터 1997년까지의 기간 동안 1,000명당 16명의 출생률과 1,000명당 40명의 사망률을 기록하고 있다고 가정하면, 3년 동안에 발생한 사망자 전체 수는 약 24만 5,000명이 될 것이다. 그리고 이는 출생자 1명당 2.5명의 사망자 비율로 출생률을 초과한다.[33]

전체적인 북한인구에 관한 연구로서 존스 홉킨스대학 연구가 적절했는가를 이해하기 위해서, 우리들은 대표적인 지역에 국한되어 이루어진 연구가 어떻게 전체 북한인구 연구를 대표할 수 있는가에 대해 의문을 가져야 한다. 함경북도는 다른 지역이 갖고 있지 않는 3가지 특성을 갖고 있다. 첫째, 함경북도는 한국어가 통용되는 중국 지역과 국경선을 같이하고 있다. 그래서 굶주린 북한주민들은 중국의 친척들을 방문하여 식량과 돈을 얻을 수 있고, 또한 일거리를 얻어 돈을 벌어서 고향으로 가지고 갈 수 있다. 함경북도와 마찬가지로 중국과 국경을 같이 하고 있는 평안북도 출신의 한 난민은 KBSM에 다음과 같이 전하였다.

> 질병과 배고픔으로 죽는 사람들이 많아지자 사람들은 국경선을 넘어가기 시작하였다. 몇 년 동안 식량배급이 끊기고, 주민들의 생활은 극도로 어려워졌다. 길거리를 다니는 사람들은 공복으로 걸을 때마다 실신할 것 같이 자세가 흔들거리고 불안정해보였다. 실제 길거리에는 정신을 잃고 쓰러져서 일어나지 못하는 사람들이 간혹 눈에 띄었다. 그리고 우리 마을에서도 제법 많은 사람들이 현재 중국으로 건너가거나 중국에 머물러 있으며, 그들은 돈과 식량을 가지고 고향으로 돌아오고 있다. 그나마 이것 때문에 지금까지 우리 마을이 지탱할 수 있었을 것이다. 이미 죽은 사람들은 대부분 중국에 가본 경험이 전혀 없는 사람들이었다……. 마을주민 반 이상이 식량을 구하기 위하여 이미 마을을 떠났고, 그들 다수는 중국 국경선을 넘어갔다. 그들은 보통 2~3달을 머물거나 길면 6개월 동안 중국에 머무른다. 북한에 그들이 돌아오기를 기다리는 가족이 있다면, 그들 대부분은 다시 고향으로 돌아간다.[34]

둘째, 함경북도는 중국에서 식량과 물물교환할 수 있는 천연자원이 풍부한 지역이다. 내가 접경지역을 방문했을 때 놀라운 광경은, 두만강을 따라 올라가면서 전개되는 중국과 북한 양쪽의 산악지역이 아주 다른 모습을 하고 있다는 점이었다. 중국측 산들은 소나무와 잣나무로 무성하게 덮여 있는 높은 산들이 대부분인 반면, 북쪽의 산들은 대부분의 나무들이 잘려나가고 벌거벗은 상태였다. 그 대신 마을 가까이에 위치한 산들은 새롭게 조성된 무덤들과 텃밭, 그리고 낮은 잡목으로 이루어져 있었다. 한때 우거졌던 북한의 산림은 중국의 제재소에 연료를 공급하기 위하여 잘려나갔고, 가구 공장과 주택을 건축하는 데에도 사용되었다.

셋째, 미 국제개발국(USAID)의 외국재난구호담당국이 제작한 농업생산량을 지도화해 놓은 자료에 의하면, 오래 전에 두만강지역의 농장들은 동쪽에 위치한 다른 산악지역의 농장에 비해 많은 농산물들을 생산하였다.[35] 함경북도 지역이—

위에서 설명한 3가지 위기에 대응할 수 있는 체계가 결여되어 있는 다른 산악지역
보다―낮은 사망률을 나타내고 있는 이유가 여기에 있다.

기아가 동북지역이나 함경북도지역에 국한되어 있는 것은 물론 아니다. WFP
와 UNICEF에 의해 이루어진 북한주민 영양과 관련된 연구는 북한 전 지역을 걸
쳐 조사된 각 지역에서 모두 비슷한 수준의 영양결핍률을 나타내고 있다는 것을
보여주고 있다.[36] 또한 이미 앞에서 설명한 마을에서 조사된 통계와 북한당국이
발표한 인구조사 통계 사이에 나타나는 불일치는 동북지역에 국한된 것이 아닌 북
한 전역에 걸쳐 발견되는 사실이다.

난민의 증언을 통해서도 기아가 일부 지역에 국한되지 않고 북한 전 지역에 심
한 타격을 주었음을 알 수 있다. 중국의 친구를 방문한 황해남도 출신의 퇴직 대학
교수는 서남지역과 서북지역에서 발생된 기아실상에 대해서 전해주었다. 자신의
제자였던 의사에 의하면, 기아로 사망한 시체들이 정기적으로 병원으로 수송되었
으며, 수송된 시체 중에서 의과대학 해부학교실의 연구용으로 사용될 것들이 결정
되었다는 말을 하였다고 한다. 그리고 서남지역인 평안북도에 약 2만명의 근로자
들이 근무하는 산업단지 내 통계학연구소에 자신의 제자가 근무하고 있었는데―
이들은 "최우선적으로 식량과 일용품을 배급" 받는 계층의 사람들이다. 이곳의 노
동자들과 이에 딸린 가족들은 어림잡아 약 10만명이 된다고 하였다. 그러나 "1996
년 후반 기아가 가장 절정에 달했을 때, 가족 구성원들을 포함해서 약 60명의 사람
들이 매일 죽어 나갔으며, 이 수치는 결과적으로 한 달에 약 1,800명의 사람이 사
망한 것을 의미한다."[37] 이 지역 주민들은 함경북도나 동북지역의 주민들처럼 분
명 격리된 계층은 아니다.

존스 홉킨스대학이 발표한 사망률과 관련한 연구는 북한 기아의 심각성을 경
고하는 조심스러운 평가일 뿐이다. 만약 존스 홉킨스대학이 발표한 사망률을 북한
전체인구에 적용시켜 추정해본다면, 그것은 기아의 심각성을 과장했다기보다 과
소평가한 것이 된다. 평양에 살고 있는 300만의 주민과 120만의 북한군을 이 연구
조사에 포함시키지 않았으며, 이 그룹을 제외한 1,900만 북한 인구에 존스 홉킨스
대학이 발표한 사망률 12.9%를 적용시킨다면 기아로 발생된 사망자수는 245만명
이 되고 이 수치는 황장엽이 발표한 사망자수와 근접한 수치이다. 이 수치는 이미

앞에서 언급된 광산지역의 사망률과도 일치한다. 그리고 도시지역 인구를 1,200
만명으로 추정하면 전체 사망자수는 약 250만명이 된다.

제3장
북한 기아의 영향

10. 기아로 초래된 북한의 정치사회적 변화

1995년 가을, 북한의 동북지역에 관한 특별 연구보고서인, 인민군 6대대the People's Army Sixth Corps라는 오버도퍼Don Oberdorfer의 보고서에는 "군대는 해산되고 군 수뇌부는 숙청당했으며, 부대가 다른 부대로 편입되고 계급서열이 어지럽게 혼란되어있는 상황하에서……" 라는 내용이 담겨 있다.[1] 평상시보다 두 달 정도 일찍 인민군의 동계훈련이 중단되는 사건이 일어난 직후, 군대에 대한 강도 높은 사상교육이 시작되었다. 남한의 국가정보원이 입수한 정보에 의하면, 두 건의 사건은 중앙당국에 대한 분명한 폭동이었다. 사전 계획된 쿠데타는 실행되기 전 비밀경찰에 의해 발각되었다. 그 후 망명자의 증언에 따르면 그 해 가을 함흥시에서 군단 규모의 군대가 쿠데타를 계획하였다고 한다. 그 거사에 참여한 고위 군 간부들이 쿠데타 수뇌부를 중심으로 미래 내각을 구성하기 위하여 만난 직후인, 쿠데타 거사 3일 전에 비밀경찰에 의해 발각되었다. 군 간부들은 체포되고 사형이 집행되었다. 또한 망명자들은 자신의 동료가 군 간부의 체포가 일어났던 그 당시 함흥에 살고 있었는데, 체포된 군 간부들이 묶인 채 군대 행렬 밖에 나와 있는 것을 목격하였다고 한다.[2]

그 후 1년이 지나고 김정일은 김일성대학에서 당 간부들에 대한 연설을 통해 '무정부상태'를 야기한 식량사태에 대하여 언급하였다. 사실 북한 전역을 휩쓴 기아 때문에 쿠데타가 계획되었다고 단정짓는 것은 지나친 해석이다. 북한의 고위급 망명자 황장엽은 1995년에만 기아로 50만명이 사망하였다고 하였다. 특히 비축해 놓은 식량이 완전히 바닥이 난 늦은 봄에서 이른 가을에 주민의 고통이 가장 심각하였다—이는 쿠데타 계획이 드러난 시기와 일치한다. 함경남도의 수도로서 가장 심각한 식량부족을 경험하고 있는 함흥시는 기아기간 내내 가장 심한 고통을 받은 지역이다. 난민의 면담과 KBSM에 의해 이루어진 조사를 통해서, 기아로 고통받았던 여러 도시 중 함흥시가 북한 전체에서 가장 최악의 도시이었음이 밝혀졌다. 함흥시는 북한에서 두번째로 인구가 많고 산업이 발달되어 있는 도시이고, 공장 노동자의 비율이 높은 지역이며, 쿠데타를 계획했던 군단의 본부가 있던 곳이기도 하다.

1998년 3월 북경의 외교관들은 권력투쟁이 진행중인 북한에서 군법이 강화되고, 숙청이 다시 시작되었다는 보고를 하였다. 평양에 살고 있는 외국 거주자들은 3월 5일에 경찰과 군인 사이에 발생한 총소리를 들었다고 전하고 있다. 사건이 일어난 직후 야간통행금지령이 발효되었다. 그 당시 고위 당 지도층이며 대외경제협력추진위원장인 김정우가 체포되었다. 김정우는 동북지역 나진·선봉 경제특구의 외자문제 유치를 총괄했던 인물로,[3] 경제개혁을 주장해왔던 대표적 인물이었다. 그의 체포로 북한 경제개혁에 대한 일말의 희망이 사라졌다. 분석가들과 외교관들에게 김정우사건과 관련하여 그의 행방을 물어본 후, 그가 처형되었다는 사실을 알게 되었다. 조작된 부패혐의로 김정우가 체포되었다고 증언한 망명자는, 자신은 김정일이 당 고위간부들을 겁먹게 하고 기아로 증가되는 당 간부의 불만족을 통제하기 위한 시도로 김정우사건을 해석한다고 하였다.[4] 중국 관영통신은 북한에 식량위기가 시작되었을 때 북한의 기아실상과 이와 관련된 군부의 사건들을 동시에 보도하기 시작했다고 베커는 보고하고 있다. 이같은 보도는 아마도 북한에서 예상되는 체제변화에 대해 중국민들을 준비시키기 위한 중국정부의 의도라고 베커는 언급하였다.

분명한 사실은, 일부—아마도 대다수의 북한주민—북한 사람들은 북한당국의 기아대응능력에 무척 실망하고 좌절하였을 것이다. 기아가 심해질수록 북한당국은 더욱 강력하게 주민을 압박하여왔다. 1998년 여름 북-중 접경지역을 순회한 NGO 대표들은 김일성배지가 시장에서 판매되고 있는 것을 목격하였다. 이 배지는 상인들이 식량난민들로부터 구입한 것이었다. 북한에서 북한주민이 김일성배지를 달고 있다는 것은 종교적인 신앙심에 가까운, 위대한 지도자 김일성에 대한 존경심을 나타내는 것이다. 그리고 배지의 형태는 달고 있는 사람의 신분을 나타낸다.[5] 배지의 거래를 위급한 상황에서 마지막으로 선택한 돈과 식량을 얻기 위한 방편으로도 이해할 수 있으나, 식량난민에게 있어 김일성배지의 포기는 체제에 대한 상징적인 불복종으로 받아들여질 수도 있다.[6]

실제로 KBSM 조사에서 가장 자극적인 질문은—중앙당국에 대한 주민들의 지지나 거부를 나타내는 질문—아마도 식량난민에게 기아가 발생한 원인에 대하여 질문하는 일일 것이다. 1997~99년의 조사에서 난민의 60% 이상은 지도력의 실패, 경제 개혁의 부재, 당 간부들을 포함한 관료들의 실정, 군에 대한 지나친 국가예산 투입, 정책 실패, 그리고 외부세계에 대해 문호를 개방하지 않아서 기아와 같은 재난이 초래되었다고 하였다. 응답자의 1/4만이 북한당국이 공식적으로 발표한 자연재해 때문에 기아가 발생하였다고 대답할 뿐이었다. KBSM 발표에 의하면 북한체제를 비난하는 사람의 비율이 1996년과 1997년에 실질적으로 증가되었음을 보여주고 있다.[7] 아마도 이러한 변화는 기아가 대참사로 발전하였기 때문에 주민들 의사가 변화되었다기보다 자신의 의견을 솔직히 표현하려는 주민 의지의 표현으로 보는 것이 더욱 타당할 것이다. 한편, 조사의 한 단면을 가지고 확대 해석하는 것은 조심스러운 일이다. 만약 체제에 불만을 갖고 있는 사람이 많아진다면, 체제를 지지하는 대중의 토대를 잠식할 것이다. 그리고 다른 한편으로는 이 통계가 잘못되었다고 말할 수도 있을 것이다. 이러한 질문이 난민 가족도 아니고 마을 사람의 의견도 아닌, 난민 자신의 의견을 묻는다는 점에서 이 질문이 갖는 한계가 있다. 결국 북한을 떠나는 위험을 감수한 사람은 자신이 처한 환경에 대해 매우 불만족스러운 집단이기 때문이다.

그러나 분명한 사실 한 가지가 있다. 기아 그 자체가 정치적이라는 것이다. 한 난민은 1997년 평양의 관리들은 직장으로 출근할 때 넥타이를 매지 말라는 당국의 지시를 받았다는 것을 이야기해주었다. 당국의 처사에 분노한 주민들이 관리들을 구별해내어 보복을 할지도 모르기 때문에 이같은 조치를 시달한 것이다. 격한 시민들은 수도 평양에서 한 밤에 관리의 자동차에 돌을 던지기도 하였다. 연료의 부족 때문에 평양 시민들도 추운 겨울을 지내야 했으며, 북한 전체 인구 중에서 좀 더 나은 대접을 받고 있는 평양 시민들조차 실질적으로 식량배급이 감소되었다. 이러한 상황은 평양 시민의 사기와 의욕에 치명적인 영향을 미쳤다. 나는 중국 장백에 위치한 백두산에서 벌목공으로 일하는 평양 출신의 난민을 만나보았다. 평양에서조차 배급량이 줄어 굶주리게 되어 중국으로 탈출하였다고 말했다. 한때 공장의 노동근로자였던 다른 난민은 자신이 근무하던 공장의 기계를 훼손시키기 위해 기계에 모래를 부어넣었다는 사실을 증언하기도 하였다. 또 다른 난민들은 기차가 탈선하도록 모의한 적도 있다고 하였다. 이러한 행동을 자행한 노동자들은 모두들 자신의 행동이 중앙당국에 대한 반항의 표출이라고 설명하였다. 그리고 노동자들은 기아로 발생된 자신들의 고통을 중앙당국의 실책에서 찾고 지도층을 비난하였다.[8]

세 난민의 증언은 기아로 붕괴된 북한사회를 억압하면 할수록 질서가 더욱 무질서해진다는 사례를 보여 주는 한 예이다. 한 식량난민은,

> 사람들은 살아 남기 위하여 자기 자신을 환경에 적응시켜가고 있다. 나와 아내의 목숨을 부지하기 위해 젊은 남편이 할 수 있는 일은 단 한가지 도둑질을 하는 것이었다. 나는 돼지를 훔쳤다. 붙잡히면 다시 수용소에서 도망쳐 나왔다. 그 후 나는 떠돌이가 되었다. 북한에는 현재 많은 갱단 조직이 있다. 그들의 거점은 산 속에 위치한 동굴이 대부분이고, 조직의 규율은 엄격하다. 그들은 범죄인으로 형을 선고받거나, 수용소를 도망쳐 나온 사람들이 대부분이다. 그들의 훈련은 엄격하고 규율 또한 공정하게 처리된다. 갱단에 여자들이 포함되어 있기도 하다. 그들은 발각될까 두려워 음식을 만들 때 불을 사용하지 않는다. 그들은 수동식의 발전장비까지 갖추고 있다. 갱단조직은 사적인 원한으로 부유한 관리 집을 공격하기도 한다.[9]

같은 지역 출신의 다른 난민은, "지난 3월 원산에서는 인육과 소를 잡아먹은 13명에 대한 총살집행이 있었다. 죄인들을 높이 매달아놓고, 주민들을 강제로 소집하여 그들의 사형집행을 목격하게 하였다. 상상할 수조차 없는 비극적인 광경이었다. 지금의 북조선상황이 바로 지구상에 현존하는 지옥 그 자체이다."[10] 세번째 난민은, 일반에 대한 공개처형은 그리 흔한 일은 아니라고 하였다. 그의 마을에서는, "김일성이 살아 있는 기간에는 공개처형은 전혀 일어나지 않았다. 그러나 요사이 공개처형은 자주 목격된다. 1997년 5월 6일, 9명이 처형되었다. 그들 중 한 명은 인육을 먹었고, 몇 명은 전기선을 잘라 팔았으며, 다른 한 명은 소를 잡아먹었고, 또 다른 사람은 씨옥수수를 먹었다는 죄목으로 처형되었다."[11]

김정일은 아버지의 권력과 지위를 상속받았으나, 분명한 사실은 북한주민들은 김일성에게 보낸 것과 같은 존경심을 김정일에게는 결코 나타내지 않는다는 것이다. 1명의 십대 소년을 제외하고 내가 면담한 모든 식량난민들은 만약 김일성이 살아서 북한을 지도하고 있다면, 북한에 끔찍한 기아가 발생하지 않았을 것이라고 강조하면서 '경애하는 지도자 김정일'을 경멸하는 투로 말하였다. 내가 면담한 상인과 당 간부는, "김정일정책을 지지하는 유일한 사람은 바로 김정일 자신"이라고 말하였다. 베커의 보고와 국경없는의사회에 의해 이루어진 난민과의 면담에서도 이와 같은 사실이 목격된다. 중국 접경지역 근처에서 만난 15세의 식량난민 소녀는 자신이 다니던 함흥시 소재 고등학교 학생들은 내놓고 공개적으로 김정일을 비난한다고 하였다. 그러자 선생들은 그녀와 친구들에게 더 이상 입 다물지 않으면 처벌하겠다고 경고하였다고 하였다. 북한주민들이 아버지와 아들의 공적에 대해 분명한 차이를 인식하고 있다는 것은 북한주민들이 아버지 김일성의 권력과 지위가 아들 김정일에게 상속되었다는 사실을 부인하는 것은 아니며, 김정일이 현재 북한을 지도하고 있다는 사실을 인정하고 있음을 의미한다. 그러나 김일성은 주민의 원망과 비난에서 제외되어 있다. 북한 전역을 휩쓸고 간 기아의 고통은 오직 김정일의 실책 때문이라는 것이다.

식량 원조의 딜레마
-독이 든 당근 -

김정일은 국가가 지독한 경제난과 식량난에 빠져 기아상황으로까지 확대되기까지 효율적으로 신속하게 대처하지 못했다. 북한군의 지도층은 1995년 홍수가 발생한 후 지원될 서구의 식량원조계획에 반대하였다. 군부는 식량원조에 대한 북한 내의 정치적 파급을 심히 우려하였다.[12] 반면 북한에 식량지원을 약속한 서구사회는 식량원조로 인해 북한정권이 계속 유지되지 않을까 하는 점을 우려하였으며, 대북식량지원에 반대하는 서구인들은 식량원조를 요청한 북한에 대해 의혹을 제기하였다. 김정일도 서구사회의 원조를 탐탁하게 생각하지 않고 있었으며 자신의 연설을 통해 공개적으로 서구의 원조를 공격하였다. "제국주의자들의 '원조'는 한 가지를 주고 열 가지 또는 백 가지의 것을 도둑질해가려는 의도를 숨긴 약탈과 종속의 덫이다."[13]라는 것에서 김정일의 적대감이 분명하게 나타나고 있다. 무엇보다도 대북식량지원은 북한체제를 보강해 주었다기보다 북한체제를 더욱 위태롭게 하였다. 브래큰Paul Bracken은 1993년 그의 글에서, 서구사회의 원조는 "독이 든 당근"이라고 선견지명 있는 표현을 사용하였다.[14] 브래큰은 다각적인 분야에서 지원되는 원조계획을 통해 북한은 외부세계와 더 많은 접촉이 이루어질 것이고, 북한체제의 이행되지 않는 약속과 외부세계의 정치 경제적 현실 사이의 격차는 더욱 두드러지게 나타날 것이라고 지적하였다. 시간이 지나면서 북한주민들이 이같은 현실을 인식하면 할수록, 사회전반에서 예측되는 혁명 가능성은 더욱 증가될 것이다. 이러한 두려움 때문에 김정일은 식량원조로 야기되는 파괴적인 영향을 공개적으로 비난하였다.

1967~70년의 나이지리아 비아프란Biafran 내전 이후, 분석가들과 정책결정자들은 식량원조가 전쟁에서 사용되는 무기만큼이나 강력하고, 협상에서 사용되는 외교적 해결 열쇠라는 사실을 잘 알고 있다. 식량위기가 심각하면 심각할수록, 도움을 필요로 하는 사람들의 행동양식에 식량원조가 더욱 강력하게 영향력을 행사하게 된다. 보스니아내전과 중앙아프리카지역의 재난은 원조국과 수혜국 양측

모두에게 인도주의 원조의 오용에 대한 슬픈 교훈을 전해주는 사례이다. 정치적 위기로 많은 사람들이 고통받고 높은 사망률이 발생하고 있는 위기상황에 투입되는 많은 양의 인도주의 원조가 야기하는 영향력을 정확하게 파악하기란 쉬운 일이 아니다. 종종 인도주의 원조는 파괴적이다―르완다 민족대학살 이후 발생된 자이레 고마Goma 난민수용소가 이 경우에 속한다. 후투Hutu시민군은 원조식량을 훔치고 그것을 팔아 무기를 구매했다―이에 대한 유일한 방어책은 원조식량을 중단하는 것이었다.

또 다른 경우, 원조는 의도하지 않은 심각한 정치적, 안보적 결과를 초래할 수도 있다는 것이다.[15] 소말리아의 경우가 이에 속한다. 식량원조가 부족간의 분열을 막지 못하고, 오히려 부족간의 갈등과 폭력을 더욱 증가시켰다. 식량원조국들은 대북식량지원을 통해 북한으로 하여금 남한정부와의 정치적 해결을 끌어내고 한반도의 안정을 가져오는 초석을 마련할 것을 기대했는지도 모른다. 이러한 관점에서 대북식량 지원은 몇 가지 예기치 않는 긍정적인 결과를 가져왔다.

첫째, 인도주의 정신에 입각해서 북한에 지원된 원조식량이 전용되어, 북한 중앙당국으로서는 개탄할 일이지만, 도시지역 시장의 규모를 확대시키고 시장 활성화에 기여하였으며, 지금으로서는 그 기세를 멈추게 할 수 있을 것 같지 않은 일종의 사유화에 불을 붙여놓았다. 주민들은 자신의 식량문제를 해결하는 데 더 이상 국가에 의존하지 않아도 되었다. 즉, 북한당국은 주민통제의 가장 기본적인 수단을 잃은 결과가 되었다. 내가 면담한 난민은 동북지역에 위치한 6개 도시의 농민시장을 가본 적이 있다고 하였다. 그곳에서 원조국들이 제공한 쌀과 옥수수가 대량으로 판매되고 있는 것을 직접 목격하였다고 하였다. 시장에 버젓이 나와 있는 곡식들은 처음 보내어진 상태대로 포장되어진 채 팔리고 있었다. 1998년 9월 난민과의 면담을 통해 두만강변을 따라 위치한 도시의 농민시장에서 팔리고 있는 옥수수는 중국산이 대부분이고, 서남지역 도시에 형성된 시장에서 팔리는 쌀은 그 지역에서 자체 생산된 옥수수라는 사실을 알았다. 국경없는의사회는 접경지역에서의 난민 면담을 통해 원조된 식량들이 농민시장에 버젓이 나와 팔리고 있다는 사실이 확인되었다고 하였다.[16]

둘째, 원조된 식량―농민시장으로의 식량전용―은 곡물가격의 안정과 가격 하락을 가져왔다. 1997년부터 1999년까지 2년 동안, KBSM은 곡물가격의 변동을 면밀하게 조사해왔다. KBSM의 조사와 내가 시행한 면담에 의하면, 가격이 증가했어야 하는 1998년 3월에서 9월 사이 농민시장에서 거래된 곡물가격은 25~35%까지 하락하였다. 중국산 옥수수의 꾸준한 공급 증가와 농민시장에 나와 있는 많은 양의 전용된 원조식량은 1997년 추수가 끝난 직후 북한주민의 주요 식량공급원이 되었다. 시장에서 거래되는 곡물의 양은 가격을 하락시키기에 충분하였고, 그 결과 한정된 가재도구를 갖고 있는 북한 가정들이 식량을 구입하거나 식량과 물물교환할 수 있었다.[17] 그래서 전용된 곡물로 발생된 곡물가격 하락은 북한주민의 생명을 구할 수 있었다.

셋째, 서구사회의 원조는 미국과 남한에 대한 기존 북한체제의 선전에 치명타를 가하였다. 함경남도 출신의 많은 난민들은 일본과 남한을 포함한 서구사회가 북한에 식량원조를 지원하고 있음을 잘 알고 있었다. 함흥시 출신의 난민은, "남한과 미국이 우리의 적이라는 가르침을 우리들은 수년 동안 당국으로부터 들어왔다. 그러나 지금 우리의 적이 우리를 먹여 살리고 있다는 것을 우리는 알고 있다. 진짜 우리의 적이 누구인지 혼란스럽다." 1997년 5월 최초의 미국 원조식량이 동해안 항구에 도착할 때, 북한 중앙당국은 미국 배들이 성조기를 달고 청진항에 도착하는 것을 원하지 않았다. 중앙당국은 깃발을 단 미국 배가 굶주림과 기아로 고통을 받는 지역주민에게 가져올 충격적인 메시지를 우려하였다. 북한당국의 문제 제기 이후, 배들은 깃발을 내려 달고 곡물을 항구에 내려놓을 수 있었다. 그러나 그 당시 청진항에서 구호작업을 수행하고 있는 WFP 물자담당 직원은 청진의 지역주민들은 미국으로부터의 원조식량 제공 사실을 알고 있다고 나에게 말해주었다(미 의회는 북한에 지원되는 모든 원조식량의 포장지에 한국어로 '미국인의 선사품'이라고 기입할 것을 정부에 제의하였다). 대북식량지원의 근본적인 취지는 북한당국이 50년 동안 해온 정치적 선전을 파괴하려는 정치적 메시지는 담고 있지 않다.

넷째, 식량의 전용은 중앙당국에 대한 대중의 지지를 침해하였다. 난민들은 KBSM에게 부패한 당 간부들은 식량을 훔치고 사람들이 굶어 죽는데도 자신의 사리사욕을 위해 훔친 식량을 시장에 내다 판다고 하였다. 함흥시 출신의 난민은, "권력을 쥐고 있는 당 간부들은 원조식량을 차지하고, 높은 가격으로 상인을 통해 시장에 판다……. 시장에 나와 있는 곡물의 포장지는 중국산 옥수수, 중국산 밀가루, 또는 한국산 밀가루, '미국인의 선사품'이나 '대한민국'이라고 표시되어 있다."[18] 자국의 국민을 먹여 살리지 못하는 북한체제의 무능함과 시장에 버젓이 나와 있는 원조식량의 존재는 평양당국에 대한 주민의 지지를 훼손시켰다.

50년이 넘도록 자신들이 필요한 모든 것을 전적으로 국가에 의존해온 전체주의 체제에 익숙한 주민들은, 식량배급체계의 붕괴, 사회 내 부패 증가, 당 간부들에 의한 식량 전용 등과 같은 일들이 점차 증가하자 분노하였다. 이같은 일반대중의 불만은 비밀경찰의 감시와 단속 때문에 체제에 반하는 행동으로 직접 나타나지 않을 수도 있다. 그러나 대중의 냉소와 분노를 반영하는 반체제적 행동과 암시장의 활성화, 그리고 점차 늘어나는 부패는 바로 이러한 주민의 불만을 반영하는 것으로 해석될 수 있다. KBSM에게 한 난민은 자신이 중국에 와서야 비로소 국제사회가 북한에 원조를 해주었다는 사실을 알게 되었다고 하였다. 북한에서는 전혀 원조식량 사실에 대해 알지 못했다고 하였다. "나는 원조식량이 모두 어디로 가는지를 몰랐다. 일반주민은 굶고 있는데―굶어서 죽기까지 하는데―정부당국이 이에 대해 어떠한 대책도 내놓지 않고 있다. 우리들을 죽음으로 내몰고, 이같은 황폐화된 상황을 초래한 사람들은 모두 벌 받아야 한다. 인민의 군대는 더 이상 주민의 복지를 관리하지 않는다. 오히려 지금 그들은 주민을 향하여 총을 겨누고 있다. 이러한 사실들은 곧 북한이 망하게 될 것이라는 징후를 나타내는 것이다."[19]

다섯째, 대북식량지원은 자급자족을 근간으로 하는 주체사상을 손상시키고, 김정일에 대한 주민의 신뢰감을 훼손시키면서 외부세계를 북한에 소개하는 기회가 되었다. 1997년 중반부터 약 2년 동안, 비록 구호요원들의 접촉이 당 간부와 지방 관리들에게 국한되어 있다 하더라도, 북한은 인도주의 구호요원들에 의해 '침범' 당하였다. UN기관과 12개의 주요 NGO에서 파견된 약 100여명의 중립국 구호요원들은 정해진 시간에 북한 전역을 돌아다녔다. 그리고 두 개의 구호기관은 지방 도시에 사무소를 개설하기조차 하였다.

비록 구호요원들의 행동이 비밀경찰의 통제를 받고 관리되었다고는 하나, 이러한 국제구호기관의 북한 침범은 지금까지 자급자족을 고수해오고 외부세계와 고립 폐쇄되어 있으며 순수한 자체 사상을 고수해온 북한당국에게는 아주 곤란한 일이었을 것이다.

여섯째, 외국인들은 주체와 대립되는 새로운 사상들을 직접적으로 북한에 소개하였다. 인도주의적 가치관, 그리고 NGO와 UN의 인도주의 기관들, 즉 UNICEF와 WFP와 같은 인도주의 기관들이 소개하는 작동원리 등이 이에 포함된다. 구호요원들은 기아로 고통을 받는 지역과 지방 관리들이 중앙의 관리들보다 그들에게 더 많은 편의를 제공하려 했으며 호의적이고 사상적으로도 덜 경직되어 있다고 전하고 있다. 중앙당국으로부터 버림받은 지역주민들은 자신의 분노를 표출하였고, 이러한 토양에 새로운 사상들이 뿌리내리기는 더욱 용이하였다.

마지막으로, 식량원조는 북한어린이들의 영양상태를 호전시켜놓는 데 도움을 주었다. 식량원조계획이 처음부터 의도한 취지는 9세 이하 취학아동의 영양결핍률을 낮추는 것이었다. 이 취지가 바로 1997년 말 WFP가 시행한 식량배급의 초점이다. 비록 일부 식량이 시장으로 흘러들어가기도 했지만, 상당한 양이 적절하게 공립학교에 배급되었다. 의심의 여지없이 이같은 시행이 북한어린이의 영양상태를 안정시켜 놓았다. 그러나 1998년 말 시행된 북한어린이 영양결핍조사에서는 아직도 어린이의 영양결핍률이 상당히 높은 것으로 나타나고 있었다.

불만의 원인

기아가 진행된 5년 동안 북한은 지난 45년을 통틀어 경험했던 것보다 더 불안정한 변화를 받아들여야 했다. 1994년 김일성이 사망하자 그 다음 해, 그의 아들 김정일은 애매모호한 권력계승을 하기에 이른다. 식량배급체제가 붕괴되자 도시와 광산지역에서는 높은 사망률이 발생하였고, 주민들은 자신의 식량을 구할 수 있는 주요한 수단으로서 농민시장이 식량배급체계를 대신하게 바꾸어놓았다. 북한 내의 주민 이동과 중국으로의 북한주민 대량 탈출은 기존의 여행허가체계를 붕괴시켰다. 식수와 하수구의 오염과 공중보건체제의 와해는 전염병을 만연시키고, 주민들의 건강을 악화시켰다. 도시의 실업률은 급격히 증가하고 북한의 기간산업 시설들은 중국과 식량을 물물교환하기 위하여 모두 뜯겨나갔다. 비밀경찰이 개입되지 않고 지방의 관리를 통제하던 평양의 정치적 권위는 약화되고, 중앙집중적인 정치권위가 급속히 분산되어가기 시작하였다. 북한의 비밀경찰들을 더욱 혼란시킨 것은 오랫동안 자신의 적으로 알고 있던 나라로부터 파견되어온 인도주의 구호요원들의 출현일 것이다. 이같은 변화는 북한체제를 더욱 심각하게 압박해 들어갔다.

정치적으로 권력을 쥐고 있는 소수계층은 이러한 기회를 이용해서 체제가 직면하고 있는 문제를 더욱 악화시켰다. 일부는 기아를 이용해서 자신의 배를 불려나갔으며, 뇌물을 받아 현금을 챙기고, 농민시장과 암시장에서 사업을 벌여 개인의 부를 쌓아갔다. 실질적으로 농민시장은 주민의 배급용으로 할당된 식량을 몰래 전용한 당 간부들의 부패가 증가될수록 더욱 활성화되었다. 그러나 대부분의 일반주민들은 불행하게도 기아기간에 끔찍한 고통을 겪어야 했다. 가족들은 굶거나 죽고, 그나마 살아 남은 사람들은 장래에 대해 희망이나 계획도 가질 수 없었다. 베커는 북한을 하나의 거대한 수용소 캠프로 묘사하고 있다. 이와 마찬가지로 식량난민은 KBSM과의 면담에서, "지금, 북한의 많은 지식인들은 종종 북한을 일종의 감옥이라고 표현하고 있다. 김정일에 대해 불만을 갖고 있는 사람이 많지만, 그들은 공개적으로 이같은 감정을 표현하지는 않는다."[20] 고통을 겪고 있는 사람으로서 일부계층이 부를 축적해가는 모습을 목격하게 되면, 필연적으로 그들은 후회와 분노를 갖게 될 것이다. 소위 마르크시스트사회에서 새롭게 출현한 계층—자본가와 기업가와 같은 계층—과 함께 박탈당하고 소외된 일반 대중이 수적으로 늘어나게 되는 상황은 대중의 불만을 격렬하게 표출하는 결과를 낳게 될지도 모른다.

기아로 고통받는 주민들은 누가 이 기아에 대한 책임이 있고, 왜 당국은 자신들을 돕기 위하여 적절한 정책을 시행하지 않는가에 대해 질문을 던지게 된다. 사람이 죽음에 직면하게 되면 유순하던 사람도 과감하게 위험을 선택하게 되고 예기치 않은 말과 행동을 하게 된다. 수년 동안의 극심한 고통으로 사회 전체가 상처를 입었다면, 주민에 대한 완벽한 통제가 가능했던 전체주의 체제라 할지라도 와해되기 시작한다. 북한당국은 이같은 사태가 일어나지 않도록 공세적인 노력을 강구하였음에도 불구하고, 기아가 진행되는 동안 이같은 사회의 와해를 막을 수 없었다. 한편, 이러한 와해를 틈타 그동안 감춰졌던 외부 정보들이 붕괴된 전체주의 거대조직의 균열된 틈을 통해 점점 침투해 들어오기 시작하였다. 1998년 대표단 일행인 미국인은 북한의 고위관리이자 통역관인 안내자에게 다음과 같은 질문을 던졌다. 식량부족과 굶주림으로 인한 사망, 그리고 영양결핍이 수년 동안 진행되는 사이 일반주민에게 나타난 영향이 무엇인지를 물어보았다. 관리는 신중하게 잠시 생각한 후, "주민 대다수가 지치고, 심각한 의욕상실증에 빠져 있다."고 대답하였다.[21]

이와 같은 현상은 17세기와 18세기 영국과 프랑스에서 발생한 기아, 19세기에 있었던 인도와 중국의 기아에서도 발견되는 현상이다. 이러한 불만은 범죄율의 급격한 증가로 나타나고, 식량 폭동과 추수하기 전에 덜 익은 곡물을 도용하는 사회적 범죄로 나타난다.[22] 그리고 기아에 적절히 대응하지 못하는 경우 그 정권은 단명하게 된다. 1787~89년 프랑스에서 작황이 나빠지자 최악의 식량부족사태가 발생하였고 식량가격이 가파르게 치솟게 되었다. 1789년 중반 소맥가격은 두 배로 치솟고 프랑스 전역에 걸쳐 기록적인 식량가격의 상승을 기록하였다. 치솟은 식량가격은 바로 같은 해 말엽에 있었던 프랑스혁명의 원인이 된다.[23] 제국주의 중국의 제후들은 기아 주기를 적절하게 관리하였으며, 이같은 적절한 관리를 통해 국가의 권력이 유지되었다. 중국 제후들은 일반근로사업, 관개수로정비, 홍수조절과 같은 사업에 착수하고, 작황이 나쁠 경우 국민을 먹여 살릴 수 있도록 정부의 곡창제도를 철저히 관리하였다—이러한 모든 계획은 정부의 관리와 운영으로 조절되었다. 기아구호와 기아방지대책을 통해 중국 지도자가 이루려고 했던 것은, 왕조의 영원한 생명을 유지하는 것이었다. 만약 자신들이 기아에 제대로 대응해나가지 못하면, 농민폭동이 전국에서 일어날 수도 있다는 것을 중국 제후들은 잘 알고 있었다. 그래서 제후들은 자신의 인도주의적 책무를 매우 신중하게 완수해갔다.[24]

아놀드David Arnold는 기아로 상처 받은 사회에 대한 시련을 다음과 같이 묘사하고 있다.

기아로 인한 고통으로 사회는 분열되고 산산조각나며, 집단적인 행동과 저항은 좀 더 개인적인 폭력이나 절도형태로 바뀌어 나타난다. 곡식이 들판에서 도둑맞고, 보석과 같은 장신구들을 치장하고 다니는 어리석은 사람들은 길거리에서 강탈당한다. 낯선 사람들은 몇 푼의 돈이나 빵조각 때문에 살해당하기도 한다. 더욱 비참한 것은 가족의 붕괴로, 가족구성원들은 제각각 돌아서버린다. 남편과 아내가 서로 죽이거나, 마지막 남은 식량을 서로 나누어 먹지 않고 자기 욕심을 채우기 위해 자식을 살해하기도 한다. 이유와 수단을 가리지 않고, 재물을 탐하는 인간의 범죄는 끝없이 범람하고 끝을 모를 정도로 치솟는다. 많은 보고를 통해, 그들 중 많은 사람들은 "범상치 않은 범죄인"으로 구속되고, 범죄에 대한 저항은 점점 약해지면서 무력해진다. 이것이 바로 가난한 사람들이 가난한 사람들 재물을 훔치는 경우이다. 대규모의 조직적인 곡물상점 약탈사건이 있었던 아일랜드에서조차, 주로 밤에 들판에서 몇 개 안 되는 감자나 순무를 훔치는 일은 흔하게 일어난다. 기아가 발생하기 전보다 가난 때문에 발생하는 범죄는 1846년 3배나 증가하였다. 비록 1944년 벵갈Bengal위원회는 놀라울 정도로 폭력과 약탈이 줄었다고 보고하기도 하였지만, 일반적으로 인도에서 식량 결핍으로 주민들이 고생하는 기간은 이례적으로 범죄율이 증가한다. 1866년 오리사Orissa의 기아와 1876~78년의 마드라스Madras 기아에서도, 1850년부터 제2차 세계대전까지 전체 기간을 통틀어 보고되었던 그 어느 때보다 지역내 가장 높은 농민 범죄율을 기록하고 있다.[25]

범죄와 부패가 일반화되어 있지 않은 북한사회조차, 기아로 황폐화되기 시작하자 위에서 지적된 현상들이 나타나기 시작하였다. 상인출신의 난민에 의하면, 기아기간 동안 부패와 절도행위가 급격하게 늘어났다고 한다. KBSM은 부패와 도둑질의 죄목으로 마을 광장에서 사형이 집행되었다는 사례들을 보고하고 있다. 농촌의 남편과 아내가 자신의 유일한 식량 공급원인 텃밭의 생산물이 도둑맞을까봐 밤새 텃밭을 지키기도 한다. 한 여성은 자기 집 옆에 텃밭이 있었는데 자신이 공들여 키운 생산물을 계속 도둑맞자 아예 텃밭을 포기하였다고 한다. 한 난민은 대재난인 기아에서 살아 남기 위해 북한 사람들 모두가 도둑이 되었다고 북한 각지를 돌아다니던 트럭기사가 자신에게 한 말을 인용하기도 하였다.

인구이동과 일반대중의 불만

식량원조계획을 시행하기 위한 서구인의 북한 입국과 동시에 식량배급체계가 붕괴되자 많은 북한주민들은 식량을 구하기 위하여 북한을 떠났다. 재난으로 발생된 북한주민의 이동은 정치적으로 북한 체제의 생존에 위협적인 영향을 미치게 되었다. 식량난민들은 점차 외부세계의 실체를 깨닫게 되었다. 평양도 이러한 결과를 예상하고 주민의 이동을 엄격하게 통제하였다. 함흥 출신의 난민은 이를 잘 설명해 주고 있다. "우리가 처음에 국경을 넘는 것은 인민학교 수준이고, 두번째 중국으로 탈출하는 것은 고등학교 수준이며, 세번째, 네번째 거듭될수록 대학과 대학원 수준 정도로 점점 힘들어진다. 당 간부들은 우리에게 계속해서 거짓말을 하였다."[26] 몇 년 동안 당은 계속해서 북한주민의 형편이 중국의 형편보다 훨씬 낮다고 선전하여 왔다. 중국은 내전을 겪고 전염병과 기아가 휩쓸어 갔다고 선전하였다—이는 1950년대 후반기와 1960년대에 있었던 대약진운동과 문화혁명기간 동안에 있었던 주장들을 계속적으로 되풀이하는 것이다. 그러나 북한주민들이 빈번하게 중국국경을 넘나들자 당국의 이같은 선전이 거짓말임이 여실히 드러났다. 북한주민들은 등소평의 시장자본주의 개혁으로 중국의 발전된 모습을 여기저기서 발견할 수 있었다. 중국으로 탈출한 난민들은 북한에서 소문으로 듣던 사실들을 직접 눈으로 확인하였다. 자신들의 '적'인 남한, 유럽, 미국인들이 북한 사람들의 고통을 덜어주기 위해 식량원조와 의약품을 공급해주고 있다는 사실도 알게 되었다.

식량난민을 통해 입수된 이같은 '교훈'은 왜 북한을 탈출하려는 시도가 죽음에 이르게 하는 범죄임에도 불구하고 계속되고 있는지에 대한 충분한 설명이 될 것이다. 그러나 시간이 지날수록 처벌은 더욱 엄격하게 집행되었다.[27] 그러나 중국으로 월경하는 많은 북한주민을 모두 사형 집행하는 일은 비현실적이고 더 이상 실행 불가능한 일이 되어갔다. KBSM이 면담한 수십명의 식량난민에 의하면 배고프기가 마찬가지인 국경수비대 역시 뇌물을 주면 받을 준비가 되어 있었다고 한다. 기아로 발생된 체제위기는 예전에 엄격하게 시행되어온 북한의 규율을 파괴하였다.

였다.

전국에 걸쳐 증가 추세에 있는 주민이동이 가져올 위기를 인식한 평양은, 1998년 6월의 선거와 관련해서 새로운 신분증을 주민에게 발급하기로 결정하였다. 이 발표로 많은 난민들이 중국에서 북한으로 다시 돌아갔다.[28] 공교롭게도 주민을 북한으로 다시 돌아오게 만들었던 평양의 이같은 결정은 의도하지 않게 체제 생존의 전망을 흐려놓았다. 새로운 신분증 발급으로 갑작스럽게 고향으로 돌아온 성난 북한주민들은, 자신들이 경험한 정치 경제적 현실과 그동안 자신들이 보고 느낀 것을 가족과 친구에게 모두 전달하였다. 자신들이 목격한 새로운 세계와 북한체제의 기존 주장에 대한 비판은 김정일이 그토록 두려워하던 상황이었다. KBSM이 면담한 난민 증언에 의하면,

> 이번 기아사태를 통해서, 우리들 다수는 우리들이 그동안 무시해왔던 세계 현실을 비로소 깨닫게 되는 기회를 가졌다. 나는 중국 사람들이 잘 먹고 잘 살고 있으며, 남한 사람들은 중국보다 더욱 형편이 낫다는 사실을 알게 되었……. 만약 당신이 북한 곳곳을 돌아다니게 되면, 모든 산업지역이 황폐화되어 폐쇄되고, 학교들도 폐쇄되었음을 알게 될 것이다. 단지 굶주려서 쇠약해진 사람들만이 눈에 띌 것이다. 누가 우리의 불행을 구하고 이 나라를 구할 수 있을 것인가? 누가 이 죄가를 치를 것인가? 죄없는 선량한 주민을 무덤으로 밀어 넣은 사람들은 처벌받아야 한다.[29]

1년 반 전에 김정일은 정치사상 고취를 통한 연설에서 경제난과 식량난을 초래한 당원의 무능함에 대하여 불평하였다. 그리고 정책실패를 당 간부의 열의 부족 탓으로 돌렸다.

> 사회주의 우월성을 세워나가기 위해서, 당원은 대중과 같이 정치사업을 수행해야 하는 것이다. 어려운 시기일수록, 당원이 대중들 사이에서 정치사업을 수행하는 것은 더욱 중요하다. 당원들은 최근 정치사업을 적절하게 수행하지 못하고 있다. 당원들이 마지못해 형식적이라면, 어떤 결과도

나올 수 없다. 많은 당원들이 대중 속으로 들어가지 않고, 자신들 사무실에서 꾸물거리고 있다……. 그들은 단지 상관마냥 명령만을 시달하고 있으며, 사람들을 동원할 뿐이다. 다른 기관에서 나온 당원들은 법에 따라 주민들을 옥죄일 뿐이다……. 만약 우리들이 부단하게 대중들 속에서 정치사업을 수행하지 못한다면, 주민의 사상적 정신적 상태는 악화될 것이다.[30]

1998년 6월 북한주민들의 귀향은 당국에 대한 일반 대중의 지지를 더욱 침식시켰으며, 평양당국은 점점 더 무익해져가는 선전과 정치교육을 통해 주민동원에 노력을 기울일 뿐이었다.

미래에 대한 전망

북한의 내부위기가 점점 더 심각해져가고 체제 붕괴를 위협하는 압력이 강해질수록, 북한 미래에 대한 서구 분석가들의 전망은 더욱 다양해지고 있다. 에버스타트Nicholas Eberstadt는 그의 저서 *The End of North Korea*에서 북한의 붕괴는 더 이상 역행할 수 없을 정도로 이미 진행되었다고 주장하고 있다.[31] 이와 대조적으로, 놀란드Marcus Noland는 북한체제는 이번 재난을 이럭저럭 헤쳐나와 생존할 것이고 지지부진하게 체제를 운용해나갈 것으로 전망하고 있다.[32] 북한 장래에 대한 많은 시나리오와 분석이 학자들 간에 폭 넓게 연구되어왔다. 북한의 대기아는 의심의 여지없이 중대한 정치적 결과를 초래하였다. 문제는 북한체제가 앞으로 어떻게 되어갈지에 대해 예측하는 것이다.

기아가 끝이 나고 북한체제가 여전히 건재하다면 당 간부들과 지도층은 김일성의 국가를 다시 재건하려고 할 것이다. 기아라는 재난이 북한에 들이닥치기 전의 중앙집권화와 전체주의 체제를 갖춘 국가를 재건하려 할 것이다. 1997년 9월 주민의 이동을 방지하고 사회질서를 유지하기 위해, 북한당국은 유민수용소를 만들 것을 지시하였다. 1997~98년 겨울이 시작되면서 당국은 국경수비대의 숫자를 증가하였고 그들은 더 작은 지역을 자주 순찰하게 되었다. 국경을 넘어 중국으로 탈출하는 것은 더욱 어려워졌다. 1998년 여름 안전보위부는 교통과 운송체계의 질서를 다시 재정비하기 시작하였다. 국내의 유민들은 여행허가증 없이, 그리고 표를 사지 않고서는 더 이상 기차를 탈 수 없게 되었다. 1995년 이후 이러한 일은 처음이었다. 난민들은 위기가 시작된 이래 자신이 경험했던 그 어느 때보다 보안이 "6배나 더 엄격해졌다"고 했다.[33] 기차역에서는 더 이상 유민들을 발견할 수 없었다. 1998년 여름에 발급된 새로운 신분증은 낡고 위조된 신분증의 자취를 감추게 하였으며, 자신의 카드를 분실하였다고 주장하는 일부 유민들을 일소하는 데도 일조하였다. 기아가 발생했던 초기, 유민들이 당국의 구속을 받지 않고 이동할 수 있었던 것은 해이된 국가보안상황에서 가능할 수 있었던 일이다. 많은 유민들은 집으로 돌려보내는 과정에서 탈출하였다. 그래서 1998년 후반 유민들을 고향으로 돌려보낼 때, 도망가지 못하도록 그들을 사슬로 채워두거나 서로 묶어두었다고 한다. 네 차례나 잡히고 다시 탈출한 15세의 소년은 자신이 마지막에 체포되고 감금되었을 때, 보안의 수위가 예전의 세 번보다 훨씬 더 엄격하였다고 했다.[34] 다른 난민의 면담을 통해서도 이같은 사실이 확인되고 있다. 중앙당국에 의해 시행된 난민과 유민의 체포는 '무질서'의 사회를 다시 통제하려는 김정일의 지시로 이루어졌다.

그러나 이러한 전략이 성공할 수 있는 사회적 분위기는 마련되어 있지 않았다. 북한의 총 국민생산량은 줄어들었으며, 당국에 대한 주민들의 실제적인 불만들이 계속 증가추세에 있고, 당원들조차 생활수준이 급격하게 하락하고 있었다. 비록 놀란드의 주장이 맞아 떨어지기는 하였으나, 적어도 언제까지 북한체제가 힘을 유지한 채 얼마나 오랫동안 더 지속될 수 있을지는 불확실하다. 불확실한 상황에서 북한 체제는 힘을 유지하려고 더욱 안간힘을 쓸 것이다. 구질서를 복구하고 역사의 시계를 거꾸로 다시 돌려놓으려는 북한의 의도가 의심스럽기는 하지만, 기아로 인한 상처가 너무 깊고 주민의 분노가 광범위하게 퍼져 있으며, 경제변화가 이미 사회저변에 뿌리내리고 있어서 구질서를 다시 세우는 일이 그리 쉽지는 않을 것이다.

만약 북한체제가 계속적으로 개혁을 회피하고 점진적인 발전을 도모하지 않는다면, 북한은 틀림없이 붕괴될 것이다. 붕괴 후 일어날 수 있는 상황은 어떻게 북한체제의 분열이 발생했는지에 따라 결정지어질 것이다. 예측해볼 수 있는 가능한 시나리오는, 차우체스크가 루마니아에서 통치권을 이양했듯이 김정일은 쿠데타 성공으로 물러나게 될 것이다. 또 다른 시나리오는, 국내적으로 성공한 군부의 쿠데타가 군 지도부의 권력투쟁으로 실패한다는 시나리오이다. 그래서 김부자왕조를 넘어뜨렸음에도 불구하고 권력을 떠맡을 수 없게 된다. 그러면 북한은 아프가니스탄, 리베리아, 그리고 소말리아와 같이 몇 년간의 내전 상태에 빠지게 된다는 내용이다.

북한에서 잠재적인 쿠데타 가능성을 무시하여서는 안 된다. 아프리카에서 기아로 인해 종종 쿠데타가 발생하였던 사례가 있다. 1968~74년 서아프리카 지역에 기아가 발생했을 때, 그 지역의 모든 정부는 기아의 영향을 가장 적게 받은 세네갈을 제외하고는 쿠데타가 발생하였다.[35] 에티오피아의 군주 셀라시에Haile Selassie의 50년 통치는 군부 쿠데타에 의한 피의 종식으로 막을 내렸다. 그러나 군부 지도자들은 1972~74년의 기아발생에 대한 비난을 받았으며, 기아로 수십만 명의 인명을 잃었다. 그리고 20년도 채 안 되어 두 번의 반란이 셀라시에 후계자 멩기스투Mengistu Haile Mariam 체제를 전복시켰다. 멩기스투는 다른 무엇보다도 수백만의 사람이 목숨을 잃었던 1985년의 기아에 대한 책임과 내란 당시 시민군에 대항하기 위하여 원조식량를 전용하여 무기를 구입한 책임이 가장 크다.[36] 이미 앞서 논의된 바와 같이 북한에서 사망률이 높게 나타났다면, 상당수 북한 도시 가정은 가족 구성원들의 죽음을 직접 목격하였을 것이다. 일반적으로 도시에 언론과 통신 교통이 집중되어 있으며, 군부와 정치의 중심지이며 또한 많은 인구가 도시에 집중되어 있기 때문에, 도시에 거주하는 일반 대중의 불만은 정부당국의 체제 유지와 안정에 큰 위협요소가 될 것이다. 중앙에서 멀리 떨어진 산간지역에서의 정치 권위에 대한 도전과 시위운동은 당국이 무시할 수도 있는 위협적인 것이 아닐 수도 있다. 그러나 도시에서 발생되는 정치 권위에 대한 도전은 이와는 매우 다른 사안이다.

바로 전 해에 있었던 쿠데타와 연관하여, 김정일은 1996년 12월 연설을 통해 군부의 충성심에 강한 불쾌감을 표시하였다. "많은 나라에서 사회주의가 실패하였다. 이는 당이 군을 통제하는 데 실패하였기 때문이다. 당이 군을 통제하기 위해서는, 군에 대한 당의 지도력이 보장되어야만 한다."[37] 군부 지지를 확신하고자 하는 김정일의 희망은 그의 공식행사가 주로 군부대 시찰중인 김정일의 모습을 전해주고 있는 것만으로도 충분히 설명될 수 있다.

그러나 새롭게 승진된 군 간부들은 김정일에게 충성스러울 수 있지만, 일반 사병들조차 군 간부와 같은 충성심을 갖고 있다고 확신하기는 어렵다. 기아기간 내내 기아로 야기된 고통을 지척에서 경험하고 목격한 일반 군인들은 고향과 가족을 오랫동안 떠나 있는 군 엘리트들보다 문제를 풀어나가는 데 더 유혹받기 쉽다. 에버스타트와 베니스터는 1990년대 초, 16세에서 24세에 해당하는 북한인구 중 약 40%가 군 병력이라고―이는 북한 전체인구의 6%에 해당―발표하였다.[38] 국가가 안정되어 있고 번영하는 단계에 있다면, 군에 종사하는 많은 수의 인구는 정치 동원화와 군부를 통한 일반의 지지를 끌어낼 수 있는 강력한 토대를 제공할 것이다. 그러나 기아와 같은 위급상황에서는 일반적으로 이와 반대 현상이 나타난다. 상당수의 많은 군인들은 가족들이 죽어가는 것을 직접 목격하였으며 그들은 체제가 더 이상 실질적으로 군인 가족들을 먹여 살리는 것이 불가능하다는 것을 알고 있었다. 즉, 군인들이 엄격하게 통제되고 조직 안에서 훈련되어 있다고는 하나, 역으로 체제에 불만을 가진 무기를 지닌 많은 수의 젊은이가 체제를 위협할 수도 있다는 말이 된다. 그들 대부분이 가족의 죽음에 무척 상심하고 있기 때문이다. 베커는 중국 기아에 관한 그의 글에서, 인민해방군은 "가족의 죽음으로 모택동을 공개적으로 비난하고 있으며, 지도층은 군인의 충성심에 강한 의혹과 두려움을 나타내고 있다"[39] 고 전하고 있다.

1997년 4월 WFP에 보고되었던 미 정보국 자료에 의하면, 기아로 가족을 잃은 군인들에 대한 잠재적인 폭발력을 두려워한 당국은 즉각적으로 군인 가족들을 식량배급이 지급되는 3개 집단 중 하나로 편입시켰다. 식량배급체계의 근본문제가 해결되지 않은 상태에서 급박하게 이루어진 조치였다. 한편, 한국인의 문화정서에 따르면 여자들은 일반적으로 가족 구성원 중 나이 든 가족을 우선적으로 돌본다. 그러나 남성이 우세한 군대의 가족들에게 돌아가는 식량배급 중 군인가족 내 노인들은 이러한 배급에서 선택적으로 보호받을 수 없었다.

한편, 기아 발생으로 북한체제는 또 다른 심각한 군 문제를 안게 되었다. 기아로 국가의 안보를 위협할 수 있을 정도로 군대의 기강이 해이해졌으며, 한때 굉장한 위력을 갖고 있었던 북한군의 전투 의지를 약화시켰다. 1998년에 이루어진 WFP의 북한주민 영양실태조사에 의하면, 9세 이하 어린이 75%가 오래 지속된 영양결핍으로 키의 성장이 멈추었다. 1988년부터 심각한 식량부족이 보고되었는데,[40] 최근 북한군에 지원하는 신병의 신체조건이 1970년대 신병들보다 현저하게 왜소해졌다는 것이다. 접경지역의 난민 보고에 의하면 신병으로 복무하기 전 군인들은 건강과 신체 조건을 향상시키고 전투능력을 키우기 위한 살찌우는 기간이 주어진다고 한다. 내가 직접 면담한 몇명의 난민들은 군대의 군인들이 일반주민들에게 식량을 구걸하면서 생존해가고 있다고 전하였다. 규율이 무너진 지역에서 군인들이 주민들에게 권총을 들이대기도 하고 식량을 훔쳐가기도 하였다.[41] 지방에서는 군대가 종종 농장을 습격하여 식량을 약탈해가는 사건도 발생하였다. 한때 존경받던 인민군은 유토피아가 악몽으로 변해가면서 약탈의 상징이 되어갔다.

사실 북한의 식량공급체계는 이제 사유화되었다고 말할 수도 있다. 기아 때문에 북한체제의 혁명적 열정은 시간이 지나면서 점점 식어갔다. 그리고 평양당국은 군에 의한 쿠데타가 발생할 경우 이를 중재해 줄 동맹국도 더 이상 남아 있지 않다. 기아로 많은 사람들이 죽고 군부가 분노하게 된다면, 김정일체제의 생존을 위협하는 쿠데타가 발생할 수도 있을 것이다. 그리고 이러한 점이 지금 김정일이 가장 두려워하고 있는 군부 내 쿠데타 가능성일 것이다. 미 정부 보고에 의하면 기아 기간 동안에 김정일은 무기를 들고 훈련하는 군대의 방문을 기피하였다고 한다.[42] 아마도 이것이 그 이유가 될 것이다.

기아의 장기적인 영향

북한체제에 우호적이거나 적대적인 국가들 모두가 바라는 북한의 미래는, 점차적으로 문호를 개방하고 덜 위협적인 국가가 되는 것일 것이다. 중국식 시장자본주의 개혁을 받아들여 국제사회의 원조 없이 북한주민을 먹여 살릴 수 있는 능력을 북한이 갖추게 되는 연착륙이 될 것이다. 이같은 개혁과 발전 시나리오는 미 행정부의 대북정책을 결정짓는 근본이 되어왔다. 그러나 북한 일반주민들에 대한 북한당국의 대응은 연착륙과는 거리가 멀었다. 수많은 사람이 죽고 전국에 걸쳐 발생한 기아의 고통은 한국전과 같은 재난이었을 뿐이었다. 지금 살아 남은 어린이 약 3/4은 성장발육이 정지되었고 많은 노인들은 대부분 사망하였다. 현재까지 연착륙에 의한 외교적, 정치적 접근이 기능하고 있으며, 경제개혁이 북한에서 시행중이라는 확실한 증거는 아직까지 파악되지 않고 있다. 이같은 사실은 북한체제가 계속 가까운 장래에도 외국의 원조에 의지할 것임을 의미한다.

대약진기간에 발생한 기아를 다룬 저서에서, 댈리 양Dali Yang은 1980년대에 시작된 농업체계의 사유화개혁을 받아들이는 중국 농부의 수용능력은, 농부들이 기아기간에 직접적으로 받은 기아고통과 그 심각성에 비례하고 있음을 보여주고 있다. 기아가 가장 심했던 지역일수록 농부들은 급진적인 농업개혁을 더 잘 받아들일 준비가 되어 있었다고 한다.[43] 양은, "대약진기간에 발생한 기아는 농부와 낮은 계급의 당 간부들의 사고방식을 바꾸어놓았다. 그리고 기아는 당 간부들과 연합이 된 농부들이 제도적 변화를 찾는 데 자극을 주었다."[44] 고 하였다. 중국 농부들은 전통적으로 보수적인 성향을 지니고 있었으며, 많은 위험이 내재되어 있기 때문에 농업분야에 대한 새로운 변화에 반대하여 왔었다. 그러나 농부들은 자신이 경험했던 1958년과 1962년의 재난을 다시 겪지 않으려 하였고, 기아 경험은 혁신적인 개혁을 내용으로 하는 새로운 변화를 받아들일 수 있게 농부들의 동기를 바꾸어 놓았다.

중국의 역사적 사례는 북한의 경우에도 적용될 수 있다. 북쪽의 산간지역은 오랫동안 중앙당국과 관계가 소원하였다. 예를 들어, 조선 왕조기간에도 중앙에 반대한다는 이유로 중앙의 관리는 서북지역(평안남북도)과 동북지역(함경남북도)을 차별 대우하였다.[45] 중앙정부에 대한 충성심은 동북지역이 가장 약하고, 이같은 역사적인 근거는 김정일로 하여금 이 지역에 대해 차별적인 식량배급체제를 시행할 수 있는 근거를 제공하였다. 그래서 이 지역이 새로운 개혁에 더욱 용이할 수 있고, 독립적인 행동을 취할 수 있다고 말할 수 있는 근거가 된다. 국제구호활동은 여러 측면에서 이 지역에 집중되어야만 했었다—구제, 재건, 복구의 측면에서 집중되어야 했다. 북한의 개혁과 발전을 자극하는 미국, 일본, 남한, 그리고 EU 국가의 정치적 목적과 인도주의 요구는 완전히 일치했어야 했었다. 동북지역은 기아 초기 가장 심하게 고통받은 지역이고, 중앙당국의 차별적 처사에 가장 분노한 지역이기 때문이다. 동북지역에 대한 구호와 재건계획은 이미 이 지역이 개혁과 발전으로 돌이킬 수 없는 과정을 시작하였다는 것을 의미할 수 있다. 당연한 일이지만, 그래서 중앙당국은 동북지역으로 보내질 서구의 원조를 강력하게 거부하고 지연시켰던 것이다.

어떤 이들은 동해안 지역에 위치한 도시들도 중앙당국의 생존에 잠재적으로 위협적일 수 있다고 말한다. 만약 댈리 양이 설명했던 중국의 경우가 북한에도 적용된다면, 동북지역 다음으로 이 지역이 새로운 경제개혁을 잘 받아들일 수 있을 것으로 예측된다. 만약 이같은 경제개혁이 가능하지 않다면, 아마도 그들은 정치 변화를 받아들이려 할 것이다. 비록 이 글에서 동북지역이 폭동과 반란의 온상이 되지는 않았지만, 기회가 온다면 언젠가는 그렇게 될 수도 있는 일이다. 이 지역은 기아가 발생하기 전 북한 인구의 약 1/3에 해당하는 700만의 인구가 살고 있었다. 당 간부, 지방 관리, 그리고 이 지역에 주둔하고 있는 군대까지 이 수치에 포함된다—김정일이 다시 한번 깊이 염두에 두어야 할 사람들이다.

11. 전 망

　　앞에서 이미 논의된 바와 같이 기아의 심각성이 외부세계에 알려지는 것을 북한당국은 마음내켜하지 않았지만, 실질적인 증거들이 밝혀지면서 북한에 최악의 기아가 발생하였다는 사실을 우리는 알게 되었다. NGO와 UN 기관에서 파견된 구호요원들을 통해, 북한 내 주민의 이동과 비축되어 있는 곡식의 양과 같은 기아 지표를 통해 기아가 얼마나 심각한지를 직접 확인할 수 있었다. 한편, 북한 국경선 밖에서 NGO 기관들은 식량을 찾아 중국으로 건너오는 수천의 기아난민들과 면담을 하였다. 분명 북한에 기아가 발생하여 진행 중이라는 사실이 확실해지면서, 워싱턴과 서구국가들이 직면하게 되는 문제는 윤리적으로, 그리고 전략적으로 북한의 위기에 과연 어떻게 대응정책을 세워야 하는가였다.

　　비록 식량지원국들이 북한 기아 발생에 원인 제공을 하지 않았다 하더라도, 북한 기아를 예방하고 종식시킬 수 있는 힘과 자원을 가지고 있는 서구국가들은 이와 같은 질문을 피할 도리가 없다. 만약 서구국가들이 1996년 초부터 일찍 북한 기아에 관대하게 대응해주었다면, 아마도 체제붕괴를 두려워하는 평양당국은 식량 배급에 있어 동북지역을 차별시키는 정책을 지속해나가지 않았을 것이다. 차별정책은 1996년 최악의 곡물 수확량이 발생하고 불안해진 북한당국이 모자라는 식량을 특별계층에 우선적으로 지급하기 위하여, 편파적으로 동북지역에 시행된 차별정책을 일컫는다. 차별정책으로 초래되는 주민의 대량 아사사태를 막기 위해서라도, 식량지원국들은 식량지원 조건으로 지역적인 균형을 이루고 사회적으로 공정한 식량배급이 이루어질 수 있도록 북한당국에 강력히 요구했어야 했다. 또한 식량지원국은 한국어 통역관과 함께 중립국 요원들로 하여금 원조식량의 분배를 직접 관리하고 감독할 수 있도록 요구했어야 했다. 그러나 식량지원국들이 북한 기아에 즉각적인 대응을 해서 비극을 피할 수 있었다 하더라도, 참혹한 기아 발생의 책임은 북한 지도층의 결정에 있다. 그들이야말로 수많은 북한주민의 죽음에 책임을 져야 할 사람들이다. 북한 내부 개혁을 거부하고, 일본과 미국에 도발적인 행동을 야기하고, 그리고 남한 정부와의 정치적 화해를 거부하는 북한의 지도층이야말로 수백만 죄 없는 북한주민의 죽음에 책임을 져야 하는 당사자들이다.

윤리적 딜레마

몇몇 전문가들은 지금 북한이 당면한 기아를 기회로 이용해서 북한체제로 하여금 굶어 죽게 내버려두고, 미국 정부는 북한을 붕괴로까지 몰고 갔어야 했다고 강력하게 반박하기도 하였다. 1997년 2월 〈워싱턴 포스트〉에 미국은 정치와 분리해서 북한에 원조를 해주어야 한다는 내 사설이 실리고 난 후, 진보정책연구소 Progressive Policy Institute의 매닝Robert Manning과 헤리티지재단의 프리첩 James Przystup은 〈워싱턴 포스트〉에 내 사설을 반박하는 글을 올렸다. 북한은 분명히 미국의 국가 이익을 위협하는 체제이기 때문에, 대북식량지원은 북한의 외교적 태도를 봐가면서 조건적으로 제시되어야 한다는 내용이었다. "북한에 대한 관대한 경제원조는 북한이 군사적 위협을 줄이고 경제 개방을 시행하는 정도에 따라 앞으로 이루어져야 할 것이다. 총을 선택하든지 식료품 깡통을 선택하든지, 평양은 진정 무엇을 선택하기를 원하는 것인지 분명히 밝혀야 한다.[1] 라고 강조하였다. 또한 그들은, "식량지원은 다른 것으로 대체 가능하다. 원조된 식량을 아무리 철저히 신중하게 배급 감독한다 할지라도, 분명히 계산상의 문제가 발생할 수도 있다. 북한주민을 먹일 식량이 더 많이 원조되면 될수록, 북한 내에서 생산되는 식량은 북한군을 유지하고 그들을 잘 먹이는 데 전적으로 사용되기 때문이다.”라고 주장하였다. 하우스Karen Elliot House도 이와 비슷한 주장을 〈월 스트리트 저널〉에 기재하였다.[2] 그리고 그 해 봄 크로서머Charles Krauthammer도 〈워싱턴 포스트〉에 이와 유사한 내용의 칼럼을 게재하였다.[3] 결국, 1997년 7월 미 상원정보위원회 Senate Intelligence Committe가 열리기 직전, 국제경제연구소Institute for International Economics의 놀란드 역시 식량원조는 다른 것으로 대체 가능할 수 있다는 주장을 피력하였다.[4]

식량원조가 대체 가능하다는 논쟁은 대북식량지원의 근본적인 취지를 놓치고 있는 것이다. 원조가 단기적으로 평양에 도움을 주고, 장기적으로는 주민에 대한 중앙의 통제가 약화된다는 이들의 주장이 옳을 수도 있다. 그러나 만약 실질적으로 북한당국이 소수 집단에 대해 차별적인 식량배급정책을 시행하고, 이 집단을 겨냥한 것이 된다면 식량원조는 대체 가능한 것이 아니다. 만약 미 정부가 인도주의 지원과 전략적인 정치를 분리하고, 대북원조계획을 1920년대 초 후버의 소련 지원과 같은 맥락에서 시행했었더라면, 평양당국으로부터 식량 배급에서 소외된 도움을 절실히 필요로 하는 북한주민들을 도울 수 있었을 것이다. 같은 날 미 상원 정보위원회에서 나는 놀란드의 주장에 반하는 다음과 같은 내용을 언급하였다. 만약 원조식량이 북한의 동해안 지역에 위치한 항구를 통해 전달된다면, 북한 내 운송체계가 마비되었기 때문에 서해안 지역으로 다시 수송되는 것은 쉽지 않다고 설명하였다. 그러면 원조식량은 전달된 동쪽지역에서 완전히 소비될 때까지 남아 있게 될 것이라고 덧붙여 설명하였다. 만약 국제원조사회가 북한 동북지역이 식량배급에서 차별적으로 취급받고 있다는 사실을 알고 있다면 이러한 논의는 더욱 강하게 이루어졌어야 했다고 나는 강조했다. 동북지역 주민들은 식량 배급을 전혀 받고 있지 않았기 때문에, 동북지역으로 운송되는 식량을 다른 것으로 대체한다는 논의는 타당하지 않다. 평양당국은 원조물품이 선적되는 과정과는 무관하였으나, 북한에 도착한 원조물품의 출하에는 우선적으로 관여하여왔다. 실질적으로 홍수가 발생하고 2년이 넘도록 동해안에 위치한 항구로 원조물품이 출하되는 것을 북한당국은 절대 허락하지 않았다.

북한의 기아가 1998년에 끝이 났고, 북한인구의 10% 이상이 굶어 죽었으나 북한체제는 여전히 건재하다는 주장을 하는 이들도 있을 것이다. 베커는 주민에 대한 통제가 다소 약화된 권위주의 정부가 기아가 끝이 나면서 쿠데타나 주민의 반란으로 종종 대체되기도 하지만, 어떤 전체주의국가도 기아가 진행중이거나 끝이 난 후에 붕괴된 적은 없다고 설명하고 있다.[5] 이와 같은 맥락이지만, 놀란드는 〈포린 어페어Foreign Affairs〉에서 차우체스쿠의 잔인한 독재 통치하에서 루마니아 국민들이 10년 동안 심한 고통을 겪었다 하더라도 차우체스크의 타도를 이끌어내지 못했다고 설명하고 있다.[6] 그러나 전체주의 국가에서 발생한 기아의 기록을 살펴보면, 소련, 중국, 에티오피아, 그리고 캄보디아 등의 국가에서 기아가 발생한 시점이 이제 막 새로운 국가체제로의 시작 단계에서 기아가 발생하였기 때문에, 어떤 경우도 북한의 경우에 해당되지 않는다. 이들 국가들의 혁명적 열정은 뜨거웠으며, 그래서 이들 국가체제들은 식량배급체계에 대한 엄격한 통제를 유지해나갈 수 있었고, 이에 반대하는 자들은 굶어 죽을 수밖에 없었다. 앞으로 북한이 권력에 의지하고 집착할 가능성은 비교적 낮다. 그러나 현재의 경제정책을 과감히 버리고 새롭고 급진적인 개혁을 북한이 모색할 것이라는 가능성은 더욱 낮다. 한편, 일부 증거들은 북한정부가 분노한 군부 쿠데타로 전복되어 붕괴되거나, 또는 중국식 시장경제개혁을 수용해서 체제를 개혁할 것이라는 것을 시사하고 있다. 북한은 기존의 구질서를 완전히 파괴하지 않고서 지금과 같은 과정을 거쳐서는 더 이상 생존할 수 없기 때문이다.

대북식량지원은 지금까지 계속되고 있다. 그러나 앞으로 계속되어야 할지, 이 정도에서 그만두어야 할지, 또는 다른 방향에서 다시 계획되고 시행되어야 하는지에 대한 사안들이 남는다. 이에 대한 대답은 분석가와 정책결정자들이 대북식량지원계획을 성공적인 것으로 판단하느냐, 아니면 실패한 정책으로 판단하느냐에 달려 있다. 즉, 식량원조가 도움을 가장 필요로 하는 계층에게 전달되었는지, 아니면 북한 중앙당국에 의해 체계적으로 전용되어 결국에 북한군을 먹여 살리고 지원하였는지에 따라 결정될 것이다. 그러면 식량원조를 중단한다는 결정은 인도주의 차원에서도 정당화될 수 있을 것이다. 식량원조를 필요로 하는 나라들이 또 다른 지역에서 항상 새롭게 나타나기 때문이다. 이같은 인도주의적 이유로 북한에 지원되는 식량을 중단하는 결정은, 위험하고 책임없는 체제를 지원하는 것이 정치적으로 정당화될 수 없다는 주장을 해온 대북식량지원 반대자들과는 차원이 다른 문제이다. 그러나 미 행정부가 북한체제의 붕괴를 가속화하기 위하여 무고한 북한주민 200만~300만명을 굶어 죽게 내버려 두겠다는 결정을 하였다면, 이 결정이 윤리적으로 정당화될 수 있는지에 대한 본질적인 질문은 남는다.

만약 누군가가 "그렇다"라고 대답하면, 필연적인 결론에 이어서 발생되는 윤리적인 논쟁은 몇 가지 정책적 처방을 내리게 된다. 만약 정책결정자들이 북한체제의 근간을 훼손시키고자 원했다면, 1995년부터 1999년까지 전개된 결함 있는 대북식량지원은 계획 수정 없이 계속 유지되었어야 했다. 대북식량지원은 농민시장을 확대시켰으며 결국 북한체제에서 사유화가 용이해지는 기회를 제공하였기 때문이다. 그러나 이러한 측면만으로 대북식량지원이 인도주의 차원에서 대단히 성공적이었다는 말은 결코 아니다. 사실은 그렇지 않기 때문이다. 마지막 절에서 논의된 바와 같이, 원조식량의 전용은 식량지원계획이 이를 가장 필요로 하는 사람들에게 골고루 혜택을 주지 못했음을 설명하고 있다. 비록 돈을 갖고 있는 사람들이 식량을 살 수 있도록 식량가격을 낮추었다고는 하지만, 원조계획의 도움을 받아야 할 가장 빈곤한 계층은 자원과 돈이 없어 시장에 접근조차 하지 못했기 때문이다. 그래서 그들은 결국 굶주림으로 사망하였다. 그러나 이러한 결과들로 북한체제의 사상적 토대와 체제에 대한 지지가 약화되었다는 것도 사실이다.

만약 서구의 정책결정자들이 굶주리는 북한의 일반주민들을 구제하는 데 기아구호활동의 초점을 맞추었다면, 앞서 설명한 후버의 접근방법이 재난을 방지할 수 있었던 유일한 방법이 될 것이다. 이 방법에 따라 분배되는 원조식량은 결코 외교적 목적을 위해 사용되는 것이 아니기 때문이다. 후버식 접근방법은 도움을 가장 필요로 하는 사람들에게 식량을 분배하고, 권력엘리트들이 원조물자를 전용해서 시장에 내다 팔고 자신의 식탁에 올려놓지 않는다는 확신이 보장되어야만 비로소 가능한 방법이기 때문이다. 그래서 엄격하게 적용되는 인도주의적 원칙은 빈곤한

계층의 생존을 해결해준다는 것이 보장되어야 할 것이다. 한편 기존체제 유지 입장에서 보더라도, 인도주의적 원칙은 전용된 원조물자가 농민시장으로 유입되어 야기될 수도 있는 체제에 대한 위협을 감소시킨다.

가장 현실적인 대안은 북한당국이 원조가 제공되는 것을 방해하였던 동북지역의 원조에 초점이 맞추어져야 했다는 것이었다. 동북지역의 산간지역, 북한사회에서 정치적으로 가장 힘이 없는 계층의 사람들, 그래서 중앙당국이 식량배급에서 차별정책을 시행하였던 바로 그 사람들에게 초점이 맞추어졌어야 했다. 만약 북한사람들이 원조식량을 대체할 다른 물자에 여유가 있었다면 이러한 분배에 동의하였을지도 모른다. 더 많은 식량원조를 약속받고 이같은 전략과 목적에 모든 식량지원국들이 폭 넓게 동의해주기를 요구하였을지도 모른다. 그리고 원조물자가 동해안의 항구로 수송됨으로써 원조식량은 동북지역으로 용이하게 전달될 수 있었을 것이다. 북한 운송체계의 붕괴와 연료부족으로 원조물자가 동해안 항구에서 다른 지역으로 움직이는 것이 그리 쉽지 않기 때문이다.

어떠한 경우에라도, 인도주의 구호활동의 볼모로서 북한체제를 붕괴시키기 위한 전략에 기아 희생자들을 이용했어야 하는지에 대한 윤리적 의문은 여전히 남게된다. 사망자 대부분이 노인과 어린이들로서 200만~300만명의 무고한 북한주민의 죽음이 북한체제를 지구상에서 제거하기 위해 치러야 할 지불 대가라는 가정은 아주 끔찍하고 불쾌하다. 250만명이 죽고 난 후에도 북한체제는 여전히 지구상에 존재하고 있으며, 단지 수송시기와 분배체계의 미숙함으로 대북식량지원은 북한주민을 때맞추어 구하지 못했다는 회한만 남는다. 20세기에 발생한 기아는 주로 독재적이며 전체주의적인 정치체제에서 발생하였다. 그래서 서구 식량지원국들로 하여금 자신들에게 우호적이지 않으며 마음에 내키지 않는 정부가 힘을 얻지 못하게 하기 위해서 인도주의 구호활동을 그만두어야 한다는 주장은, 결국 서구국가들로 하여금 기아로 인한 인간의 고통을 무시해버리라는 것을 의미한다. 특히 수단과 방법이 끔찍하고 결과가 불확실할 때 그 결과는 수단과 방법을 정당화하지 않는다.

전략적 딜레마
- 기아에 대한 서구 반응과 관련하여 -

북한 기아를 종식시키기 위한 인도주의 구호노력은 윤리적 측면에서뿐 아니라, 안보적 측면과 정치적 측면에서도 두드러진 효과를 나타내었다. 10절에서 이미 논의된 바와 같이, 북한에서의 가장 비효율적인 구호활동조차 외부세계와의 접촉 기회를 증가시켜 놓았다는 것이다. 외부의 '적'에 대한 당국 체제선전의 주민 영향력을 현저히 감소시켰으며, 예기치 않게 이루어진 원조식량 전용을 통해 농민시장의 사유화를 더욱 부추겼다. 식량 전용으로 원조된 식량이 농민시장에 버젓이 나와 있고, 원조식량이 시장에 나와 있는 이유를 알고 있는 주민들 사이에 체제에 대한 지지는 심각하게 침해당했다. 농민시장에서의 원조식량의 불법적인 거래는 곡물 가격을 낮추어 많은 사람들이 식량을 구입할 수 있는 기회를 제공하였다. 비록 공평한 분배가 이루어졌다고는 할 수 없으나―주민의 굶주림은 확실히 감소하였다. 김정일은 공식적인 연설을 통해 원조물자로 제공된 식량이 북한에 가장 치명적이었다고 시인하였다. 김정일의 말이 맞다. 김정일은 북한의 상황이 너무나도 절망적이었기 때문에 체제위험을 감수하고 원조식량을 받아들였던 것이다.

식량원조계획이 아무리 정교하고 빈틈없이 계획되고 관리되었다 하더라도, 일관된 대북외교정책을 대신할 수 있는 것은 아니다. 기아의 역동성을 이해하는 것은, 대북외교정책 수립에 도움을 주고, 외견상 파악되는 북한의 외교와 군사적 행태의 특징을 이해하는 데도 도움을 준다. 기아가 진행되는 동안 북한은 직접적인 대결전략을 모색하기 시작하였는데, 대부분이 전략적이고 비합리적이었으며 과감한 요구들이었다. 1970년대와 1980년대 북한의 전략은 남한과 일본, 미국정부가 수세를 취하도록 계획되었으며, 정치안보 분야의 문제에서 이들 국가들이 북한에 양보하도록 계획되어졌었다. 한편, 기아가 점점 더 심각해지자 북한은 원조식량을 더 얻어내기 위해 또 다시 이같은 전략을 구사하였다. 서구 외교관들은 만약 북한 전술이 예전과 같다면 그 전술이 택한 목적도 같을 것이라고 추측하였다. 그러나 이번 기아사태는 이 경우에 해당하지 않는다.

분석가와 학자들 대부분은 북한당국의 가장 핵심적인 목표는 북한체제의 생존이라는 데 일반적으로 동의한다. 북한체제의 생존을 가장 위협하는 것은 식량위기와 그 위기로 야기될 수 있는 군부의 반란이었다. 그래서 북한체제가 원조식량을 더 얻어 내기 위해 전통적인 전술과 전략을 사용했던 것은 더 이상 놀라운 일이 아니다. 1998년과 1999년에 일어난 두 사건은 이러한 사실을 증명해준다. 1995년 이후 대북식량지원에 인색한 일본의 영토를 지나서 발사된 대포동미사일은, 일본정부로 하여금 대북식량지원에 좀 더 관대해지도록 일본을 위협하려는 전략으로 계획된 것이었다. 그러나 평양은 대포동미사일 발사로 격분한 일본정부의 반응을 예상하지 못한 것 같다. 같은 해 미국의 항공사진 촬영으로 핵무기를 생산해 낼 수 있는 대규모의 지하시설이 건설중이라는 사실이 밝혀졌다. 1999년 5월 마침내 지하시설이 사찰되었으며, 그 후 미 행정부는 지하시설에 대한 접근 조건으로 북한에 기아가 시작된 이래 최대규모의 식량원조를 공약하였다. 미 조사단은 그 시설이 비어 있는 동굴 외에 아무것도 없다는 사실을 알게 되었다. 미 정보국은 북한이 외부에 노출되지 않고 지하 시설에서 장비들을 은밀하게 제거하는 것은 불가능한 일이라고 말한다. 아마도 지하시설은 다른 이유보다 더 많은 식량원조를 얻어내기 위한 거래조건으로 건설되었을 가능성이 높다.

서구 국가들은 북한이 더 많은 식량을 지원받기 위해, 이와 같은 위협전략을 이용하고 있다는 사실을 깨닫게 되었다. 서구 국가들이 식량원조를 정치화하려는 의도가 오히려 북한으로 하여금 더 많은 식량을 얻어내기 위해 정치를 이용하고 전략을 세우도록 가르친 셈이 되었다. 전략적 측면에서 북한은 확실히 성공하였다. 만약 북한에 대한 인도주의 구호 노력이 전통적인 구호활동 차원에서 이루어지고, 식량을 원조하는 국가의 공약이 외교적인 사항과 연관되어 있지 않다는 확신을 평양이 갖고 있었다면, 아마도 북한의 공격적인 행위는 빈도면에서 확실히 그 숫자가 감소되었을 것이다. 정치적으로 이용된 식량원조는 결국 북한의 공격적 행위에 대해 잘못된 외교적 보상을 해주는 꼴이 되었다. 김대중 대통령의 역사적 평양 방문 이후, 한반도에서 정치적 긴장관계를 완화시키고 협조하는 북한에게 이러한 노력의 대가로 미 행정부는 다시 한번 북한에게 식량지원을 약속하였다. 또 다시 식량원조가 북한이 가장 필요로 하는 것, 즉 경제개혁을 조장하기보다 대북 외교 협상에서 북한에 주는 당근으로 사용되었다.

북한의 분별없는 행동을 미연에 방지하기 위해서 식량지원국들은 책임있는 조건들을 대북식량지원 공약에 부속적인 것으로서 요구했어야 했고, 식량원조계획은 안보와 정치적인 사안들과는 연계되지 않았어야 했다. 이러한 분리는 매년 북한의 작황에 대한 평가가 이루어지고 난 후, 식량원조에 대한 공약 발표와 때를 같이해서 이루어졌어야 했다. 식량원조는 외교협상에서 거래조건으로 사용되어서는 안 되며, 인도주의 협상을 위한 거래조건으로만 전적으로 사용되었어야 했다.

북한의 기아가 끝이 난 지금, 미국, 일본, EU, 그리고 남한정부는 북한에 대한 지원을 경제변화와 연결지어 새로운 협정을 모색하고 있는지도 모른다. 만약 평양이 농업과 산업부문의 사유화가 이루어지고 있는 중국식 시장경제개혁을 받아들이기로 한다면, 그들은 북한에 식량을 제공하는 데 다시 동의할 수도 있다. 그러나 만약 북한당국이 개혁을 시도해서 그 개혁이 더디게 진행되거나 혹은 소련의 경우와 같이 실패로 끝나게 되면, 그 결과로 초래되는 위기가 지금 북한이 직면하고 있는 상황보다 더욱 악화되어질 것을 북한당국은 두려워하고 있다. 북한체제는 식량배급체계가 이미 붕괴되었기 때문에, 더 이상 주민에 대한 통제를 잃는 것을 두려워하지 않는다. 식량배급체계는 평양지역과 당 간부, 보위부와 군부에 지급되는 배급체계를 제외하고는 사실상 현재로서는 소멸된 것이나 다름없다. 앞으로 서구 지원국들이 북한에 식량을 원조하겠다고 보장하는 것은, 잠재적으로 북한이 경제개혁에 착수하겠다는 보험을 제공하는 것과 같은 것으로 해석된다.

이러한 전략은 점차적으로 개선되어나갈 것이다. 우선적으로 지급되는 도쿄, 워싱턴, 서울로부터의 원조는 시간이 지남에 따라 점차적으로 줄어들 것이고, 지속될 수 없는 이들 국가의 원조에 대한 북한의 의존도도 점진적으로 줄어들 것이다. 북한은 지금까지 주체사상이 담고 있는 내용과는 상반되게 자신의 체제를 지속하기 위해 외부의 원조에 항상 의존해왔다. 과거에는 평양의 사상적 동맹국으로부터 지원을 받았다는 것이 지금의 상황과는 유일한 차이점일 것이다. 거의 50년 동안 악마로 지칭해왔던 일본, 남한, 미국 등의 적대국으로부터 굶주린 북한주민을 위해 식량을 구걸하는 궁색한 상황에서 북한은 지금 완전히 외톨이 신세가 되었다. 그러나 이들 국가는 언제까지나 북한에 식량원조를 계속할 수 없다. 북한의 의존도가 오래 지속될수록, 북한이 영구적인 도움을 요청해오도록 하기 위해 자신의 상대국을 위협해야겠다는 잘못된 생각을 갖고 이들 국가가 행동할 잠재성이 커질 수도 있기 때문이다. 2000년 여름 남한과 북한간의 정상간 접촉은, 특히 미 행정부 내의 변화를 요구하면서 북한에 원조될 물자의 다양화를 요구해오는 김정일의 요구가 성공적으로 이루어지는 기회를 제공하였다. 북한에 경제개혁을 촉진시킴으로써, 서구사회는 북한에 내란이 발생하거나 통일 이후 파생될 수 있는 남한으로의 북한주민의 유입 가능성을 줄이려고 할 것이다. 북한이 개혁을 시작함으로써 굶고 있는 가난한 북한과 그동안 경제발전을 이루어 온 남한과의 엄청난 격차에 대해 남한 사람들이 보여왔던 불안도 해소될 수 있다.

비록 4자회담이 이 글에서 외교적 성공으로 비추어졌지만, 북한당국의 근본적인 목적은 변한 것이 없다. 그리고 북한이 일련의 경제개혁을 시도하려 하고 있다는 증거도 아직은 희박하다. 그러나 한반도에서 정치적 긴장완화를 지속적으로 유지시키고 북한의 경제개혁이 실질적으로 발생한다면, 이러한 변화와 성공을 위하여 막대한 비용이 지불되어야 할 것이다. 그리고 만약 이러한 변화를 이끌어내는 과정에서 혹시라도 다시 발생될 수 있는 위급상황시 인도주의 식량지원이 차선으로 밀려나게 된다면, 또 다시 몇백만의 인명을 잃는 비참한 상황이 발생될 수도 있다. 특히 사망자 대부분은 어린이, 임산부, 장애인, 그리고 노인들이 될 것이다. 이러한 정책수행이 눈에 보이는 '성공' 때문에 윤리적으로 방해받아서는 안 된다고 나는 믿는다.

한편, 나는 미국의 외교정책이 도덕적 원칙에 의해 운용되어서는 안 되고, 오히려 미국의 국익을 보호하는 일련의 정책에 의해 운용되어야 한다고 생각한다. 문명화된 사회에서 도덕적 원칙은 이러한 국익의 옹호를 압박하고 제한하기 때문이다. 다른 모든 목적을 제외시키고 그 목적이 아무리 바람직하고 성공적인 것이

라 할지라도, 북한에서 자신의 정치적 목적을 추구하고자 했던 워싱턴은 외교정책
을 압박해오는 근본적인 도덕률의 한계를 놓고 많은 고민을 하였다.

결론
- 기아에 대한 북한의 대응에 대하여 -

북한의 대기아는 파괴적이며 사악한 결과로서 끝을 맺었다. 현재 북한의 상황
은 기아가 발생하였던 초기상황과 비교하여 그리 많이 변화된 것 같지는 않다. 북
한주민의 생계를 책임질 새로운 식량체계는 대단히 취약한 상태로 남아 있다. 새
로운 식량체계는 중국에서 들어온 옥수수 시장가격의 작은 변화에도, 북한이 외국
에 식량을 구걸하는 상황 변화에도, 그리고 북한의 빈혈증적인 농업체계의 혼란에
도 대단히 쉽게 영향을 받고 있다. 북한은 예비적으로 비축해 놓은 곡물도 없으며,
새로운 대비책도 없고, 자국의 물자로 자국민을 먹여 살릴 장기적인 계획도 갖고
있지 않다. 한편 2001년의 곡물작황은 심한 가뭄으로 1990년대 기아가 발생하였
던 그 어느 해보다도 더 나쁠 것으로 예측되고 있다.

평양의 의지와는 상반되게 원하지 않는 방향으로, 북한체계는 서서히, 그리고
미약하나마 변화하고 있는 중이다. 평양당국이 거부하는 모든 순간에 개혁은 요구
되고 있으며, 북한이 통제할 수 없는 사건들로 인해 또 다른 위기로 빠질 수도 있
는 위험은 더욱 증폭되고 있다. 북한체제는 제2의 대재앙을 피하기 위하여 북한을
다시 정비하는 경주를 시작했어야 하는데, 북한 어디서도 그 경주는 시작되고 있
지 않다. 북한은 아직도 느리게 기어가고 있는 중이다. 더욱이 북한에는 경제개혁
과 자유화를 인도해줄 중국의 등소평과 같은 인물이 없다.

그러나 한 가지는 분명하다. 허약한 식량공급체계가 열악한 작황으로 해결되어
질 수 있다면, 북한주민들은 제2의 기아를, 처음에 그들이 경험했던 첫번째 기아
때와는 다르게 대처해나갈 것이다. 기아에서 살아 남은 사람들은 이미 자신들을 포
기하였던 구질서를 버림으로써 닥쳐온 위기에 대응해나갈 것이다. 그들은 스스로
의 힘으로 살아 남았고, 이것은 예전에 국가의 은덕으로 요람에서 무덤까지 지원을

받아오던 그들에게 있어서는 아주 새로운 경험이었다. 중국으로 탈출했다 돌아온 주민들을 통해 식량난민들은 북한에서 지금까지 해온 선전 선동의 진실, 바깥 세상에서 일어나는 일들, 그리고 지금까지 북한의 적인 서구사회와 남한에 관한 사정들, 이웃 나라인 중국과 소련의 변화에 대해서도 새롭게 인식하게 되었다. 기아로 인한 황폐는 몇 세대를 걸쳐 전해질 것이고 북한주민에게 깊은 상처로 각인되어 남게 될 것이다. 아무리 북한이 중앙집중적인 통치체제를 유지한다 할지라도 일반 대중의 분노는 표출될 것이다. 아마 일반대중이 아니라면, 군부의 불만을 통해서 표출될 수도 있을 것이다. 하극상의 폭동, 쿠데타, 혹은 암살시도를 통해서 자신들의 불만을 표출할 것이다. 호시탐탐 대중은 복수의 기회를 노릴 것이다.

유교국가인 중국의 군주와 학자들은 기후조건, 작황, 불만을 일으킬 수 있는 농민계층의 배고픔과 식량부족에 대해 민감하게 관찰을 해왔다. 중국의 문화에서 하늘의 뜻을 수행하는 통치자들이, 만약 백성을 잘 다스리고 그들의 배를 불려주도록 통치계급에게 부여된 책임을 다하지 못할 경우, 그들은 국가를 경영하지 못한 탓으로 고통받는 분노한 백성과 농민으로부터 언제라도 공격을 받을 수 있다는 것이다. 이같은 상황이 벌어질 때, 하늘의 뜻을 위임받은 새로운 통치계급으로 언제라도 대체될 수 있다. 그래서 농민폭동으로 대체된 군주에 관한 역사적 사례들이 전해진다. 김일성의 50년 통치기간 동안에도 북한은 여전히 유교적인 사회로 남아 있다. 북한을 통치하도록 위임된 김씨 부자의 권력은 지금까지 고통받고 분노한 주민들에 의해 언제 사라질지 모른다. 언제 주민들이 복수의 기회를 갖는 날은 시간만이 알 뿐이다.

북한에서 구호활동을 펼쳐 온 구호요원들과 분석가들로부터 수집된 정보, 그리고 역사적 사례들을 통해 볼 때, 북한주민의 복수 기회는 임박해오고 있는 것 같다. 1992년 1월 커니와 기아전문가로 구성된 팀이 식량위기로 러시아가 위협받고 있는지를 알아보기 위하여 러시아를 방문하였다. 머만스크Murmansk에서 커니는 미국의 원조식량을 배급받고 있는 노인 가정을 방문하였다. 통역관이 그 노인에게, "어제의 적인 미국이 우리에게 식량배급을 지원하고 있다는 사실에 대해 어떻게 생각하는가?" 라고 질문하였다. 그 노인의 얼굴은 분노를 띠면서, "젊은 사람, 미국인들은 당신의 적이었는지는 몰라도, 결코 나의 적은 아니지. 내가 굶주릴 때마다, 내 인생을 통해서 미국은 도움을 주었으며 이번이 세번째이지. 내가 어렸을 때인 1921년의 기아 때 그들은 나와 나의 가족을 구해주었으며, 제2차세계대전이 끝난 직후에도 다시 도와주었지. 그리고 지금 또 우리를 구해주고 있어. 미국인은 결코 나의 적이 아니지. 그들은 나의 친구이고 내 가족을 구원해 준 사람이야." [7] 전체주의 국가체제하에서 일반 대중의 의견은 체제변화에 어떤 영향도 미치지 못한다. 그러나 만약 북한 체제가 서서히 외부에 공개되기 시작하면, 외부세계에 대한 북한주민의 생각—예전의 적이었던 일본, 남한, 미국을 포함해서—도 많이 달라질 것이다. 한편, 기아에 대한 공포와 아픈 기억은 오래 지속되고 잊혀지지 않을 것이다. 그러한 기억 속에 끔찍한 기아에서 자신들을 구원해 준 이들에 대한 감사함도 동시에 기억하게 될 것이다. 1921년과 1945년의 소련의 경우와는 달리, 북한의 기아는 국가수립 초기단계가 아닌 음울하고 체제가 침체되어가는 시점에서 발생하였다.

일부 서구의 정책결정자들은 대북식량원조가 남한을 위협하고 한반도에 주둔하고 있는 미군을 위협하는 북한군에게 전용될 것을 우려하여 초기부터 원조계획을 반대하였다. 그러나 기아 구호활동이 그러한 위협을 결코 악화시키지는 않았다. 오히려, 그 위협을 줄이는 데 일조하였다. 전체적인 구호활동은 기아의 희생자이며, 기아로 가족과 친구를 잃은 중간계급의 당 간부, 그리고 지방의 관리들에게도 놀라운 메시지를 전달하였다. 오랫동안 자신의 적이라고 가르침을 받아오던 사람들이 자신들에게 먹을 식량을 제공해주었고, 당사자인 북한당국은 그들을 식량배급에서 소외시켰다. 만약 쿠데타가 일어나서 현재의 북한체제를 종식시키고, 새로운 군부가 권력을 잡게 된다면, 구호활동은 북한 내에서 또 다른 역할을 수행하게 될 것이다. 새롭게 형성된 지도층에, 소위 그들이 적이라고 부르던 국가들은 더 이상 위협적이지 않으며 더 이상 그들의 적이 아니라는 새로운 메시지를 전달할 수도 있을 것이다. 이 메세지는 불안정하고 예측할 수 없는 상황에 보내는 악의있는 메시지가 아니다. 어떤 경우에라도 관대함과 호의는 가장 특별한 전략적인 결과를 가져올 수 있다.

부 록

[Washington Post 사설] 1997. 2. 9.

북한에 식량을 지원하는 문제에 관하여
─ 굶주림 해결을 정치와 연관시키지 말자─

백악관과 미 의회는 남한과 북한이 북한 기아 문제를 놓고 벌이는 치명적인 접전에 점점 깊이 연관되어가고 있다. 미 행정부의 구호 담당 관리들은 북한전역을 휩쓸고 있는 기아에 대해 언급하는 것조차 금지되어 왔었다. 이러한 전반적인 상황은 정치적, 군사적 권력을 갖고 있지 않은 힘없는 수십만의 사람들을 굶어 죽게 하는 결과를 초래하였다.

강대국 외교라는 미명 아래 미 행정부의 북한 기아에 대한 미온적 반응은 에티오피아 기아기간에 시행된 레이건 대통령의 기아정책마저 잊게 하였다. 레이건 대통령은 자신의 조언자들의 반대를 물리치고 에티오피아에 대한 식량선적을 명령하였다. "굶주린 아이들은 정치를 모른다."는 레이건 대통령의 유명한 일화는 식량 원조를 더 이상 무기로 사용하지 않겠다는 의지를 나타내는 것이었다. 이는 제1차 세계대전이 종식되고 난 후 심각한 기아난에 빠진 유럽에 후버Herbert Hoover가 식량 구호활동을 결정한 이후, 미국이 기아구호활동에 있어 윤리적 가치를 우선적으로 견지하고 있음을 재확인시켜주는 일이었다.

미국이 기아구호의 근거를 윤리적 가치에 두고 있는 데에는 그 나름의 이유가 있다. 비록 어떤 특별한 행정부를 비난하기 위한 우리의 변명이 될 수도 있지만,

분명히 우리는 스탈린체제에도 원조를 제공하였으며, 1980년대의 에티오피아에
도 식량을 통한 기아구호활동을 전개하였다. 한편, 나는 지금까지 기아가 발생한
그 어느 지역에서도 정치적 군사적 힘을 갖고 있는 엘리트들이 굶주림으로 죽어나
가는 것을 본 적은 없다. 기아로 발생되는 사망은 일종의 패턴을 갖고 있다. 가장
먼저 5세 이하의 어린이들이 사망하고, 그 다음 임산부와 수유부 여성들, 병든 환
자와 노년층의 인구, 그리고 마지막으로 비교적 건강한 성인의 차례로 사망한다.

레이건과 부시 행정부 시절 이루어진 원조 중 적어도 5~6개의 원조는 미 행정
부와 긴장관계에 있거나 외교관계가 없는 지역의 주민과 국민에게 지원되었다. 예
를 들면, 걸프전이 끝난 직후의 즉각적인 이라크 지원, 내전중의 앙골라 지원, 베트
남 지원 등이 이에 포함된다. 이러한 지원에 처음부터 반대했던 사람 중 하나인 헬
름Jesse Helms 상원의원도 구호정책에 대한 충분한 설명과 보호조항이 만들어진
이후에야 자신의 지지를 표명하였다. 그러나 북한의 경우에 있어서 클린턴행정부
는 의회에서 초당적인 의견수렴을 끌어내려는 어떠한 노력도 기울이지 않았다.

분명, 한반도의 정치상황은 복잡하다. 폐쇄적이며 호전적인 북한 공산주의자
들은 매번 자신들이 생존할 수 있는 기회에 치명적인 손상을 초래했다. 한편, 남한
정부—미국의 주요 우방 중 하나—는 불구대천의 원수 북한체제가 조만간에 붕
괴될 수도 있다는 생각을 갖기도 하였다. 미국이 북한과 새로운 단계의 평화협정
을 논의하려고 할 때 위기가 찾아왔다.

위기의 징후는 이미 그 이전부터 시작되었다. 대부분의 농작물이 홍수로 심하
게 타격을 입은 후 끔찍한 징후들이 감지되기 시작하였으며, 북한주민들은 이에
대처하였다. 1996년 식량부족으로 인한 북한주민의 사망률은 수천에서 수만명에
이를 것으로 추정된다. 모든 구호활동 요원과 언론인들을 북한당국이 철저히 통제
하고 있기 때문에, 정확한 숫자가 얼마인지는 아무도 정확히 모른다. 한편, 이번
주 북한의 관리들 스스로 자신들이 필요로 하는 식량의 반에도 못 미치는 식량만
이 남아 있다고 발표하기 전까지, 관리들조차 자신이 처한 문제의 심각성에 대해
인정하는 것을 거부하였다. CIA 국장인 테넷George Tenet은 지난 주 의회에서
이 수치를 확인해주었다. 북한은 즉각적인 식량지원을 위해 미국과 남한정부와 대

화창구를 개설하였다.

나는 지금 북한이 기아사실을 위장하고 있다고는 생각하지 않는다. 부시행정부 시절 나는 정부의 구호지원을 위해 거의 20여 곳을 돌아다녔다. 지금까지 기아에 관한 나의 견해로 판단한건대, 북한은 현재 기아라는 재난에 직면해 있음이 분명하다. 북한에 기아가 발생했다는 증거는 부정할 수 없을 정도로 명백하다. 한편, 개인과 가족단위가 기아에 대응한 생존전략이 고갈되었을 때 대량 아사사태가 발생하게 되는데, 식량위기가 시작되고 그 다음 해에 일반적으로 대량 아사사태가 나타난다. 북한에서 농작물이 수확되는 다음 시기는 늦은 9월이며, 북한에는 단지 3개월을 지탱할 수 있는 식량만이 남아 있을 뿐이다. 갖고 있는 식량으로 3개월밖에 지탱하지 못한다는 북한의 위급상황은 미 행정부에 식량지원이 요청되고, 요청된 원조식량이 선적되며, 그리고 그 식량을 북한주민들에게 분배하기까지 걸리는 소요시간에 북한주민의 생사가 달려 있다는 데 그 위급함이 있다.

내가 그동안 목격해 왔던 일반적인 기아 상황에 의하면, 사람들이 식량부족사태를 극복해가는 과정에서 동일한 단계들을 거쳐 나가게 된다. 북한에서 구호활동을 전개하는 구호요원들은 불행하게도 북한 가정들도 이와 동일한 단계를 밟아가고 있다는 사실을 나에게 전해주었다. 북한주민들도 산과 들에서 먹을 것을 찾아 나서고 있으며—이렇게 구해진 대체식량은 일시적으로 배고픔을 줄여줄 수 있을지 몰라도, 열량 부족으로 인해 인체는 소진되어간다. 주민들은 식량 살 돈을 얻기 위해 가구와 부엌 가재도구들을 길거리에 내다 팔고 있다. 그리고 북한 들판에서는 가축의 모습을 더 이상 찾아보기 힘들다. 이미 대부분이 도살되어 소비되었다고 추정된다.

극히 제한된 것이기는 하지만 공식적인 통계를 통해서도 이와 같은 상황이 입증되고 있다. 지난 가을, 인공위성 사진촬영에 기초한 미 농무성의 내부 보고에 의하면 최악의 옥수수 생산과 심각한 홍수피해가 있었음이 확인되고 있다. 거의 반 이상의 농작물이 완전히 익기도 전에 이미 8월에 소비되었으며, 12월에 제출된 WFP와 UN 보고서에 의하면 옥수수 속이 아직 파란상태에서 소비되었다고 한다.

1984~85년에 100만명의 인명을 앗아간 에티오피아의 기아 때보다 북한의 식

량 부족이 더욱 심각하다는 것은 아주 분명해졌다.

물론, 국제사회에서 북한체제는 오랫동안 불량국가로 인식되어왔다. 북한은 아시아지역에서 가장 규모가 큰 지상군을 보유하고 있으며, 남한을 전복시키려는 끔찍한 위협을 중단하지 않고 있으며, 미국에 대해 터무니없는 수사학적 공격을 끊임없이 시도하고 있다. 그리고 외화벌이를 위해 대량 살상 무기를 생산하여 팔기조차 한다.

한편, 북한은 실패한 소비에트식 농업정책을 끝까지 고집스럽게 고수함으로써 1984년 이후 지속적인 농작물 감소가 발생하였다. 소련체제의 붕괴로 북한에 식량을 보조해줄 국가가 더 이상 남아 있지 않게 되고, 또한 2년 동안 계속된 홍수의 침해는 북한주민을 영양물 섭취의 사각지대로 내몰았다.

남한정부가 첫번째 홍수침해로 상당한 타격을 입은 북한에 인도주의 차원에서 식량원조를 제공했을 때, 운송을 책임지고 있는 관리요원들을 간첩혐의로 체포하는 사건이 발생하기도 하였다. 지난 9월, 식량원조에 대한 논의가 다시 시작되었을 때 미국 의회의 반대는 그렇게 거세지 않았다. 그러나 그 당시 간첩임무를 띤 북한의 잠수정이 남한의 서해안으로 잠입하는 사건이 발생하였다. 이 사건으로 국제사회는 다시 분노하기 시작하였다. 비록 식량협상을 놓고 북한이 이례적인 사과를 하기는 하였으나, 앞으로 또 무슨 일이 일어날지에 대해 많은 이들은 의구심을 떨쳐버릴 수 없었다.

한편, 북한 스스로의 식량문제를 해결하는 유일한 방법들은 일련의 사업을 통해 이루어졌다. 예를 들면, 20만 배럴의 저준위 핵폐기물을 처리해주는 대가로 대만과 협의를 맺는, 가장 절망적인 방법밖에 북한이 자신의 식량문제를 해결할 다른 방법은 없었다. 다년간에 걸쳐 이 거래는 2억 달러를 지급하기로 예정되어 있었으나, 다급한 기아위기를 해결하기에는 부족하였다.

한편, 남한정부는 북한에 국제 식량원조가 제공되지 않도록 바쁘게 로비를 전개하였다—식량원조를 통한 기아 구호활동에 반대를 해오던 미 의회 내 공화당 의원과 민주당 의원들의 의중을 확신한 남한정부는 자신의 로비가 성공을 거두었다고 생각하였다. 그들은 식량이 북한군으로 전용될 수도 있다는 강한 의혹을 제기하고, 식량원조가 붕괴 일보 직전에 있는 북한체제를 다시 소생시킬 수도 있다는 점을 강조하였다(에티오피아에 대한 구호지원을 의도적으로 회피했던 국가안보위원회의 관리들 사이에서도 이와 같은 논쟁이 일어났었다.).

미 행정부가 북한 기아에 대해 즉장을 부린 또 다른 이유가 있다. 일반적으로 미 정부는—USAID를 통해—캐나다 및 EU와 협력하여 기아구호활동을 지원하여왔다. 실질적으로 에티오피아 기아구호 이후 모든 기아 발생시, 미국은 필요한 원조식량의 1/3에 해당하는 많은 양을 제공하였다—최근에는 이보다 더 많은 양이 제공된다.

지금 우리가 해야 할 일들이 분명해졌다. 우리는 북한을 협상테이블로 끌어내는 다른 방법들을 찾을 수 있을지도 모른다. 그러나 우리가 북한에 제공하는 원조는 충분한 것이어야 하고, 지난 해 북한에 제공한 2만~3만톤의 식량만으로는 충분하지 않다.

일본과 남한정부는 자신의 국익을 위해서도 북한에 더 관대하게 원조하여야 할 것이다. 윤리적 차원은 제쳐두고라도 좀 더 실용적인 차원에서 이들 국익과 연관되어 있기 때문이다. 외교적 사안에 밀려 북한 기아문제를 부차적으로 다룰 경우 지역 내 안정과 평화에 전혀 도움이 되지 않는다. 기아는 예기치 않은 사태를 유발할 수도 있는 대격변의 상황이기 때문이다. 비록 정책결정자들이 북한을 협상테이블로 끌어내기 위해 대량 아사사태를 이용하는 윤리적 문제에 별로 비중을 두고 있지 않다 하더라도, 그들은 기아가 초래할 수도 있는 우려되는 결과에 대해 관심을 기울여야 한다. 이미 굶주리는 북한주민들은 국경을 넘어 남한으로 들어오고 있다. 앞으로 더 많은 북한주민들이 남한으로 망명해올 것이다. 그러면 남한정부는 이에 대해 앞으로 어떻게 대처해 나갈 것인가? 그리고 중국정부는 또 어떻게 대응할 것인가?

만약 기아를 시작으로 일련의 폭발적인 사건들이 연쇄적으로 발생한다면, 북한 기아에 대한 우리의 늦장 외교 때문에 다른 집단의 사람들이 위험에 빠질 수도 있다. 남한에 주둔하고 있는 3만 7천명의 미군들이다.

저자 서문

1. Frederick C. Cuny(with Richard Hill), *Famine, Conflict, and Response: A Basic Guide*(West Hartford, Conn.: Kumarian Press, 1999), 16.

2. David Arnold, *Famine: Social Crisis and Historical Change*(Oxford: Basil Blackwell, 1988), 12.

1. 기아 발생 원인

1. Dali L. Yang, *Calamity and Reform in China: State Rural Society and Institutional Change since the Great Leap Forward Famine*(Stanford, Calf.: Stanford University Press, 1996), vii.

2. Jean Dreze and Amartya Sen, *Hunger and Public Action*(Oxford: Clarendon Press, 1989), 275–279.

3. Edwin O. Reischauer and Fairbanks, *East Asia: The Great Tradition*(Boston: Houghton Mifflin, 1960), 2:446.

4. Andrew C. Nahm, *Korea: Tradition and Transformation, a History of the Korean People*(Elizabeth, N.J.:Hollym, 1988), 124-125.

5. Takashi Hatada, *A History of Korea, ed and Warren W. Smith, Jr., and Benjamin H. Hazard*(Santa Barbara, Calif.: ABC-Clio, 1969),86-87.

6. 같은 책.

7. 같은 책.

8. Bruce Cumings, *Korea′s Place in the Sun: A Modern History*(New York: W. W. Norton, 1997), 83.

9. Nahm, *Korea: Tradition and Transformation*, 132.

10. Hatada, *A History of Korea*, 88.

11. Nahm, *Korea: Tradition and Transformation*, 239.

12. 같은 책, 238.

13. Don Oberdorfer, *The Two Koreas: A Contemporary History*(Reading, Mass.: Addison-Wesley, 1997), 218.

14. Robert Scalapino, *North Korea at a Crossroads*(Stanford, Calif.: Stanford University Press, 1997), 2.

15. Hy-Sang Lee, "Supply and Demand for Grains in North Korea: A Historical Movement Model for 1966-1993", *Korea and World Affairs* 18, no. 3(fall 1994): 509-553. Nicholas Eberstadt에 의하면, 1991년 러시아로부터 원유 수입은 1990년의 10%에 해당하는 양이다.; *Korea Approaches Reunification*(Armonk, N.Y.: M.E. Sharpe, 1995), 134.

16. *World Resources : A Guide to the Global Environment, 1996-97* (Oxford: Oxford University Press, 1996), 240-241.

17. Robert A. Scalapino and Chong-Sik Lee, *Communist in Korea*(Berkeley: University of California Press, 1972), 1026.

18. 같은 책, 1103-1106.

19. 같은 책, 1034-1035.

20. United Nations Development Program(UNDP), "Thematic Round- table on Agricultural Recovery and Environmental Protection in DPRK Korea, Geneva, Switzerland, May 28-29, 1998"(photocopy), 17.

21. Scalapino and Lee, *Communism in Korea*, 1120.

22. Democratic People's Republic of Korea (DPRK) and UN Food and Agriculture Organization(FAO), *Agricultural Recovery and Environmental Protection*(AREP) *Programme: Identification of Investment Opportunities*, vol. 2, Report no. 98/093-UNDP/DPRK(November 20, 1998).

23. NGO 농업경제학자와의 인터뷰, 워싱턴 D.C. 1998년 1월.

24. Scalapino and Lee, *Communism in Korea*, 1030.

25. 같은 책, 1099~1100.

26. 탈북자와의 인터뷰, 서울, 1998년 9월.

27. 도문시에서 중국의 농업학자와 탈북자와의 인터뷰, 중국, 1998년 9월.

28. Sadao Murakami, "Forty Years of Japanese-North Korean Trade Relations: Unknown Episodes Told by Insider", *FBIS Daily Report*, FBIS-EAS 96~161, May 1, 1996.

29. WFP 의장 Robert Hauser와의 인터뷰 ,로마, 1999년 1월.

30. Eberstadt, *Korea Approaches Reunification*.

31. 자전거는 미 의회가 1994년 타결된 북-미 기본합의문에서 추가의 중유를 제공할 것을 거절한 후에, 휘발유로 가동되는 운송체계들을 더 이상 사용할 수 없음에 따라 대안으로 사용된 운송수단이다. 기본합의문은 북한이 핵무기 제조에 필요한 물질을 더 이상 생산하지 않겠다는 것을 규정하고 있으며, 그 조건으로 남한, 일본이 중심이 된 국제콘소시엄이 북한에 경수로를 제공한다는 내용이 담겨 있다. 한편 북한은 핵무기 특별사찰을 받고 원자로가 폐쇄되었음을 서구사회에 확인시켜주어야 한다. 그리고 미국은 그 대가로 북한에 중유를 제공한다는 것이 기본합의문의 내용이다.

32. Jane Shapiro Zac다, "Russia in North Korean Foreign Policy", in *North Korean Foreign Relations in the Post-Cold War Era*, ed. Samuel S. Kim (Oxford: Oxford University Press, 1998), 77.

33. "North Korea's Defense Industry Buckles under Economic Crisis", *Agence France-Press*, August 30, 1998.

34. David E. Kaplan, "The Wiseguy Regime Has Embarked on a Global Crime Spree", *U.S. News & World Report*, February 15, 1999.

35. Raphal Perl, *North Korean Drug Trafficking: Allegations and Issues for Congress*, Congressional Research Service Report for Congress (Washington, D.C.: Library of Congress, February 8, 1999).

36. 국무성 자료.

37. 탈북자와의 인터뷰, 서울, 1998년 9월.

38. Sue Lautze, "North Korea Food Aid Assessment"(U.S. Office of Foreign Disaster Assistance, U.S. Agency for International Development, June 6, 1996).

39. 북-중 접경지역에서 상인과의 인터뷰, 1998년 9월.

40. Marcus Noland, "Why North Korea Will Muddle Through", *Foreign Affairs* 76, no. 4(July~August 1997), 108.

41. 북한을 방문한 NGO 구호요원과의 인터뷰, 워싱턴 D.C. 1998년 7월.

42. Scalapino, *North Korea at a Crossroads*, 4~5.

43. 나진 · 선봉지역에서 근무한 NGO 관계자와의 인터뷰. 워싱턴 D.C. 1998년 7월.

2. 북한 국내 상황

1. 황장엽, 〈북한:진실과 거짓〉, 통일정책 연구소, 1998. 2장 참고.

2. Frederick C. Cuny (with Richard Hill), *Famine, Conflict, and Response: A Basic Guide*(West Hartford, Conn.: Kumarian Press, 1999), 37.

3. 같은 책, 35~37.

4. 우리민족서로돕기 불교운동본부, 605명의 식량 난민이 전하는 북한의 식량위기, 1997년 9월 30일~1998년 3월 3일 (서울: 우리민족서로돕기 불교운동본부, 1998), 12.

5. 익명을 요구한 보고서.

3. 감춰진 기아의 두 얼굴

1. Oberdorfer, *The Two Koreas*, 234.

2. Center for Nonproliferation Studies (CNS)과 모스크바의 Institute for Contemporary International Problems (ICIP), "The DPRK Report", no. 13(7월-8월 1998), CNS와 ICIP에서 출간되는 격월간지. http://cns.miis.edu/pubs/dprkrprt/98junaug.htm (2001 5월 현재로 유효)

3. NGO 구호요원과의 인터뷰, 워싱턴 D.C. 1998년 6월.

4. KBSM의 난민 면담 no. 371. (KBSM은 1,600명의 난민과의 인터뷰를 자료를 저자에게 제공하였다. 인터뷰 내용은 출판되지 않았으며, 각 각의 난민 증언은 번호 순서대로 정리되었다.)

5. "김정일 식량난에 대한 책임을 당 간부들에게 문책하다", 〈월간조선〉(서울), 3월 20일, 1997년, 306-317; "1996년 12월 김일성대학에서의 김정일연설" *British Broadcasting Coporation*, 3월 21일, 1997년 번역 발표. Dan Oberdorfer는 황장엽이 〈월간조선〉에 발표한 김일성의 연설문에서 발췌하였다.

6. Kevin King, "North Korea Trip Report, April 22~May 9, 1998".

7. United Nations, "UN Consolidate Inter-Agency Appeal for the DPRK, January~December 1999".

8. Suh Dae Sook, Kim Il Sung: *The North Korean Leader*(New York Columbia University Press, 1988), 303~331; 그리고 Cumings, *Korea's Place in the Sun*, 402.

9. Cumings, *Korea's Place in the Sun*, 76~77.

10. 같은 책, 96~97.

11. Nicholas Eberstadt and Judith Banister, *The Population of North Korea*(Berkeley: University of California Press, 1992), 1~2.

12. Charles Armstrong, "State and Social Transformation in North Korea 1945~50" (박사학위논문, University of Chicago, 1994), 221, 225.

13. 같은 책, 227.

14. Scalapino와 Lee, *Communism in Korea*, 819.

15. 북-중 접경지역에서 북한의 친척을 방문하고 돌아온 한 조선족과 NGO 구호요원과의 면담.

16. 미국 House Foreign Affairs Committee의 Mark Kirk에 의한 비디오 면담자료.

17. 중국 길림에서 난민과 저자와의 면담, 9월, 1998년.

18. John Pomfret, "Srarving North Koreans Who Reach China Describe a Slowly Dying Country", *Washington Post*, February 12, 1999, A1.

19. Mark Kirk, "Staff Delegation Final Report to Benjamin Gilman on Their Mission to North Korea and China, August 11~23, 1998" (미출간 사진자료), 7.

20. Robert Conquest, *The Harvest of Sorrow: Soviet Collectivization and the Terror-Famine*(Oxford University Press, 1986), 314.

21. *Prauda*, 9월 13일, 1933년.

22. Conquest, *Harvest of Sorrow*, 314.

23. 같은 책, 316.

24. Jasper Becker, *Hungry Ghost: Mao's Secret Famine*(New York: Henry Holt, 1998), 70.

25. 같은 책, 291.

26. 같은 책, 121~122.

27. 같은 책, 126.

28. Robert D. Kaplan, *Surrender or Starve: The Wars behind the Famine* (Boulder, Colo.: Westview, 1988), 107.

29. 같은 책, 110.

30. Sichan Siv는 현재 미국 시민권자가 되었다. 그는 부시(George Bush) 대통령 당시 백악관 직원으로 근무하였다. 폴 포트(Pol Pot)가 축출된 후, Twining는 최초의 캄보디아 주재 미국 대사로 임명되었다.

31. 저자와 Schan Siv와의 면담.

32. William Shawcross, *The Quality Of Mercy: Cambodia, Holocaust, and the Modern Conscience*(New York: Simon and Schuster, 1984), 55~56.

4. 기아로부터 살아남기

1. 국경없는의사회, 북한: 기아에 관한 증언-북-중 접경지역에서의 탈북자 면담, 특별보고서 (New York: Doctors Without Boders/Medecins Sans Frontieres,

August, 1998); 인터넷 온라인 http://www. doctorswithoutborders.org/ publications/ reports/before 1999/korea_1998.shtm.

2. John Pomfret, "Portrait of a Famine," *Washington Post*, February 12, 1999, A1.

3. NGO 구호요원과의 면담, 워싱턴 D.C., 1998년 9월.

4. 같은 면담.

5. 위기대응방안과 기아에 관한 지표들은 Jindra Cekan의 " Listening to One's Clients: A Case Study of Mali's Famine Early Warning System and Rural Producers" (박사학위 논문, Tufts University, 1994); 그리고 Cuny, *Famine, Conflict, and Response*.

6. WFP, " North Korea Special Alert," no.275, June 3, 1997.

7. W. Courtland Robinson, Myung Ken Lee, Kenneth Hill, and Gilbert M. Burnham, "Mortality in North Korean Migrant Households: A Retrospective Study," *Lancet* 354, no. 9175(July 1999).

8. 여성의 영양결핍상태가 지속적으로 증가되면, 여성은 불임될 가능성이 상당히 높아진다. 이러한 사실은 이전 동구와 소련의 경우 식량부족을 경험하지 않은 지역보다 식량부족을 겪고 있는 지역의 출생률이 더 낮은 것으로 입증된다. 그러나 아시아지역의 공산권국가에서는 가계혈통을 이어가야 한다는 관념과 출산을 강조하는 전통적 문화로 인해 동구와 소련에서 나타났던 낮은 출생률은 찾아볼 수 없다.

9. Robinson 외, "Mortality in North Korean Migrant Households."

10. Eberstadt and Banister, *The Population of North Korea*.

11. Martina Deuchler, *The Confucian Transformation of Korea: A Study of Society and Idelogy*(Cambridge, Mass.: Harvard University Press, 1992.)를 참고할 것.

12. 난민 면담.

13. 난민 면담, 중국, 장백, 1998년 9월.

14. David Arnold, *Famine: Social Crisis and Historical Change* Oxford: Basil Blackwell Press, 1988), 89~91.

15. Drez and Sen, *Hunger and Public Action*, 216~218.

16. 우리민족서로돕기 불교운동본부/좋은 벗들, 중국의 북한 식량난민 실태와 인권보고

서(서울: 좋은 벗들, 1999년 6월).

17. 같은 책,

18. 같은 책,

19. 같은 책.

20. KBSM 구호요원 권씨와의 면담, 중국 남평, 1998년 9월.

21. 문씨와의 면담, 중국 장백, 1998년 9월.

22. 로이터 통신, 북경, 1998년 12월 28일.

23. Conquest, *Harvest of Sorrow*, 257.

24. KBSM 난민 면담 no. 635.

25. Arnold, *Famine: Social Crisis and Historical Change*, 18.

26. John Osgood Field 편집, *The Challenge of Famine : Recent Expe- rience and Lessons Learned,*(West Hartford, Conn. : Kumarian Press, 1993), 42 중 Leonard Berry and Thomas Downing, "Drought and Famine in Africa, 1981~86: A Comparison of Impacts and Responses in Six Countries."

27. Jeffrey Herbst and Walter Clarke 편집, *Learning from Somalia: The Lessons of Armed Humanitarian Intervention*, (Boulder, Colo.: Westview, 1997), 77~95 중 Andrew Natsios, "Humanitarian Relief Intervention in Somalia: The Economics of Chao." 참고.

28. 좋은 벗들, 중국의 북한 식량난민 실태와 인권보고서, 83.

29. Eberstadt and Banister, *The Population of North Korea*, 참고.

30. 국경없는의사회, 북한: 기아에 관한 증언-북-중 접경지역에서의 탈북자 면담, 특별 보고서 .

31. Kirk," Staff Delegation Final Report"; KBSM 면담자료; 저자와의 난민 면담을 통해서 이 사실에 대한 증거가 입증된다.

32. 1997년 3월 서울에서 언론회의.

33. 법륜과의 면담, 워싱턴 D.C. 1999년 11월.

34. NGO 구호요원과의 면담, 워싱턴 D. C. 1998년 6월.

35. David McCann 편집, *Korea Briefing: Towards Reunification*, (Armonk, N.Y.: East Gate Books, 1997), 92 중 Stephen Linton, "Life after Death in

North Korea."

36. 난민 면담, 중국 장백, 1998년 9월.

37. 김일성대학에서 김정일 연설문, "김정일 식량난에 대한 책임을 당간부에게 묻다", *FBIS* 번역,

38. 저자 면담.

39. 함경북도 출신 북한여성 면담.

40. Jasper Becker, "Famine Refugee Tells of Mass Destitution and Death in North Korea," *South China Morning Post*, February 11, 1998, 1.

41. 북한상인과 퇴직교사와의 면담.

42. Noland, "Why North Korea Will Muddle Through," 108.

43. FAO/WFP, *Crop and Food Supply Assessment Mission to DPRK: Special Report*(World Food Program, December 1996), 9.

44. WFP 영양학자와의 면담, 1999년 2월.

45. Lola Nathanali,, "Food and Nutrition Assessment, Democratic People's Republic of Korea, 16 March~24 April 1996" (Save the Children UK for the World Food Program의 평가보고서, 평양사무소), 23; WFP 자료, 로마.

46. 김일성 회고록(평양: 1996), 7:146.

47. 법륜과의 면담, 서울, 1998년 9월.

48. 국경없는의사회, 북한: 기아에 관한 증언—북-중 접경지역에서의 탈북자 면담, 특별 보고서 .

49. Lautze, "North Korea Food Aid Assessment."

50. Hilary Mackenzie와 면담, 1998년 11월.

51. 같은 면담.

52. UNDP, "Thematic Roundtable on Agricultural Recovery and Environmental Protection," 17.

53. KBSM 구호요원 권씨와의 면담, 중국 남평, 1998년 9월.

54. "Ex-POW Says N. Koreans Selling Blood for Food," Reuters, October 28, 1998. 인터넷 온라인 http://www.reliefweb.int/w/rwb.nsf/s/ 7A5BB56 CF8EC 31F1C12566AB00551A03(20001년 5월).

55. Weingartner e-mail 보고서.

56. 같은 보고서.

5. 기아의 경제학

1. Jung Chang, *Wild Swans*(New York: Doubleday, 1991), 234.

2. Amartya Sen, *Poverty and Famine: An Essay on Entitlement and Deprivatio* (Oxford: Claredon Press, 1992), 1~8.

3. Cuny, Famine, Conflict, and Response. 이 책은 Cuny가 체첸에서 사망한 후 출간되었다.

4. Fred Cuny, "An Emergency Field Assessment of the Russian Republic, January 17~February 29, 1992" (신생 독립국가에서 활동중인 미국의 인도주의식량구호평가 단이 USAID에 제출한 보고서, 1992년 4월).

5. Thomas Henriksen and Jongryn Mo, 편집, *North Korea after Kim Il Sung: Continuity or Change?* (Stanford, Calif.: Hoover Institution Press, 1997), 29~30.

6. Isaac Deutscher, *Stalin: A Political Biography*(Oxford University Press, 1969), 338.

7. Henriksen and Mo, *North Korea after Kim Il Sung*, 138.

8. 같은 책, 부록 2-1.

9. 같은 책, 128.

10. 같은 책, 190.

11. W. Courtland와 면담한 북한난민 증언, 1999년 5월.

12. Richard Kagan,, Matthew Oh, David Weissbrodt, *Human Rights in the Democratic People's Republic of Korea*(Minneapolis: Minnesota Lawyers International Human Rights Committee; Washington, D.C.:Asia watch, 1988), 39.

13. 같은 책, 43.

14. 같은 책, 192~193.

15. Jasper Becker, "The Starvation of a Nation", *South China Morning Post*, February 4, 1996.

16. Kagan, Oh, Weissbrodt, *Human Rights in the Democratic People's Republic of Korea*, 193.

17. Eberstadt, *Korea Approaches Reunification.*

18. KBSM, *The Food Crisis in North Korea Witnessed by Food Refugees* (Seoul: KBSM, 1998년 6월 23일), 16.

19. 1999년 1월 20일, KBSM의 박지현으로부터 온 E-mail, WFP와 KBSM에서 보고된 식량가격에는 현격한 불일치를 나타내고 있다. 아마도 UN 직원들이 '원'과 '전'을 혼동한데서 기인한 것 같다. 1원은 100전과 동등한 가치를 갖고 있다. Lola Nathanil은 식량가격의 제3의 변이에 관해 다음과 같이 보고하고 있다. 식량가격 불일치를 설명할 수 있는 것으로, 해마다 그리고 지역에 따라 제각기 다른 가격이 형성되어 있음을 지적하고 있다. "Food and Nutrition Assessment", 23을 참고.

20. Kagan, Oh, Weissbrodt, *Human Rights in the Democratic People's Republic of Korea.*

21. KBSM, *The Food Crisis in North Korea Witnessed by Food Refugees*, 13.

22. "북한의 농민시장 증가", 디지털 조선일보, 1999년 1월 4일, 18:55. 이 보고의 기초는 남한의 통일부에 의해 연구되어진 것이다.

23. 김일성저작집, 〈사회주의 경제의 몇 가지 이론적 문제에 관하여〉 (평양: 외국언어 출판국, 1969년 3월), UNDP의 "Thematic Roundtable on Agricultural Recovery and nvironmental Protection", 20 인용.

24. 북한 난민과의 면담, 1998년 9월 서울: 그리고 Mark Kirk, "Trip Report of the House International Relations Committee, 1997년 8월 13-30일" (미간행물, 1997년 9월 2일), 24.

25. 북한 난민과의 면담, 중국, 1998년 9월.

26. "김일성대학에서 김정일 연설", 5~6.

27. 통일부, 북한의 농민시장: 평가와 전망(서울:통일부), 3.

28. Yang, *Calamity and Reform in China*, 32.

29. 북한 난민과의 면담.

30. 저자 면담, 1998년 6월 18일.

31. UNDP, "Thematic Roundtable on Agricultural Recovery and

Environmental Protection", 20.

32. 미 정부자료.

33. FAO/WFP, *Crop and Food Supply Assessment Mission to DPRK: Special Report*, Special Alert no.276 (World Food Program, June 3, 1997), 4.

34. 나에게 전달된 이 통계는 법륜이 몇 몇 북한난민과의 면담을 통해 얻어낸 것이다. 그리고 내가 직접 면담한 북한난민의 증언을 통해서도 이 사실을 확인할 수 있었다. 식량배급체제에서 형성된 주요곡물 가격에 대한 통계는 WFP 관리와의 면담을 통해 입수 된 것이다.

35. Oberdorfer, *The Two Koreas*, 372.

36. *Nutritional Survey of the Democratic People's Republic of Korea: Report by the EU, UNICEF, and WFP of a Study Undertaken in Partnership with the Government of DPRK* (Rome: United Nations World Food Program, 1998년 11월), 4~5.

37. 나는, "중앙당국은 수도 평양과 그 외곽지역, 그리고 일부 산업도시와 서부 평야지역에 식량이 거의 남아 있지 않자, 올해 초 일찍이 식량배급을 중단함으로써 지역에 따른 차별정책을 실시하기로 결정하였다." 고 말하였다. "Stament on the North Korean Famine, World Vision 부의장인 Andrew S. Natsios가 상원 동아시아 태평양담당 외교위원회에서 발표, 1997년 7월 8일", 3.

38. 북한 난민과의 면담, 1998년 9월.

39. Kirk, "Trip Report of the House International Relations Committee, August 13~30, 1997, 8.

40. "Gist of Hwang Jong-yop Work", *FBIS Monthly Report*, FBIS-EAS-98-227, August 15, 1998.

41. 저자의 보고자료.

42. WFP 뉴스자료 참고, "WFP to Deliver First Food Aid Directly to Hard-Hit Northeast of North Korea", 1997년 7월 1일.

43. WFP의 선적자료와 수입품목에 관한 기록; 저자의 자료.

44. 같은 자료.

45. Nathanail, "Food and Nutrition Assessment, Democratic People's Republic of Korea".

46. Lautze, "North Korea Food Aid Assessment", 5.

47. FAO/WFP, *Crop and Food Supply Assessment Mission to DPRK: Special Report*(World Food Program, December 1995).

48. Cuny, *Famine, Conflict and Response*, 25~26.

49. FAO/WFP, *Crop and Food Supply Assessment Mission to DPRK: Special Report* (World Food Program, 1995년, 1996년, 1997년) 참고.

50. Lautze, "North Korea Food Aid Assessment", 5.

51. Tun Myat의 WFP 보고서, 1997년 5월 7일.

52. 저자와 Tun Myat, WFP 관리와의 면담, 로마, 1999년 1월.

53. Lautze, "North Korea Food Aid Assessment", 5.

54. Stephen Devereux, *Theories of Famine*(New York: Harvester, Wheatsheaf, 1993), 90–91.

55. 같은 책, 94.

56. "김일성대학에서 김정일 연설", 8.

57. FAO/WFP, *Crop and Food Supply Assessment Mission to DPRK: Special Report*(World Food Program, 1996년 12월), 5.

58. Devereux, *Theories of Famine*, 94.

59. Nathanail, "Food and Nutrition Assessment, Democratic People's Republic of Korea", 25.

60. FAO/WFP, *Crop and Food Supply Assessment Mission to DPRK: Special Report*(World Food Program, 1997년 11월), 13.

61. "김일성대학에서 김정일 연설", 8.

62. FAO/WFP, *Crop and Food Supply Assessment Mission to DPRK: Special Report*(World Food Program, 1996년 12월), 5.

63. 1996년 WFP 지역담당관으로 근무한 Robert Hauser와의 면담, 1999년 1월.

64. 북한 난민과의 면담, 서울, 1998년 9월.

65. 길림에서 상인과 면담, 1998년 9월; 그리고 "북한의 농민시장" (통일부, 1999년 1월).

66. 이 통계의 출처는 NGO 농업경제학자에 의해서 이루어진 NGO 비공식 농부통계자료이다. 경제학자와 저자와의 면담, 워싱턴 D.C. 1998년 5월.

67. 난민들은 유사한 설명을 Jasper Becker에게 전달하였다, 그리고 Becker, *Hungry*

Ghosts, 330 참고.

68. 저자와 Tun Myat 면담, 로마, 1999년 1월.

69. 북한 난민과의 면담.

70. Nahm, Korea: *Tradition and Transformation*, 238.

71. 같은 책.

72. 나는 이 논평이 있었던 NGO회의를 주재하였다.

73. 저자 면담, 서울, 1998년 9월.

74. 함흥 출신 북한 난민과의 면담, 중국 연길, 1998년 9월.

75. Becker, *Hungry Ghosts*, 322.

76. 〈월간 조선〉, 1997년 3월 20일, 306~317.

77. John Pomfret, "Portrait of a Famine", *Washington Post*, 1999년 2월 11일; MSF의 면담 자료, *North Korea: Testimonies of Famine*(New York: Doctors Without Borders/ MSF(국경없는의사회), 1998년 8월). 그리고 북한 난민과의 면담.

78. 북한 난민과의 면담, 서울, 1998년 9월.

79. 지해범의 기사, 디지털 조선일보, 북경, 1999년 2월 8일.

80. 법륜과의 면담, 1999년 11월, 워싱턴 D.C.

6. 기아의 외교학

1. Oberdorfer, *The Two Koreas*, 51~56.

2. Kristin Gustavson, Jinmin Lee-Rudolph 공저, "Political and Economic Human Rights Violations in North Korea," in *North Korea after Kim Il Sung: Continuity or Change*, Thomas Henriksen and Jongryun Mo 공동 편집 (Stanford, Calif.: Hoover Institution Press, 1997), 143.

3. Oberdorfer, *The Two Koreas*, 153.

4. 예일대학 Paul Bracken 교수가 처음으로 사용한 용어, "Nuclear Weapons and State Survival in North Korea," *Survival 35*, no.3 (autumn 1993).

5. Oberdorfer, *The Two Koreas*, 9~13.

6. Hong Nack Kim, "Japan in North Korean Foreign Policy," in *North Korean Foreign Relations*, Samuel Kim 편집 (Oxforf University Press, 1998), 132.

7. 같은 책.

8. Kirk, "Trip Report of the House International Relations Committee, August 13~30, 1997," 40.

9. William Drennan, *Mistrust and the Korean Peninsula: Danger of Miscalculation*, Special Report (Washington, D. C.: United States Institute of Peace, November 1998) 참고.

10. Becker, *Hungry Ghosts: Mao's Secret Famine*, 241~243.

11. Jung Chang, *Wild Swan*, 235.

12. Becker, *Hungry Ghosts*: Mao's Secret Famine, 268.

13. Michael Frank, "PVO Consortium in Pyongyang Final Report to USAID, August 23~-November 15, 1997" (Catholic Relief Services, Baltimore, Md., 사진복사 자료).

14. C. Kenneth Quinones, "Food and Political Stability in North Korea," in *Korea's Economy: Annual Report*(Washington, D.C.: Korea Economic Institute, February 1997), 8.

15. Nathanail, "Food and Nutrition Assessment, Democratic People's Republic of Korea," 22.

16. "Cargill Hopes for Quick U. S. OK on N. Korea Deal," Journal of Commerce, January 2, 1997.

17. Lautze, "North Korea Food Aid Assessment," 부록 7.

18. 도문시와 장백에서 중국 상인과의 면담, 1998년 9월.

7. 기아의 정치학

1. C. Kenneth Quinones, 저자와의 e-mail 면담, 2000년 11월 9일.

2. 같은 면담.

3. 같은 면담.

4. 같은 면담.

5. 미 국무성, "Daily Press Briefing, 1997년 7월 17일, 발표자: Nicholas Burns"; 온라인 http://secretary.state.gov/www/briefings/9707/970717db.html.

6. UN 내부자료, 1996년 7월 19일자; 저자 수집 자료.

7. Richard Regan, NSC 직원, 워싱턴 D.C.에서 저자와 면담, 1998년 6월.

8. 비밀자료.

9. 익명을 요구한 USAID 직원과의 저자 면담, 워싱턴 D.C., 1998년 6월.

10. Brian Atwood, 보스톤에서 저자와의 면담, 2000년 10월.

11. UN 내부자료, 1997년 3월; 저자 수집 자료.

12. 1997년 1월 Kartman과의 회의에서 발췌한 저자의 기록.

13. 미 국무성, "Daily Press Briefing, 1997년 4월 14일, 발표자: Nicholas Burns"; 온라인 http://secretary.state.gov/www/briefings/9704/970414.html.

14. Bruskin and Goldring Research에 의해 시행된 월드비전 조사, 전화 조사, 1997년 3월 28~30. 1000건의 면담 조사는 비교적 큰 규모의 조사였으며, 최소의 비용이 소요되었다.

15. Barbara Croesette, "Hunger in North Korea: A Relief Aids's Stark Report," *New York Times*, 1997년 6월 11일, A1.

16. R. Jeffrey Smith, "U.S. Says It Will Double Food Aid to North Korea; Decision Precedes Meetings on Peace Talks," *Washington Post*, 1997년 7월 15일, A15.

17. InterAction Disaster Response Committee(DRC) North Korea에 제출된, Cox 수정안에 대한 Jim Bishop의 e-mail. 1997년 7월 15일.

18. 1996년 7월, 미 국무성 직원 Chuck Kartman과 Ann Kambara는 WFP 이사 Catherine Bertini에게 원조식량의 분배를 감독하는 것이 미 국내의 정치적 상황을 고려해볼 때, 매우 중요하다는 사실을 강조하였다.

8. 국제구호활동

1. 탈북자, 서울에서 저자와 면담, 1998년 9월.

2. 고병철, "Recent Political Developments in North Korea," *North Korea after Kim Il Sung: Continuity or Changes?*, Thomas Henriksen과 Jongryn Mo 편집 (Stanford, Calif.: Hoover Institution Press, 1997), 10.

3. WFP, *Report of the World Food Program Exploratory Mission to the Democratic Peoples's Republic of Korea, 1991년 3월 5-23*, (Rome: World Food Program, 1991년 4월 10일), 10.

4. 같은 책, 12.

5. 탈북자, 서울에서 저자와 면담, 1998년 9월.

6. Oberdorfer, *The Two Koreas*, 298.

7. 탈북자, 서울에서 저자와 면담, 1998년 9월.

8. Hong Nack Kim, "Japan in North Korean Foreign Policy," *North Korean Foreign Relations: In the Post*-Cold War Era, Samul S. Kim 편집 (Oxford: Oxford University Press, 1998), 125~126.

9. Amartya Sen이 Nancy Lindborg에게 보낸 편지, Mercy Corps International, 1997년 11월 26일.

10. 7절 참고.

11. 연합보도, 북경, 1997년 5월 12일.

12. Brent Burkholder, "Status of Public Health: Democratic People's Republic of Korea, 1997년 4월," *MMWR Weekly* 46, no. 24 (June 20, 1997): 561~565.

13. Sue Lautze, "The Famine in North Korea: Humanitarian Responses in Communist Nations" (Feinstein International Famine Center at Tufts University, 1997년 6월).

14. Nathanil, "Food and Nutrition Assessment, Democratic People's Republic of Korea."

15. Lautze, "North Korea Food Aid Assessment," 3과 부록 4.

16. 같은 책, 6~7; 로마에서 WFP 이사 Catherine Bertini와 저자 면담, 1999년 1월.

17. Lautze, "North Korea Food Aid Assessment," 5.

18. 익명을 요구한 클린턴행정부 관리와 저자 면담, 워싱턴 D. C. 1998년 6월.

19. "Canadian Foodgrains Bank Field Assessment of August 27-September

3, 1996," 1997년 6월; 저자 복사본.

20. Lautze, "North Korea Food Aid Assessment."

21. Tun Myat, WFP 직원, 로마에서 저자와 면담, 1999년 1월.

22. Bertini와 저자 면담, 1999년 1월.

23. 같은 면담.

24. WFP 운송담당 직원, 저자와 면담, 1999년 1월.

25. John Pomfret, "Portrait of a Famine," Washington Post, 1999년 2월 11일.

26. 황장엽, 〈북한: 진실과 거짓〉

27. FAO/WFP, *Crop and Food Supply Assessment Mission to DPRK: Special Report*(December 1996), 5.

28. 1998년12월23일, USDA: 온라인 http://www.fas.usda.gov/pecad remote/ korea/rice.html 과 http://www.fas.usda.gov/pecad/remote/korea/ corn.html

29. Ken Quinones, "North Korean Agricultural Production," *The Korean Economy in 1996: Annual Report* (Washongton, D.C.: Korea Economic Institute, 1996년 1월).

30. Quinones와 저자 면담, 2000년 11월 9일.

31. 황장엽, 〈북한: 진실과 거짓〉 9~10.

32. Scalapino, *North Korea at a Crossroads*, 2078-2079.

33. International Monetary Fund, World Bank, OECD, European Bank for Reconstruction and Development, *A Study of the Soviet Economy* (Washington, D.C.: IMF, 1991년 2월), 3:150.

34. *The Politics of Aristotle*, Benjamin Jowett 번역 (New York: Modern Library, 1943), 2권 3장, 83.

35. FAO의 추수 후 쌀 손실분에 대한 연구; 저자 수집자료.

36. *Food Review* 20 참고, no. 1 (1~4월 1997년): 4.

37. FAO/WFP, *Crop and Food Supply Assessment Mission to DPRK: Special Report*(World Food Program, 1995년 12월), 3-4; FAO/WFP, *Crop and Food Supply Assessment Mission to DPRK: Special Report*(World Food Program, 1996년 12월), 8;FAO/WFP, *Crop and Food Supply Assessment*

Mission to DPRK: Special Report(World Food Program, 1997년 11월), 12; FAO/WFP, *Crop and Food Supply Assessment Mission to DPRK: Special Report*(World Food Program, 1998년 11월), 11.

38. FAO/WFP, *Crop and Food Supply Assessment Mission to DPRK: Special Report*(World Food Program, 1998년 11월), 11.

39. 일본의 〈조선신보〉에서 인용.

40. FAO 직원과 면담, 1999년 1월.

41. 김일성, " 농민을 혁명화시키고 농업분야에서의 당 결정을 관철하는 문제에 관하여"(농업성 회의에서 김일성의 연설,1967년 2월 2일), 김일성저작선집 (평양: 1971), 4:491.

42. Scalapino, *North Korea at a Crossroads*, 1129.

43. Kirk, " Trip Report of the House International Relations Committee, 8월 13~30, 1997년, " 28.

44. Marina Ye Trigubenko가 저자에게 보낸 편지; Marina Ye Trigubenko, " Economic Characteristics and Prospects for Development," *North Korea: Ideology, Politics, Economy*, 박한식 편집 (New York: Prentice Hall, 1996)도 참고.

45. Cuny, *Famine, Conflict, and Response* 참고.

46. 겨울 기간 동안 숫적으로 감소된 가축을 유지하기 위해서는 최소 60만톤에서 최대 100만톤의 사료가 필요하다.

47. Scott Snyder, *North Korea's Decline and China's Strategic Dilemas, Special Report*(Washington, D.C.: United States Institute of Peace, 1997년 10월), 2~4.

48. 편진일, *Korea Report*, FBIS-EAS-96-034, 1996년 2월 8일.

49. 정확한 제목은, "Principles of Conduct for the International Red Cross and Red Crescent Movement and NGOs in Disaster Response Programs."

50. 인도주의 구호활동에 미치는 지역정치와 국제정치의 역할을 잘못 인식하고 있기 때문에, 나는 인도주의 규약(Humanitarian Code)에 동의하지 않는다.

51. Michael Frank, "PVO Consortium in Pyongyang Final Reports to USAID, 8월 23~11월 15일, 1997" 참고 (복사, Catholic Relief Services, Baltimore,

Md., 1997년 11월).

52. Kagan, Oh, Weissbrodt, *Human Rights in the Democratic People's Republic of Korea* 참고.

53. 전체내용은, http://www.doctoswithoutborders.org/publications/ reports/before1999/korea_1998.shtm 웹사이트 참고.

54. Hilary Mackenzie와 저자 면담, 1998년 11월.

55. Fred Cuny, *Disasters and Development*(Dallas: Intertect Press, 1994); Mary Anderson and Peter Woodrow, *Rising from the Ashes: Development Strategies in Time of Disaster*(Cambridge, Mass.: Havard University Press, 1989) 참고.

56. Omawali는 회의에서 자신의 주장을 피력하였다.

57. 기아로 인한 공중보건 분석연구는 다음을 참고할 것, Alex de Waal의 고전, *Famine That Kills: Darfur, Sudan, 1984~1985*(Oxford: Clarendon Press, 1989).

58. Lautze, "North Korea Food Aid Assessment," 10.

59. UNDP, "Thematic Roundtable on Agricultural Recovery and Environmental Protection," 3.

60. 같은 책.

61. Marcus Noland, *Rigorous Speculation: The Collapse and Revival of the North Korean Economy*(Washington, D.C.: Institute for International Economics, 1999) 참고.

62. Andrew S. Natsios, *U. S. Foreign Policy and Four Horsemen of the Apocalypse*(Washington, D.C.: CSIS and Praeger Press, 1997), 7절 참고.

63. Herbert C. Hoover, *Famine in Forty-Five Countries: The Battle of the Front Line, 1914~1923, An American Epic* 중 3권(Chicago: H. Regnery, 1961).

64. Benjamin Weissman, *Herbert Hoover and Famine Relief to Soviet Russia, 1921~1923*(Stanford, Calif.: Hoover Institution, Stanford University, 1974), 22~23.

1. USAID는 기아가 발생했을 때, 다음과 같은 두 가지 원칙에 의거하여 식량원조를 이끌어내고 있다. : 1990년대에 비교적 견실하게 유지되고 시행되어온 공법 480조 (P. L. 480)의 Ⅱ이고, 나머지 하나는 416B 조항에 따라 미 농무성은 잉여 농산물을 취급하여 왔다. 416B 조항은 공법 480조(P.L. 480) Ⅱ의 시행이 부적절할 때 기아 구호를 위한 유보적인 예비자원으로서 사용되었다.

2. KBSM의 난민 면담 no.45.

3. "Further on Defector's Speech to Unification Council," *FBIS Daily Report*, FBIS-EAS-97-316, 1997년 11월 13일.

4. Becker, *Hungry Ghosts*, 331; Jasper Becker, "Famine Refugee Tells of Mass Destitution and Death in North Korea," *South China Morning Post*, 1998년 2월 11일.

5. 황장엽, 〈북한: 진실과 거짓〉, 15.

6. 탈북자와 저자 면담, 서울, 1998년 9월.

7. 황장엽, 〈북한: 진실과 거짓〉, 1장.

8. BBC 웹사이트, 1999년 2월 17일, 11:20 그리니치 표준시.

9. Eberstadt는 일찍이 이 책의 초고에서 이러한 견해를 제시하였다.

10. Associated Press, "북한당국은 기아로 22만 명이 사망하였다고 보도하였다.", 1999년 5월 10일.

11. 같은 자료.

12. 법륜과 저자 면담, 서울, 1998년 9월. 이 비율은 난민과의 면담에서 얻어진 자료이다.

13. WFP 직원과 저자 면담, 워싱턴 D. C., 1998년 7월.

14. Milton Amayun과 저자 면담, 1997년 9월.

15. Eberstadt, *Korea Approached Reunification*, 61.

16. 저자와 면담, 1998년 9월.

17. 저자와 면담, 1998년 9월.

18. UNICEF 평가보고서.

19. Amartya Sen이 Nancy Lindborg에게 보낸 편지, Mercy Corps International, 1997년 11월 26일.

20. Kagan, Oh, Weissbrodt 공저, *Human Rights in Democratic People's Republic of Korea*.

21. 같은 책.

22. 같은 책, 34~40.

23. "Convention Relating to the Status of Refugees of 28 July 1951," 1장, I 항(A), 온라인 http://www.unhcr.ch/refworld/refworld/legal/instrume/asylum/1951eng.htm (2001년 5월).

24. Jung Chang, *Wild Swans*, 234; 그리고 Becker, *Hungry Ghosts*, 103 참고.

25. Conquest, *Harvest of Sorrow*, 115.

26. 1997년 10월 6일자 WFP 내부기록에서 인용.

27. EU, UNICEF, WFP 공저, *Nutritional Survey of the Democratic People's Republic of Korea*, 4~6.

28. 같은 책.

29. Johns Hopkins 연구자들과 저자 면담, 워싱턴 D. C., 1999년 6월.

30. Robinson 외, "Mortality in North Korean Households."

31. KBSM이 조사한 사망률은 Johns Hopkins대학이 조사 발표한 사망률의 두 배를 나타내고 있다. 이러한 차이는 KBSM이 불균형적으로 노년층에 치우쳐서 조사가 이루어졌다는 점을 들 수 있다. KBSM 조사의 18%를 차지하고 있는 노년층은 전통적으로 기아라는 위기에 가장 높은 사망률을 보이는 계층이기 때문이다. Johns Hopkins대학은 전체 북한 인구를 고려해서 균형있게 연령층을 분리하였으며, 약 6%에 해당하는 노년층을 면담 조사하였다. 이 조사의 불일치는 KBSM이 주로 노년층의 조선족 집에서 면담 조사를 실시하였으며, 아마도 노년의 조선족들은 같은 연령층의 북한 친척과 친구들에 대해 정보를 제공하였다는 것으로 설명될 수 있다.

32. 이 현상을 이해하기 위하여, Wall의 Famine that Kills 참고.

33. Robinson 외, "Mortality in North Korean Households," 294.

34. 좋은 벗들, 〈두만강을 건너온 사람들〉 (서울: 좋은 벗들, 1999년 6월), 83.

35. USAID, Bureau for Humanitarian Response, Office of Foreign Disaster Assistance와 University of Wisconsin Disaster Management Center 함께, 1판, 1997년 12월, reference no. KN-010.

36. 1998년 11월의 UN 조사에는 지역 통계 결과가 나오지 않았다. 그러나 1999년 1월 로

마에서 이 조사결과를 통계 분석한 WFP 직원들과 면담을 한 후 지역통계를 얻어
냈다.

37. 저자와 면담, 1998년 9월.

38. 저자와 면담, 1998년 9월.

10. 기아로 초래된 북한의 정치사회적 변화

1. Oberdorfer, *The Two Koreas*, 375.

2. 탈북자와 길림에서 저자 면담, 1998년 9월.

3. Jasper Becker, "Kim Jong-Il Imposing Martial Law in Purge," *South Morning Post*, 1998년 3월 26일.

4. 저자 면담, 1998년 9월.

5. Kagan, Oh, Weissbrodt 공저, *Human Rights in the Democratic People's Republc of Korea*.

6. 국제 NGO요원과 저자 면담, 워싱턴 D.C.,1998년 7월.

7. 우리민족서로돕기 불교운동본부(KBSM), 1,019 식량난민이 증언한 북한의 식량위기: 5차 연구, 1997년 9월30-1998년 5월 19일 (서울: 우리민족서로돕기 불교운동본부, 1998년 6월), 23.

8. 법륜과 북한 식량난민 면담 ; 서울에서 법륜과 저자와 면담으로 연결, 1998년 9월.

9. KBSM 난민 면담 NO. 692.

10. KBSM 난민 면담 NO. 417.

11. KBSM 난민 면담 NO. 445.

12. Suh Dae Sook and Chae-jin Lee 공저, *North Korea after Kim Il Sung* (Boulder, Colo.: Lynne Rienner Publishers, 1998), 90.

13. 김정일, "주체사상을 유지하고 혁명과 건설을 지켜나가는 데 대하여" (평양에서의 연설, 1997년 6월 19일).

14. Bracken의 기사 참고, "Nuclear Weapons and State Survival in North Korea."

15. Natsios, "Humanitarian Relief Interventions in Somalia" 참고.

16. MSF(국경없는의사회), *North Korea: Testimonies of Famine* 참고.

17. 법륜은 농민시장에서의 곡물의 시장가격 조사를 의뢰했다—이는 주로 정기적인 조사를 통해 얻어진 정보들이다—그러나 최근의 관찰을 통해 얻어진 이 통계는 1998년 9월 서울에서 법륜과의 면담을 통해 얻어진 것들이다. 내가 시행했던 난민 조사도 농민시장에서의 곡물가격 변동에 관한 법륜의 통계를 확인해 주었다.

18. Papallion과 저자 면담, 1997년 9월.

19. KBSM 난민 면담 no. 356.

20. KBSM에 의한 면담, 1997년 10월.

21. 대표단의 일행이 나에게 전해준 일화 ; 개인의 이름을 밝히지 않기를 요구함.

22. Arnold, *Famine: Social Crisis and Historical Change*, 81-84.

23. 같은 책, 108.

24. 같은 책, 96-99.

25. 같은 책, 86.

26. Papallion과 저자 면담, 1998년 9월.

27. Becker, *Hungry Ghosts*, 322.

28. 법륜, 식량난민과 저자 면담, 1998년 9월.

29. KBSM 난민 면담 no. 368.

30. "김정일, 김일성대학에서의 연설, " 6.

31. Nicholas Eberstadt, *The End of North Korea*(Washington, D.C.: American Enterprise Institute, 1999).

32. Noland, "Why North Korea Will Muddle Through," 105-118.

33. 저자 면담, 1998년 9월.

34. 저자 면담, 1998년 9월.

35. John Osgood Field, *The Challenge of Famine: Recent Experience, Lessons Learned*(West Hartford, Conn.:Kumarian Press, 1993), 23, n. 6.

36. Alex de Wall, *Famine Crimes: Politics and Disaster Relief Industry in Africa*(Bloomington: Indian University Press, 1997), 106.

37. "김정일, 김일성대학에서의 연설, " 6.

38. Eberstadt and Banister 공저, *The Population of North Korea* 참고.

39. Becker, *Hungry Ghosts*, 127.

40. Kagan, Oh, Weissbrodt 공저, *Human Rights in the Democratic People′s Republc of Korea* 참고.

41. Becker, *Hungry Ghosts*, 323.

42. 익명을 요구한 사람으로부터 제공된 자료.

43. Yang, *Calamity and Reform in China*, 14.

44. 같은 책, 7.

45. Hisashi Fuji, "Situation on the Korean Peninsula: This Is Truth," *Foreign Broadcast Information Service (FBIS) Daily Report* no. 98A29 116A; *Tokyo Gunji Kenkyu* 번역, 1998년 6월 1일.

11. 전 망

1. Robert A. Manning and James Przystup 공저, "Feed Me or I′ll Kill You," *Washington Post*, 1997년 2월 20일.

2. Karen Elliott House, "Let North Korea Collapse," *Wall Street Journal*, 1997년 2월 21, A 14.

3. Charles Krauthammer, "Why Feed a Mortal Enemy?" *Washington Post*, 1997년 4월 25일, A27.

4. Marcus Noland, "North Korea: Present Status and Prospects for Survival to the Year 2000" (미 상원 외교위원회, 동아시아 태평양분과위원회에서 발표된 자료, 1997년 7월 8일).

5. Becker, *Hungry Ghosts*, 338.

6. Noland, "Why North Korea Will Muddle Through," 105–118 참고.

7. 1992년 러시아로부터 돌아온 Fred Cuny에게 전해 들은 이야기.

Armstrong, Charles K. "A Socialism of Our Style' : North Korean Ideology in a post-Communist Era." In *North Korean Foreign Relations in the Post-Cold War Era*, Samuel S. Kim 편집. New York: Oxford University Press, 1998.

______, "State and Social Transformation in North Korea, 1945-1950." 박사학위 논문, University of Chicago, 1994.

Arnold, David. *Famines: Social Crisis and Historical Change*. Oxford: Basil Blackwell, 1988.

Becker, Jasper. *Hungry Ghosts: Mao's Secret Famine*. New York: Free Press, 1996; 재편집, New York: Henry Holt, 1998.

Bracken, Paul. "Nuclear Weapons and State Survival in North Korea." *Survivial* 35, no. 3 (1993년 가을호): 137-153.

Brinton, Crane. *The Anatomy of Revolution*. New York: Vintage Books, 1965.

Buchanan-Smith, Marget, and Susanna Davies. *Famine Early Warning and Response: The Missing Link*. London: Intermediate Technology Development Group Publications, 1995.

Bunge, Frederica M. *North Korea: A Country Study*. Washington,

D.C.:American University, Foreign Area Studies, 1981.

Burkholder, Brent. "Status of Public Health: Democratic People's Republic
    of Korea, April 1997." *MMWR Weekly*, June 20, 1997, 561-565.

Carnegie Endowment for International Peace. *Dialogue with North Korea.*
    Washington, D.C.: Carnegie Endowment for International Peace,
    1989.

Cekan, Jindra Monique. "Listening to One's Clients: A Case Study of Mali'
    s Famine Early Warning System and Rural Producers." 박사학위
    논문, Tufts University, 1994.

Chang, Jung. *Wild Swans: Three Daughters of China.* New York: Double-
    day, 1991.

Cho, Yong-Kyun. "Strategies for Economic Reform in North Korea." Broo
    -kings Institution과 the Institute for Foreign and National
    Security (IFANS) 주최한 회의에 제출된 논문, Washington, D.C., July
    9-10, 1997.

Clark, Lance. *Famine Early Warning Case Study: The 1984-85 Influx of
    Tigrayans into Eastern Sudan.* Working Paper no.2, Washington,
    D.C.: Refugee Policy Group, 1986.

Conquest, Robert. *The Harvest of Sorrow: Soviet Collectivization and the
    Terror Famine.* Oxford: Oxford University Press, 1986.

Crumplar, Robert. "A Future U.S. Military Presence on a Unified Korean
    Peninsula." Brookings Institution과 the Institute for Foreign and
    National Security (IFANS) 주최한 회의에 제출된 논문, Washington,
    D.C., July 9-10, 1997.

Cumings, Bruce. *Korea's Place in the Sun: A Modern History.* New York:
    W.W. Norton, 1997.

________,"Time to End the Korean War." *Atlantic Monthly*, February
    1997, 71~79.

Cuny, Frederick C. *Disasters and Development.* Dallas: Intertect Press,
    1994.

Cuny, Frederick C.,Richard Hill 공저. *Famine, Conflict, and Response: A Basic Guide*. West Hartford, Conn.: Kumarian Press, 1999.

de Tocqueville, Alexis. *The Old Regime and the French Revolution*. Garden City, N.Y.: Doubleday, 1955.

De Wall, Alexander. *Famine That Kills: Darfur, Sudan, 1984-1985*. Oxford: Clarendon Press, 1989.

Deng, Francis M.,Larry Minear 공저. *The Challenges of Famine Relief: Emergency Oprations in Sudan*. Washington, D.C.:Brookings Institution, 1992.

Deuchler, Martina. *The Confucian Transmation of Korea: A Study of Society and Ideology*. Cambridge, Mass.:Council on East Asian Studies, Havard University Press, 1992.

Devereux, Stephen. *Theories of Famine*. New York: Harvester, Wheatsheaf, 1993.

Dolot, Miron. *Execution by Hunger*. New York: W. W. Norton, 1985.

Drennan, William. *Mistrust and the Korean Peninsula: Danger of Miscalculation*. 특별 보고서. Washington, D.C.;United States Institute of Peace, 1998.

Dreze, Jean, Amartya Sen 공저. *Hunger and Public Action*. Oxford;Clarendon Press, 1989.

Earth Satellite Corporation. *Democratic People's Republic of Korea: Humanitarian Response Planning Map*. Washington, D.C.: U.S. Officer of Foreign Disaster Assistance (OFDA), U.S. Agency for International Development (USAID), December 1997.

Eberstadt, Nicholas. "Can the Two Koreans be One?" *Foreign Affairs* (1992~93 winter): 150-165.

______, *The End of North Korea*. Washington, D.C.: American Enterprise Institute, 1999.

______, "Hastening Korean Reunification," *Foreign Affairs* 76, no.2 (March~April 1997): 77~92.

________, *Korea Approaches Reunification*. Armonk, N. Y.:M. E. Sharpe, 1995.

Eberstadt, Nicholas, Judith Banister 공저. *The Population of North Korea*. Berkeley: Institute of East Asian Studies, University of California, Berkeley, 1992.

Edwards, Michael, David Hulme 편집. *Beyond the Magic Bullet: NGO Performance and Accountability in the Post-Cold War World*. West Hartford, Conn.:Kumarian Press, 1996.

Evans, Paul. "Integrating North Korea: Roles and Dilemmas for the International Community." "Korea and the Search for Peace in Northeast Asia," 주제의 회의에서 발표된 논문, Ritsumeikan University, Kyoto, Japan, December 9~11, 1998.

Fairbanks, John, Edwin Reischauer 공저. *East Asia: The Great Tradition*. Boston: Houghton Mifflin, 1960.

Field, John Osgood. "Drought, the Famine Process, and the Phasing of Interventions." In *Hazards and Disaster: A Series of Definitive Major Works*, Donald A. Wilhite 편집. London: Routledge, 1999.

________, "From Food Security of Food Insecurity: The Case of Iraq, 1990~91." *GeoJournal* 30, no 2 (1993): 185-194.

________, 편집. *The Challenge of Famine*. West Hartford, Conn.: Kumarian Press, 1993.

Giorgis, Dawit Wolde. *Red Tears: War, Famine, and Revolution in Ethiopia*. Trenton, N.J.: Red Sea Press, 1989.

Gleysteen, William H. Jr. "Conference of the Brookings Institution and the Korean Institute for Foreign and National Security Affairs." Brookings Institution과 the Institute for Foreign and National Security (IFANS) 주최한 회의에 제출된 논문, Washington, D.C., July 9-10, 1997.

Hatada, Takashi. *A History of Korea*. Warren W. Smith, Jr., Benjamin H. Hazard 공동 번역, 편집. Santa Barbara, Calif.: ABC_Clio, 1969.

Henricksen, Thomas H. Jongryn Mo 공동 편집. *North Korea after Kim Il Sung: Continuity or Change?* Stanford, Calif.: Hoover Institution Press, 1997.

Hoover, Herbert. *Famine in Forth-five Countries: The Battle of the Front Line, 1914~1923. Vol. 3 of An American Epic.* Chicago: Henry Regnery, 1961.

Hughes, Christopher W. "The North Korean Nuclear Crisis and Japanese Security." *Survival* 38, no. 2 (1996): 79-103.

Jacobs, Dan. *The Brutality of Nations.* New York: Paragon House Publishers, 1988.

Jean, Francois. "Coree du Nord: un regime de famine." *Esprit,* February 1999.

Johnson, Paul. *Modern Times.* New York: HarperCollins, 1991.

Jordan, William Chester. *The Great Famine: Nothern Europe in the Early Fourteenth Century.* Princeton, N.J.:Princeton University Press, 1996.

Knag, Chul Hwan 외 공저. "Voices from the North Korean Gulag." *Journal of Democracy* 9, no.3 (1998): 82-96.

Kaplan, Robert D. *Surrender or Starve: The Wars behind the Famine.* Boulder, Colo.: Westview Press, 1988.

Kennedy, Scott. "Conflicting Logic of Korean Reform: Why the Best Case Scenarios Are Least Likely." Brookings Institution과 the Institute for Foreign and National Security (IFANS) 주최한 회의에 제출된 논문, Washington, D.C., July 9-10, 1997.

Kihl, Young Whan. *Korea and the World: Beyond the Cold War.* Boulder, Colo.: Westview Press, 1994.

Kim, Il Sung. *For the Independent Peaceful Reunification of Korea.* New York: Guardian Associates, 1976.

________, *Kim Il Sung: Selected Works (in English).* Pyongyang: Foreign Languages Publishing House, 1971.

Kim, Jong Il. *Let us Exalt…* (in English). Pyongyang: Foreign Languages
　　Publishing House, 1996.

______, *On the Juche Idea*(in English). Pyongyang: Foreign Languages
　　Publishing House, 1971.

Kim, Kook-Chin." Crisis Management on the Korean Peninsula: A Korean
　　View." Brookings Institution과 the Institute for Foreign and
　　National Security (IFANS) 주최한 회의에 제출된 논문, Washington,
　　D.C., July 9-10, 1997.

Kim, Myong Chol. "Farewell to the Agreed Framework!" Northeast Asia
　　Peace and Security Network, November 24, 1998. 온라인
　　http://www.nautilus. org/fora/security/23C_Kim.html (April
　　2001).

Kim, Samuel S. *North Korean Foreign Relations in the Post-Cold War Era.*
　　Hong Kong: Oxford University Press, 1998.

Kim, Sung-Han. "Korea-U.S. Relations." Brookings Institution과 the
　　Institute for Foreign and National Security (IFANS) 주최한 회의에
　　제출된 논문, Washington, D.C., July 9~10, 1997.

Kyung, Yi Sun. *Inside the Hermit Kingdom: A Memoir.* Toronto: Key Porter
　　Books, 1997.

Lautze, Sue. *The Famine in North Korea: Humanitarian Response in
　　Communist Nations.* Cambridge, Mass.: Feinstein International
　　Famine Center, Tufts University, June 1997.

______, " North Korea Food Aid Assessment." 미국의 OFDA, USAID에
　　제출된 평가서, June 6, 1996.

Lee, Hy-Sang. "Supply and Demand for Grains in North Korea: A Historical
　　Movement Model for 1966-1993." *Korea and World* Affairs 18, no.3
　　(1994):509-553.

Lee, Ki-Baik. *A New History of Korea.* Cambridge, Mass.: Havard Univer-
　　sity Press, 1984.

Lee, Peter H.외 편집. *Sourcebook of Korean Civilization.* New York: Columbia

University Press, 1993-1996.

Lee, Seo-Hang. "Arms Control on the Korean Peninsula: Background and Issue." Brookings Institution과 the Institute for Foreign and National Security(IFANS) 주최한 회의에 제출된 논문, Washington, D. C., July 9-10, 1997.

Levin, Norman D. "What If North Korea Survives?" *Survival 39*, no 4(1998): 156-174.

Marian, Mesfin Wolde. *Rural Vulnerability to Famine in Ethiopia, 1958-1977*. New Delhi: Vikas Publishing House, 1984.

Médecins Sans Frontierès (MSF). *North Korea: Testimonies of Famine, Refugee Interviews from Sino-Korean Border*. New York: Doctors Without Borders/Medecins Sans Frontieres, August 1998. 온라인, http://www.doctorswithoutborders.org/publications/reports/befo re1999/korea 1998.shtm October 2, 1998.

Michishita, Narushige."Regional Aspects of Korean Reunification: Focusing on Strategic Issues." 유럽연합 정책 세미나에 제출된 논문, "North Korean Scenarios and EU Responses, 1998-2003." 1998.

________. "Role of Force In North Korean Diplomacy." *Korea and World Affairs*(1997):217-235.

Minnesota Lawyers International Human Rights Committee and Asia Watch. *Human Rights in the Democratic People's Republic of Korea (North Korea)*. Mineapolis and Washimgton, D.C.: Minnesota Lawyers International Human Rights Committee and Asia Watch., December 1988.

Nahm, Andrew C. *Korea: Tradition and Transformation*. Elizabeth, N.J.: Hollym International, 1988.

Nathan, Andrew James. *A history of the China Internal Famine Relief Commission*. Cambridge, Mass.: Havard East Asia Monographs, 1965.

Nathanail, Lola. *Food and Nutritional Assessment, Democratic People's*

Republic of Korea, 16 March-24 April 1996. Rome: UN World Food Program, 1996.

Natsios, Andrew S. "Humanitarian Relief Interventions in Somalia: The Economics of Chaos." *Learning from Somalia: The Lessons of Armed Humanitarian Intervention*, Walter Clarke, Jeffrey Herbst 공동 편집, 77-95. Boulder,Colo.:Westview Press, 1997.

______, U.S. *Foreign Policy and the Four Horsement of the Apocalypse: Humanitarian Relief in Complex Emergencies*. Washington, D.C.: Center for Strategic and International Studies, 1997.

Niksch, Larry A. "North Korea's Negotiating Behavior." in *North Korean Foreign Relations in the Post-Cold War Era*, Samuel S. Kim 편집. Hong Kong: Oxford University Press, 1998.

Noland, Marcus. "North Korea: Present Status and Prospects for Survival to the Year 2000." 미 상원 외교위원회, 동아시아 태평양분과위원에서 발표된 논문, July 8, 1997.

______, "Why North Korea Will Muddle Through." *Foreign Affairs* 26, no. 4 (July~August 1997): 105-118.

Noland, Marcus, Sherman Robinson, Tao Wang 공저. *Famine in North Korea: Causes and Cures*. Working Paper 99-2. Washington, D.C.: Institute for International Economics, 1999.

______, *Rigorous Speculation: The Collapse and Revival of the North Korean Economy*. Working Paper 99-1. Washington, D.C.: Institute for International Economics, 1999.

Nutritional Survey of the Democratic People's Republic of Korea: Report by the EU, UNICEF, and WFP of a Study Undertaken in Partnership with the Government of DPRK. Rome: UN World Food Program, November 1998.

Oberdorfer, Don. *The Two Koreas: A Contemporary History*. Reading, Mass.: Addison-Wesley, 1997.

O'Hanlon, Michael. "A Military Assessment of the Korean Balance and Its

Implications for Arms Control and ROK-U.S. Defense Planning."
Brookings Institution과 the Institute for Foreign and National
Security (IFANS) 주최한 회의에 제출된 논문, Washington, D.C., July
9-10, 1997.

______, "One Possible Security Contingency: North Korean Collapse."
Brookings Institution과 the Institute for Foreign and National
Security (IFANS) 주최한 회의에 제출된 논문, Washington, D.C., July
9-10, 1997.

Park, S. Han 편집. *North Korea: Ideology, Politics, and Economy.* Englewood
Cliffs, N.J.:Prentice-Hall, 1996.

Perl, Raphael. *North Korean Drug Trafficking: Allegations and Issues for
Congress.* Congressional Research Service Report for Congress.
Washington, D.C.:Library of Congress, February 8, 1999.

Pryor, Frederic L. *The Red and the Green: The Rise and Fall of Collectivized
Agriculture in Marxist Regimes.* Princeton, N.J.: Princeton
University Press, 1992.

Quinones, C. Kenneth. "North Korea: From Containment to Engagement."
in *North Korea after Kim Il Sung,* Dae-Sook Suh, Chae-Jin Lee
공동편집. Boulder, Colo.: Lynne Reinner, 1998.

______, "North Korean Agriculture Production." in *The Korean Economy
in 1996: Annual Report.* Washington, D.C.:Korea Economic
Institute, January 1996.

______, "North Korean Agriculture Production." in *The Korean Economy
in 1998: Annual Report.* Washington, D.C.:Korea Economic
Institute, January 1998.

Reese, David. *The Prospects for North Korea's Survival.* London: Oxford
University Press, 1998.

Reischauer, Edwin O., John K. Fairbank 공저. *East Asia: The Great Tradi-
tion.* Boston: Houghton Mifflin, 1958.

Rhodes, Chris. "The Juche Idea and Its Role in the North Korean Political

Economy." in *North Korea in the New World Order*, Hazel Smith 외 공동 편집. New York: St. Martin's Press, 1996.

Robinson, W. Courtland 외 공저. "Mortality in North Korean Migrant Households: A Retrospective Study." *Lancet* 354, no. 9175 (July 24, 1999).

Rony, Denny. "North Korea as an Alienated State," *Survival* 38, no. 4 (winter 1997): 22~36.

Scalapino, Robert A. *North Korea at a Crossroads*. Stanford, Calif.: Hoover Institution Press, Stanford University, 1997.

Scalapino, Robert A, Chong-Sik Lee 공저. *Communism in Korea*. Berkely: University of California Press, 1972.

Sen, Amartya. *Poverty and Famine: An Essay on Entitlement and Deprivation*. Oxford: Clarendon Press, 1992.

Smith, Heather. "Discussion Paper in International Economics," no.133. Washington, D.C.: Brookings Institution, July 1997.

Smith, Hazel 외 공저. *North Korea in the New World Order*. New York: St. Martin's Press, 1996.

Smith, Hedrick. *The Russians*. New York: Ballantine Books, 1976.

Snyder, Scott. *Challenge of Building a Korean Peace Process: Political and Economic Transition on the Korean Peninsula*. Special Report. Washington, D. C.: United States Institute of Peace, 1998.

________, *A Coming Crisis on the Korean Peninsula?* Special Report. Washington, D. C.: United States Institute of Peace, 1996.

________, *Negotiating on the Edge: North Korean Negotiating Behavior*. Washington, D.C.: United States Institute of Peace, 1999.

________, *The North Korean Nuclear Challenge: The Post-Kim Il Sung Phase Begins*. Special Report. Washington, D.C.: United States Institute of Peace, 1994.

________, *North Korea's Decline and China's Strategic Dilemmas*. Special Report. Washington, D.C.: United States Institute of

Peace, 1997.

________, *The North Korean's Nuclear Program: Challenge and Opportunity for American Policy.* Special Report. Washington, D.C.: United States Institute of Peace, 1994.

Snyder Scott, Richard H. Solomon 공저. *Beyond the Financial Crisis: Challenges and Opportunities for U.S. Leadership.* Special Report. Washington, D. C.: United States Institute of Peace, 1998.

Storry, Richard. *The Double Patriots: A Study of Japanese Nationalism.* London: Chatto and Windus, 1957.

Suh, Dae-Sook. *Kim Il Sung: The North Korean Leader.* New York: Columbia University Press, 1988.

________, "Kim Jong Il and New Leadership in North Korea." in *North Korea after Kim Il Sung.* Dae-Sook Suh, Chae-Jin Lee 공동 편집. Boulder, Colo.: Lynne Reinner, 1998.

Suh, Dae-Sook, Chae-Jin Lee 공저. *North Korea after Kim Il Sung.* Boulder, Colo.:Lynne Reinner, 1998.

Thompson, Kenneth W. *Korea :A World in Change.* Lanham, Md.: University Press of America, 1996.

Timmer, C. Peter. Walter P. Falcon, Scott R. Pearson 공저. *Food Policy Analysis.* Baltimore: World Bank with Johns Hopkins University Press, 1983.

Vreeland Nena, Rinn-Sup Shinn 공저. *Area Handbook for North Korea.* Washington,D.C.: U.S. Government Printing Office, 1976.

Watkins Susan Cotts, Jane Menken 공저. "Famines in Historical Perspective." *Population and Development Review* 11, no. 4(December 1985).

Weissman, Benjamin M. *Herbert Hoover and Famine Relief to Soviet Russia, 1921~1923.* Stanford, Calif.: Hoover Institution Press, Stanford University, 1974.

Woodham-Smith, Cecil. *The Great Hunger: Ireland, 1845-49.* New York: Old Town Books, 1989.

World Food Program and Food and Agriculture Organization of the United
  Nations. *Crop and Food Supply Assessment Mission to the
  Democratic People's Republic of Korea. Special Reports*, Issued
  December 1995; December 1996; December 1997; December
  1998; November 1999.
Yang, Dali l. *Calamity and Reform in China: State Rural Society and Insti-
  tutional Change since the Great Leap Forward Famine*. Stanford,
  Calif.: Standford University Press, 1996.

◈ 국내문헌 ◈

우리민족서로돕기 불교운동본부(KBSM). 〈식량난민의 북한식량 위기에 대한증언〉,
  1998. 2. 23.; 1998. 3. 23.; 1998. 5. 23.; 1998. 6. 23.; 1998. 11. 23.
  ________. 〈중국지역의 북한 식량난민 실태보고와 인권보고서; 중국의 동북 3개 지
  역 2,479 마을의 실지답사에 기초하여〉. 1999. 6.
황장엽, 〈북한: 진실과 거짓〉, 통일정책연구소. 1998.